O. Henry

欧·亨利
小说全集

The
Complete
Stories
by
O. Henry

2

善良的骗子
+命运之路

〔美〕欧·亨利——著

王永年——译

人民文学出版社
PEOPLE'S LITERATURE PUBLISHING HOUSE

目　次

善良的骗子

托拉斯的破产………3
催眠术家杰甫·彼得斯………11
现代乡间消遣………19
慈善事业数学讲座………27
姻缘奇遇………36
精确的婚姻学………43
仲夏化装舞会………50
虎口拔牙………57
百老汇的天真汉………64
艺术良心………71
黄雀在后………78
春风化雨………93
人质危机………111
猪崽的伦理………126

命运之路

命运之路………139

骑士册封仪式监护人……… *162*

鄙视金钱的人们……… *171*

迷人的侧影……… *179*

"醉翁之意"……… *187*

艺术与烈马……… *203*

菲比……… *214*

双料骗子……… *231*

黑鹰的消失……… *243*

重新做人……… *254*

要线索，找女人……… *262*

圣罗萨里奥的朋友们……… *271*

萨尔瓦多的七月四日……… *285*

比来的解放……… *297*

魔吻……… *307*

局级案件……… *320*

沙勒洛瓦的复兴……… *332*

经理人材……… *345*

"口哨"迪克的圣诞节袜子……… *359*

莱茵小城堡的持戟手……… *375*

两个改换门庭的人……… *385*

孤寂的路……… *398*

善良的骗子

托拉斯的破产

"托拉斯是它本身最大的弱点。"杰甫·彼得斯说。

"你那句话简直莫名其妙,"我说,"就像是说'为什么是警察?'一样。"

"不见得。"杰甫说,"托拉斯和警察之间并没有联系。我的话是提纲挈领——是轴心——是一种小而全①。它的意思是说托拉斯既像一枚鸡蛋,又不像鸡蛋。打碎鸡蛋的时候,你得施加外力。要瓦解托拉斯,只能由里及外。像抱窝似的,等它孵出小鸡来。不妨看看在全国各地学院和图书馆里孵出来的那些嗰嗰啾啾、东张西望的毛头小伙子。不错,先生,每一个托拉斯本身就包含着毁灭的苗头,正如在佐治亚州卫理公会的黑人教徒举行野外布道会时,旁边一只喔喔啼叫的公鸡,或是在得克萨斯州竞选州长的一个共和党候选人。"

我开玩笑似的问杰甫,在他那变化无常、纷纭复杂、纠缠紊乱的生涯里,他有没有经营过那种被称为"托拉斯"的事业。使我吃惊的是,他居然直言不讳地承认了。

"干过一次。"他说,"即使是具备新泽西州颁发的执照的任何合法的垄断事业,都不如我们那次干得稳妥可靠。所有条件都对

---

① 拉丁文短语 multum in parvo,意谓"小中见大""言简意赅",杰甫把 multum 说成 mulctem(挤奶)。

我们有利:风水,警察,胆量;再说,我们垄断的商品又是大众不可或缺的。世界上任何一个专和托拉斯过不去的人都挑不出我们的计划有什么毛病。相比之下,洛克菲勒的煤油小买卖简直像是没本钱的投机生意了。但结果我们一败涂地。"

"大概是遇到了未曾预料的阻力吧。"我说。

"不,先生,只是由于我刚才说过的原因。我们是作茧自缚。是一个自我遏止的事例。正如艾伯特·丁尼生所说的,投机倒把里出现了裂罅①。

"你总记得,我对你说过,我和安岱·塔克是多年的老搭档了。那人是我生平所见过的最有天才的策略家。他只要看到人家手里有一块钱,如果不能把它弄过来,就认为是奇耻大辱。安岱除了具有许多实用的常识之外,还受过教育。他从书本上获得了大量的经验,在任何与思想推理有关的题目上,他都能如数家珍,一谈就是几个小时。各式各样的把戏他都玩过,上至在作介绍巴勒斯坦风光的报告时,放映大西洋城②定制服装师联合会年会的幻灯片;下至在康涅狄格州倾销用肉豆蔻木蒸馏的冒牌烧酒③。

"一年春天,我和安岱在墨西哥作一次短暂的旅行,在逗留期间,费城的一个资本家付给我们二千五百元,收买了奇瓦瓦州一个银矿的一半股权。哎,银矿倒是确实存在。其余的一半股权至少值二三十万元。不过我时常纳闷,不知那个银矿的主人是谁。

"回美国时,我们在里奥格朗德河畔得克萨斯州的一个小镇上歇歇脚。小镇的名字叫鸟城;其实不然。镇上有两千来个居民,大多数是男人。据我观察,他们的生活来源主要是靠同高栎树打交道。有些是牧人,有些是赌棍,有些是盗马贼,还有不少是干走

---

① 丁尼生的原诗是"琵琶上的小裂缝",意谓"破裂的先兆"。
② 大西洋城,美国新泽西州西南的海滨避暑城市。
③ 美国康涅狄格州的别名是"肉豆蔻州"。

私买卖的。我和安岱在一家既像屋顶花园,又像分格书柜的旅店住下。我们到达那天下起雨来。雨势之大,正如俗话所说的,水刺柏在安菲比斯山上拧开了水龙头①。

"且说鸟城有三家酒店。安岱和我虽然都不喝酒,但我们可以看到镇上的人整天在这几家酒店之间作三角形的穿梭运动,晚上半宿也是这样。大家仿佛都懂得该怎样去支配他们所有的钱。

"第三天下午,雨暂时停了一会儿,我和安岱便到镇边去看看泥景。鸟城坐落在里奥格朗德河与它的旧河道之间,如今旧河道成了一条又宽又深的旱谷。淫雨引起水位骤涨,河流和旱谷沿岸的土块开始松动坍塌。安岱看了很久。那个人的脑筋是永远不停的。接着,他把他灵机一动想出来的主意告诉了我。当场就组织了一个托拉斯;我们回到镇上,立即把它推到市场上。

"首先,我们到那家字号叫蓝蛇的鸟城最大的酒店里,花了一千二百元把它盘下来。然后我们装作很随便的样子,逛到墨西哥佬乔的酒店里,聊聊下雨的天气,又用五百元买下了他的店。第三家花了四百元,很顺利就成交了。

"第二天早上,鸟城的人醒来,发现这个镇成了一个孤岛。河水冲进了旧河道,小镇被汹涌的激流围困住了。雨还下个不停,西北方乌云满布,预示未来的两星期内还有六个年平均降雨量。可更糟糕的事还在后面。

"鸟城从它的窝里跳出来,抖擞一下羽毛,摇摇摆摆地去过它早晨的酒瘾了。可是瞧呀!墨西哥佬乔的酒店上着门板,另一个土砖盖的小救命站也关着门。镇上的成员自然而然地发出惊异口渴的呼喊,掉过头来直奔蓝蛇酒店。他们在那里看到了什么?

---

① 水刺柏(Juniper Aquarius)和谑称的水神(Jupiter Aquarius)的读音相近,安菲比斯山(Mount Amphibious)和希腊神话中众神居住之地奥林匹斯山(Mount Olympus)读音相近。

5

"酒吧柜台后面坐着垄断家杰甫阁下彼得斯,腰两边各插一支六响左轮,准备见机行事,或是收款找钱,或是行凶杀人。店里有三个侍者,墙上有一幅十英尺长的通告:'各种酒类,一律一元。'安岱穿一身整洁的蓝色衣服,叼着一支金纸箍的雪茄,坐在保险箱上,准备应付非常事件。镇上的警察局长带着两名警察在维持治安,因为托拉斯答应免费供应他们喝酒。

"不出十分钟,鸟城便明白自己已落进笼中。我们本来担心会闹事;结果并没有。镇民们发现我们占了上风。最近的铁路线离这儿有三十英里;再说至少要等两星期,河水才能减退,人才能蹚过去。因此,他们只能和颜悦色地咒骂几句,开始往酒吧上扔银币,那丁冬的声响真像是一支木琴选曲。

"鸟城约有一千五百个到了荒唐年龄的成年人;其中大多数每天要喝三次至二十次酒,日子才能过下去。在洪水退去之前,蓝蛇酒店是他们能买到酒的惟一场所。这件事像一切真正伟大的骗局一样,干得又漂亮,又利索。

"十点左右,银元落在酒吧上的速度放慢了,从快步舞曲变成了两步舞曲和进行曲。我朝窗外望去,只见我们的顾客在鸟城储蓄信托公司门口排队,有一二百人之多。我知道他们是在借款,好供托拉斯章鱼那又冷又黏的触手来攫取。

"中午时分,大家都按规矩回家吃饭了。我们吩咐侍者利用空闲也去吃饭。我和安岱清点了一下收入,竟有一千三百元之多。照我们估计,只要鸟城再被洪水围困两星期,托拉斯就有条件捐赠一幢有垫衬墙壁的宿舍①给芝加哥大学的教职员,还可以向得克萨斯州所有正派的穷人各赠一个农场,只要他能提供农场的地皮。

"我们的成功使安岱觉得自己不可一世,因为这个计划的草

---

① 有垫衬墙壁的房间是给疯子或企图自杀的犯人居住的。

案来自他的推测和预感。他从保险箱上跳下来,点燃了店里最大的一支雪茄。

"'杰甫,'他说,'我想你走遍天下都找不到有哪三个贪心汉能想出比彼得斯-撒旦-塔克股份有限公司更聪明的压制无产阶级的主意了。我们确实在小消费者的中风神经中枢①重重地打击了一下,可不是吗?'

"'哎,'我说,'不管我们愿不愿意,看样子我们要像富翁那样闹闹胃气痛,玩玩高尔夫球,穿着苏格兰式的短裙去打猎啦。这场威士忌的小把戏确实非常成功。我很满意。'我说,'我宁愿自肥,不愿减瘦。'

"安岱把我们最好的黑麦威士忌斟了一大杯,派了它应有的用场。据我记忆,他生平从不喝酒。

"'这一杯祝贺神道的解放。'他说。

"他这样招惹了歪门邪道的神道之后,又为我们的成功干了一杯。然后,他开始为垄断事业祝酒,上至赖苏利②和北太平洋铁路公司,下至规模比较小的企业,诸如教科书联营书店,人造黄油专卖公司,利哈伊山谷无烟煤矿和大苏格兰联合煤矿公司。

"'安岱,'我说,'为我们的垄断业同行的健康干杯,固然没有什么不好,但是饮酒不宜过度。你总知道,我们最出名、最惹厌的亿万富翁都是靠清茶和狗饼干过日子的。'

"安岱到后房去了一会儿,出来时已换上他最好的衣服。在他那双温和而骚乱的眼睛里,有一种穷凶极恶而又深情热烈的神情,叫我看了很不自在。我密切注视着,看他肚子里的威士忌会起什么作用。在两种情况下,你是无法预计后果的。一是男人喝了

---

① 原文是 sole apoplectic,与太阳神经丛(solar plexus)读音近似。
② 赖苏利(1875?—1925),摩洛哥土匪,绑架了三个英美人,摩洛哥苏丹为了避免引起国际纠纷,防止英、美借故宣战,便用大量金钱赎出肉票。

第一杯酒,二是女人喝了最后一杯。

"不出一小时,安岱的微醺变成了酩酊大醉。他外表仍旧很庄重,还能保持平静,但是内心却充满了意想不到的东西,一触即发。

"'杰甫,'他说,'你可知道我是山口——活山口?'

"'那原是一个不说自明的假设。'我说,'但你又不是爱尔兰人。你为什么不按照美国的语法规则和修辞说"人口"呢?'

"'我是一个火山的山口。'他说,'我浑身火辣辣的,肚子里填满了各式各样的字句,非找一个出口不可。我觉得千千万万的同义字和词类在我身体里翻腾,'他说,'我非发表一次演说不可。喝了酒之后,'安岱说,'我总是有发表演说的倾向。'

"'那可不妙。'我说。

"'据我记忆所及,'他说,'酒精仿佛能激励我的朗诵和修辞意识。可不是吗,布赖恩①第二次竞选的时候,'安岱说,'他们总是给我喝三杯杜松子酒汽水。在银本位的问题上,我比比利本人还能多讲两小时。不过最后人家让我相信还是金本位好。'

"'既然你非把过剩的话发泄出来不可,'我说,'你干吗不到河岸上去说一通呢?我记得好像有个名叫坎塔里德斯②的老演说家,时常跑到海边上去发泄他肚子里的废气。'

"'不行,'安岱说,'我非得有听众不可。我觉得,如果我滔滔不绝地讲起来,人们就会把贝弗里奇参议员③称作沃巴什的伟大的小斯芬克斯石像。我一定要召集一批听众,杰甫,让我这个话语

---

① 布赖恩(1860—1925),美国律师,1896、1900 和 1908 年三次竞选总统,均失败。他的竞选纲领之一是主张货币银本位制。
② 坎塔里德斯(cantharides)是鞘翅目昆虫斑蝥,它的干燥虫体内有剧毒,皮肤接触可致水泡。杰夫说的老演说家应是希腊的德莫斯特尼斯(前 385?—前 322)。
③ 贝弗里奇(1862—1927),美国历史学家,政治家。

善 良 的 骗 子

膨胀病缓解一下,不然它会往里发展,害得我觉得自己像是索思沃思夫人①的毛边精装本。'

"'你想做的演讲是不是牵涉到某些特殊的定理和主题?'我问道。

"'我没有什么偏爱。'安岱说,'无论什么题材,我都能高谈阔论,曲尽其妙。我可以谈俄罗斯移民,约翰·济慈的诗歌,关税,卡比利亚②文学,或者排涝,并且能够轮番使我的听众啜泣,号哭,呜咽,流泪。'

"'好吧,安岱,'我说,'假如你非让郁结的话出笼不可,那你就到镇上去,找些厚道的居民发挥一通吧。我和弟兄们来照看这里的买卖。人们马上就要吃完中饭了,咸肉和豆子总会使人口渴的。午夜之前,我们至少还应该捞它一千五百块钱。'

"于是安岱走出了蓝蛇酒店。我看到他拦住街上的行人,同他们说话。没多久,就有五六个人围在一起听他的;再过一会儿,只见他在街角上正向一大群人指手画脚,大发议论。他走开时,人们一个个都跟着他。他嘴一直没有闲,把人们领到鸟城的大街上。路上还有许多人纷纷跟上。这情形叫我想起以前在书上看到的,海德西克的彩衣风琴手把镇上的孩子都拐跑的老骗术。③

"一点钟到了;接着是两点,三点也跑到了终点线;可是鸟城的居民没有一个进来喝酒。街上冷冷清清的,只有几只鸭子和几个去铺子买东西的妇女。那时候也只下着细雨。

"一个孤零零的男人走来,停在蓝蛇酒店门口,把靴子上的泥

---

① 索思沃思夫人(1819—1899),美国通俗小说家,作品以情节取胜,一度甚受欢迎。
② 卡比利亚是北非阿尔及利亚一个区域。
③ 传说1284年德国哈默尔恩小镇有鼠患,一个神秘的彩衣风琴手把老鼠全引走后,居民没有履约给他酬劳,他便把镇上的儿童都引走了。

9

刮掉。

"'朋友,'我说,'出了什么事啦?今天上午,大家还欢欢腾腾的,现在全镇却像是蒂尔和锡丰的废墟,只有一只蜥蜴在城门的吊闸上孤零零地爬着。'

"'镇上的人,'那个身上带泥的人说,'全到斯佩里的羊毛仓库去听你那搭档的演讲啦。在主题和结论方面,他发表的议论倒很出色。'那人说。

"'我希望他快点休会,'我说,'生意疲软,不休会也不行啦。'

"当天下午,没有一个顾客上门。六点钟,两个墨西哥人把搭在驴子背上的安岱送回酒店。我们把他抬到床上时,他仍旧手舞足蹈,喋喋不休。

"我把现金锁好,上街去看看究竟是怎么一回事。有个人原原本本地告诉了我。他说安岱做了两小时的演讲,精彩万分,无论在得克萨斯或是世上任何别的地方都难得听到。

"'他讲的什么呀?'我问道。

"'戒酒。'他说,'演讲结束后,鸟城每一个人都具结保证,一年之内绝不喝酒。'"

催眠术家杰甫·彼得斯

杰甫·彼得斯挣钱的旁门邪道多得像是南卡罗来纳州查尔斯顿煮米饭的方法。

我最爱听他叙说早年的事情,那时候他在街头卖膏药和咳嗽药水,勉强糊口,并跟各种各样的人打交道,拿最后的一枚钱币同命运打赌。

"我到了阿肯色的费希尔山,"他说道,"身穿鹿皮衣,脚登鹿皮靴,头发留得长长的,手上戴着从特克萨卡纳一个演员那里弄来的三十克拉重的金刚钻戒指。我不明白他用戒指换了我的折刀去干什么。

"我当时的身份是著名的印第安巫医沃胡大夫。我只带着一件最好的赌本,那就是用延年益寿的植物和草药浸制的回春药酒。乔克陶族酋长的美貌的妻子塔夸拉在替玉米跳舞会①煮狗肉时,想找一些蔬菜搭配,无意中发现了那种草药。

"我在前一站镇上的买卖不很顺手,因此身边只有五块钱。我找到费希尔山的药剂师,向他赊了六打八盎司容量的玻璃瓶和软木塞。我的手提箱里还有前一站用剩的标签和原料。我住进旅馆后,就拧开自来水龙头兑好回春药酒,一打一打地排在桌子上,这时候生活仿佛又很美好了。

---

① 印第安人在播种或收获玉米时跳的舞蹈。

"你说是假药吗？不，先生。那六打药酒里面有值两元的金鸡纳皮浸膏和一毛钱的阿尼林。几年以后，我路过那些小镇，人们还问我买呢。

"当晚我就雇了一辆大车，开始在大街上推销药酒。费希尔山是个疟疾流行的卑隘的小镇；据我诊断，镇上的居民正需要一种润肺强心、补血养气的十全大补剂。药酒的销路好得像是吃素的人见到了鱼翅海参。我以每瓶半元的价钱卖掉了两打，这时觉得有人在扯我衣服的下摆。我明白那是什么意思；于是我爬下来，把一张五元的钞票偷偷地塞在一个胸襟上佩着充银星章的人的手里。

"'警官，'我说道，'今晚天气不坏。'

"'你推销你称之为药的这种非法假货，'他问道，'可有本市的执照？'

"'没有。'我说，'我不知道你们这里算是城市。明天如果我发现确实有城市的意思，必要的话，我可以领一张。'

"'在你没有领到之前，我得勒令你停业。'警察说。

"我收掉摊子，回到旅馆。我把经过情形告诉了旅馆老板。

"'哦，你这行买卖在费希尔山是吃不开的。'他说，'霍斯金斯大夫是这里惟一的医师，又是镇长的小舅子，他们不允许江湖郎中在这个镇上行医。'

"'我并没有行医啊，'我说，'我有一张州颁的小贩执照，必要的话，我可以领一张市里的执照。'

"第二天早晨，我去到镇长办公室，他们说镇长还没有来，什么时候来可说不准。于是沃胡大夫只好再回到旅馆，在椅子上蜷坐着，点起一支雪茄烟干等。

"没多久，一个打蓝色领带的年轻人挨挨蹭蹭地坐到我旁边的椅子上，问我有几点钟了。

"'十点半,'我说,'你不是安岱·塔克吗?我见过你玩的把戏。你不是在南方各州推销'丘比特什锦大礼盒'吗?让我想想,那里面有一枚智利钻石订婚戒指,一枚结婚戒指,一个土豆捣碎器,一瓶镇静糖浆和一张多乐西·弗农的照片——一共只卖五毛钱。'

"安岱听说我还记得他,觉得十分高兴。他是一个出色的街头推销员;不仅如此——他还尊重自己的行业,赚到百分之三百的利润就已满足了。人家一再拉他去干非法的贩卖假药的勾当;可是怎么也不能引他离开康庄大道。

"我正需要一个搭档,安岱同我便谈妥了合伙。我向他分析了费希尔山的情况,告诉他由于当地的政治同泻药纠缠在一起,买卖不很顺利。安岱是坐当天早班火车到这里的。他自己手头也不宽裕,打算在镇上募集一些钱,到尤里加喷泉①去造一艘新的兵舰。我们便出去,坐在门廊上从长计议。

"第二天上午十一点钟,当我独自坐着时,一个黑人慢吞吞地走进旅馆,请大夫去瞧瞧班克斯法官,也就是那位镇长,据说他病得很凶。

"'我不是替人瞧病的。'我说,'你干吗不去请那位大夫?'

"'先生,'他说,'霍斯金斯大夫到二十英里外的乡下地方去替人治病啦。镇上只有他一位大夫,班克斯老爷病得很厉害。他吩咐我来请你,先生。'

"'出于同胞的情谊,'我说,'我不妨去看看他。'我拿起一瓶回春药酒,往口袋里一塞,去到山上的镇长公馆,那是镇上最讲究的房子,斜屋顶,门口草坪上有两只铁铸的狗。

"班克斯镇长除了胡子和脚尖之外,全身都摆平在床上。他

---

① 尤里加喷泉,阿肯色州西北部的一旅游休养地。

肚子里发出的响声,如果在旧金山的话,会让人误认为是地震,听了就要夺路往空旷的地方逃跑。一个年轻人拿着一杯水,站在床边。

"'大夫,'镇长说,'我病得很厉害。我快死了。你能不能想想办法救救我?'

"'镇长先生,'我说,'我没有福气做艾斯·库·拉比乌斯①的正式门徒,我从来没有在医科大学里念过书。'我说,'我只不过是以同胞的身份来看看有什么地方可以效劳。'

"'非常感激。'他说,'沃胡大夫,这一位是我的外甥,比德尔先生。他想减轻我的痛苦,可是不行。哦,天哪!哦——哦——哦!'他呻吟起来。

"我招呼了比德尔先生,然后坐在床沿上,试试镇长的脉搏。'让我看看你的肝——我是说舌苔。'我说道。接着,我翻起他的眼睑,仔细看看瞳孔。

"'你病了多久啦?'我问。

"'我这病是——哦——哎呀——昨晚发作的。'镇长说,'给我开点儿药,大夫,好不好?'

"'飞德尔先生,'我说,'请你把窗帘拉开一点,好吗?'

"'比德尔。'年轻人纠正我说,'你不想吃点火腿蛋吗,詹姆斯舅舅?'

"我把耳朵贴在他的右肩胛上,听了一会儿后说:'镇长先生,你害的病是非常凶险的喙突右锁骨的超急性炎症!'

"'老天爷!'他呻吟着说,'你能不能在上面抹点什么,或者正一正骨,或者想点什么别的办法?'

---

① 原文是 S. Q. Lapius。希腊神话中日神之子和医药之神,名为艾斯库拉比乌斯(Aesculapius),作者按照现代英语国家人的姓名把前两个音节换成了缩写字母。

善 良 的 骗 子

"我拿起帽子,朝门口走去。

"'你不见得要走吧,大夫?'镇长带着哭音说,'你总不见得要离开这儿,让我害着这种——灰秃锁骨的超急性癌症,见死不救吧?'

"'你如果有恻隐之心,哇哈大夫,'比德尔先生开口说,'就不应该眼看一个同胞受苦而撒手不管。'

"'我的名字是沃胡大夫,别像吆喝牲口那样哇哈哇哈的。'我说。接着我回到床边,把我的长头发往后一甩。

"'镇长先生,'我说,'你只有一个希望。药物对你已经起不了作用了。药物的效力固然很大,不过还有一样效力更大的东西。'我说。

"'是什么呀?'他问道。

"'科学的论证。'我说,'意志战胜菝葜①。要相信痛苦和疾病是不存在的,只不过是我们不舒服时的感觉罢了。诚则灵。试试看吧。'

"'你讲的是什么把戏,大夫?'镇长说,'你不是社会主义者吧?'

"'我讲的是,'我说,'那种叫做催眠术的精神筹资的伟大学说——以远距离、潜意识来治疗谵妄和脑膜炎的启蒙学派——奇妙的室内运动。'

"'你能行施那种法术吗,大夫?'镇长问道。

"'我是最高长老院的大祭司和内殿法师之一。'我说,'我一施展催眠术,瘸子就能走路,瞎子就能重明。我是灵媒,是花腔催眠术家,是灵魂的主宰。最近在安阿伯②的降神会上,全靠我的法

---

① 菝葜(sarsaparilla)是百合科植物,根有清血、解毒和发汗作用,可制清凉饮料。镇长听成是"paraphernalia"(用具、配备)。
② 安阿伯,密执安州东南部的城市。

15

力,已故的酒醋公司经理才能重归世间,同他的妹妹简交谈。你看到我在街上卖药给穷苦人,'我说,'我不在他们身上行施催眠术。我不降格以求,'我说,'因为他们袋中无银。'

"'那你肯不肯替我做做呢?'镇长问道。

"'听着,'我说,'我不论到什么地方,医药学会总是跟我找麻烦。我并不行医。但是为了救你一命,我可以替你做精神治疗,只要你以镇长的身份保证不追究执照的事。'

"'当然可以。'他说,'请你赶快做吧,大夫,因为疼痛又发作了。'

"'我的费用是二百五十块钱,治疗两次包好。'我说。

"'好吧,'镇长说,'我付。我想我这条命还值二百五十块。'

"'现在,'我说,'你不要把心思放在病痛上。你没有生病。你根本没有心脏、锁骨、尺骨端、头脑,什么也没有。你没有任何疼痛。否定一切。现在你觉得本来就不存在的疼痛逐渐消失了,是吗?'

"'我确实觉得好了些,大夫,'镇长说,'的确如此。现在请你再撒几句谎,说我左面没有肿胀,我想我就可以跳起来吃些香肠和荞麦饼了。'

"我用手按摩了几下。

"'现在,'我说,'炎症已经好了。近日点的右叶已经消退了。你觉得睡迷迷的了。你的眼睛睁不开了。目前毛病已经止住。现在你睡着了。'

"镇长慢慢闭上眼睛,打起鼾来。

"'铁德尔先生,'我说,'你亲眼看到了现代科学的奇迹。'

"'比德尔,'他说,'其余的治疗你什么时候替舅舅做呀,波波大夫?'

"'沃胡。'我纠正说,'我明天上午十一点钟再来。他醒后,给

他吃八滴松节油和三磅肉排。再见。'

"第二天上午我准时到了那里。'好啊,立德尔先生,'他打开卧室房门时,我说,'你舅舅今早晨怎么样?'

"'他仿佛好多啦。'那个年轻人说。

"镇长的气色和脉搏都很好。我再替他做了一次治疗,他说疼痛完全没有了。

"'现在,'我说,'你最好在床上躺一两天,就没事啦。我碰巧到了费希尔山,也是你的运气,镇长先生,'我说,'因为正规医师所用的一切药都救不了你。现在毛病既然好了,疼痛也没有了,不妨让我们来谈谈比较愉快的话题——也就是那二百五十块钱的费用。不要支票,对不起,我不喜欢在反面签背书,正如不喜欢在正面签支票一样。'

"'我这儿有现钞。'镇长从枕头底下摸出一只皮夹子,说道。

"他数出五张五十元的钞票,捏在手里。

"'把收据拿来。'他对比德尔说。

"我签了收据,镇长把钱交给了我。我小心翼翼地把它们放在贴身的口袋里。

"'现在你可以执行你的职务啦,警官。'镇长笑嘻嘻地说,一点不像是害病的人。

"比德尔先生攥住我的胳臂。

"'你被捕了,沃胡大夫,别名彼得斯,'他说,'罪名是违犯本州法律,无照行医。'

"'你是谁呀?'我问。

"'我告诉你他是谁。'镇长在床上坐起来说,'他是州医药学会雇用的侦探。他跟踪你,走了五个县。昨天他来找我,我们定下这个计谋来抓你。我想你不能在这一带行医了,骗子先生。你说我害的是什么病呀,大夫?'镇长哈哈大笑说,'灰秃——总之我想

不是大脑软化吧。'

"'侦探。'我说。

"'不错,'比德尔说,'我得把你移交给司法官。'

"'你敢。'我说着突然卡住比德尔的脖子,几乎要把他扔出窗外。但是他掏出一把手枪,抵着我的下巴,我便放老实了,一动不动。他铐住我的手,从我口袋里抄出了那笔钱。

"'我证明,'他说,'这就是你我做过记号的钞票,班克斯法官。我把他押到司法官的办公室时,把这钱交给司法官,由他出一张收据给你。审理本案时,要用它作物证。'

"'没关系,比德尔先生。'镇长说,'现在,沃胡大夫,'他接着说,'你干吗不施展法力呀?你干吗不施出你的催眠术,把手铐催开呀?'

"'走吧,警官。'我大大咧咧地说,'我认栽啦。'接着我咬牙切齿地转向老班克斯。

"'镇长先生,'我说,'用不了多久,你就会发现催眠术是成功的。你应当知道,在这件事上也是成功的。'

"我想事情确实如此。

"我们走到大门口时,我说:'现在我们也许会碰到什么人,安岱。我想你还是把手铐解掉的好——'呃?当然啦,比德尔就是安岱·塔克。那是他出的主意;我们就这样搞到了合伙做买卖的本钱。"

现代乡间消遣

同杰甫·彼得斯打交道必须旁敲侧击。当你直截了当地请他谈谈他的事迹时,他会声称他的生活就像特罗洛普最长的小说①一样,并没有突出的情节。但是经过诱导之后,他多少会泄露一些。因此,我在他思想的溪流里撒下许多各式各样的鱼饵,才察觉鱼儿上了钩。

"我发觉,"我说,"西部的农场主尽管财运亨通,却在追求他们平民党②的旧偶像。"

"现在本来就是农场主、河鲱鱼、枫树和康尼摩河③活跃的季节。"杰甫说,"对于农场主,我有些了解。有一次,我以为遇到了一位与众不同的农场主,可是安岱·塔克证明我错了。'一旦当了农场主,一辈子就是冤大头,'安岱是这样说的,'碰到打仗、投票和看芭蕾舞的时候,他总是给推到最前排。他是国家的尺骨端和软骨,'安岱说,'如果没有他,我真不知道我们可以诈骗谁。'

"一天早晨,我和安岱在南印第安纳州玉米软饼地带边上一家黄松木盖的旅馆里醒来,我们两人身上一共只有六十八分钱。

---

① 特罗洛普(1815—1882),英国小说家。英国文艺批评家杰克逊曾说他的作品的画面很小,只是牛奶杯子里的风暴。
② 平民党是美国1891年成立的一个政党,主张将铁路、电报局等收归政府所有、征收所得税、限制私有田产等。
③ 康尼摩河,宾夕法尼亚州西部的河流。

至于我们前一天晚上是怎么下火车的,我可不能告诉你;因为火车经过村子的时候开得非常快,我们从车窗里仿佛看到一家酒馆,结果发现那只是一家药房和相隔两个街口的水塔重叠起来的景象。我们为什么到了第一个站头就下车,却是由于我们前一天在肯塔基州推销充金表和阿拉斯加钻石,买卖做得不成功。

"我醒来时,听到公鸡的啼叫,闻到王水①的雾气,还听到我们楼下有什么重东西给扔在地上的声响和一个人的咒骂。

"'打起精神来,安岱,'我说,'我们到了乡下啦。楼下有人在试验金砖的真假。我们赶快出去,把农场主要给我们的东西弄到手,然后打个呼哨走人。'

"对我说来,农场主始终是一项储备基金。每当我背时倒运的时候,我就跑到十字路口,用手指扣着一个农场主的背带,把我诈骗的纲领照本宣科地背给他听,查看他所有的物品,把钥匙、磨刀石和那些只对他本人有价值的文件还给他,也不问什么话,大摇大摆地扬长而去。我和安岱的生意的品位很高,农场主原不是我们理想的对象;不过有时候我们觉得农场主也有些用处,正像华尔街偶尔也要借重财政部长一样。

"我们下楼后,发现置身于从未见过的最好的农业区。两英里光景外的小山上有一座树木环抱的、刷成白色的大房子,周围则是广阔的耕地、仓房、牧场和附属小屋组成的农业整体。

"'那是谁的房子?'我们问旅馆老板。

"'那是我们县里最进步的公民之一,'他说,'农场主艾兹拉·普伦克特的住宅和树木、土地、园艺附属品。'

"早饭后,只剩下八分钱资本的我和安岱替这位乡下财主算了算流年。

---

① 王水是盐酸和硝酸化合而成的强酸,能溶解黄金。

善 良 的 骗 子

"'让我一个人去吧,'我说,'我们两个人去对付一个农场主未免不公道,像是罗斯福①用双手去杀一头灰熊似的。'

"'好吧,'安岱说,'即使我只是在向种芸苔的人收回扣,我也喜欢干得漂亮。你打算用什么鱼饵来对付这个艾兹拉?'安岱问我说。

"'哦,'我说,'手提包里有什么凑手的东西就用什么。我想我不妨带一些新的所得税收据,用酸牛奶和苹果皮酿苜蓿蜂蜜的说明书,预订麦克格飞读本,结果却变成麦克考米克收割机②的表格,在火车上拣到的珍珠项链,一块小规格的金砖,或者——'

"'够了,够了,'安岱说,'其中任何一件都能让艾兹拉上钩。喂,杰甫,千万要那个吃玉米煮豆子的家伙给你漂亮的、又新又干净的钞票。有些农场主给我们的钞票简直要丢农业部、文官委员会和食品纯洁法案的脸。以前我从他们那里弄来的一卷卷钞票仿佛是红十字会救护车里的细菌培养基。'

"于是,我到一家马车行租了一辆双轮马车,以壮观瞻。我驶到普伦克特的农场,停了车。房子前门的台阶上有一个人坐着。他身穿白色法兰绒衣服,手戴钻石戒指,头上是一顶高尔夫球帽,系着大领结。'来乡下避暑的客人。'我暗忖道。

"'我想见农场主艾兹拉·普伦克特。'我对他说。

"'在下就是,'他说,'有何见教?'

"我一句话也没有回答。我呆呆地站在那里,暗自念着顺口溜里的愉快的字句,'耍铁锹的汉子。'一看到这个农场主,我口袋里的骗傻瓜的小道具就无从施展了,正如想用一纸解雇通知书和一把玩具枪来搞垮牛肉托拉斯一样。

"'喂,'他仔细地打量着我说,'说话呀。我看到你左面的口

---

① 指西奥多·罗斯福(1858—1919),美国第二十六任总统,爱好打猎。
② 麦克格飞(1800—1873),美国教育家,他编纂的一套教科书销量很大。麦克考米克(1809—1884),美国麦克考米克收割机器公司的老板。

21

袋里沉甸甸的。先把金砖拿出来吧。我对金砖还比较有兴趣,至于六十天的假期票和空头银矿的故事,我可不爱听。'

"我觉得我在推理方面肯定很迟钝,因为我竟然乖乖地掏出那块小金砖,解开包在外面的手帕。

"'一美元八十分,'那个农场主掂掂它的分量说,'成交吗?'

"'灌在里面的铅都不止这点钱呢。'我神气活现地说,把金砖放回口袋。

"'不卖也罢,'他说,'不过我倒很想买下来,放在我刚开始建立的收藏品里。上星期我花了两美元十分买了一块开价五千元的金砖。'

"正在这时候,屋里电话铃响了。

"'进来,老弟,'那个农场主说,'来参观参观我的家。这里有时候相当冷清。我想是纽约打来的电话。'

"我们一起进了屋。屋里布置很像百老汇路股票经纪人的写字间——光亮的橡木写字台,两台电话,西班牙皮面的椅子和卧榻,镶在一尺来厚的镀金画框里的油画,角落里还有一台收报机,正在打出股票行市的电码。

"'喂,喂!'那个古怪的农场主说道,'是摄政剧院吗?是呀,我是忍冬中心农场的普伦克特。替我留四个星期五晚上正厅前排的座位——我的老座位。是的,星期五晚上——再见。'

"'我每两星期要去纽约看一场戏,'农场主挂上听筒后说,'我在印第安纳波利斯搭十八点一班的快车,在百老汇路光辉的夜里消磨十个钟头,四十八小时后再回到家里,正赶上小鸡进棚睡觉。哦,赫巴德[①]描写的古代穴居人仿佛有了些进步,可以参加

[①] 赫巴德(1856—1915),美国作家、出版家,采写了170篇名人访谈录,美国企业家将其作为学习材料,分发给雇员。

"别吹熄煤气灯协会了"①,对吗,老弟?'

"'到目前为止,'我说,'我对农业传统一向很有信心,如今发现这个传统好像出了问题。'

"'不错,老弟,'他说,'如今河畔的黄樱花在我们乡下人眼里只是一本装潢精致的、毛边插图的《花言集》。'

"谈到这儿,电话铃又响起来。

"'喂,喂!'他拿起电话说,'哦,是米尔台尔的普金斯。我早对你说过,那匹马八百块钱要价太高啦。你把它牵来了没有?好。让我看看。放下话筒。让它跑一圈。跑快些。是啊,我听得到。继续跑——再快一些……行啦。现在把它牵到话筒旁边来。近一点。把它的鼻子凑得近一点。可以啦。等一等。不,我不买那匹马了。什么?不,什么价钱都不买了。它步子凌乱,而且喘气呢。再见。'

"'喂,老弟,'农场主说,'现在你该明白乡下的面貌已经不同了吧?你翻的是旧历本。嘿,甚至连汤姆·劳逊②本人都不敢钻一位现代化的农业家的空子了。你知道,如今农场上的日子是星期六,十四号。现在,你看我们怎么紧跟时代的脉搏。'

"他给我看桌上一台像是自动售货机的机器,上面有两个戴在耳朵上的东西。我把它戴上听听。一个女人的声音在读谋杀、意外事故和其他政治新闻的标题。

"'你听到的,'农场主说,'是今天纽约、芝加哥、圣路易斯和旧金山报纸新闻的摘要。电报打到我们的乡间新闻局,然后立即

---

① 杜撰的科普协会之类的团体名称。煤气灯吹熄后继续释放煤气,容易引起一氧化碳中毒。

② 汤姆·劳逊(1857—1925),美国股票投机商,联合铜公司的发起人之一,著有《狂乱的金融》《星期五,十三号》《补救办法》等关于股票炒作的书籍。西方迷信,认为轮上星期五的13号是不吉利的日子。

供应给订户。这张桌子上有全国主要的日报和周刊。还有特别供应的每月杂志的样本。'

"我拿起一个样本,看到封面上印的是:'特别样本。1909年6月,《世纪》杂志将刊登——'等等。

"农场主打了电话给什么人——我想大概是他的经理——吩咐他把那群泽西十五号奶牛按每头六百元的价格售出;播种九百英亩的麦子;准备两百只额外的牛奶桶运到车站去。然后他拿出亨利·克莱牌的雪茄烟敬客,取出一瓶绿荨麻酒,走到股票行情指示器那里看看。

"'统一煤气涨了两点,'他说,'呃,好极啦。'

"'玩过铜公司股票没有?'我问道。

"'打住!'他抬起手说,'不然我要叫狗来咬你啦。我对你说过,你这是浪费时间。'

"过了一会儿,他说:'老弟,如果你不在意,我要少陪了。我得替一家杂志写篇论共产主义奇想的文章,下午要参加赛马协会的会议。现在你该明白,不论你的'补救办法'是什么,我是不会上当的。'

"呃,先生,我所能做的只有出去,坐上马车。马掉转头,把我拉回旅馆。我拴好马,去看安岱。我在他的房间里把农场主的情形一五一十地告诉了他,然后一筹莫展的坐着,揉弄着桌布。

"'我真不明白。'我一面说,一面哼着一支毫无意义的伤感曲调,掩饰我的惭愧。

"安岱在房间里踱了好一阵子,他拿出平时思索的姿态,咬着左边的胡子。

"'杰甫,'他终于开口说,'我相信你说的关于这个改变作风的乡巴佬的话,可是心里不服。照说他不可能对一切带有农家风味的诈骗具有免疫力。嗯,你从来没有把我当做一个有特殊宗教

善良的骗子

倾向的人,是吗,杰甫?'安岱说。

"'嗯,'我说,'没有。不过,'为了不伤他的自尊心,我又补充说,'教会里的人我也见过不少,他们的倾向不那么明显,即使用白手帕擦拭,也看不出来。'

"'我喜欢研究有史以来的自然界,'安岱说,'我相信上帝创造万物,都有一个最终目的。农场主给创造出来也是有目的的,那就是为了维持你我之类的人的生计。否则我们长着脑袋有什么用?我认为,以色列人在荒野里赖以活命、维持了四十年的灵食①,对农场主说来只是一句比喻的话,我到今天为止仍然保持这个习惯。现在,'安岱说,'我要试试我那"一旦当了农场主,一辈子都是冤大头"的理论,尽管文明把他打扮得有模有样。'

"'你和我一样,不会成功的,'我说,'那家伙已经摆脱了羊栏的羁绊。他具备电气、教育、文学和智慧的有利条件。'

"'我要试试,'安岱说,'自然界有些规律不是乡村免费邮递制度所能克服的。'

"安岱在洗手间里忙了一阵子,出来时已经换了一套衣服,衣服料子的棕色黄色方格有巴掌那么大。他的坎肩是红底蓝点的,头上戴着一顶高礼帽。我注意到他还把沙黄色的胡子在蓝墨水里浸过。

"'伟大的巴南②吗?'我说,'你简直像是马戏团里变仙人摘豆戏法③的人了。'

"'不错,'安岱说,'马车还在外面吗?你在这里等我回来。用不了多久。'

"两小时后,安岱走进房间,把一叠钞票放在桌子上。

---

① 参看《旧约·出埃及记》第 16 章。
② 巴南(1810—1891),美国著名的马戏团老板和魔术表演家。
③ 用几个酒盅之类的容器和豆子来变的快手戏法。

25

"'八百六十元,'他说,'我把经过情况告诉你。他仍旧在家。他把我从头到脚打量了一下,开始取笑我。我一句话也不说,只是拿出核桃壳,在桌上滚动着小球。我吹了几声口哨,把老规矩照搬出来。

"'快来看呀,快来瞧,'我吆喝起来,'诸位看看这颗小球儿。瞧瞧不用您花钱。一会儿有,一会儿没有。猜猜小球在哪里。戏法全靠手法妙。'

"我偷偷地瞅了农场主一眼,看到他额头冒出了汗珠。他走过去关上大门,又看了我一会儿,然后突然说:'我跟你赌二十元,我能猜到小球在哪一个核桃壳底下。'

"那以后就没有什么新鲜事可谈了。他家里只有八百六十元现钱。我离开时,他一直送我到门口,和我握手告别时,他眼睛里噙着泪水。

"'老哥,'他说,'谢谢你,几年来只有今天我才得到真正的乐趣。它让我想起以前的快乐时光,那时候我只是一个农场主,而不是什么农业家。上帝保佑你。'"

杰甫·彼得斯说到这里就住口了,我想他的故事大概结束了。

"那你认为——"我开口说。

"不错,"杰甫说,"差不多。尽可以让农场主进步,让他们找些政治消遣。农家生活很枯燥,以前他们是不喜欢仙人摘豆的戏法的。"

慈善事业数学讲座

"我注意到教育事业方面收到了五千多万元的巨额捐款。"我说。

我在翻阅晚报上的花絮新闻,杰甫·彼得斯正在把板烟丝塞进他那只欧石南根烟斗。

"提起这件事,"杰甫说,"我大有文章可做,并且可以发表一篇讲演,供慈善事业数学班全体参考。"

"你是不是有所指?"我问道。

"正是。"杰甫说,"我从没有告诉过你,我和安岱·塔克做过慈善家,是不是?那是八年前在亚利桑那州时的事了。安岱和我驾了一辆双马货车,在基拉①流域的山岭里踏勘银矿。我们发现了矿苗,把它卖给塔克森②方面的人,换得两万五千元钱。我们把支票在银行里兑了银币——一千元装一袋。我们把银币装上货车,晕头晕脑地往东赶了百来里路,神志才恢复清醒。你看宾夕法尼亚铁路公司的业务年报,或是听一位演员说他的薪金时,两万五千元好像并不多,可是当你掀开货车篷布,用靴跟踢踢钱袋,听到每一块银币碰撞得叮当发响时,你就会觉得自己仿佛是十二点整的通宵营业的银行。

---

① 基拉,亚利桑那州南部的河流。
② 塔克森,亚利桑那州南部的城市。

"第三天,我们到了一个小镇上,镇容美丽整洁,可算是自然界或者兰德-麦克内莱①的精心杰作。它坐落在山脚下,四周花木扶疏,居民有两千左右,都是诚恳老实、慢条斯理的。小镇的名字好像是百花村,那里还没有被铁路、跳蚤或者东部的游客所污染。

"我和安岱把钱存进当地的希望储蓄银行,联名开了一个户头,然后到天景旅馆开了房间。晚饭过后,我们点上烟斗,坐在走廊上抽烟。就在那当儿,我灵机一动,想起了慈善事业。我想每一个当过骗子的人迟早总会转到那个念头上去的。

"当一个人从大伙身上诈骗了相当可观的数目时,他就不免有点胆怯,总想吐出一部分。如果你仔细观察,注意他行善的方式,你就会发现他是在设法把钱归还给受过他坑害的人。拿某甲来做例子吧。他靠卖油给那些焚膏继晷攻读政治经济学,研究托拉斯企业管理的穷学生而敛聚了百万家财,就把他的昧心钱捐给大学和专科学校。

"再说某乙吧,他的财富是从那些靠劳力和工具换饭吃的普通工人身上刮来的。他怎么把那笔昧心钱退一部分给他们呢?

"'啊哈,'某乙说,'我还是借教育的名义来干吧。我剥劳动人民的皮,'他对自己说,'但是俗话说得好,一好遮百丑,慈善能遮掩许多皮。'②

"于是他捐了八千万块钱,指定用于建立图书馆,那批带了饭盒来盖图书馆的工人便得到了一点好处。

"'有了图书馆,图书在哪儿呢?'读者纷纷发问。

"'我才不管呢。'某乙说,'我捐赠图书馆给你们;图书馆不是

---

① 兰德-麦克内莱,19世纪美国一家旅行指南和画片的出版公司。
② 英文成语中有"慈善能遮掩许多罪孽"。"罪孽"(sins)和"皮"(skins)读音近似,作者故意窜改一字,与上文"剥皮"相呼应。

盖好了吗？这么说，如果我捐赠的是钢铁托拉斯的优先股票，难道你们还指望我把股票的水分①也盛在刻花玻璃瓶里一起端给你们吗？去你们的吧！'

"'且不谈这些，我刚才说过，有了那许多钱，叫我也想玩玩慈善事业了。我和安岱生平第一次搞到那么一大堆钱，终于停下来想想是怎么得来的。

"'安岱，'我说，'我们很有钱了——虽说没有超出一般人的梦想之外；但是以我们要求不高的标准来说，我们可以算是像格里塞斯②一般富有了。我觉得似乎应该为人类，对人类做些事情。'

"'我也有同感，杰甫。'安岱回答说，'我们以前一直用种种小计谋欺骗大众，从兜卖自燃的赛璐珞硬领，到在佐治亚州倾销霍克·史密斯③的竞选总统纪念章。如果我能做些慈善事业，而不必亲自在救世军④里敲钹打铙，或者用伯蒂雄⑤的体系来教圣经班，我倒愿意试试那个玩意儿。'

"'我们做些什么呢？'安岱说，'施粥舍饭给穷人呢，还是寄一两千块钱给乔治·科特柳⑥？'

"'都不成。'我说，'我们的钱用来做普通的慈善事业未免太多；要补偿以往的骗局又不够。所以我们还是找些折衷的事情做做吧。'

"第二天，我们在百花村溜达的时候，看见小山上有一座红砖

---

① 西方国家的企业发行的股票金额超过实际投入企业的资本额，为了骗取更多利润，往往高估资产，按夸大了的资本总额发行股票，是为"掺水股票"。
② 格里塞斯，是北美人对拉丁美洲，尤其是对墨西哥人的蔑称。彼得斯想说的是克里塞斯，为公元前6世纪小亚细亚利地亚的豪富的国王。
③ 霍克·史密斯(1855—1931)，美国律师、参议员，曾任佐治亚州州长。
④ 救世军：基督教新教的一个社会活动组织，着重在下层群众中举办慈善事业。主要分布在英美等国。
⑤ 伯蒂雄(1853—1914)，法国人类学家。
⑥ 乔治·科特柳(1862—1940)，美国律师，曾任财政部长。

砌的大房子,好像没有住人。居民告诉我们,几年前那是一个矿主的住宅。等到新屋落成,矿主发觉只剩下两块八毛钱来装修内部,伤心之余,便把那点钱买了威士忌,然后从屋顶上跳了下来。他的残肢遗骸就安葬在跳下来的地方。

"我和安岱一见到那座房子,就都有了同样的念头。我们可以安上电灯,采办一些擦笔布,聘请几位教授,再在草地上立一只铸铁狗以及赫拉克勒斯和约翰教父的塑像,就在那里开办一所世界上最好的免费教育机构。

"我们同百花村的一些知名人士商谈,他们极表赞成。他们在消防队为我们举行了一个宴会;我们破题儿第一遭以文明和进步事业的施主的姿态出现。安岱就下埃及的灌溉问题做了一个半小时的演讲,宴会上的留声机和菠萝汁都沾上了我们的道德气息。

"安岱和我立即着手办这件慈善事业。镇上的人,凡是能够辨别锤子和梯子的,都被我们请来担任修葺房屋的工作,把它隔成许多教室和演讲厅。我们打电报给旧金山订购了一车皮的书桌、足球、算术书、钢笔杆、字典、教授座、石板、人体骨骼模型、海绵、二十七套四年级学生穿的防雨布学士服和学士帽等等,另外还开了一张不列品名的订单,凡是第一流大学所需要的零星杂物一概都要。我自作主张在订货单上添了'校园'和'课程设置'两项,但是不学无术的电报员一定搞错了,因为货物运到的时候,我们在其中找到了一听青豆和一把马梳①。

"当那些周报刊出我和安岱的铜版照片时,我们又打电报给芝加哥的一家职业介绍所,盼咐他们立即装运六名教授,车上交货——英国文学一名,现代废弃语言学一名,化学一名,政治经济

---

① "校园"和"课程设置"的原文是"campus"和"curriculum",同"青豆罐头"(can of peas)和"马梳"(curry-comb)读音相近。

学一名(最好是民主党党员),逻辑学一名,还要一名懂绘画、意大利语和音乐,并有工会证的人。由希望银行担保发薪,薪额从八百元起到八百零五毛为止。

"好啦,我们终于布置就绪了。大门上刻了如下的字样:'世界大学——赞助人与业主:彼得斯及塔克'。日历上的九月一日被划去之后,来者源源不绝。第一批是从塔克森搭了每周三班的快车来到的教授们。他们多半年纪轻轻,戴着眼镜,一头红发,带着一半为了前途,一半为了混饭吃的心情。安岱和我把他们安置在百花村的居民家里住下,然后等学生们来到。

"他们一群群地来了。我们先前在各州的报纸上刊登了招生广告,现在看到各方面的反应如此迅速,觉得非常高兴。响应免费教育号召的,一共有二百一十九个精壮的家伙,年纪最轻的十八岁,最大的长满了络腮胡子。他们把那个小镇搞得乌烟瘴气,面目全非;你简直分不清它是哈佛呢,还是三月开庭的戈德菲尔兹①。

"他们在街上来来往往,挥舞着世界大学的校旗——深蓝和浅蓝两色——别的不谈,他们确实把百花村搞成了一个热热闹闹的地方。安岱在天景旅馆的阳台上向他们演说了一番,全镇的居民万人空巷,都上街庆祝。

"约莫过了两星期,教授们把那帮学生解除了武装,赶进课堂。我真不信还有比做慈善事业更愉快的事情。我和安岱买了高筒大礼帽,假装闪避着《百花村公报》的两个记者。那家报馆还派了专人,等我们一上街就摄影,每星期在'教育新闻'栏里刊登我们的照片。安岱每星期在大学里演讲两次;等他说完,我就站起来讲一个笑话。有一次,公报居然把我的照片登在亚伯·林肯和马

---

① 戈德菲尔兹,内华达州西南部的矿镇,时有罢工。

31

歇尔·皮·怀尔德①之间。

"安岱对慈善事业的兴趣之大不亚于我。为了使大学兴旺发达,我们每每在夜里醒来,交换新的想法。

"'安岱,'有一次我对他说,'我们忽略了一件事。孩子们该有舒适②。'

"'那是什么呀?'安岱问道。

"'呃,当然是可以在里面睡觉的东西。'我说,'各个学校都有的。'

"'哦,你指的大概是睡衫。'安岱说。

"'不是睡衫。'我说,'我指的是舒适。'但我始终没法让安岱明白;因此我们也始终没有订购。当然,我指的是各个学校都有的,学生们可以一排排地睡在里面的长卧室。

"嘿,先生,世界大学可真了不起。我们有了来自五个州和准州地区的学生,百花村突然兴旺了起来。一个新的打靶游乐场、一家当铺和两家酒店开了张;孩子们编了一支校歌,歌词是这样的:

劳、劳、劳,

顿、顿、顿,

彼得斯、塔克,

真带劲。

波——喔——喔,

霍——嘻——霍,

世界大学

嘻普呼啦!

---

① 怀尔德(1798—1886),美国商人,马萨诸塞州工艺学院及农学院的创办人之一。
② 彼得斯原想说"宿舍"(dormitories),但说成了读音相近的"独峰驼"(dromedaries)。这里译成与"宿舍"读音相近的"舒适"。

"学生们是一批好青年,我和安岱都为他们感到骄傲,仿佛他们是我们家里人似的。

"十月底的一天,安岱跑来问我知不知道我们银行里的存款还有多少。我猜还有一万六千左右。'我们的结存,'安岱说,'只有八百二十一元六角二分了。'

"'什么!'我不禁大叫一声,'难道你是告诉我,那些盗马贼的崽子,那些无法无天、土头土脑、傻里傻气、狗子脸、兔子耳、偷门板的家伙竟然害得我们花了那么多钱?'

"'一点不错。'安岱说。

"'那么,去他妈的慈善事业吧。'我说。

"'那也不必。'安岱说,'慈善事业,如果经营得法,是招摇撞骗的行道中最有出息的一门。我来筹划筹划,看看能不能补救一下。'

"下一个星期,我在翻阅我们教职员工的薪金单时,忽然发现了一个新的名字——詹姆斯·达恩利·麦科克尔教授,数学讲座,周薪一百元。我一气之下大嚷一声,安岱赶忙跑了进来。

"'这是怎么回事?'我说,'年薪五千多元的数学教授?怎么搞的?他是从窗户里爬进来,自己委任的吗?'

"'一星期前,我打电报去旧金山把他请来的。'安岱说,'我们订购教授的时候,似乎遗漏了数学讲座。'

"'幸好遗漏了。'我说,'付他两星期薪金后,我们的慈善事业就要像斯基波高尔夫球场的第九个球洞一样糟啦。'

"'别着急,'安岱说,'先看看情况如何发展。我们从事的事业太高尚了,现在不能随便退却。何况我对这种零售的慈善事业越看越有希望。以前我从没有想到要加以认真研究。现在想想看,'安岱往下说,'我所知道的慈善家都有许多钱。我早就应该注意到这一点,确定什么是因,什么是果。'

33

"我对安岱在经济事务上的足智多谋是信得过的,所以让他掌握大局。大学十分发达,我和安岱的大礼帽仍旧锃亮,百花村的居民接二连三地把荣誉加在我们身上,把我们当做百万富翁看待,其实我们这种慈善家差不多要破产了。

"学生们把镇上搞得生气勃勃。有一个陌生人到镇上来,在红墙马房楼上开了一家法罗赌场①,收入着实可观。有一晚,我和安岱随便过去逛逛,出于社交礼貌,下了一两块钱的注。赌客中有五十来个是我们的学生,他们一面喝五味酒,一面用一叠叠的红蓝筹码下注,等庄家亮出牌来。

"'岂有此理,安岱,'我说,'这批敲诈勒索的笨头笨脑的纨袴子弟来这儿找免费教育的小便宜,可是他们的钱比你我两人任何时候所有的钱都多。你看见他们从腰包里掏出来的一卷卷钞票吗?'

"'看见了,'安岱说,'他们中间有许多是有钱矿主和牧场主的子弟。眼看他们这样荒废机会,真叫人伤心。'

"到了圣诞节,学生全部回家度假了。我们在大学里举行了一个惜别会,安岱以'爱琴群岛的现代音乐和史前文学'为题,做了一次演讲。每一位教授都举杯回敬我们,把我和安岱比做洛克菲勒和马库斯·奥托里格斯皇帝②。我捶着桌子,高声要向麦科克尔教授敬酒;但是他似乎没有躬与盛会。我很想见见安岱认为在这个快要招盘的慈善事业里还可以挣一百元周薪的人物。

"学生都搭夜车走了;镇上静得像是函授学校午夜时的校园。我回旅馆的时候,看到安岱的房间里还有灯光,便推门进去。

"安岱和那个法罗庄家坐在桌前,正在分配一叠两英尺高的

---

① 法罗,一种同中国牌九相似的赌博,与庄家赌输赢,用的是纸牌。
② 马库斯·奥托里格斯应作马库斯·奥里利厄斯(121—180),系罗马皇帝。

一千元一扎的钞票。

"'一点不错,'安岱说,'每人三万一千元。进来,杰甫。'他对我说,'这是我们合伙的慈善组织,世界大学,上学期应得的一份利润。现在你总信服了吧。'安岱说,'慈善事业如果当成生意来做,也是一门艺术,施与受的人都有福气。①'

"'好极啦!'我喜出望外地说,'我承认你这次干得真高明。'

"'我们搭早车走吧,你赶快收拾你的硬领、硬袖和剪报。'

"'好极啦!'我又说,'我不会误事的。但是,安岱,在离开之前,我很想见见詹姆斯·达恩利·麦科克尔教授。我觉得好奇,想跟这位教授认识认识。'

"'那很容易。'安岱说着向那个法罗庄家转过身去。

"'杰姆,这位是彼得斯先生,跟他握握手吧。'"

---

① 比较《新约·使徒行传》第20章第36节:"又当纪念主耶稣的话说,施比受更为有福。"

夤缘奇遇

"有许多大人物，"我泛泛而指地说，"声称他们的成就应该归功于某些杰出的女人的帮助与鼓励。"

"这一点我也知道。"杰甫·彼得斯说，"我在历史和神话书上看到过有关圣女贞德、耶鲁夫人、考德尔太太①、夏娃和古代别的女强人的事迹。可是，依我看来，如今的女人无论在政治界或者在商业界都不顶用。说起来，女人有什么特别高明的地方呢？——第一流的厨师、时装设计师、护士、管家、速记员、秘书、理发师和洗衣匠都是男的。女人能胜过男人的工作恐怕只有一件，那就是歌舞剧里的女角。"

"我却认为，"我说，"有时候，你毕竟会发现女人的机灵和直觉对你的——呃，生意经是有帮助的。"

"嗯，"杰甫郑重其事地点点头说，"你是这样想的吗？不过在任何干净的骗局里，女人总是靠不住的搭档。在你最需要她们帮助的时候，她们却诚实起来，拆你的台。我就领教过。

"比尔·亨伯尔，我在淮州地区的一个老朋友，有一次异想天开，要当联邦法院的执行官。当时，我和安岱正在做一种规矩合法的生意——兜售手杖。你只要把那种手杖的柄拧开，凑在嘴边一

---

① 圣女贞德(1412—1431)，英法百年战争中的法国女英雄。耶鲁夫人似指东印度公司的美国官员、耶鲁大学赞助人耶鲁(1649—1721)之妻。考德尔太太是美国杂志上连载幽默小品中的人物，是个喋喋不休、训斥丈夫的女人。

倒,就有半品脱上好的黑麦威士忌流到你的喉咙里,酬劳你的聪明才智。警官们时常找我和安岱的麻烦。当比尔把他这种勇于挑重担的志愿告诉我时,我便想到执行官的职位对彼得斯-塔克公司的业务是有帮助的。

"'杰甫,'比尔对我说,'你是有学问、有教养的人,而且你的学问不限于一些基本知识,你还有经验,有见解。'

"'不错,'我说,'我从来没有因此而后悔。我不是那种主张免费教育而贬低教育的人。你说说,究竟是什么对人类有价值,文学呢还是赛马?'

"'哎——呃——,最受欢迎的当然是赛——当然啦,我说的是诗人和伟大作家。'比尔说。

"'对啦,'我说,'既然如此,那些伟大的金融家和慈善家为什么在赛马场要收两块钱的入场券,在图书馆却又让我们免费呢?'我说,'那种做法岂不是要向群众灌输一种思想,让他们对这两种自修和不合手续的方法的相对价值做出正确的估计吗?'

"'你的论点已经超出我的理解和争辩的能力了,'比尔说,'我要你做的事只是到华盛顿去一次,替我钻营这个职位。我在修养和阴谋策划方面没有什么突出的地方。我只不过是个普通公民,并且我需要这个工作。我杀过七个人,'比尔说,'我有九个小孩;从今年五月一日以来,我就是一个好共和党员;我不识字,也不会写;可是我看不出我担任执行官有什么不合适。我觉得你的搭档塔克先生,'比尔接着说,'也是一个讨人喜欢、头脑精明的人,他一定能帮你弄到这个差使的。我先付你一千元,'比尔说,'供你在华盛顿喝酒、行贿和乘车的花费。如果你弄到了那个差使,我再付你一千元现钞,并且保证在十二个月内不干涉你贩卖私酒。你对西部是不是有足够的忠诚,帮我在宾夕法尼亚铁路东端终点站老爸爸的白房子里疏通疏通?①'比尔说道。

"我同安岱商量了一下,他对这件事极感兴趣。安岱的个性很复杂。他不像我,永远不满足于辛辛苦苦地干活,向乡下人推销那种既能捣肉排,又能当鞋拔、烫发器、扳头、指甲锉、土豆捣碎器和音叉的小而全的万能工具。安岱有艺术家的气质,不能把他当做牧师或是道学家那样的人,纯粹从商业的角度来衡量。于是,我们接受了比尔的委托,动身前去华盛顿。

"我们在华盛顿南达科他一家旅馆里安顿下来之后,我对安岱说:'安岱,我们生平第一次不得不干一件真正不诚实的事。拉关系、走门路,是我们从来没干过的;但是为了比尔·亨伯尔的缘故,我们不得不出此下策。在正当合法的买卖中,我们不妨行施一点狡诈欺骗,可是在这种无法无天、穷凶极恶的不法勾当里,我却认为最好采用直截了当、光明正大的办法。我建议,'我说,'我们从这笔钱当中取五百元交给全国竞选运动委员会主席,要一张收据,把收据放在总统的桌子上,再同他谈谈比尔的事。总统一定喜欢候选人用这种方式来谋差使,而不喜欢用幕后操纵的方式。'

"安岱赞成我的意见,但我们把自己的打算同旅馆办事员研究之后,就放弃了这个计划。他对我们说,要在华盛顿钻营一官半职只有一条路,那就是通过一个女议会说客。他把他所推荐的人——艾弗里太太的地址告诉了我们。据他说,这位太太在社交界和外交界的地位不同一般。

"第二天早上十点钟,我和安岱到了她下榻的旅馆,给引进了接待室。

"这位艾弗里太太真叫人看了眼目清凉。她那头发同二十元

---

① 宾夕法尼亚铁路东面的终点站是美国首都华盛顿,老爸爸指总统,白房子指总统所住的白宫。

金券背面的颜色一样,眼睛是蓝的。她的美,会使七月份出的杂志的封面女郎显得像是孟农加希拉①煤船上的厨娘。

"她穿着一件领口很低,料子上缀着银光闪闪的小亮片的衣服,戴着金刚钻戒指和耳坠。她光着胳臂,一手拿着电话,另一手端着杯子喝茶。

"'喂,伙计们,'她过了一会儿说,'有什么事呀?'

"我尽可能简短地把我们要替比尔办的事告诉了她,并且开了我们所能出的价钱。

"'西部的官职很容易。'她说,'让我看看,谁能替我们办这件事。找淮州的代表是不管用的。我想,'她说道,'斯奈伯议员比较合适。他是西部来的。让我看看我私人资料中他的档案。'她从书桌上标有'斯'字的一格中取出一些卡片。

"'是啊,'她说,'他的卡片上标有一个星号;那是说他"乐于效劳"。再让我们看看。"年龄五十五;结过两次婚;长老会教徒;喜欢金发女人、托尔斯泰的小说、扑克和清炖甲鱼;只有三瓶的酒量。"唔,'她继续说,'我有把握让你的朋友布默先生被委任为巴西公使。'

"'亨伯尔,'我纠正她说,'他要的差使是联邦法院的执行官。'

"'哦,不错。'艾弗里太太说,'这类事情我处理得太多啦,有时候不免纠缠不清。把这件事摘一个详细的备忘录给我,彼得斯先生,四天以后再来。我想那时候该办妥了。'

"我和安岱便回旅馆去等着。安岱在房间里踱来踱去,咬着左面的胡子。

"'既有高度的智力,又长得十分漂亮的女人是少有的,杰

---

① 孟农加希拉,西弗吉尼亚州的河流。

甫。'他说。

"'少得像是神话中那种叫做埃比台米斯①的鸟蛋煎的蛋卷。'我说。

"'一个那样的女人,'安岱说,'可以使男人得到最高的名利和地位。'

"'我怀疑,'我说,'女人除了替男人赶快把饭准备好,或者散布流言蜚语,说另一个竞争对手的妻子做过扒手之外,还能在什么地方帮助男人找到工作?她们是不适应生意和政治的,正如阿尔杰农·查尔斯·史文朋②在查克·康纳斯每年一次的舞会上不适于担任司仪一样。我也知道,'我对安岱说,'有时候,女人仿佛是在以她男人的政治事务代办的身份出现。可是结果如何呢?举个例子说,一个男人原本有一个很好的职业,在阿富汗驻外领事馆工作,或者在特拉华-拉里坦运河当看闸人。有一天,这个男人看见他太太穿上套鞋,把三个月的鸟食放在芙蓉鸟笼里。"到苏福尔斯去吗?"他带着期望的神情问道。"不,亚瑟。"她说,"到华盛顿去。我们在这里被埋没了。"她说,"你应当在圣布里奇特③宫廷里做特派跟班,或者在波多黎各岛上当总门房。这件事让我来安排。"

"'于是这位太太,'我对安岱说,'就带着她的行李和本钱到华盛顿去对付当权人物了。她的行李和本钱包括一位内阁阁员在她十五岁时写给她的五打乱七八糟的信;利奥波德国王写给斯密森学院④的一封介绍信,一套桃色的绸衣服和黄色的鞋罩。

---

① 埃比台米斯并不是神话中的一种鸟,而是生理学名词,意谓"表皮"。
② 阿尔杰农·查尔斯·史文朋(1837—1909),英国诗人。
③ 圣布里奇特(1303?—1373),瑞典天主教修女,瑞典的守护神,布里奇丁教派创始人。
④ 斯密森学院,英国化学家、矿物学家斯密森(1765—1829)捐赠十万英镑在华盛顿建立的学院。利奥波德是比利时国王。

"'呃,之后怎么样呢?'我继续说,'她把那些信件在同她衣服和鞋罩颜色相仿的晚报上发表了,在巴尔的摩-俄亥俄铁路车站的餐室里发表了谈话,然后去找总统。商业劳工部的九等助理秘书和蓝室的第一副官以及一个身份不明的有色人却等在那里,抓住她的手——和脚。他们把她带到西南皮街,扔在一个地下室的门口。结果就是这样。我们下次再听到有关她的消息时,只知道她在写明信片给中国公使,请求公使替亚瑟在茶叶店里安插一个职位。'

"'那么说来,'安岱说,'你以为艾弗里太太不会替比尔弄到那个职位吗?'

"'我以为是这样。'我说,'我不希望自己做一个怀疑论者,不过我认为你我做不到的事,她也不一定做得到。'

"'我不同意你的说法。'安岱说,'我可以跟你打赌,她一定做得到。我对女人协商的才能比你估价得要高,这一点我很引以为自豪。'

"我们在约定的那天又到了艾弗里太太的旅馆。她的外表还是那么妍丽美好,以她的漂亮而论,任何人都愿意答应由她来指派国内的任何官职。但是我对外貌的信心一向不大,因此,当她拿出一张委任状时,我确实非常诧异。那张委任状盖有美国政府的大公章,背后写着'威廉·亨利·亨伯尔'几个花哨的大字。

"'其实你们第二天就可以拿去了,伙计们。'艾弗里太太微笑着说,'我一点不费事就弄到了。'她说,'我只不过开一下口罢了。嗯,我很愿意同你们多聊一会儿,'她接着说,'但是我忙得很,我知道你们一定会原谅我的。我还得处理一个大使、两个领事和十来个别的小官职的申请问题。我简直连睡觉的时间都挤不出来了。你们回家以后,请代我向亨伯尔先生致意。'

"我把五百块钱给了她,她数都不数,往写字桌的抽屉里一扔。我把比尔的委任状揣在口袋里,和安岱一起告辞。

"当天我们动身回淮州地区。我们先给比尔打了个电报:'事成;备酒庆祝。'我们情绪高昂。

"一路上,安岱老是揶揄我,说我太不了解女人了。

"'好吧。'我说,'我承认她确实出乎我意外。不过据我的经验,女人及时办完一件事而不出任何差错,这还是第一次呢。'我说。

"到了阿肯色州边界时,我掏出比尔的委任状,仔细看看,然后交给安岱。安岱看过之后,也同我一样,哑口无言。

"这份文件确实是给比尔的,并且不是假货,不过它委任比尔的职位是佛罗里达州达德镇的邮政局长。

"我和安岱赶快在小石城下车,把委任状邮寄给比尔。然后我们就向东北方向的苏必利尔湖去了。

"打那之后,我再也没有同比尔·亨伯尔见过面。"

精确的婚姻学

"我以前对你讲过,"杰甫·彼得斯说,"我对于女人的欺骗手段从来就没有很大的信心。即使在问心无愧的骗局里,要她们搭伙同谋也是靠不住的。"

"这句话说得对。"我说,"我认为她们有资格被称做诚实的人。"

"干吗不呢?"杰甫说,"她们自有男人来替她们营私舞弊,或是卖命干活。她们办事本来也不算差,但是一旦感情冲动,或者虚荣心抬了头,就不行了。那时候,你就得找一个男人来接替她们的工作。那男人多半是扁平足,蓄着沙黄色的胡子,有五个孩子和一幢抵押掉的房子。拿那个寡妇太太做例子吧,有一次我和安岱在凯罗略施小计,搞了一个婚姻介绍所,就是找那个寡妇帮的忙。

"假如你有了够登广告的资本——就说像辕杆细头那么粗的一卷钞票吧——办一个婚姻介绍所倒很有出息。当时我们约莫有六千元,指望在两个月内翻它一番。我们既然没有领到新泽西州的执照,我们的生意至多也只能做两个月。

"我们拟了一则广告,内容是这样的:

美貌妩媚寡妇有意再醮。现年三十二岁,恋栈家庭生活,有现款三千元和乡间值钱产业。应征者贫富不论,然性情必须温良,因微贱之人多具美德。若有忠实可靠,善于管理产业,并能审慎投资者,年龄较大或相貌一般均不计较。来信详尽为要。

寂寞人启

通讯处:伊利诺伊州,凯罗市

彼得斯-塔克事务所转

"'这样已经够意思了,'我们拼凑出这篇文学作品之后,我说,'可是那位太太在哪儿呢?'

"安岱不耐烦地、冷冷地瞟了我一眼。

"'杰甫,'他说,'我以为你早就把你那门行业里的现实主义观念抛到脑后了呢。为什么要一位太太?华尔街出售大量掺水的股票,难道你指望在里面找到一条人鱼吗?征婚广告跟一位太太有什么相干?'

"'听我讲,'我说,'安岱,你知道我的规矩,在我所有违反法律条文的买卖中,出售的货色必须实有其物,看得见,拿得出。根据这个原则,再把市政法令和火车时刻表仔细研究一番,我就避免了不是一张五元钞票或是一支雪茄所能了结的同警察之间的麻烦。要实现这个计划,我们必须拿出一个货真价实的妩媚的寡妇,或者相当的人,至于美貌不美貌,有没有清单和附件上开列的不动产和附属品,那倒没有多大关系,否则治安官恐怕要跟你过不去。'

"'好吧,'安岱重新考虑过后说道,'万一邮局或者治安机关要调查我们的介绍所,那样做也许比较保险。可是你打算去哪儿弄一个愿意浪费时间的寡妇,来搞这种没有婚姻的婚姻介绍的把戏呢?'

"我告诉安岱,我心目中倒有一个非常合适的人。我有一个老朋友,齐克·特罗特,原先在杂耍场卖苏打水和拔牙齿,去年喝了一个老医生的消化药,而没有喝那种老是使他酩酊大醉的万应药,结果害得老婆当了寡妇。以前我时常在他们家里歇脚,我想我们不妨找她来帮忙。

"到她居住的小镇只有六十英里,于是我搭上火车赶到那里,发现她仍旧住在那幢小房子里,洗衣盆上仍旧栽着向日葵,站着公鸡。特罗特太太非常适合我们广告上的条件,只不过在美貌、年龄和财产方面也许有点出入。她看来还有可取之处,对付得过去,并且让她担任那件工作,也算是对得起已故的齐克。

"我说明了来意之后,她问道:'彼得斯先生,你们做的生意规矩吗?'

"'特罗特太太,'我说,'安岱·塔克和我早就合计过啦,在我们这个毫无公道的广阔的国家里,至少有三千人看了我们的广告,想博得你的青睐和你那有名无实的金钱财产。在那批人中间,假如他们侥幸赢得了你的心,约莫就有三千人准备给你一个游手好闲、惟利是图的臭皮囊,一个生活中的失意人,一个骗子手和可鄙的淘金者作为交换。'

"'我和安岱,'我说,'准备教训教训那批社会的蠹贼。我和安岱真想组织一个名叫"大德万福幸灾乐祸婚姻介绍所",好不容易才没有这么做。这一来,你该明白了吧?'

"'明白啦,彼得斯先生。'她说,'我早知道你不至于做出什么卑鄙的事。可是你要我干些什么呢?你说的这三千个无赖汉,要我一个个地回绝呢,还是把他们成批成批地撵出去?'

"'特罗特太太,'我说,'你的工作其实是个挂名美差。你只消住在一家清静的旅馆里,什么事都不用干。来往信件和业务方面的事都由安岱和我一手包办。'

"'当然啦,'我又说,'有几个比较热切的求婚者和急性子,如果凑得齐火车票钱,可能亲自赶到凯罗,嬉皮涎脸地来求婚。在那种情况下,你或许要费些手脚,当面打发他们。我们每星期给你二

45

十五元,旅馆费用在外。'

"'等我五分钟,'特罗特太太说,'让我拿了粉扑,把大门钥匙托付给邻居,你就可以开始计算我的薪水了。'

"于是我把特罗特太太带到凯罗,把她安置在一个公寓里,公寓的地址跟我和安岱下榻的地方既不近得引人起疑,也不远得呼应不灵。然后我把经过情况告诉了安岱。

"'好极啦。'安岱说,'现在手头有了真的鱼饵,你也安心了。闲话少说,我们动手钓鱼吧。'

"我们在全国各地的报上刊登了广告。我们只登一次。事实上也不能多登,不然就得雇用许多办事员和女秘书,而她们嚼口香糖的声音可能会惊动邮政总长。

"我们用特罗特太太的名义在银行里存了两千元,把存折交给了她,如果有谁对这个婚姻介绍所的可靠性和诚意产生怀疑时,可以拿出来给他看看。我知道特罗特太太诚实可靠,把钱存在她名下绝对没有问题。

"即使只登了一则广告,安岱和我每天还得花上十二个小时来回复信件。

"每天收到的应征信件总有百来封。我以前从不知道这个国家里竟有这许多好心肠的穷困的人,愿意娶一位妩媚的寡妇,并且背上代为投资的包袱。

"应征的人多半承认自己上了年纪、失了业、怀才不遇,不为世人所赏识,但他们都保证自己有一肚子深情柔意,还有许多男子汉的品质,如果寡妇委身于他们,管保她一辈子受用不尽。

"彼得斯-塔克事务所给每一个应征者去了一封回信,告诉他说,寡妇对他的坦率而有趣的信大为感动,请他再来信详细谈谈,如果方便的话,请附照片一张。彼得斯-塔克同时通知应征者,把第二封信转交给女当事人的费用是两元,要随信附来。

"这个计划的简单美妙之处就在于此。各地的老少爷们中间,约莫有百分之九十想办法筹了钱寄来。就是这么一个把戏。只是我和安岱为了拆开信封和把钱取出来的麻烦,发了不少牢骚。

"有少数主顾亲自出马。我们把他们送到特罗特太太那里去,由她来善后;只有三四个人回来,问我们要一些回程的车钱。在乡村便邮的信件开始涌到后,安岱和我每天大概可以收入两百元。

"一天下午,我们正忙得不可开交;我把两元一元的钞票要往雪茄烟盒里塞,安岱吹着《她才不举行婚礼呢》的曲子。这时候,一个灵活的小个子溜了进来,一双眼睛骨碌碌地往墙上扫,好像在追寻一两幅遗失的盖恩斯巴勒①的油画似的。我看见他,心中得意非凡,因为我们的生意做得合法合理,无懈可击。

"'你们今天的邮件可不少啊。'那个人说。

"我伸手去拿帽子。

"'来吧,'我说,'我们料想你会来的。我带你去看货。你离开华盛顿时,特迪②可好?'

"我带他到江景公寓,让他同特罗特太太见了面。我又把存在她名下的两千元银行存折亮给那个人看看。

"'看来没有什么毛病。'那个侦探说。

"'当然。'我说,'如果你是个单身汉,我可以让你同这位太太单独聊一会儿。那两块钱可以不计较。'

"'多谢。'他说,'如果我是单身汉,我也许愿意领教。再见啦,彼得斯先生。'

"快满三个月的时候,我们收入五千多元,认为可以收场了。

---

① 盖恩斯巴勒(1727—1788),著名英国画家。
② 指美国第 26 任(1901—1909)总统西奥多·罗斯福,特迪是西奥多的昵称。

已经有许多人对我们表示不满;再则特罗特太太对这件事好像有些厌倦。许多求婚的人一直去找她,她似乎不大高兴。

"我们决定歇业。我到特罗特太太的公寓里去,把最后一星期的薪水付给她,向她告别,同时取回那两千元的存折。

"我到那里时,发现她哭得像是一个不愿意上学的孩子。

"'呀,呀,你怎么啦?是有人欺侮了你,还是想家啦?'

"'都不是,彼得斯先生。'她说,'我不妨告诉你。你一向是齐克的老朋友,我也顾不得了。彼得斯先生,我恋爱上啦。我深深地爱上了一个人,没有他,我简直活不下去了。他正是我心目中最理想的人哪。'

"'那你就嫁给他好啦。'我说,'那是说,只要你们两厢情愿。他是不是像你这样难分难舍地爱着你呢?'

"'他也是的。'她说,'他是见到广告之后来找我的,他要我把那两千块钱给了他,才肯同我结婚。他叫威廉·威尔金森。'说罢,她又动情地痛哭起来。

"'特罗特太太,'我说,'世界上没有人比我更同情一个女人的感情了。何况你的前夫是我最好的朋友之一。如果这件事可以由我一个人做主,我一定说,把那两千元拿去,跟你心爱的人结婚,祝你幸福。

"'我们送你两千元也是办得到的,因为我们从那些向你求婚的冤大头身上捞了五千多元。可是,'我接着说,'我得跟安岱·塔克商量一下。

"'他也是个好人,可是对于生意买卖很精明。他是我的合伙股东。我去找安岱谈谈,看看有什么办法可想。'

"我回到旅馆,把这件事向安岱和盘托出。

"'我一直预料会发生这一类的事。'安岱说,'在任何牵涉到女人的感情和喜爱的事情里,你不能指望她始终如一。'

"'安岱,'我说,'让一个女人因为我们的缘故而伤心,可不是愉快的事。'

"'是啊,'安岱说,'我把我的打算告诉你,杰甫。你一向心软慷慨。也许我心肠太硬,世故太深,疑虑太重了。这次我迁就你一下。到特罗特太太那儿去,叫她把银行里的两千元提出来,交给她的心上人,快快活活地过日子好啦。'

"我跳了起来,同安岱足足握了五分钟手,再去特罗特太太那儿通知她,她高兴得又哭了起来,哭得同伤心时一般厉害。

"两天后,我和安岱收拾好行李,准备上路了。

"'在我们动身之前,你愿不愿意去特罗特太太那儿,同她见见面?'我问安岱,'她很想见见你,当面向你道谢。'

"'啊,我想不必啦。'安岱说,'我们还是快点赶那班火车吧。'

"我正把我们的资本像往常那样,装进贴身的褡裢时,安岱从口袋里掏出一卷大额钞票,让我收在一起。

"'这是什么钱?'我问道。

"'就是特罗特太太的那两千块钱。'安岱说。

"'怎么会到你手里来的?'我问。

"'她自己给我的。'安岱说,'这一个多月来,我每星期有三个晚上要去她那儿。'

"'那个威廉·威尔金森就是你吗?'我说。

"'正是。'安岱回答道。"

仲夏化装舞会

"撒旦,"杰甫·彼得斯说,"是个难侍候的老板。别人度假时,他却让你忙得不可开交。正如老瓦茨大夫,或者圣保罗,或者某个诊断专家所说:'他总能找个人,让你不得空闲。'

"我记得一年夏天,我和我的搭档安岱·塔克想暂时抛开我们的专业工作,休息一阵子,但是不论我们到哪里,工作似乎追在我们后面不放。

"换了传教士,情况就不同了。他可以丢开责任,享受一番。到了五月三十一日,他用蚊帐纱蒙上讲道台,拿起高尔夫球棒、祈祷书和钓鱼竿,根据教徒呼唤他的声音大小程度,前去科莫湖或者大西洋城。是啊,先生,他有三个月可以不考虑自己的业务,除非翻翻《申命记》《箴言》和《提摩太书》,寻找一些恰当的引文,为自己度假期间赌一两把钱或者辅导一位长老会的寡妇太太游泳的罪过加以掩饰和辩解。

"我要告诉你的是我和安岱·塔克的不能算是度假的度假。

"我们厌倦了金融和种种不纯洁的机智行业。头脑难得停止工作的安岱,开始发出网球箱似的声响。

"'嗨唷!'安岱说,'我累了。我有一种感觉,仿佛我的海盗号游艇已经生火待发,准备驶往里维埃拉①!正如沃尔特·惠蒂尔②所

---

① 里维埃拉,法国东南部和意大利西北部地中海滨的度假胜地。
② 沃尔特是美国诗人,《草叶集》作者沃尔特·惠特曼(1819—1892)的名字;惠蒂尔是另一位美国诗人约翰·格林利夫·惠蒂尔(1807—1892)的姓。

说,我要游手好闲,指控我的灵魂。我要同梅里·德尔瓦尔①玩纸牌,或者在我的塔里敦庄园里像沙皇时代的贵族那样鞭笞佃户,或者做些符合消夏的、越出常规的事情。'

"'且慢,'我说,'你想尝到工业巨头名利双收的甜头,必须先在你自己这一行里爬得高一些。我想做的,安岱,'我说,'只是在一个山村里避暑,远离非法侵占、廉价劳动和浮估资本的现象。我也觉得累了,如果能清清白白地过一个来月,我们肯定能精神焕发,到了秋天重新开始替人们卸掉包袱。'

"安岱立刻赞成我的休息疗法的主意,我们便去找所有的铁路客运代理商,索取避暑胜地的介绍材料,花了一星期时间探讨该去什么地方。我认为世上第一个客运代理商是那个名叫杰内西斯的人②。但是他那个时代竞争不激烈,他说:'六日内造齐了天地万物,上帝看着是好的。'那时候,他绝对没有想到后世的避暑旅馆的宣传员竟会大肆剽窃他的话。

"我们看完那些小册子后,发现美利坚合众国,从缅因州的帕萨顿克格到埃尔帕索,从斯卡威到基维斯特,都是乐园,到处有高耸的山峰、清澈的湖泊、新下的蛋、高尔夫球、女人、车库、凉爽的微风、乘车兜风、钓鱼的水域和网球;各个地方乘车两小时都能到达。

"于是,我和安岱把那些小册子扔到后窗外面,打点好行李,搭上六点钟一班的乌龟快车,去田纳西和北卡罗来纳一带一个名叫乌鸦丘的山间休养地。

"经人指点,我和安岱弯着腰、一脚高一脚低地在岩石和树桩中间择路上山,到一家名叫土拨鼠客栈的家庭式旅店投宿。客栈

---

① 阿隆索·梅里·德尔瓦尔(1864—1943)是西班牙外交官,1918—1931年间任驻英大使,其弟拉斐尔·梅里·德尔瓦尔(1865—1930)曾任梵蒂冈教廷秘书。
② 原文Genesis,即《圣经·旧约·创世记》。

坐落在大林子里,有宽阔的游廊和许多穿白色衣服的、坐在阴凉处摇椅里的妇女,看上去挺不错。除了客栈外,乌鸦丘只有一家邮局,一些仰角四十五度的景色和一片苍穹。

"呃,先生,我们到大门口时,你猜是谁从步道过来迎接我们?是老'烟熏火燎'斯密瑟斯,早先西南部最好的室外无痛牙医和肝痛电按摩器的推销员。

"老'烟熏火燎'一身乡村牧师打扮,一副非法占取他人土地所有权的地主的模样。他告诉我们说,他就是土拨鼠客栈的老板,证实了我们对他的印象。我向他介绍了安岱,我们三个人仿佛开董事或合伙人会议似的东拉西扯地谈了一会儿。老'烟熏火燎'把我们带到大门口附近一个凉亭里,搬出生活的竖琴,劲道十足地弹起来。

"'先生,'他说,'见到你们很高兴。你们也许能帮我摆脱目前的困境。我上了年纪,做街头工作有点不合适了。于是我租下了这家三伏天的陈列所,让好东西汇集在我这里。消夏季节开始前两星期,我收到皮尔里上尉①和马尔伯勒公爵②署名的信各一封,两位都要在这里订房间度假。

"'呃,先生,你们知道,对一个名不见经传的客栈来说,能接待两个长期同冰山和班长联系在一起的著名人物,是多么重要的大事。于是,我印了许多传单,宣扬这个夏季土拨鼠客栈除了漏雨的地方之外,将有显赫的贵宾入住,传单一直分发到诺克斯维尔、夏洛特、鱼坝和草地滚球场等城镇。

---

① 皮尔里上尉(Robert Edwin Peary,1856—1920),美国北极探险家,1909年4月6日到达北极点。
② 马尔伯勒公爵(John Churchill, Duke of Marlborough,1650—1722),英国军人,绰号"约翰班长",曾在布雷尼打败法国军队。他的姐姐是日后成为英国国王詹姆斯二世的约克公爵的情妇,他的妻子是安妮王后的密友。

"'你们瞧瞧上面的游廊,先生,''烟熏火燎'说,'那些郁闷的妇女都在等待上尉和公爵到来。客栈已经住满了英雄崇拜者。

"'那里有四位师范学校的老师,两位非师范的老师,三位三七年到四二年的高中毕业生,两位爱好文学的和一位文盲老小姐,还有两位社交界妇女和一位来自豪河的太太。我在玉米透风仓里替两位演说家加了铺,在堆放干草的厩楼里搭了帆布床,让厨师和查塔努加《歌剧镜报》的社交版女编辑住。你们瞧,名人对客人有多大的号召力。'

"'你既然交上了好运,'我说,'为什么并没有沾沾自喜的样子呢?以前你可不是那样的。'

"'我还没有讲完呢,''烟熏火燎'说,'昨天是两位贵宾应该莅临的日子。我去车站迎接。有两个看上去兴致勃勃的、行李袋装满棰球棒和幻灯机的人下了车。

"'我把这两位仁兄的姓名同原信上的签名作了核对——呃,先生,发现问题出在我的眼神不好。那位采集雏菊花和马鞭草的上尉,其实是阿什维尔的一个名叫利维·T. 皮维的卖苏打水的店员;马尔伯勒公爵其实是一个名叫西奥·德雷克的穆尔弗里斯伯勒一家杂货铺的会计①。我怎么办呢?我把他们轰回火车,在车站上目送那两个不登大雅的人朝低地离去。

"'现在你们该了解我所处的困境了,''烟熏火燎'接着说,'我告诉那些女士说,贵宾半道遇上冰凌壅塞和裙带关系之类的不可避免的意外,要耽搁一两天才来。她们一旦发现受了骗,''烟熏火燎'说,'客栈里所有的妇女都会收拾行李走人。这可不是闹着玩的,''烟熏火燎'说。

---

① 皮尔里上尉和马尔伯勒公爵的原文(Lieutenant Peary;the Duke of Marlborough)分别与利维·T. 皮维和穆尔弗里斯伯勒的西奥·德雷克(Levi T. Peevy;Theo. Drake of Murfreesborough)字形相似。

"'朋友,'安岱说,'北极和布雷尼合谋把兴旺发达放在纯银托盘里端给你的时候,你何必唉声叹气?我们来了。'

"'烟熏火燎'脸上露出一线光明。

"'你们办得了吗?'他问道,'你们办得了吗?你们能为那些可爱的女士扮演北极人和小公爵的角色吗?你们肯干吗?'

"我看出安岱一贯用口才和多种语言行骗的渴望抬了头。那人有一万个单词和同义词的词汇量,它们喷薄而出时形成源源不断的诡辩和大话的走私货。

"'听着,'安岱对'烟熏火燎'说,'你问我们办得了吗?斯密瑟斯先生,你面前是两个诱骗无产阶级的高手,无论在能言善辩、手法巧妙或者溜号逃跑方面都是举世无双的。公爵们有兴衰成败,探险家们会一去不返,但是我和杰甫·彼得斯,'安岱说,'永远欣欣向荣。只要你发话,我们就可以充当你翘首以待的贵宾。你会看到,'安岱说,'我们给你的是北极光和公爵门第主角的货真价实的地方色彩。'

"老'烟熏火燎'很高兴。他一手拉着我,一手拉着安岱,往客栈走去,上山路上对我们说,我们逗留期间,最好的水果罐头和快车运来的高级食品都可以无偿享用。

"'烟熏火燎'在游廊上宣布:'女士们,我荣幸地向各位介绍马尔伯勒公爵阁下和著名的北极发明家皮尔里上尉。'

"我和安岱频频鞠躬,跟老'烟熏火燎'进屋登记时,所有的裙子都颤动起来,摇椅都嘎吱作响。我们梳洗整理后,客栈老板把我们带到专为我们保留的房间,拿出一个有柳条编护套的长颈威士忌酒瓶。

"安岱一开始喝酒,我就担心会出麻烦。他即使清醒时,也有微醺的艺术家轮回转世的气质,在酒精的刺激下,更会像乘飞艇似的飘飘然。

善 良 的 骗 子

"同长颈瓶缱绻了片刻后,我和安岱来到那些女士们开始让我们混饭吃的游廊上。我们在贵宾席就座,女教师和文学爱好者们纷纷把摇椅拖近来,围着我们。

"一位女士问我:'您最后一次探险结果如何,先生?'

"我事先没有同安岱商量好我该充当公爵还是上尉的角色。我也不清楚她提问指的是北极或是婚姻方面的探险,只好做出两者都适用的答复。

"'呃,夫人,'我说,'冷若冰霜——绝对冷若冰霜,夫人。'

"这时,安岱夸夸其谈的泻洪闸打开了,我明白了自己扮演的应该是哪一位著名的贵宾:我一个都不是,安岱则身兼二职。接下去,他似乎成了全体英国贵族和约翰·富兰克林以来的所有北极探险家的代言人。那正是 W. D. 豪利特先生特别赞赏的玉米威士忌与诚实的虚构的混合。

"'女士们,'安岱环顾半周,微笑着说,'我有机会访问美国十分高兴。我认为《大宪章》①,或者热气球,或者雪鞋,绝对不会损害你们美国妇女、摩天大楼,或者你们的冰山的美丽和魅力,下一次,'安岱说,'我再去北极时,格陵兰的范德比尔特们②不至于冷遇我——我是说不至于让我呆不下去。'

"'请您谈谈您的探险,上尉。'一位女教师说。

"'当然可以,'安岱打了一个饱嗝儿说,'去年春天,我从布雷尼城堡起航,到了北纬摄氏八十七度,打破了纪录。女士们,'安岱说,'一位伯爵通过宗教和非宗教的动产抵押,同你们湮灭在每

---

① 1215年英国颁布的宪章,共三十七条,主要反对君主滥用权力,保障公民权利和人身自由。
② 美国豪富家族,科内利乌斯·范德比尔特(1794—1877)以经营斯塔滕岛和纽约之间的轮渡起家,后控制旧金山与南美之间的航运业和纽约的铁路运输业。其子威廉(1821—1885)继承了十亿美元财产。

55

半年一日的地域里的首要家族之一联姻,这种状况真惨不忍睹.'他继续说,'四击钟①时,我们眺望到了西敏寺,但是没有酒可喝。中午,我们抛掉四个压仓的沙袋,飞船升高了十五海里。午夜,餐馆关了门。我们坐在浮冰上吃了七个热狗。我们周围都是冰雪。水手长每晚要起来六次,每次撕掉一页日历,以便同气压计合拍。十二点,'安岱脸上表情十分痛苦,'三头庞大的北极熊从舱口门跳下,进了船舱。接着——'

"'接着怎么样?'一位女教师紧张地问道。安岱大声哽咽。

"'伯爵夫人把我推醒了。'他哭出声,从椅子里滑下来,在游廊里泣不成声。

"这一下当然砸了锅。第二天早晨,女房客们纷纷退了房间离开。老板两天没有理睬我们,但是,当他发现我们有钱支付花销时,他的态度有所缓和。

"我和安岱终于安静地度了暑假,离开乌鸦丘时还带着一千一百美元,那是我们怂恿老斯密瑟斯玩纸牌,从他那里赢来的。"

---

① 航海船舶用击钟报时,四击钟分别为两点、六点和十点。

虎口拔牙

杰甫·彼得斯每谈到他的行业的道德问题时,就滔滔不绝,口若悬河。

他说:"只要我们在欺骗事业的道德问题上有了意见分歧,我和安岱·塔克的友好关系就出现了裂痕。安岱有他的标准,我有我的标准。我并不完全同意安岱向大众敲诈勒索的做法,他却认为我的良心过于妨碍我们合作事业的经济利益。有时候,我们争论得面红耳赤。还有一次,两人越争越厉害,他竟然拿我同洛克菲勒相比。

"'我明白你的意思,安岱,'我说,'但是我们交了这么多年的朋友,你用这种话来侮辱我,我并不生你的气。等你冷静下来之后,你自己会后悔的。我至今还没有同法院的传票送达吏照过面呢①。'

"有一年夏天,我和安岱决定在肯塔基州一个名叫青草谷的山峦环抱、风景秀丽的小镇休息一阵子。我们自称是马贩子,善良正派,是到那里去消夏的。青草谷的居民很喜欢我们,我和安岱决定不采取任何敌对行动,既不在那里散发橡胶种植园的计划书,也不兜售巴西金刚钻。

---

① 美国石油大王洛克菲勒由于非法经济活动,常被控告,受到法院传讯;但靠行贿,又屡次逃脱处分。

"有一天,青草谷的五金业巨商来到我和安岱下榻的旅馆,客客气气地同我们一起在边廊上抽烟。我们有时下午一起在县政府院子里玩掷绳环游戏,已经跟他混得很熟了。他是一个多嘴多舌,面色红润,呼吸急促的人,同时又出奇地肥胖和体面。

"我们把当天的大事都谈过之后,这位默基森——这是他的尊姓——小心而又满不在乎地从衣袋里掏出一封信,递给我们看。

"'呃,你们有什么看法?'他笑着说——'居然把这样一封信寄给我!'

"我和安岱一看就明白是怎么回事了;但我们还是装模作样地把它读了一遍。那是一种已经不时髦的,卖假钞票的打字信件,上面告诉你怎样花一千元就可以换到五千元连专家也难辨真伪的钞票;又告诉你,那些钞票是华盛顿财政部的一个雇员把原版偷出来印成的。

"'他们竟会把这种信寄给我,真是笑话!'默基森又说。

"'有许多好人都收到过这种信。'安岱说,'如果你收到第一封信后置之不理,他们也就算了。如果你回了信,他们就会再来信,请你带了钱去做交易。'

"'想不到他们竟会寄信给我!'默基森说。

"过了几天,他又光临了。

"'朋友们,'他说,'我知道你们都是规矩人,不然我也不告诉你们了。我给那些流氓去了一封回信,开开玩笑。他们又来了信,请我去芝加哥。他们请我动身前先给杰·史密斯去个电报。到了那里,要我在某一个街角上等着,自会有一个穿灰衣服的人走过来,在我面前掉落一份报纸。我就可以问他:油水怎么样?于是我们彼此心照不宣,就接上了头。'

"'啊,一点不错,'安岱打了个哈欠说,'还是那套老花样。我在报上时常看到。后来他把你领到一家旅馆已布置好圈套的房间

善 良 的 骗 子

里,那里早有一位琼斯先生在恭候了。他们取出许多崭新的真钞票,按五作一的价钱卖给你,你要多少就卖多少。你眼看他们替你把钞票放进一个小包,以为是在那里面了。可你出去以后再看时,里面只是些牛皮纸。'

"'哦,他们想在我面前玩瞒天过海的把戏可不成。'默基森说,'我如果不精明,怎么能在青草谷创办了最有出息的事业呢?你说他们给你看的是真钞票吗,塔克先生?'

"'我自己始终用——不,我在报上看到总是用真的。'安岱回答说。

"'朋友们,'默基森又说,'我有把握,那些家伙可骗不了我。我打算带上两千块钱,到那里去捉弄他们一下。如果我比尔·默基森看到他们拿出钞票,我就一直盯着它。他们既然说是五块换一块,我就咬住不放,他们休想反悔。比尔·默基森就是这样的生意人。是啊,我确实打算到芝加哥去一趟,试试杰·史密斯的五换一的把戏。我想油水是够好的。'

"我和安岱竭力想打消默基森脑袋里那种妄想发横财的念头,但是怎么也不成,仿佛在劝一个无所不赌的混小子别就布赖恩竞选的结果同人家打赌似的①。不成,先生;他一定要去执行一件对公众有益的事情,让那些卖钞票的骗子搬起石头砸自己的脚。那样或许可以给他们一个教训。

"默基森走后,我和安岱坐了会儿,默默地思考着理性的异端邪说。我们闲散的时候,总喜欢用思考和推断来提高自己。

"'杰甫,'过了很久,安岱开口说,'当你同我谈你做买卖的正大光明时,我很少不同你抬杠的。我可能常常是错误的。但在这件事情上,我想我们不至于有分歧吧。我认为我们不应该让默基

---

① 布赖恩(1860—1925),美国律师,1896,1900,1908年三度竞选总统,均失败。

59

森先生独自去芝加哥找那些卖假钞票的人。那只会有一种结果。我们想办法干预一下,免得出事。你认为这样我们心里是不是舒畅些呢?'

"我站起来,使劲同塔克握了好长时间手。

"'安岱,'我说,'以前我看你做事毫不留情,总有点不以为然。如今我认错了。说到头,人不可貌相,你毕竟有一副好心肠。真叫我钦佩之至。你说的话正是我刚才想的。如果我们听任默基森去实现他的计划,'我说,'我们未免丢人,不值得佩服了。如果他坚决要去,那么我们就跟他一起去,防止骗局得逞吧。'

"安岱同意我的话;他一心想破坏假钞票的骗局,真叫我觉得高兴。

"'我不以虔诚的人自居,'我说,'也不认为自己是拘泥于道德的狂热分子;但是,当我眼看一个自己开动脑筋,艰苦奋斗,在困难中创业的人将受到一个妨害公众利益的不法骗子的欺诈时,我决心不能袖手旁观。'

"'对的,杰甫。'安岱说,'如果默基森坚持要去,我们就跟着他,防止这件荒唐的事情。跟你一样,我最不愿意别人蒙受这种钱财损失。'

"说罢,我们就去找默基森。

"'不,朋友们,'他说,'我不能把这个芝加哥害人的歌声①当做耳边风。我一不做,二不休,非要在这鬼把戏里挤出一点油水不可。有你们和我同去,我太高兴啦。在那五换一的交易兑现的时候,你们或许可以帮些忙。好得很,你们两位愿意一起去,再好没有了,我真把它当做一件消遣逗乐的事了。'

---

① 原文 Siren,是希腊神话中半人半鸟的海妖,常用美妙的歌声引诱路过的船员,使他们徘徊在岛上不忍离去,卒致饿死。

"默基森先生在青草谷传出消息,说他要出一次门,同彼得斯先生和塔克先生一起去西弗吉尼亚踏勘铁矿。他给杰·史密斯去了一封电报,通知对方他准备某天启程前去领教;于是,我们三人就向芝加哥进发了。

"路上,默基森自得其乐地作了种种揣测,预先设想许多愉快的回忆。

"'一个穿灰衣服的人,'他说,'等在沃巴什大道和莱克街的西南角上。他掉下报纸,我就问油水怎么样。呵呵,哈哈!'接着他捧着肚子大笑了五分钟。

"有时候,默基森正经起来,不知他怀着什么鬼胎,总想用胡说八道来排遣它。

"'朋友们,'他说,'即使给我一万块钱,我也不愿意这件事在青草谷宣扬开来。不然我就给毁啦。我知道你们两位是正人君子。我认为惩罚那些社会的蟊贼是每个公民应尽的责任。我要给他们看看,油水到底好不好。五块换一块——那是杰·史密斯自己提出来的,他跟比尔·默基森做买卖,就得遵守他的诺言。'

"下午七点左右,我们抵达芝加哥。默基森约定九点半同那个穿灰衣服的人碰头。我们在旅馆里吃了晚饭,上楼到默基森的房间里去等候。

"'朋友们,'默基森说,'现在我们一起核计核计,想出一个打垮对手的方法。比如说,我同那个灰衣服的骗子正聊上劲儿的时候,你们两位碰巧闯了进来,招呼道:"喂,默基!"带着他乡遇故知的神情来跟我握手。我就把骗子叫过一边,告诉他,你们是青草谷来的杂货食品商詹金斯和布朗,都是好人,或许愿意在外乡冒冒险。'

"'他当然会说:"如果他们愿意投资,带他们来好啦。"两位认为这个办法怎么样?'

"'你以为怎么样,杰甫?'安岱瞅着我说。

"'喔,我不妨把我的意见告诉你。'我说,'我说我们当场了结这件事吧。不必再浪费时间了。'我从口袋里掏出一支镀镍的三八口径的左轮手枪,把弹筒转动了几下。

"'你这个不老实、造孽的、阴险的肥猪,'我对默基森说,'乖乖地把那两千块钱掏出来,放在桌上。赶快照办,否则我要对你不客气了。我生性是个和平的人,不过有时候也会走极端。有了你这种人,'我等他把钱掏出来之后继续说,'法院和监狱才有必要存在。你来这儿想夺那些人的钱。你以为他们想剥你一层皮,你就有了借口吗?不,先生;你只不过是以暴易暴罢了。其实你比那个卖假钞票的人坏十倍。'我说,'你在家乡上教堂,做礼拜,挺像一个正派公民,但是你到芝加哥来,想剥夺别人的钱,那些人同你今天想充当的这类卑鄙小人做交易,才创立了稳妥有利的行业。你可知道,那个卖假钞票的人也是上有老,下有小,要靠他养家糊口。正因为你们这批假仁假义的公民专想不劳而获,才助长了这个国家里的彩票、空头矿山、股票买卖和投机倒把。如果没有你们,他们早就没事可干了。你打算抢劫的那个卖假钞票的人,为了研究那门行业,可能花了好几年工夫。每做一笔买卖,他就承担一次丧失自由、钱财,甚至性命的风险。你打着神圣不可侵犯的幌子,凭着体面的掩护和响亮的通讯地址到这儿来骗他的钱。假如他弄到了你的钱,你可以去报告警察局。假如你弄到了他的钱,他只好一声不吭,典当掉他那套灰衣服去换晚饭吃。塔克先生和我看透了你,所以我们同来给你应得的教训。钱递过来,你这个吃草长大的伪君子。'

"我把两千块钱——全是二十元一张的票子——放进内衣口袋。

"'现在你把表掏出来。'我对默基森说,'不,我并不要表。把它搁在桌子上,你坐在那把椅子上,过一小时才能离开。要是你嚷嚷,或者不到一小时就离开,我们就在青草谷到处张贴揭发你。我想你在那里的名声地位对你来说总不止值两千块钱吧。'

"于是我和安岱离开了他。

"在火车上,安岱好久不开腔。最后他说:'杰甫,我想问你一句话行吗?'

"'问两句也不要紧,'我说,'问四十句都行。'

"'我们同默基森一起动身的时候,'他说,'你就有了那种打算吗?'

"'嗯,可不是吗。'我回答说,'还能有什么别的办法?你不是也有那种打算吗?'

"约莫过了半小时,安岱才开口。我认为安岱有时并不彻底理解我的伦理和道德的思想体系。

"'杰甫,'他开口说,'以后你有空的时候,我希望你把你的良心画出一张图解,加上注释说明。有时候我想参考参考。'"

百老汇的天真汉

"我希望有朝一日能金盆洗手,"杰甫·彼得斯说,"到了那一天,希望谁都不能说我生平干过不给相应的回报而拿人家钱的事。我同顾客做交易后,总设法给他一点小玩意儿,让他贴在剪报本里,或者插在塞思·托马斯时钟①背后和墙壁之间留作纪念。

"有一次,我干了一件不值得赞美的荒唐事,几乎坏了我自己立下的规矩,幸好我们伟大的、有钱可赚的国家的法律法规阻止了我。

"一年夏天,我和我的搭档安岱·塔克去纽约添置年度的男士服饰。我们在衣着方面一向考究,不惜花费,我们发现干我们这一行,除了熟悉火车时刻表和拥有一帧总统的签名照片之外,衣着打扮比什么都重要。总统照片可能是洛布②出于误会而寄给我们的。安岱写过一封读者投书,说是他常常看到动物被捕兽机困住的惨状。洛布大概认为安岱富于保护动物的爱心,便寄了照片。不管怎么说,把那照片亮出来作为诚意的保证,对我们很有用处。

"我和安岱一向不太喜欢在纽约做买卖。那简直像是没有一定目标的打猎。在纽约找冤大头,好比用炸药在得克萨斯州的湖

---

① 塞思·托马斯(1785—1859),美国钟表制造商。
② 洛布(1867—1933),美国银行家、慈善家。1912年出资编纂了一套希腊文和拉丁原文与英文对照的《洛布古典作品丛书》,共三百多卷;1905年创立纽约音乐学院。

里炸捕鲈鱼么简单。你只要在纽约的北河和东江之间随便找个街头一站，张开一个口袋，上面写着'请投入成扎的钞票。不收支票或零钱'。你还得请一位警察守在旁边，驱赶那些企图把邮局汇票和加拿大货币①塞进去的小气鬼。对于热爱自己职业的猎人来说，纽约是个差劲的地方。因此，我和安岱蒙骗这个城市时只采取愿者上钩的态度。我们用小望远镜观察百老汇沼泽边上的鹬鸟，看它们衔树枝和淤泥治疗自己的断腿，随后我们一枪不放，悄悄地走开。

"一天，在离百老汇路约莫八英寸远的一条小街上的酒馆里，我和安岱结识了一个纽约人。我们一起喝了啤酒，发现三人都认识德卢思火炉厂的旅行推销员赫尔斯密斯。我们不由得感叹说，世界真是个小地方，纽约人和我们一见如故，打开了话匣子，毫不掩饰地、详详细细地谈起他的经历，他最早在泰马尼大楼②目前所在的地点向印第安人推销鞋带。

"这个纽约人后来在比克曼街开了一家雪茄烟店，挣了些钱，他十年来没有去过第十四街以远的地方。此外，他留着大胡子。除了那些替插图周报征求订户、希望获得一支气枪大奖的孩子或者寡妇之外，哪一个骗子都不忍心打扰留胡子的人，那个时代早过去了。他是典型的城市乡巴佬——我敢打赌说，他二十五年来没有一天不看到摩天大楼。

"呃，过不多久，这个大都市的边民掏出一卷用蓝色松紧带箍着的钞票，解了开来。

"'彼得斯先生，这里有五千元，'他把那卷钞票放在桌上推到我面前说，'是我十五年的积蓄。把它放到你的口袋里，代我保

---

① 加拿大元币值低于美元，当时1加拿大元约合75美分。
② 泰马尼大楼是纽约民主党总部所在地。

管,彼得斯先生。我很高兴认识你们这些从西部来的绅士,我可能喝多了。我要你们替我照管我的钱财。现在我们再喝一杯吧。'

"'你最好还是自己保管,'我说,'你同我们素昧平生,你不能信任所有初次见面的人。把那卷钞票放回你的口袋里吧,'我说,'你不如早点回家,免得哪个老河低地的庄稼汉溜达进来,卖一处铜矿给你。'

"'哦,我说不准,'大胡子说,'我想老纽约能自己照顾自己。我想我见到一个人就能判断他是否可靠。我向来认为西部人都不坏。彼得斯先生,我求你帮个忙,替我把那卷钞票藏在你的口袋里。我判断谁是绅士,不会看走眼。我们再喝点啤酒吧。'

"十来分钟后,这块天上掉下的馅儿饼仰靠在椅子上,打起盹来。安岱瞅了我一眼说:'我觉得我最好陪他再待上五分钟,否则侍者进来时不好办。'

"我从侧门出去,走了半个街区。接着我又折回,坐到酒馆桌边。

"'安岱,'我说,'我下不了手。这样做像是发誓保证没有偷税逃税似的。我不能拿这个人的钱而不出点力,例如钻《破产法案》的空子,或者在他口袋里留一瓶湿疹搽剂,让他觉得这是公平交易。'

"'是啊,'安岱说,'拿了胡子老兄的资产不辞而别,确实说不过去,尤其是在他喝得糊里糊涂,委托你保管他那卷钞票以后。我们不如把他弄醒,看看能不能找出一个商业论据,让他既给我们钱,又给我们说得过去的借口。'

"我们弄醒了大胡子。他伸懒腰,打呵欠,还以为自己只不过眯了一会儿。他说他精神很好,完全可以打扑克。他在布鲁克林念中学的时候玩过扑克;既然今天一心想找点快活,干吗不玩呢。

"安岱听了这话,面露喜色,那似乎是一个解决我们财政困难

善 良 的 骗 子

的办法。我们三人便去我们下榻的百老汇路的旅馆,到安岱的房间里,拿出扑克牌和筹码。我再次让这个容易受骗的老好人收回他的五千元,但是不行。

"'你替我保管那一小卷钞票好了,彼得斯先生,'他说,'就算是我求你帮个忙。我需要的时候会向你要的。我认为我能辨出谁是可以结交的朋友。在全世界上这个最精明的小村子里,在比克曼街上做过二十年买卖的人,应该知道自己在干什么。我认为我一见面就能辨出谁是绅士谁是骗子。我身边还有一些零钱——够开个头的了。'

"他摸遍口袋,掏出许多票面二十元的钞票,放在桌上,那场景真像是美术展览馆里标价一万元的特纳①的《柠檬园秋日图》。安岱忍不住要笑。

"五张牌逐张下注发齐后,这个酒馆的老主顾亮出手里的牌,竟是一副杰克牵头的顺子,通吃桌面上的赌注。

"安岱一向为自己的扑克技术感到自豪。没料到会在阴沟里翻船,他站起来走到窗口,伤心地瞅着外面的街车。

"'先生们,'雪茄烟店老板说,'你们不想玩下去,我也不责怪你们。我好久不打扑克了,有点生疏。你们打算在纽约待多久?'

"我说打算再待一星期。他说那太好了。他的表弟当晚从布鲁克林过来,要在纽约观光。他说他的表弟是干假肢和铅棺一行的,八年没有走过布鲁克林大桥了。他们要好好快活一下,最后又请我替他把那卷钞票保管到第二天早晨。我试图让他收回,但一提这事,他就觉得仿佛是在侮辱他。

"'我先用身边的零钱,'他说,'其余的由你替我保管。明天下午六七点钟,我来看你和塔克先生,我们一起吃晚饭。照我说的

---

① 特纳(1775—1851),英国画家,擅长水彩画,作品以鲜艳的光线效果著称。

67

办吧。'

"大胡子走后,安岱疑惑地望着我。

"'杰甫,'他说,'看来乌鸦使劲要喂我们两个以利亚①,假如我们老是拒绝,奥特朋协会②会找我们麻烦的。一再拒人于千里之外,未免不识抬举。我知道这有点温情主义,但是机会一再敲我们的门,指关节都磨破了,你说的过去吗?'

"我把脚搁在桌子上,手插进口袋,这种姿势有利于认真思考。

"'安岱,'我说,'这个毛茸茸的大胡子陷我们于困境。我们拿了他的钱就缚手缚脚。你我同命运有不能违反的君子协定。我们在西部干过理由正当的买卖。我们在那里诈骗的是一些企图诈骗我们的人,甚至是空头公司派出来签发金矿开采证的庄稼汉和二流子。但是纽约没有什么可以用钓竿、钓丝或者猎枪捕钓的猎物。这里打猎不用弹弓就用介绍信。鲤鱼充斥了这个城市,以致猛烈挣扎的鱼全跑了。如果你在这里张网,能捕捉到合法的、符合上帝心意的冤大头吗?例如那些自以为什么都懂的毛头小伙子,敢同别人玩把戏的、有几个小钱和胆量的家伙,扔一两块钱找乐的普通百姓,和看准小豆子在哪个贝壳底下的自作聪明的乡巴佬。不,先生,'我说,'这里的骗子赖以生存的是积攒了一袋钱、看到有铁栅栏的窗口就把它递进去的孤儿寡妇和外国人,和从未离开过他们所在街区的工厂女工和小店主。他们只是装在罐头里的沙丁鱼,你捕捉他们所需的鱼饵只是一把小刀和一块苏打饼干。

"'至于这位雪茄烟店老板,'我接着说,'正属于那种类型。他在一条街上生活了二十年而没有学到任何东西,正如你在堪萨

---

① 以利亚是古代以色列先知,大旱时他住在约旦河东的基立溪边,乌鸦早晚给他叼饼和肉来,事见《旧约·列王纪上》第17章。
② 奥特朋(1780—1851),美国鸟类学家,以他的姓成立了一个鸟类保护协会。

斯州一个热闹小镇上,从那个咬紧牙关替你草草刮脸的理发师嘴里听不到任何话一样。但他是纽约人,当他没有触摸带电的电线,给街车撞倒,或者站在摩天大楼下面看吊升保险箱时,他老是自吹自擂。纽约人一打开话匣子,'我说,'就像春天壅塞阿勒格尼河的冰块开始解冻。如果你不避开,就会陷进碎冰和回流里面。'

"'这支带芹菜的雪茄烟,'我说,'把我们当做他孩子气的信任和利他主义的适当人选,也是我们莫大的运气,因为他那卷钞票有损于我的正义感和道德观。我们不能白拿,安岱,你知道我们不能白拿,'我说,'我们没有任何资格。我们如果能找到一点提出权利要求的根据,我愿意看他重新创业,再干二十年,再挣五千元,但是我们没有卖给他任何东西,我们没有卷入任何交易或商业行为。他友好地找上门来,糊里糊涂地把那卷东西交给我们,简直愚蠢到极点。他要的时候,我们必须还给他。'

"'你的论点,'安岱说,'都是马后炮或者事前推理。不,以目前的情况来说,我们当然不能拿了钱走人。我佩服你办事认真,杰甫,'安岱说,'我决不会提出任何按照你的道德和主动精神的理论标准不算是光明正大的建议。

"'不过我今晚要到外地去,明天大部分时间也不在,杰甫,'安岱说,'我要出去办些事,这位免费美钞朋友明天下午回来后,你留住他,等我回来。你知道,我们约好一起吃晚饭的。'

"第二天下午五点左右,雪茄烟店老板困得眼睛都睁不开地走了进来。

"'彼得斯先生,玩得太痛快了,'他说,'到处观光了一番。我告诉你,纽约是独一无二的。如果你不介意,趁塔克先生还没回来,我想躺在卧榻上打九分钟盹。我很少整宿不睡的。明天,彼得斯先生,如果你不介意,我可以拿回那五千元。昨晚我遇到一个人,他有可靠情报,知道明天赛马哪匹马能赢。我这就睡了,请原

谅我不礼貌,彼得斯先生。'

"这位世界第二大城市的居民躺下来,开始打鼾,我坐着思考问题,真想回到西部去,那里的主顾为了保住钱财会顽强斗争,让你觉得来之不易,得了他的钱财也感到问心无愧。

"五点半,安岱回来了,看到那个睡觉的人。

"'我去了一趟特伦顿,'安岱从口袋里掏出一份文件说,'我想这个问题已经解决了,杰甫。你瞧。'

"我打开文件,发现是一张新泽西州颁发的公司注册证,注册人是'彼得斯-塔克特许专营空中开发合并股份有限公司'。

"'这是买下飞船航线通行权的证书,'安岱解释说,'州议会在休会期间,不过我在议会休息室卖明信片的摊位上遇到一个人,他手头有一批现成的注册证。注册资本分十万股,'安岱说,'估计能达到每股一美元的面值。我弄了一张空白的股权证。

"'全部股都归我们这位睡觉的朋友,只收他五千元。你知道他的姓名吗?'

"'不知道,抬头就写持票人吧。'我说。

"我们把股权证塞在雪茄烟店老板手里,然后出去收拾行李。

"安岱在渡船上对我说:'现在你拿了钱,问心无愧了吧?'

"'为什么无愧?'我说,'难道我们比任何一家控股公司都正派?'"

艺术良心

"我始终没能使我的搭档安岱·塔克就范,让他遵守纯诈骗的职业道德。"杰甫·彼得斯有一天对我说。

"安岱太富于想象力了,以致不可能诚实。他老是想出许多不正当而又巧妙的敛钱的办法,那些办法甚至在铁路运费回佣制的章程里都不便列入。

"至于我自己呢,我一向不愿意拿了人家的钱而不给人家一点东西——比如说包金的首饰、花籽、腰痛药水、股票证券、擦炉粉,或者砸破人家的脑袋;人家花了钱,总得收回一些代价。我想我的祖先中间准有几个新英格兰人,他们对警察的畏惧和戒心多少遗传了一些给我。

"但是安岱的家谱不同。我认为他和股份有限公司一样,没有什么祖先可供追溯。

"一年夏天,我们在中西部俄亥俄河流域做家庭相册、头痛粉和灭蟑螂药片的买卖,安岱灵机一动,想到了一个巧妙而可受到控诉的生财之道。

"'杰甫,'他说,'我一直在琢磨,我们应当抛开这些泥腿子,把注意力转移到更有油水、更有出息的事情上去。假如我们继续在农民身上刮小钱,人家就要把我们列入初级骗子一类了。我们不妨进入高楼林立的地带,在大牡鹿的胸脯上咬一口,你看怎么样?'

71

"'哎,'我说,'你了解我的古怪脾气。我宁愿干我们目前所干的规矩合法的买卖。我得人钱财,总要留一点实实在在的东西给人家,让他看得见、摸得着,即使那东西是一只握手时会咬手的机关戒指,或者是会喷人满脸香水的香水瓶。你有什么新鲜主意,安岱,'我说,'也不妨说出来听听。我不拘泥于小骗局,如果有好的外快可赚,我也不拒绝。'

"'我想的是,'安岱说,'不用号角、猎狗和照相机,在那一大群美国的迈达斯①,或者通称为匹茨堡百万富翁的人中间打一次猎。'

"'在纽约吗?'我问道。

"'不,老兄,'安岱说,'在匹茨堡。那才是他们的栖息地。他们不喜欢纽约。他们只因为人家指望他们去纽约,才偶尔去玩玩。'

"'匹茨堡的百万富翁到了纽约,就像落进滚烫的咖啡里的苍蝇——他成了人们注意和议论的目标,自己却不好受。纽约嘲笑他在那个满是鬼鬼祟祟的势利小人的城市里花了那么多冤枉钱。他在那里的实际开销并不多。我见过一个身价一千五百万元的匹茨堡人在纽约待了十天的费用账。账目是这样的:

往返火车票	21.00 元
去旅馆来回车力	2.00 元
旅馆费(每天 5 元)	50.00 元
小账	5750.00 元
合计	5823.00 元

"'那就是纽约的声音。'安岱接着说,'纽约市无非像是一个

---

① 迈达斯,希腊神话中爱金如命的弗里吉亚国王。

侍者领班。你给小账多得出了格,他就会跑到门口,和衣帽间的小厮取笑你。因此,当匹茨堡人想花钱找快活时,总是待在家里。我们去那儿找他。'

"闲话少说,我和安岱把我们的巴黎绿、安替比林粉①和相片册寄存在一个朋友家的地下室里,便动身去匹茨堡了。安岱并没有拟订出使用狡诈或暴力的计划书,但他一向很自信,在任何情况下,他的缺德天性都能应付裕如。

"为了对我明哲保身和堂堂正正的观点作些让步,他提出,只要我积极参加我们可能采取的任何非法买卖,他就保证受害者花了钱能得到触觉、视觉、味觉和嗅觉所能感知的真实的东西,让我良心上也说得过去。他作过这种保证之后,我情绪好了些,便轻松愉快地参加了骗局。

"当我们在烟雾弥漫,他们叫做史密斯菲尔德大街的煤渣路上溜达时,我说:'安岱,你有没有想过,我们怎样去结识那些焦炭大王和生铁小气鬼呢?我并不是瞧不起自己,瞧不起自己的客厅风度和餐桌礼仪,'我说,'但是,我们要进入那些抽细长雪茄的人的沙龙,恐怕会比你想象的要困难一些吧?'

"'如果有什么困难的话,'安岱说,'那只在于我们自己的修养和文化要高出一截。匹茨堡的百万富翁们是一批普通的、诚恳的、没有架子、很讲民主的人。'

"'他们的态度粗鲁,表面上好像兴高采烈、大大咧咧的,实际上却是很不讲礼貌,很不客气。他们的出身多半微贱暧昧,'安岱说,'并且还将生活在暧昧之中,除非这个城市采用完全燃烧装置,消灭烟雾。如果我们随和一些,不要装腔作势,不要离沙龙太

---

① 巴黎绿是乙酰亚砷酸铜的俗名,可作杀虫剂和颜料;安替比林是解热镇痛药物。

远,经常像钢轨进口税那样引人注意,我们同那些百万富翁交际交际是没有困难的。'

"于是安岱和我在城里逛了三四天,摸摸情况。我们已经知道了几个百万富翁的模样。

"有一个富翁老是把他的汽车停在我们下榻的旅馆门口,让人拿一夸脱香槟酒给他。侍者拔掉瓶塞之后,他就凑着瓶口喝。那说明他发迹以前大概是个吹玻璃的工人。

"一晚,安岱没有回旅馆吃饭。十一点钟光景,他来到我的房间。

"'找到一个啦,杰甫。'他说,'身价一千二百万。拥有油田、轧钢厂、房地产和天然煤气。他人不坏;没有一点架子。最近五年发了财。如今他聘请了好几位教授,替他补习文学、艺术、服饰打扮之类的玩意儿。'

"'我见到他的时候,他刚同一个钢铁公司的老板打赌,说是阿勒格尼轧钢厂今天准有四人自杀,结果赢了一万元。在场的人都跟着他去酒吧,由他请客喝酒。他对我特别有好感,请我吃饭。我们在钻石胡同的一家饭馆,坐在高凳上,喝了起泡的摩泽尔葡萄酒,吃了蛤蜊杂烩和油炸苹果馅饼。

"'接着,他带我去看看他在自由街的单身公寓。他那套公寓有十间屋子,在鱼市场楼上,三楼还有洗澡的地方。他对我说公寓布置花了一万八千元,我相信这是实话。

"'一间屋子里收藏着价值四万元的油画,另一间收藏着两万元的古董古玩。他姓斯卡德,四十五岁,正在学钢琴。他的油井每天出一万五千桶原油。'

"'好吧,'我说,'试跑很令人满意。可有什么用呢?艺术品收藏同我们有什么关系?原油又有什么关系?'

"'呃,那个人,'安岱坐在床上沉思地说,'并不是那种普通的附庸风雅的人。当他带我去看屋子里的艺术品时,他的脸像炼焦炉门那样发光。他说,只要他的几笔大买卖做成,他就能使约·皮·摩根①收藏的苦役船上的挂毯和缅因州奥古斯塔的念珠相形见绌,像是幻灯机放映出来的牡蛎嘴巴。

"'然后他给我看一件小雕刻,'安岱接着说,'谁都看得出那是件珍品。他说那是大约两千年前的文物。是从整块象牙雕刻出来的一朵莲花,莲花中间有一个女人的脸。

"'斯卡德查阅了目录,考证一番。那是纪元前埃及一位名叫卡夫拉的雕刻匠做了两个献给拉姆泽斯二世②的。另一个找不到了。旧货和古玩商在欧洲各地都找遍了,但是缺货。现在这件是斯卡德花了两千块钱买来的。'

"'哦,够啦,'我说,'在我听来,这些话简直像小河流水一般毫无意义。我原以为我们来这儿是让那些百万富翁开开眼界,不是向他们领教艺术知识的。'

"'忍耐些。'安岱和气地说,'要不了多久,我们也许能钻到空子。'

"第二天,安岱在外面待了一上午,中午才回来。他刚回旅馆便把我叫进他的房间,从口袋里掏出一个鹅蛋一般大小,圆圆的包裹,解了开来。里面是一件象牙雕刻,同他讲给我听的百万富翁的那件收藏品一模一样。

"'我刚才在一家旧货典当铺里,'安岱说,'看见这东西压在一大堆古剑和旧货下面。当铺老板说,这东西在他店里已有好几年了,大概是住在河下游的阿拉伯人、土耳其人,或者什么外国人押当后到期未赎,成了死当。'

---

① 约·皮·摩根(1837—1913),美国财阀,美国钢铁公司的创办人,喜欢收藏艺术品和孤本书籍。
② 拉姆泽斯二世,公元前1292—前1225年在位的埃及法老。

"'我出两块钱向他买,准是露出了急于弄到手的神情,他便说如果价钱谈不到三百三十五元,就等于夺他儿女嘴里的面包。结果我们以二十五元成交。'

"'杰甫,'安岱接着说,'这同斯卡德的雕刻正是一对,一模一样。他准会把它收买下来,像吃饭时围上餐巾一般快。说不定这正是那个老吉卜赛刻的另一个真货呢!'

"'确实如此。'我说,'现在我们怎么挤他一下,让他自觉自愿地来买呢?'

"安岱早就拟好了计划,我来谈谈我们是怎样执行的。

"我戴上一副蓝眼镜,穿上黑色大礼服,把头发揉得乱蓬蓬的,就成了皮克尔曼教授。我到另一家旅馆租了房间,发一个电报给斯卡德,请他立即来面谈有关艺术的事。不出一小时,他赶到旅馆,乘上电梯,来到我的房间。他是个懵懵懂懂的人,嗓门响亮,身上散发着康涅狄克州雪茄烟和石脑油的气味。

"'嗨,教授!'他嚷道,'生意可好?'

"我把头发揉得更蓬乱一些,从蓝镜片后面瞪他一眼。

"'先生,'我说,'你是宾夕法尼亚州匹茨堡的科尼利厄斯·蒂·斯卡德吗?'

"'是的。'他说,'出去喝杯酒吧。'

"'我既没有时间,也没有胃口,'我说,'我可不做这种有害有毒的消遣。我从纽约来同你谈谈有关生——有关艺术的事情。'

"'我听说你有一个拉姆泽斯二世时代的埃及象牙雕刻,那是一朵莲花里的伊西斯皇后的头像。这样的雕刻全世界只有两件。其中一件已失踪多年。最近我在维也纳一家当——一家不著名的博物馆里发现了它,买了下来。我想买你收藏的那件。开个价吧。'

"'嗨,老天爷,教授!'斯卡德说,'你发现了另一件吗?你要

买我的?不。我想科尼利厄斯·斯卡德收藏的东西是不会出卖的。你那件雕刻带来了没有,教授?'

"我拿出来给斯卡德。他翻来覆去看了几遍。

"'正是这玩意儿。'他说,'和我那件一模一样,每一根线条都丝毫不差。我把我的打算告诉你。'他说,'我不会卖的,但是我要买。我出两千五百块钱买你的。'

"'你不卖,我卖。'我说,'请给大票子。我不喜欢多啰唆。我今晚就得回纽约。明天我还要在水族馆讲课。'

"斯卡德开了张支票,由旅馆付了现款。他带着那件古董走了,我根据约定,赶紧回到安岱的旅馆。

"安岱在屋子里走来走去,不时看看表。

"'怎么样?'他问道。

"'两千五百块。'我说,'现款。'

"'还有十一分钟,'安岱说,'我们得赶巴尔的摩-俄亥俄线的西行火车。快去拿你的行李。'

"'何必这么急?'我说,'这桩买卖很规矩。即使是赝品,他也要过一段时候才会发现。何况他好像认为那是真东西。'

"'是真的。'安岱说,'就是他自己家里的那件。昨天我在他家里看古董时,他到外面去了一会儿,我顺手牵羊地拿了回来。喂,你赶快去拿手提箱吧。'

"'可是,'我说,'你不是说在当铺里另外找到一个——'

"'噢,'安岱说,'那是为了尊重你的艺术良心。快走吧。'"

黄雀在后

在普罗文萨诺饭店的一个角落里,我们一面吃意大利面条,杰甫·彼得斯一面向我解释三种不同类型的骗局。

每年冬天,杰甫总要到纽约来吃面条,他裹着厚厚的灰鼠皮大衣在东河看卸货,把一批芝加哥制的衣服囤积在富尔顿街的铺子里。其余三季,他在纽约以西——他的活动范围是从斯波坎到坦帕①。他时常夸耀自己的行业,并用一种严肃而独特的伦理哲学加以支持和卫护。他的行业并不新奇。他本人就是一个没有资本的股份无限公司,专门收容他同胞们的不安分守己的愚蠢的金钱。

杰甫每年到这个高楼大厦的蛮荒中来度他那寂寞的假期,这时候,他喜欢吹吹他那丰富的阅历,正如孩子喜欢在日落时分的树林里吹口哨一样。因此,我在日历上标出他来纽约的日期,并且同普罗文萨诺饭店接洽好,在花哨的橡皮盆景和墙上那幅什么宫廷画之间的角落里为我们安排一张酒迹斑斑的桌子。

"有两种骗局,"杰甫说,"应当受到法律的取缔。我指的是华尔街的投机和盗窃。"

"取缔其中的一项,几乎人人都会同意。"我笑着说。

"嗯,盗窃也应当取缔。"杰甫说;我不禁怀疑我刚才的一笑是否多余。

---

① 斯波坎是华盛顿州东部的城市,坦帕是佛罗里达州中西部的城市。

善良的骗子

"约莫三个月前,"杰甫说,"我有幸结识刚才提到的两类非法艺术的代表人物。我同时结交了一个窃贼协会的会员和一个金融界的约翰·台·拿破仑①。"

"那倒是有趣的结合。"我打了个哈欠说,"我有没有告诉过你,上星期我在拉马波斯河岸一枪打到了一只鸭子和一只地松鼠?"我很知道怎么打开杰甫的话匣子。

"让我先告诉你,这些寄生虫怎么用他们的毒眼污染了公正的泉水,妨碍了社会生活的运转。"杰甫说,他自己的眼睛里闪烁着揭发别人丑行时的光芒。

"我刚才说过,三个月以前,我交上了坏朋友。人生在世,只有两种情况才会促使他这样——一种是穷得不名一文的时候,另一种是很有钱的时候。

"最合法的买卖偶尔也有倒运的时候。我在阿肯色州的一个十字路口拐错了弯,闯进了彼文镇。前年春天,仿佛我来过彼文镇,把它糟蹋得不像样子。我在那里推销了六百元的果树苗——其中有李树、樱桃树、桃树和梨树。彼文镇的人经常注意大路上的过往行人,希望我再经过那里。我在大街上驾着马车,一直行驶到水晶宫药房,那时候我才发现我和我那匹白马比尔已经落进了埋伏圈。

"彼文镇的人出乎意外地抓住了我和比尔,开始同我谈起并非和果树完全无关的话题。领头的一些人把马车上的挽绳穿在我坎肩的袖孔里,带我去看他们的花园和果园。

"他们的果树长得不合标签上的规格。大多数变成了柿树和山茱萸,间或有一两丛檞树和白杨。惟一有结果迹象的是一棵茁壮的小白杨,那上面挂着一个黄蜂窝和半件女人的破背心。

---

① 约翰·台是美国石油大王洛克菲勒的名字。

"彼文镇的人就这样作了毫无结果的巡视,然后把我带到镇边上。他们抄走我的表和钱作为抵账,又扣下比尔和马车作为抵押。他们说,只要一株山茱萸长出一颗六月早桃,我就可以领回我的物品。然后,他们抽出挽绳,吩咐我向落基山脉那面滚蛋;我便像刘易斯和克拉克①那样,直奔那片河流滔滔,森林茂密的地区。

"等我神志清醒过来时,我发觉自己正走向圣菲铁路②线上的一个不知名的小镇。彼文镇的人把我的口袋完全搜空了,只留下一块嚼烟——他们并不想置我于死地——这救了我的命。我嚼着烟草,坐在铁路旁边的一堆枕木上,以恢复我的思索能力和智慧。

"这当儿,一列货运快车驶来,行近小镇时减慢了速度;车上掉下一团黑黝黝的东西,在尘埃中足足滚了二十码,才爬起来,开始吐出烟煤末和咒骂的话。我定睛一看,发觉那是一个年轻人,阔脸盘,衣着很讲究,仿佛是坐普尔门卧车而不是偷搭货车的人物。尽管浑身弄得像是扫烟囱的人,他脸上仍旧泛着愉快的笑容。

"'摔下来的吗?'我问道。

"'不,'他说,'自己下来的。我到了目的地啦。这是什么镇?'

"'我还没有查过地图哪。'我说,'我大概比你早到五分钟。你觉得这个小镇怎么样?'

"'硬得很。'他转动着一只胳臂说,'我觉得这个肩膀——不,没什么。'

"他弯下腰去掸身上的尘土,口袋里掉出一支九英寸长的,精巧的窃贼用的钢撬。他连忙捡起来,仔细打量着我,忽然咧开嘴笑了,并向我伸出手来。

---

① 刘易斯(1774—1809),克拉克(1770—1838),美国向法国购买路易斯安那时,杰弗逊总统派他们两人率领一个探险队去踏勘该地区。
② 圣菲铁路,美国东西部之间一铁路干线的简称。

"'老哥,'他说,'你好。去年夏天我不是在密苏里南部见过你吗?那时候你在推销五毛钱一茶匙的染色沙子,说是放在灯里,可以防止灯油爆炸。'

"'灯油是不会爆炸的。'我说,'爆炸的是灯油形成的气体。'但是我仍旧同他握了手。

"'我叫比尔·巴西特,'他对我说,'如果你把这当做职业自豪感,而不是当做自高自大的话,我不妨告诉你,同你见面的是密西西比河一带最高明的窃贼。'

"于是我跟这个比尔·巴西特坐在枕木上,正如两个同行的艺术家一样,开始自吹自擂。他仿佛也不名一文,我们便谈得更为投机。他向我解释说,一个能干的窃贼有时候也会穷得扒火车,因为小石城的一个女用人出卖了他,害得他不得不匆匆逃跑。

"'当我希望盗窃得手的时候,'比尔·巴西特说,'我的工作有一部分是向娘儿们献殷勤。爱情能使娘儿们晕头转向。只要告诉我,哪一幢房子里有赃物和一个漂亮的女用人,包管那幢房子里的银器都给熔化了卖掉。我在饭店里大吃大喝,而警察局的人却说那是内贼干的,因为女主人的侄子穷得在教《圣经》班。我先勾引女用人,'比尔说,'等她让我进了屋子之后,我再勾引锁具。但是小石城的那个娘儿们坑了我。'他说,'她看见了我跟另一个女的乘电车。当我在约好的那个晚上去她那里时,她没有按说定的那样开着门等我。我本来已经配好了楼上房门的钥匙,可是不行,先生。她从里面锁上了。她真是个大利拉①。'比尔·巴西特说。

"后来比尔不顾一切硬撬门进去,那姑娘便像四轮马车顶座的观光游客那样大叫大嚷起来。比尔不得不从那里一直逃到车站。由于他没有行李,人家不让他上车,他只得扒上一列正要出站

---

① 大利拉,《圣经》中出卖参孙的非利士女人。

的货车。

"'哎,'我们交换了各人的经历之后,比尔·巴西特说,'我肚子饿啦。这个小镇不像是用弹子锁锁着的。我们不妨干一些无伤大雅的暴行,弄几个零钱花花。我想你身边不见得带着生发水,或者包金的表链,或者类似的非法假货,可以在十字街口卖给镇上那些懵懵懂懂的悭吝鬼吧?'

"'没有,'我说,'我的手提箱里本来有一些精致的巴塔戈尼亚的钻石耳坠和胸针,可是给扣在彼文镇了,一直要等到那些黑橡皮树长出大量黄桃和日本李子的时候。我想我们不能对它们存什么希望,除非我们把卢瑟·伯班克①找来搭伙。'

"'好吧,'巴西特说,'那我尽量想些别的办法。也许在天黑之后,我可以向哪位太太借一枚发针,用来打开农牧渔业银行。'

"我们正谈着,一列客车开到了附近的车站。一个戴大礼帽的人从月台那边下了火车,磕磕绊绊地跨过轨道向我们走来。他是个肥胖的矮个子,大鼻子,小眼睛,衣着倒很讲究;他小心翼翼地拿着一个手提包,仿佛里面装的是鸡蛋或是铁路股票似的。他经过我们身边,沿着铁轨继续走去,似乎没有看到小镇。

"'来。'比尔·巴西特招呼我后,自己立刻跟了上去。

"'到什么地方去啊?'我问道。

"'天哪!'比尔说,'难道你忘了你自己待在荒野里吗?吗哪上校就掉在你面前,难道你没有看到?难道你没有听见乌鸦将军的鼓翼声?你真笨得叫我吃惊,以利亚。'②

"我们在树林子旁边赶上了那个人,那时候太阳已经落山,那地点又很偏僻,没有人看见我们截住他。比尔把那个人头上的帽

---

① 卢瑟·伯班克(1849—1926),美国园艺学家,改良了一些植物品种。
② 吗哪,《旧约》中所说的以色列人经过旷野时获得的神赐的食物。以利亚是个先知,干旱时住在约旦河东的基立溪畔,乌鸦早晚给他叼饼和肉来。

子摘下来,用袖管拂拭一下,又替他戴上。

"'这是什么意思,先生?'那人问道。

"'我自己戴这种帽子觉得不自在的时候,'比尔说,'总是这样做的。目前我没有大礼帽,只好用用你的。我真不知该怎么开个头同你打打交道,先生,不过我想我们不妨先摸摸你的口袋。'

"比尔·巴西特摸遍了他所有的口袋,露出一副鄙夷的神情。

"'连表都没有一个。'他说,'你这个空心石膏像,难道不觉得害臊?穿戴得倒像侍者领班,口袋里却像伯爵一样空。连车钱都没有,你打算怎么乘火车呀?'

"那人开口声明身边毫无金银财物。巴西特拿过他的手提包,打了开来。里面是一些替换用的领口和袜子,还有半张剪下来的报纸。比尔仔细看了剪报,向那位被拦劫的人伸出手去。

"'老哥,'他说,'你好!请接受朋友的道歉。我是窃贼比尔·巴西特。彼得斯先生,你得认识认识艾尔弗雷德·伊·里克斯先生。握握手吧。里克斯先生,在捣乱和犯法方面来说,彼得斯先生的地位介乎你我之间。他拿人钱财,总是给人家一些代价。我很高兴见到你们,里克斯先生——见到你和彼得斯先生。这是我生平第一次参加的全国贪心汉大会——溜门撬锁,坑蒙拐骗,投机倒把,全都到齐了。请看看里克斯先生的证件,彼得斯先生。'

"巴西特递给我的剪报上刊登着这位里克斯先生的一张照片。那是芝加哥发行的报纸,文章中的每一段都把里克斯骂得狗血喷头。我看完那篇文章后,才知道上述里克斯其人,坐在芝加哥的装潢豪华的办公室里,把佛罗里达州淹在水底的地方全部划成一块块的,卖给一些一无所知的投资者。他收入将近十万元时,那些老是大惊小怪,没事找事的主顾(我本人卖金表时也碰到过这种主顾,居然用镪水来试验)之中有一个,精打细算地去佛罗里达旅游了一次,看看他买的地皮,检查检查周围的篱笆是不是需要打一两根桩子加固,顺便再贩一些柠檬,准备供应圣诞节的市场。他雇了一个测量员替他找这块地皮。他们费了九牛二虎之力,才发现广告上所说的乐园谷那个兴旺的小镇是在奥基乔比湖中心四十杆十六竿以南,二十度以东。那人买的地皮在三十六英尺深的水底下,并且已被鳄鱼和长嘴鱼占据了那么长时间,使他的主权颇有争议。

"那人回到芝加哥,自然闹得艾尔弗雷德·伊·里克斯火烧火燎的,热得像是气象台预报有降雪时的天气。里克斯驳斥了他的陈述,却无法否认鳄鱼的存在。有一天,报上用整整一栏的篇幅来揭发这件事,里克斯走投无路,只得从防火梯上逃出来。当局查到了他存钱的保管库,里克斯只得在手提包里放上几双袜子和十来条十五英寸半的领口,直奔西部。他的皮夹里恰好有几张火车代价券,勉强乘到我和比尔·巴西特所在的那个偏僻小镇,就给赶下火车,做了以利亚第三,可是却看不到叼粮食来的乌鸦。

"接着,这位艾尔弗雷德·伊·里克斯嚷嚷起来,说他也饿了,并且声明说他没有能力支付一餐饭的价值,更不用说价格了。因此我们三个人凑在一起,如果还有雅兴作些演绎推理和绘画说明的话,就可以代表劳动力、贸易和资本。但是贸易没有资本的时候,什么买卖都做不成。而资本没有金钱的时候,洋葱肉排的销路就不景气了。现在只能仰仗那个带钢撬的劳动力。

"'绿林弟兄们,'比尔·巴西特说,'到目前为止,我从没有在患难中抛弃过朋友。我见到那个树林子里好像有一些简陋的住房。我们不妨先去那里,等到天黑再说。'

"小树林子里果然有一所没人住的、破旧的小房子,我们三人便占用了它。天黑之后,比尔·巴西特吩咐我们等着,他自己出去了半小时光景。他回来时,捧着一大堆面包、排骨和馅饼。

"'在瓦西塔路的一个农家那里搞来的。'他说,'让我们吃、

喝、乐一下吧。'

"皎洁的满月升了上来,我们在小屋里席地而坐,借着月光吃起来。这位比尔·巴西特便开始大吹牛皮了。

"'有时候,'他嘴里满塞着土产品说,'你们这些自以为行业高我一等的人真叫我不耐烦。遇到目前这种紧急情况,你们两位有什么办法能使我们免于饿死?你办得到吗,里克斯?'

"'老实说,巴西特先生,'里克斯咬着一块馅饼,讲话的声音几乎听不见,'在目前这个时候,我也许不可能创办一个企业来改变困难的局面。我所经营的大事业自然需要事先作一些妥善的安排。我——'

"'我知道,里克斯,'比尔·巴西特插嘴说,'你不必讲下去啦。你先需要五百元雇用一个金发的女打字员,添置四套讲究的橡木家具。你再需要五百元来刊登广告。你还需要两星期的时间等鱼儿上钩。你的办法是远水救不了近火,好比遇到有人被低劣的煤气熏死的时候,就主张把煤气事业收归公有一样。他的把戏也救不了急,彼得斯老哥。'他结束说。

"'哦,'我说,'仙子先生,我还没有看见你用魔杖把什么东西变成金子呢。转转魔法戒指,搞一点剩羹残饭来,几乎人人都能做到。'

"'那只不过是先准备好南瓜罢了①。'巴西特洋洋自得地说,'六匹马的马车待会儿就会出乎意外地来到你门口,灰姑娘。你也许有什么锦囊妙计,可以帮我们开个头吧。'

"'老弟,'我说,'我比你大十五岁,可是还没有老到要保人寿险的年纪。以前我也有过不名一文的时候。我们现在可以望到那

---

① 在童话《灰姑娘》中,仙子替灰姑娘把南瓜变成一辆马车,把耗子变成了马,让她去参加了王子的舞会。

个相去不到半英里的小镇上的灯火。我的师父是蒙塔古·西尔弗,当代最伟大的街头推销员。此时,街上有几百个衣服上沾有油迹的行人。给我一盏汽油灯,一只木箱和两块钱的白橄榄香皂,把它切成小——'

"'你那两块钱打哪儿来呀?'比尔·巴西特吃吃笑着打断了我的话。跟这个窃贼一起,真是话不投机半句多。

"'不,'他往下说,'你们两个都束手无策啦。金融已经关门大吉,贸易也宣告歇业。你们两个只能指望劳动力来活动活动了。好吧。你们该认输了吧。今晚我给你看看比尔·巴西特的能耐。'

"巴西特吩咐我和里克斯待在小屋子里等他回来,即使天色亮了也不要离开。他自己快活地吹着口哨,动身朝小镇走去。

"艾尔弗雷德·伊·里克斯脱掉鞋子和衣服,在帽子上铺了一方绸手帕当枕头,便躺在地板上。

"'我想我不妨睡一会儿。'他尖声尖气地说,'今天好累啊。明天见,亲爱的彼得斯先生。'

"'代我向睡神问好。'我说,'我想坐一会儿。'

"根据我那只被扣留在彼文镇的表来猜测,在约莫两点钟的时候,我们那位辛苦的人回来了。他踢醒了里克斯,把我们叫到小屋门口有一道月光的地方。接着,他把五个各装一千元的袋子摆在地板上,像刚下了蛋的母鸡似的咯咯叫起来。

"'我告诉你们一些有关小镇的情况。'他说,'那个小镇叫石泉,镇上的人正在盖一座共济会堂,看形势民主党的镇长候选人恐怕要被平民党打垮了,塔克法官的太太本来害着胸膜炎,最近好了些。我在获得所需的情报之前,不得不同居民们谈谈这些无聊的小事情。镇上有家银行,叫做樵农储蓄信托公司。昨天银行停止营业的时候有两万三千元存款。今天开门时还剩一万八千元——

全是银币——这就是我为什么不多带一些来的原因。怎么样,贸易和资本,你们还有什么话说?'

"'年轻的朋友,'艾尔弗雷德·伊·里克斯抱着手说道,'你抢了那家银行吗?哎呀,哎呀呀!'

"'你不能那么说。'巴西特说,'"抢"这个字未免不大好听。我所做的事只不过是找找银行在哪条街上。那个小镇非常寂静,我站在街角上都可以听到保险箱上号码盘的转动声——"往右拧到四十五;往左拧两圈到八十;往右拧一圈到六十;再往左拧到十五"——听得一清二楚,正如听耶鲁大学足球队长用暗语发号施令一样。老弟,'巴西特又说,'这个镇上的人起得很早。他们说镇上的居民天没亮就都起来活动了。我问他们为什么不多睡一会儿,他们说因为那时候早饭就做好了。那么快活的罗宾汉①该怎么办呢?只有叮叮当当地赶快开路。我给你们赌本。你要多少?快说,资本。'

"'我亲爱的年轻朋友,'里克斯说,他活像一只用后腿蹲,用前爪摆弄硬果的地松鼠,'我在丹佛有几个朋友,他们可以帮助我。只要有一百块钱,我就可以——'

"巴西特打开一包钱,取出五张二十元的钞票扔给了里克斯。

"'贸易,你要多少?'他问我说。

"'把你的钱收起来吧,劳动力。'我说,'我一向不从辛辛苦苦干活的人身上搞他们来之不易的小钱。我搞的都是在傻瓜笨蛋的口袋里烧得慌的多余的钱。当我站在街头,把三块钱一枚的钻石金戒指卖给乡巴佬的时候,只不过赚了两块六。我知道他会把这只戒指送给一个姑娘,来酬答相当于一枚一百二十五元的戒指所产生的利益。他的利润是一百二十二元。我们两人中间哪一个是

---

① 罗宾汉,英国中古传说中的绿林好汉。

更大的骗子呢?'

"'可是当你把五毛钱一撮的沙子卖给穷苦女人,说是可以防止油灯爆炸的时候,'巴西特说,'沙子的价钱是四毛钱一吨;那你以为她的净利是多少呢?'

"'听着。'我说,'我叮嘱她要把油灯擦干净,把油加足。她照我的话做了,油灯就不会爆炸。她以为油灯里有了我的沙子就不会炸,也就放心了。这可以说是工业上的基督教科学疗法。她花了五毛钱,洛克菲勒和埃迪夫人①都为她效了劳。不是每个人都能请这对有钱的孪生兄妹来帮忙的。'

"艾尔弗雷德·伊·里克斯对比尔·巴西特感激涕零,差一点儿没去舔他的鞋子。

"'我亲爱的年轻朋友,'他说,'我永远都忘不了你的慷慨。上天会保佑你的。不过我请求你以后不要采用暴力和犯罪的手段。'

"'胆小鬼,你还是躲到壁板里的耗子洞里去吧,'比尔说,'在我听来,你的信条和教诲像是自行车打气筒最后的声音。你那种道貌岸然,高高在上的掠夺方式造成了什么结果?不过是贫困穷苦而已。就拿彼得斯老哥来说,他坚持要用商业和贸易的理论来玷污抢劫的艺术,如今也不得不承认他完蛋了。你们两个的做法是行不通的。彼得斯老哥,'比尔说,'你最好还是在这笔经过防腐处理的钱里取一份吧。'

"我再一次吩咐比尔·巴西特把钱收起来。我不像某些人那样尊重盗窃。我拿了人家的钱总要给人家代价,即使是一些提醒人家下次不要再上当的小小的纪念品。

"接着,艾尔弗雷德·伊·里克斯又卑躬屈节地谢了比尔,便

---

① 埃迪夫人(1821—1910),基督教科学疗法的创立人,著有《科学与健康》一书。

同我们告别了。他说他要向农家借一辆马车,乘到车站,然后搭去丹佛的火车。那个叫人看了伤心的虫豸告辞之后,空气为之一新。他丢了全国不劳而获的行业的脸。他搞了许多庞大的计划和华丽的办公室,到头来还混不上一顿像样的饭,还得仰仗一个素昧平生,也许不够谨慎的窃贼。他离开后,我很高兴;虽然看到他就此一蹶不振,不免有点儿替他伤心。这个人没有大本钱时又能干些什么?嘿,艾尔弗雷德·伊·里克斯同我们分手的时候简直像一只四脚朝天的乌龟那样毫无办法。他甚至想不出计谋来骗小姑娘的石笔呢。

"只剩下我和比尔·巴西特两个人的时候,我开动了一下脑筋,想出一个包含生意秘密的计策。我想,我得让这位窃贼先生看看,贸易同劳力之间究竟有什么差别。他奚落了商业和贸易,伤了我的职业自豪感。

"'我不愿意接受你送给我的钱,巴西特先生,'我对他说,'你今晚用不道德的方法害得这个小镇的财政有了亏空。在我们离开这个危险地带之前,如果你能替我支付路上的花费,我就很领情了。'

"比尔·巴西特同意这样做,于是我们向西出发——到安全地点就搭上火车。

"火车开到亚利桑那州一个叫洛斯佩罗斯的小镇上,我提议我们不妨再在小地方碰碰运气。那是我以前的师父蒙塔古·西尔弗的家乡。如今他已退休了。我知道,只要我把附近营营做声的苍蝇指给蒙塔古看,他就会教我怎么张网捕捉。比尔·巴西特说他主要是在夜间工作的,因此任何城镇对他都没有区别。于是我们在这个产银地区的洛斯佩罗斯小镇下了火车。

"我有一个又巧妙又稳妥的打算,简直等于一根商业的甩石鞭,我准备用它来打中巴西特的要害。我并不想趁他睡熟的时候

89

拿走他的钱,而是想留给他一张代表四千七百五十五元的彩票——据我估计,我们下火车时他的钱还剩下那么多。我旁敲侧击地谈起某种投资,他立刻反对我的意见,说了下面一番话。

"'彼得斯老哥,'他说,'你提议加入某个企业的主意并不坏。我想我会这么做。但是,我要参加的企业必须十分可靠,非要罗伯特·伊·皮尔里和查尔斯·费尔班克斯①之类的人当董事不可。'

"'我原以为你打算拿这笔钱来做买卖呢。'我说。

"'不错,'他说,'我不能整夜抱着钱睡,不翻翻身子。我告诉你,彼得斯老哥,'他说,'我打算开一家赌场。我不喜欢无聊的骗局,例如叫卖搅蛋器,或者在巴纳姆和贝利②的马戏场里推销那种只能当铺地锯末用的麦片。但是从利润观点来看,赌场生意是介乎偷银器和在沃尔多夫-阿斯托里亚旅馆义卖抹笔布之间的很好的折衷办法。'

"'那么说,巴西特先生,'我说,'你是不愿意听听我的小计划了?'

"'哎,你要明白,'他说,'你不可能在我落脚地点方圆五十英里以内办任何企业。我是不会上钩的。'

"巴西特租了一家酒店的二楼,采办了一些家具和五彩石印画。当天晚上,我去蒙塔古·西尔弗家,向他借了两百元做本钱。我到洛斯佩罗斯独家经营纸牌的商店,把他们的纸牌全部买了下来。第二天,那家商店开门后,我又把纸牌全都送了回去。我说同我合作的搭档改变了主意;我要把纸牌退给店里。老板以半价收回去了。

"不错,到那时候为止,我反而亏了七十五元。可是我在买纸

---

① 罗伯特·伊·皮尔里(1856—1920),美国探险家,1909 年到达北极。查尔斯·费尔班克斯(1852—1918),1905—1909 年美国的副总统。
② 贝利(1847—1906),美国马戏团老板,后与巴纳姆合伙营业。

牌的那天晚上,把每副牌的每一张的背后都做了记号。那是劳动。接着,贸易和商业开动了。我扔在水里当鱼饵的面包开始以酒渍布丁的形式回来了。

"第一批去比尔·巴西特的赌场买筹码的人中当然少不了我。比尔在镇上惟一出售纸牌的店里买了纸牌;我认得每一张纸牌的背面,比理发师用两面镜子照着,让我看自己的后脑勺还要清楚。

"赌局结束时,那五千元和一些零头都进了我的口袋,比尔·巴西特只剩下他的流浪癖和他买来取个吉利的黑猫。我离去时,比尔同我握握手。

"'彼得斯老哥,'他说,'我没有做生意的才能。我注定是劳碌命。当一个第一流的窃贼想把钢撬换成弹簧秤时,他就闹了大笑话。你玩牌的手法很熟练,很高明。'他说,'祝你鸿运高照。'以后我再也没有见到比尔·巴西特。"

"嗯,杰甫,"当这个奥托里格斯①式的冒险家仿佛要宣布他故事的要旨时,我说道,"我希望你好好保存这笔钱。有朝一日你安顿下来,想做些正经的买卖时,这将是一笔相当正——相当可观的资本。"

"我吗?"杰甫一本正经地说,"我当然很关心这五千块钱。"

他得意非凡地拍拍上衣胸口。

"金矿股票,"他解释说,"每一分钱都投资在这上面。票面每股一元。一年之内至少升值百分之五百。并且是免税的。蓝金花鼠金矿。一个月之前刚发现的。你手头如果有多余的钱最好也投

---

① 奥托里格斯,希腊神话中神通广大的小偷。莎士比亚剧本《冬天的故事》中的奥托里古斯是个顺手牵羊,爱占小便宜的人。

些资。"

"有时候,"我说,"这些矿是靠不——"

"哦,这个矿可保险呢。"杰甫说,"已经发现了价值五万元的矿砂,保证每月有百分之十的盈利。"

他从口袋里掏出一个长信封,往桌上一扔。

"我总是随身带着,"他说,"这样窃贼就休想染指,资本家也无从下手来掺水了。"

我看看那张印刷精美的股票。

"哦,这家公司在科罗拉多。"我说,"喂,杰甫,我顺便问你一句,你和比尔在车站上遇到的,后来去丹佛的那个矮个子叫什么名字来着?"

"那家伙叫艾尔弗雷德·伊·里克斯。"杰甫说。

"哦,"我说,"这家矿业公司的经理署名是艾·尔·弗雷德里克斯。我不明白——"

"让我看看那张股票。"杰甫忙不迭地说,几乎是从我手上把它夺过去的。

为了多少缓和一下这种尴尬的局面,我招呼侍者过来,再要了一瓶巴贝拉酒。我想我也只能这样做。

春风化雨

　　我的视神经第一次受到巴金汉·斯金纳打扰的地点是堪萨斯市。我站在街角上,看到巴克从一幢写字楼三层的窗口伸出草黄色的头,像试图喝住逃逸的骡子似的喊着:"吁,站住!吁!"

　　我四下张望,看到的活物只有一个在擦皮鞋的警察,还有两辆拴在街灯柱上的运货车。随后,这位巴金汉·斯金纳跌跌撞撞下了楼,跑到街角上,站着朝另一条街上假想的牲口蹄子扬起的虚构的尘埃望去。然后,斯金纳又返回三楼的房间,我注意到窗口上方的招牌是"农民之友贷款公司"。

　　没多久,草黄色的头再次下来,我穿过街道迎上去,因为我心里一动,有了主意。是啊,先生,我走近时果然发现了他表演过火的地方。就他的蓝色工装裤和牛皮靴来说,固然像个乡巴佬,但他的一双手白净得像演员,夹在耳朵上的一根裸麦草也像是老移民剧团的小道具。我觉得好奇,要知道他玩的是什么把戏。

　　"刚才是不是你的拉车牲口脱逃了?"我客气地问他,"我打算拦住它们,"我说,"可是没拦住。我想这会儿它们已经跑了一半路,快到农场了。"

　　"那两头骡子真该死,老是逃跑。"草黄色头的口气装得真像,我几乎要为我的误会向他道歉。接着,他仔细打量我,摘下草帽,换了一个腔调说:

　　"我很高兴能同'法国人'皮肯斯握握手,西部最伟大的街头人物,当然,除了你我两人都望尘莫及的蒙塔古·西尔弗。"

我让他同我握手。

"我是西尔弗的弟子,"我说,"我并不妒忌他胜我一筹。你干的是哪一行,伙计?我承认,你朝那些不存在的、幻想逃脱的牲口吆喝那一声'吁,站住!'确实让我摸不着头脑。你那个把戏能得什么好处?"

巴金汉·斯金纳脸上一红。

"无非挣些零花钱罢了,"他说,"目前我资金周转不灵。在这种规模的城镇里,裸麦草的小手法能挣四十元。我怎么进行?呃,你看到,我换了这身让人恶心的乡巴佬打扮,于是我的姓名成了乔那斯·斯德勃菲尔德①——这个姓名好得不能再好了。我时常咋咋呼呼地跑贷款公司,公司必须坐落在临街写字楼的三层。我进了公司,把帽子和纱线手套搁在地板上,要求用我的农场作抵押,贷款两千元,以便支付我妹妹在欧洲学音乐的费用。这类贷款很合贷款公司的心意。可是票据到期时,抵押品十有八九已经被没收了。

"呃,先生,我正要从口袋里掏出财产权归属说明书时,突然听到我拉车的牲口逃跑的声响。我奔到窗前,大喊'吁!'或者任何什么别的话。我急急忙忙下楼,在街上等几分钟,然后再上去。'该死的骡子,'我说,'它们挣断了两根挽绳逃跑了。现在我只好两腿走回去了,我身边一向不带钱。各位,看来那笔贷款只能改天再谈了。'

"这时候,我像以色列人那样,摊开油布,等天上掉下吗哪②来。

---

① 英文"斯德勃菲尔德"原意"麦茬地"。
② 吗哪是古以色列人漂泊荒野时上帝所赐的食物,见《旧约·出埃及记》第16章。

"'没有必要走回去,斯德勃菲尔德先生,'那个戴眼镜、穿花点坎肩、脸色红得像煮熟的龙虾似的人对我说,'这张十元钞票请先拿着,明天还给我们好啦。您可以修车具,明天十点钟再来。在贷款问题上,我们乐意为您效劳。'

"小菜一碟,"巴金汉·斯金纳有点难为情,"我说过,只是挣些零花钱罢了。"

"在紧急情况下,没有什么不好意思的,"我针对他的羞耻感说,"同筹建一家托拉斯公司或者拉一个赌局相比,当然小一点,但芝加哥大学也是小打小闹创办起来的。"

"你这阵子在干什么?"巴金汉·斯金纳问我。

"合法买卖,"我说,"我在经营莱茵水晶石、欧林·西纳比斯大夫头痛电池①、瑞士颤音鸟笛、小批量崭新的一元两元的假钞和鸿运大礼包,礼包里有镏金结婚戒指和订婚戒指各一枚、埃及百合根六枝、组合酸黄瓜叉和指甲钳一个,还有五十张雕版印刷的名片——姓名各各不同——总共只卖三十八美分。"

"两个月前,"巴金汉·斯金纳说,"我在得克萨斯州兜售一种用草木灰和挥发油制成的专利快速引火剂。我在某些城镇卖了许多引火剂,那里的人们喜欢快速烧死黑人,并且不爱向别人借个火,给人添麻烦。正当我生意最兴隆的时候,得克萨斯州找到了石油,我便被淘汰出局。'伙计,你的产品落后了,'他们对我说,'我们用这里钻探出来的石油可以让黑鬼立刻受到地狱之火的煎熬,远比你的老式打火石和火绒热得快。'于是我放弃了引火剂买卖,来到这个堪萨斯城。皮肯斯先生,刚才我表演的那场假想的农场和骡子的开锣戏,根本不是我的强项,让你看到了真不好意思。"

---

① 莱茵水晶石有钻石光泽;欧林·西纳比斯是拉丁文"芥子油"(Oleum Sinapis)的音译。

"囊中羞涩的时候,向贷款公司骗点钱花花,即使是十元的小数目,也没有什么可以惭愧的。话虽这么说,这算不上能耐。同光借不还没有什么差别。"

同是闯荡江湖的人,我立刻对巴金汉·斯金纳有了好感。没多久,我们已经称兄道弟,我把考虑已久的一个计划透露给他,提出让他入伙。

"只要不是真正不正当的事,"巴克说,"我都愿意干。我们深入探讨一下你建议的内涵。为了十元钱的小数目,我不得不戴一顶道具草帽,装出乡下人的模样,真觉得掉价。说老实话,皮肯斯先生,我的感觉像是'大西方名角会演一夜联合剧团'的奥菲莉亚①。"

我的计划符合我的脾性。我生性多愁善感,对于生活中的抚慰因素容易心软。我有艺术倾向,自然界富有人情味的事物,诸如浪漫、情调、花草、诗歌、季节,常常激起我的热情。我拔冤大头的毛时总是先赞美他的羽毛美丽;卖金光灿灿的小玩意儿给庄稼汉时总是强调金色同绿色搭配是多么协调。我喜欢这个计划的原因就在于此:它充满了户外空气、自然景色和来得容易的钱。

我们需要一位年轻的女助手才能实施这个计划;我问巴克有没有合适的人选。

"这个人,"我说,"从头到脚必须冷静、聪明、讲究实际。以前跳脚尖舞的,嘴里老是嚼口香糖的,兜销蜡笔肖像画的都不能聘用。"

巴克说他认识一个合适的女人,带我去看萨拉·马洛伊小姐。我一见面就觉得满意。她看上去正符合订单规格:头发没有漂白

---

① 奥菲莉亚是莎士比亚剧本《哈姆莱特》中的人物,她对哈姆莱特的爱情得不到回应,郁郁而死。

成金黄色,不用浓烈的香水,不穿闪闪发亮的绸缎衣服。她年纪约莫二十二岁,棕色头发,举止大方——正是适合那种角色的女士。

"请介绍一下你们坑人的详情。"她开始说。

"呃,女士,"我说,"我们的策划十分高尚浪漫,相比之下,《罗密欧与朱丽叶》里爬阳台的那场只能算是溜门撬锁之类的把戏了。"

我们谈了一会儿,马洛伊小姐同意入伙。她说她有机会放弃一家郊区地皮公司的速记员兼秘书的工作,跳槽做些正派的事,感到非常高兴。

我们的计划是这样的:首先,我从一句谚语得到启发。世上最高明的骗局都来自习字帖上的格言、箴言、谚语和伊索寓言。我们和平的骗局建筑在"有情人终成眷属"这句古话上。

一天傍晚,巴克和马洛伊小姐赶着轻便马车,风风火火地来到一个农家。她脸色苍白,小鸟依人似的挽着他的手臂。谁都看得出她是个讨人喜欢的、重感情的姑娘。他们声称因为父母横加阻挠,他们是私奔出来结婚的。他们问哪里能找到一位牧师。农民说,"住得最近的是四英里外凯内小溪那里的埃布尔斯牧师。"农妇在围裙上擦擦手,揉着镜片后的眼睛。

瞧呀! 路那头来了一辆二轮马车,坐在上面的"法国人"皮肯斯一身黑衣服,白领带,搭拉着脸,吸着鼻子,嘴里发出像是《荣光赞歌》的声调。

"天哪!"农民说,"现在不是来了一位牧师吗?"

原来我成了阿拜贾·格林牧师,正要去小贝瑟尔小学教员宿舍,准备星期日讲道。

两个年轻人说是必须替他们证婚,因为老爸赶着犁地骡子拉的四轮车在追他们。格林牧师犹豫片刻后,在农民家的起居室里为他们证了婚。农民笑嘻嘻地端来了苹果酒祝福他们,农妇抽着鼻子,拍拍新娘的肩膀。冒牌牧师"法国人"皮肯斯填写了一份结婚证,农夫和农妇作为证人身份在上面签了名。新婚夫妇和牧师坐上各自的马车走了。哦,真是一场田园情调的骗局!真正的爱情、哞叫的母牛、红砖谷仓上的阳光——这一切都是恰到好处的舞台辅助效果。

我估计我一共适逢其会地赶到二十来个农家,替巴克和马洛伊小姐证了婚。那些所谓的结婚证书其实是票面从三百到五百元不等的期票,我们拿它们在银行贴现,签了名的农夫农妇负有连带责任,必须偿还时,浪漫史烟消云散。我真不愿意想象那时的情景。

五月十五日,我们分了六千元左右的收入。马洛伊小姐高兴得几乎哭了。心地那般善良,或者那么一心要走正道的姑娘,确实不多。

"弟兄们,"她用一块小手绢擦擦眼睛说,"这笔奖金太及时、太有用了。它给了我自新的机会。你们两位来到时,我正打算脱离地产生意。假如你们没有邀我加入这场扒掉芜菁传播人一层皮的把戏,我恐怕会干出更坏的事来。当时我准备接受妇女义卖展馆的一份工作,出售号称商人午餐的、收费七十五美分的一勺鸡肉色拉和一个奶油点心,据说是筹款盖牧师住宅。

"现在我可以做光明正大的事,告别一切骗人的勾当了。我要去辛辛那提,创办一个看手相算命的场所。我以埃及术士萨拉马洛伊夫人的身份出面,收费一美元,给人看相,预言流年凶吉。后会有期啦,弟兄们。听我劝告,干些正派的诈骗勾当吧。同警方和报纸保持良好的关系,你们就不会惹上麻烦。"

我们握手告别,马洛伊小姐同我们分了手。我和巴克动身漫游了几百英里,因为我们不希望那些结婚证书到期时,我们仍逗留在那一带。

善良的骗子

我们两人一共有四千多美元，来到了新泽西对岸、人们称之为纽约的那个傲慢的小城市。

如果说有什么呆鸟过剩的鸟舍，那就是哈得孙河畔的纽约市。人们管它叫做国际性都市，一点不假。粘蝇纸也是这样的。你不妨听他们嗡嗡作响，试图从黏胶里拔出脚来。他们唱的是"古老的小纽约对我们很合适"。

百老汇路上有许多乡巴佬，一小时的人流量可以买光缅因州首府奥古斯塔的新颖玩具厂一星期的产品，那家厂子制造一种供开玩笑用的金色合金戒指，你同朋友握手时，戒指会弹出一根刺。

你以为纽约人都很聪明，其实不然。他们没有学习的机会。什么东西都过于紧凑。即使干草种也是打包出售的。一面是大西洋，另一面是新泽西的一个与世隔绝的城市，你指望它有什么作为？

小本经营的诚实的骗子在纽约没有立足之地。因为对骗局征收的保护性关税太高了。意大利移民乔瓦尼卖一夸脱钓鱼用的蚯蚓和栗子壳时，要孝敬警察一品脱①。公爵和女继承人举行婚礼时，旅店老板用囚车送去的东西价格全部翻一番。

但是，如果你付得起诈骗税的话，康奈岛附近的老巴德维尔②是进行高尚海盗活动的理想城市。进口的欺诈价格相当高昂。负责缉查的海关官员都配备警棍，除非你能付税费，否则最巧妙的骗局也很难夹带进去开发布鲁克林。现在我和巴克有了资本，到了纽约，试图像一二百年前的荷兰人那样，用一些玻璃珠子换取大都会土著的土地。

我们在东区一家旅馆里结识了罗米拉斯·G.阿特伯里，他是

---

① 夸脱和品脱是液量和干量单位，一夸脱为两品脱。
② 康奈岛在纽约市附近，上有游乐场；巴德维尔是作者杜撰的地名，有"恶城"意。

我生平见到的最有金融操作头脑的人。除了灰色的络腮胡子外，他脑袋秃得精光锃亮。你看到写字间栅栏里面的那个脑袋后，会对他绝对信任，存一百万元在他那里，连收据都可以不要。阿特伯里虽然吃得很少，但衣着讲究，他一开口，便把所有人的高谈阔论比得像是出租马车夫的牢骚。他说他原先是证券交易所的经纪人，但是某些大资本家产生了妒忌，组成一个集团，逼他卖掉他的经纪人资格。

阿特伯里马上对我和巴克有了好感，把那些使他掉光头发的计划向我们透露一些。他有一个以四十五美元起家、创办国民银行①的打算，相形之下，密西西比泡影②比玻璃弹子还要坚实。他和我们谈了三天，谈得嗓子痛时，我们说出我们有一卷钞票。阿特伯里向我们借了二十五美分，出去买了一盒润喉片，接着谈下去。这次他谈的买卖更大，让我们明白了他的设想。他的谋划看上去十拿九稳，居然让我和巴克动了心，愿意把我们的资本投向他精光锃亮的思想穹顶。那个骗局谨慎而巧妙，似乎在警察干涉范围的一英寸半之外，并且像造币厂那样造钱。那正是我和巴克需要的东西——永久性的正规生意，每天傍晚在街头声嘶力竭地招徕。

不出六个星期，华尔街附近出现了一套装潢漂亮的写字间，门上镀金招牌的字样是："戈尔康达黄金债券投资公司"③。在开着门的专用办公室里，可以看到秘书兼司库巴金汉·斯金纳先生，打扮得像是暖房里的百合，一顶大礼帽搁在手边。巴克一向如此，戴上帽子随时就能走人。

---

① 美国的国民银行属商业银行性质，是联邦储备系统的成员银行，向美国联邦政府登记并领取营业执照。
② 密西西比泡影，苏格兰人约翰·劳 1717—1720 年在法国策划的金融骗局，他声称能偿还法国全部外债，但交换条件是将当时法国殖民地路易斯安那密西西比河两岸的贸易归他垄断。
③ 戈尔康达是印度古国，后改称海得拉巴，现为安得拉邦一部分。

善良的骗子

你也可以看到,那位秃头无价的总裁兼总经理,罗米拉斯·G.阿特伯里先生,在大办公室忙着向一位担任速记的伯爵夫人口授信件,伯爵夫人的华丽服饰和新颖发式,对投资者来说就是公司信誉的保证。

还有一位会计和一位助理,以及金玉其外的有罪气氛。

比较看得顺眼的是另一张写字桌旁的一个普通人,他不修边幅,帽子推到后脑勺,脚搁在桌子上,啃着苹果。他就是公司的副总裁,特库姆塞·皮肯斯上校(前名"法国人")。

"我可不要什么包装,"我们置办舞台道具时,我对阿特伯里说,"我是平头百姓,我不穿睡衣,不梳法国发式或者剃光头。让我扮演未经雕琢的莱茵石,或者不出场的角色。我的形象虽然不叫彩,你们如果用得着本色演员,就用我吧。"

"替你包装?"阿特伯里说,"根本没有必要!凭你现在的模样,你对企业的价值大大超过一屋子的绅士淑女。你扮演的角色是来自西部的实力雄厚,但衣冠不整的资本家。你蔑视习俗。你拥有大量股份,不拘小节。你保守、丑陋、粗鲁、精明、抠门——这就是你的角色定位。这种人在纽约最吃得开。你把脚搁在桌子上,吃苹果。有谁进来时,你就吃一个苹果。尽可能装得富而不奢、邋里邋遢。"

我遵照阿特伯里的指示,扮演了落基山来的衣着简朴、不摆架子的资本家。顾客进门时,我把苹果皮收进抽屉里的样子使得赫蒂·格林①像是败家子。阿特伯里宽容而尊敬地瞅着我,笑着对顾客说:"那位是我们的副总裁,皮肯斯上校……在西部投资发了大财……平易近人……可是开出五十万元的支票时不皱眉头……

---

① 赫蒂·格林(1835—1916),美国金融家,据说是美国当时最富的女人,去世时财产达一亿美元。

天真得像孩子……了不起的头脑……谨慎保守得几乎过分。"

阿特伯里负责经营。他虽然向我们详细解释了其中奥妙,我和巴克仍不太明白。公司似乎是合作性质,购买股票的人分享利润。我们负有领导责任的人首先以每百股五十美分的价格——也就是印刷厂向我们收取的费用——买下有控制力的股权,剩下的以每股一元的价格公开发售。公司保证股东有百分之十的利润,每月月底支付。

股东认购的股票达到一百元时,公司发给一张黄金债券,他就成了黄金债券持有人。有一天,我问阿特伯里,这些黄金债券能给投资者什么利益和附属权利,同只持有股票的投资者有什么区别。阿特伯里拿起一张花体字印刷、有火漆大印、用蓝缎带蝴蝶结系好的烫金黄金债券,仿佛感情受到伤害似的瞅着我。

"亲爱的皮肯斯上校,"他说,"你没有艺术气质。想想看,一千户人家由于拥有这些石印工人的技术珍品之一,会感到多么幸福!想想看,家里的玻璃柜里用粉红色丝带挂一张这样的黄金债券,或者让地上爬的娃娃咿咿呀呀啃着玩,该是多么欢乐的景象!啊,上校,我看到你的眼睛湿润了——我深深地感动了你,不是吗?"

"你的模样并不使我感动,"我说,"你看到的湿润是苹果汁。你不能指望一个人既是苹果榨汁机,又是艺术鉴赏家。"

阿特伯里照顾公司的具体操作。据我理解,过程很简单。股票投资者付了钱就没事可做了。公司除了收钱之外——呃,我想不起还有什么事。我和巴克虽然精通鸡眼药膏之类的生意,并不熟悉华尔街的门道,但也看出戈尔康达黄金债券投资公司是赚钱买卖。你收了钱,付出其中百分之十;只要鱼儿上钩,不算开支,合法的净利是百分之九十。

阿特伯里想兼任总裁和司库二职,但是巴克朝他眨眨眼说:

"你分管的是策划。你提出要在门口收钱,能叫做策划吗?你再考虑一下。我特此任命我本人为按质论价的、无限期的司库,鼓掌通过。至于我出的点子,可以不收费用。我和皮肯斯提供了资本,资本的自然增值应由我们处理。"

写字间的房租和第一期的家具款花了我们五百元;另外一千五百元用于印刷和广告。阿特伯里很懂行。"我们能支持三个月,"他说,"超过一天,我们不是完蛋,就是改名换姓潜逃。到了那时候,我们的赚头应该有六万元。我腰缠钱袋,买一张下铺的卧铺票走人,让小报和家具商去啃骨头吧。"

起作用的是我们的广告。"当然是乡村周报和华盛顿的小报。"我们准备签约时,我说。

"老兄,"阿特伯里说,"作为广告经理,你要做的事像是在大夏天里保持林堡干酪厂不透气,不被察觉。我们的把戏是在纽约、布鲁克林和哈莱姆黑人区玩的。对象是交通事故、答复读者和扒手赃物招领栏的读者。我们要把广告刊登在全市最大的报纸的栏首,紧挨在有关镭元素的社论和表演健美操的姑娘照片旁边。"

不久后,财源开始滚滚而来。巴克不需要假装忙碌了;他桌上高高的堆起了汇票、支票和现钞。每天都有人来,亲自购买股票。

股票大多数是小批卖出的——十元、二十五元、五十元,还有许多二元、三元的。阿特伯里总裁的没有瑕疵的秃头亮得邪门,粗鲁而值得尊敬的特库姆塞上校消费了大量苹果,果皮从他称之为写字桌的桃花心木垃圾箱挂到了地板上。

阿特伯里说得一点不错,我们持续了三个月,没有遇到任何麻烦。巴克收到汇票支票后立刻兑现,把钱存放在离我们写字间一个街区的信托公司的保险箱里。在存钱的问题上,巴克对银行的评价一向不高。我们售出的股票按期支付利息,没有给人以申诉的把柄。我们手头有五万元左右,生活好得像是不在训练期间的职业拳击家。

一天午餐后,我和巴克吃饱喝足,大摇大摆地回写字间,见到一个目光炯炯、叼着烟斗的人悠闲地出来。阿特伯里浑身大汗,仿佛离家还有一英里路时被阵雨淋湿似的。

"你认识那个人吗?"他问我们。

我们说不认识。

"我也不认识,"阿特伯里擦着额头的汗水说,"但我可以用足以糊满纽约市监狱一间牢房墙壁的黄金债券来打赌,他准是新闻记者。"

"他要什么?"巴克问道。

"消息,"我们的总裁说,"他说是要买些股票。问了我九百来个问题,每个问题都触到我们买卖的痛处。我知道他在报馆工作。骗不过我的眼睛。像他那样衣着寒酸、目光锐利、抽板烟、懂的东西比 J. P. 摩根①和莎士比亚加起来还多的人,不是新闻记者才怪呢。我怕的就是这种事。我不在乎侦探和邮局稽查员——他们同我谈八分钟话后会买我们的股票——可是记者却会使我的衬衫硬领汗湿成软领。哥儿们,我提议赶快分红,三十六策,走为上策。"

我和巴克安慰阿特伯里,让他安静下来,别再出汗。我们觉得那人不像是记者。记者见到你总是拿出铅笔和记事本,把你早已知道的事情讲给你听,然后让你请他喝酒。但是阿特伯里方寸已乱,惶惶不可终日。

第二天上午十点半,我和巴克从旅馆出来,半路上买了报纸。进入眼帘的是头版一篇关于我们的小骗局的文章。那个刻薄的记者暗示我们并不是已故的金融家乔治·W. 蔡尔兹的直系亲戚。他把他对于这个骗局的看法全写了出来,文笔犀利泼辣,除了股票

---

① J. P. 摩根(1837—1913),美国银行家、金融家、钢铁和铁路大王。

持有人之外谁都觉得有趣。是啊,阿特伯里是对的;戈尔康达黄金债券投资公司的衣着漂亮的司库、脑袋锃亮的总裁和粗鲁的副总裁肯定会突然溜之大吉,以便在世上多活一些时候。

我和巴克急忙赶往写字楼。我们发现楼梯上和门廊里都是人,争先恐后想挤进我们的办公室,而办公室里已经满满登登,栅栏快挤垮了。这些人手里都举着戈尔康达公司股票和黄金债券。我和巴克判断他们也看了报纸。

我们看到股东们时有点吃惊:那些人不是我们想象中的投资者。他们都像是穷人,其中有不少老太婆和在工厂或作坊里干活的年轻姑娘。有些老头像是退伍军人,有些带有残疾。还有许多未成年的孩子——擦皮鞋的、送信的、卖报的。有几个穿着工装裤、卷起袖管,一副工人打扮。这许多人不像是什么企业的,除非是花生摊的股东。但是他们都可怜兮兮地拿着戈尔康达的股票。

巴克打量人群时,脸色苍白得古怪。他走到一位病恹恹的妇女前面说:"太太,你也有这种股票吗?"

"我投进了一百元,"那女人有气无力地说,"我一年的积蓄。我一个孩子快要死了,家里一分钱都没有。我来看看是不是能提一点出来。广告上说随时可以提取。可是现在据说我这点钱全完了。"

人群里有个看上去很机灵的孩子,大概是报童。"我买了二十五元股票,先生,"他瞅着巴克的大礼帽和衣服心存侥幸地说,"说是每个月可以给我两块半利息。有人说那不可靠,根本办不到。是真的吗?你说我能提出我的二十五元吗?"

有几个老太婆在哭。女工们伤心得要发疯。她们丧失了全部积蓄,请假出来打听消息还要扣工资。

一个披红肩巾的、可爱的姑娘坐在角落里哭得成了泪人儿。巴克过去问她怎么回事。

"金钱损失还是小事,先生,"她抽噎地说,"虽然这笔钱我攒了两年;问题是杰基现在不会和我结婚了。他会娶罗莎·斯坦菲尔德。我了解杰——杰——杰基。罗莎在银行里存了四百元。唉,唉——"她呜咽着。

巴克扫视四周,神情依然那么古怪。我们发现那个新闻记者靠着墙在抽烟斗,目光炯炯地瞅着我们。巴克和我走过去。

"你真能写,"巴克说,"你想怎么着,还有什么打算?"

"哦,我只是四处逛逛,"记者抽一口烟说,"看看有什么新闻。现在要看你们的股东了。你们知道,有些股东可能提出申诉。那是不是囚车的警报器?"他侧耳听着外面说,"不,那是罗斯福医院的急救车。我辨得出来。是啊,我偶尔写一些有趣的东西。"

"你等着,"巴克说,"我给你一条新闻的素材。"

巴克从口袋里掏出一把钥匙给我。他没有开口我就知道他有什么打算。那个该死的老海盗——我知道他的打算。谁都糊弄不了巴克。

"皮肯斯,"他紧盯着我说,"这个骗局是不是稍稍偏离了我们的规矩?我们要不要让杰基娶罗莎·斯坦菲尔德?"

"我支持你,"我说,"我十分钟以后回来。"我说罢就去信托公司。

我带了一大包钞票回来,巴克和我领着记者从另一扇门进了我们的一间办公室。

"耍笔杆子的朋友,"巴克说,"你坐下别动,我给你一篇采访。你面前是阿肯色州诈骗郡诈骗市的两个骗子。我和皮肯斯在全国各地卖过黄铜首饰、生发水、歌本、做过记号的纸牌、专利成药、康涅狄格州制造的土耳其地毯、家具抛光蜡和相片簿。我们看到过剩的钱时总把它骗到手。但是我们从不觊觎塞进袜子、藏在厨房灶头旁边一块松动的砖头底下的钱。有一句老话你大概也听说过——只认衣衫不认人——意思是街头骗子很容易摇身一变成为华尔街老板。我们摇过身了,但不知会变成什么。照说你应该是聪明人,但你不是。你学到的只是纽约的聪明,也就是说,你看人只凭衣衫外表。那不对。你应该看看衬里、边缝和纽扣孔。我们在等囚车的时候,你不妨拿出铅笔头,做些记录,好在报上另外炒作一篇东西。"

巴克接着对我说:"我不管阿特伯里怎么想。他只投入了智力,他没有投入资本是他的运气。你有什么意见,皮肯斯?"

"我吗?"我回答说,"你应该了解我,巴克。我先前不知道买股票的是哪些人。"

"好吧。"巴克说。他从侧门走进大办公室,瞧着那些想挤进栅栏的人群。阿特伯里和他的帽子都不在了。巴克对人群发表了简短的谈话。

"羔羊们,你们排好队。你们的羊毛都可以要回去。不要挤。排成一行——一行——不要排成一堆。太太,请你别咩了,好吗?喂,小家伙,别爬栅栏,你的小钱没问题。大姐,别哭了,你一分钱都丢不了。我说你们排好队。喂,皮肯斯,你过来让他们排成一行,从这扇门进来,那扇门出去。"

巴克脱掉上衣,把大礼帽推到后脑勺,点燃一支维多利亚女王牌雪茄。桌子上整整齐齐堆放着一叠一叠的钞票,他坐在桌子后面。我让股东们排成一行进来,通过大办公室,记者让他们从侧门出去。他们通过时,巴克收回股票和黄金债券,按原价照付现款。戈尔康达黄金债券投资公司的股东们简直不相信自己的眼睛。他们从巴克手里接钱时几乎是一把抢过去的。有些妇女还在哭,因为女人的习惯是伤心时要哭,高兴时要哭,既不伤心也不高兴时还是淌泪。

老太婆把钱塞进她们旧衣服的前襟里时,手指哆哆嗦嗦。工厂女工们弯腰含胸,拉一下衣服里的松紧带,只听得噗的一声,钞票便进了妇女用品商店的针织内衣银行。

先前在外面哭闹得最凶的一些股东恢复了信心,要求把钱留下,继续投资。"收起你们的那些小钱,快走吧,"巴克说,"你们做什么债券投资?不如藏在茶壶里,或者塞在挂钟后面的墙缝里。"

那个披红肩巾的可爱的姑娘领现款时,巴克多给了她二十元。

"戈尔康达公司给你的结婚礼物,"我们的司库说,"假如杰基再在罗莎·斯坦菲尔德住处附近探头探脑,即使隔着相当距离,公司授权你给他一巴掌。"

股东们都兑现走后,巴克招呼新闻记者过来,把剩下的钱推到他面前。

"你既然开了头,"巴克说,"现在由你收场。账本都在那里,记录了发行的全部股票和债券。这里是平仓的现金,除了我们的日常开支。你得担任破产清理人①。我认为你替报馆着想,会公正处理的。我们觉得这是最好的解决办法。我和我们殷实但吃腻了苹果的副总裁,要仿效我们可敬的总裁,步他的后尘了。你今天可写的新闻够不够,要不要采访我们,谈谈礼仪须知,或者怎么改制一条塔夫绸裙子?"

"新闻!"记者取下烟斗说,"你们以为我能写这件事吗?我可不想丢掉饭碗。假如我回编辑室,讲了今天的事,总编辑会怎么说?他会给我一封去贝尔维尤②的介绍信,让我治好了病再上班。我可以交上一篇海蛇游百老汇路的新闻,但是我没有胆量写这种荒唐事。一帮快速致富的骗子——对不起,我言重了——居然退回了赃款!不,那可不成。我不是副刊笑话栏的编辑。"

---

① 破产清理人负责清理破产企业的全部账目和财产,按比例偿还股东投资等债务。
② 贝尔维尤是纽约市的一家公立医院。

"你当然不可能理解,"巴克握住门把说,"我和皮肯斯不是你所了解的那种华尔街老板。我们从不诈骗有病的老太婆、工厂的女工和攒钱不易的小孩。我们干这一行只骗天生喜欢受骗的人——那些总是有几个闲钱白白扔掉的赌徒、游手好闲的人、自作聪明的人和街头群众,以及卖了收成进城、不同骗子玩玩就会不快活的农民。我们看不上在这里上钩的冤大头。我们很尊重自己和自己的行业。再见了,破产清理人先生。"

"嗨!"新闻记者说,"等一会儿。隔壁有我的一个经纪人朋友。等我把这些钱存在他的保险箱里。你们离开之前,我想和你们一起喝点酒,我请客。"

"你请客?"巴克眨眨眼睛说,"你在办公室里说这种话可没人相信。多谢啦。我想我们没有时间奉陪。后会有期。"

我和巴克出了门,戈尔康达公司就此自动关门大吉。

第二天晚上,你想见到我和巴克的话,要去西区轮渡码头附近一家鸡鸣早看天的小客栈。我们借了一间后房,我往一箩筐六英两瓶子里灌装加了阿尼林红颜料和肉桂香精的自来水。巴克没有戴大礼帽,换了一顶棕色的正派的常礼帽,自得其乐地在抽烟。

"布雷迪真不错,把他的运货马车借给我们用一星期,皮肯斯,"他一面安瓶子的软木塞,一面说,"那时候,我们能弄到一笔钱。这种生发水在新泽西销路不坏。那里由于蚊子关系,秃头的人不少。"

我拖出手提箱,寻找标签。

"生发水的标签快用完了,"我说,"只剩下十来张。"

"再买一点。"巴克说。

我们翻翻口袋,发现剩下的钱只够第二天早上结客栈账和轮渡费。

"'感冒特效,用前摇匀'的标签倒有许多。"我翻找后说。

"那也行，"巴克说，"照贴不误。哈肯萨克低洼地一带正是感冒多发的季节。反正用前都要摇匀。"

我们花了半小时贴完感冒特效的标签，巴克说：

"总而言之，规规矩矩地谋生比华尔街强得多，不是吗，皮肯斯？"

"你说得太对了。"我说。

人 质 危 机

1

我生平没有干过合法的诈骗,但有一次我修订了自己的章程,做了一件即使根据新泽西的托拉斯法也应该道歉的事情。

我和克里克马斯科吉部族①的卡利古拉·波尔克在墨西哥的塔毛利帕斯州经营巡回彩票和纸牌赌博。墨西哥发行的彩票归政府垄断,正如美国出售的四十九分面值的邮票只值四十八分一样。于是波菲里奥大叔②指示民团处理我们的个案。

民团?他们有点像是乡间警察,但不同于你心目中的胸前佩着星徽、留着灰色山羊胡须的威严的警官形象。至于民团么,你让最高法官骑上烈马、配备温彻斯特连发枪、追捕约翰·多伊之流的江洋大盗,就八九不离十了。

民团动身追我们时,我们便动身前往美国。他们一直追到马塔莫罗斯。我们躲进一家砖厂,当晚游过格兰德河,卡利古拉心不

---

① 克里克是美国印第安大部族,以马斯科吉人为主,原住美国佐治亚州和阿拉巴马州,现住俄克拉何马州。
② 波菲里奥·迪亚斯(1830—1915),墨西哥军人、政治家,在反法国军事干涉功勋卓著。1877—1880,1884—1911年两度任共和国总统,国内政治取得一些进步,但作风独裁,被马德罗领导的革命推翻,后客死巴黎。这里的"波菲里奥大叔"是墨西哥政府的拟人称,正如"山姆大叔"是美国政府的拟人称一样。

在焉,泗渡时两手各拿着一块砖,到了得克萨斯的土地上才扔掉。

我们从得克萨斯到圣安东尼奥,再转移到新奥尔良,稍作休息。在那个棉花包和其他妇女用品的集散地,我们结交了法国移民后裔在私酿时期发明的,至今仍偷偷出售的饮料。新奥尔良留给我的印象只有我、卡利古拉和一个姓麦卡蒂的法国人——阿道夫·麦卡蒂——试图在法国人居住区兑现收购路易斯安那时①的赠品兑换券,那当儿,有人嚷嚷说宪兵来了。我模模糊糊记得在一个小窗口买了两张黄颜色的票子,仿佛看到一个人晃着提灯喊"乘客上车!"其余的事情就记不得了。

我们清醒过来时,发现自己稀里糊涂地到了佐治亚州某个在火车时刻表上用星号标出的地点,也就是说,每隔一个星期四,扳开道岔后,火车才停靠的小站。我们在一家黄松木板盖的客栈里被花语鸟香弄醒。是啊,先生,"花语鸟香"并没有说错,因为大得像车轮似的向日葵随风摇摆,拍打着客栈的檐板,鸡舍盖在窗下,难免气味升腾。我和卡利古拉穿好衣服下楼。客栈老板在前廊剥豌豆。老板身高六英尺,由于打摆子的原因,脸色黄得像香港人,除此之外,情绪和相貌还说得过去。

卡利古拉身材矮小,一头红发,天生能说会道,心里搁不住一点不痛快的事情。

"老兄,"他上前说,"早上好,打扰了。你能不能告诉我们这是什么地方?我们知道怎么来到这儿,可是不知道是什么地方。"

"两位早,"老板说,"我料到你们今天早晨会问的。两位是从昨晚九点三十分一班的火车下来的;喝得醉醺醺的。是啊,你们喝了不少酒。我可以告诉两位的是,你们目前在佐治亚州的山谷镇。"

---

① 美国第三任总统杰斐逊 1803 年用 1500 万美元向拿破仑执政的法国政府收购密西西比河至落基山脉、南至墨西哥湾的、将近 90 万平方英里的路易斯安那和佛罗里达,使当时的美国幅员增加了一倍。

善良的骗子

"重要的是,"卡利古拉说,"别对我们说,你没有什么可给我们吃。"

"两位请坐下,"老板说,"二十分钟内,我给两位开早餐,早餐质量之高,镇里任何别的地方都吃不到。"

开出来的早餐是煎咸肉和介乎蛋糕和软砂岩之间的黄兮兮的东西。老板说它名叫玉米饼,接着端出他称之为高质量早餐里的玉米糊;我和卡利古拉领教了那种著名的食物,当年南方叛军全凭了它以一个抵一又三分之二个北方佬的兵力,连续打了将近四年仗①。

"我不明白,"卡利古拉说,"罗伯特·李大叔的士兵怎么没有把格兰特和舍曼的部队赶进哈得孙河。让我整天吃这种桃花心木②,我准会气得拼命!"

"猪肉和玉米糊,"我解释说,"是这一带的主食。"

"如此说来,"卡利古拉说,"应该让它们各得其所。我认为这里是客栈,不是马厩。假如我们在马斯科吉的圣鲁西弗旅馆,我可以让你见识见识真正的早餐。开头是羚羊肉排和炸肝,接着是辣椒炒鹿肉丁和油炸菠萝馅饼,然后上一些沙丁鱼和什锦泡菜,压轴的是罐头黄桃和一瓶啤酒。你们东部任何一家餐馆的菜单上根本找不到这种搭配。"

"太挥霍了,"我说,"我到过许多地方,从来不抱偏见。最完美的早餐莫过于有两条长臂,可以伸到新奥尔良去拿咖啡,到诺福克去拿面包卷,到弗蒙特乳品冷藏所去拿一块黄油,然后在印第安纳一块白苜蓿地旁边掀翻蜂窝,在嗡嗡声中休息。那才像奥林匹斯山上众神聚餐似的逍遥自在了。"

---

① 美国南北战争历时四年(1861—1865),北方联邦军队统帅为格兰特,南方联邦军队统帅为罗伯特·李;北方投入兵力一百五十余万,南方投入一百万人。
② 英文的桃花心木(mahogany)发音同猪肉(hog)及玉米糊(hominy)两词相近。

"那只是昙花一现，"卡利古拉说，"我要火腿蛋，最后来盘炖兔肉就可以了。你认为最随便而又最惬意的饭菜是什么？"

"我偶尔也迷恋山珍海味，"我答道，"例如甲鱼、龙虾、山鸡、野鸭、海鲜杂烩；可是说到头，最舒服的还是坐在阳台上吃蘑菇煨牛排，听底下传来百老汇路上的街车和手风琴声，以及报童叫卖刊有最新自杀消息的号外。至于酒水，来一瓶价格适中的庞蒂坎尼葡萄酒就行。当然，还要一小杯咖啡。"

"唔，"卡利古拉说，"我认为你在纽约准是吃客，既然你饭后要一小杯咖啡，点的饭菜肯定新潮。"

"纽约是美食家的大城市，"我说，"你到了那里很快就会赶上潮流。"

"我听说过，"卡利古拉说，"可是我想我不会赶潮流。我行我素。"

2

早餐后，我们到前廊上，点燃两支客栈老板的箭毒花雪茄，眺望佐治亚的风景。

我们目力所及的景色十分凄凉，只是一些水土流失、沟壑纵横的红土丘陵和稀稀拉拉的松林。东倒西歪的篱笆墙全靠黑莓灌木支撑。北面十五英里左右有一段树木茂密的山脉。

山谷镇不很热闹。人行道上只有十来个人，见得最多的是承雨桶和雄鸡，以及用棍棒在翻拨灰烬的小孩，灰烬是镇民们抗议有废奴主义思想的《汤姆叔叔的小屋》演出时焚毁的舞台布景。

这时候，对面的人行道上有个穿黑色长大衣、头戴獭皮帽的高个子走过。街上的人纷纷向他鞠躬，有的还特地穿过街去同他握手；人们从店铺和家里出来招呼他，妇女在窗口探头微笑，小孩都停止玩耍,瞅着他。客栈老板在门廊里一躬到地,那人走出十几码后,他还在说:"早上好,上校。"

"难道那人是亚历山大大帝,"卡利古拉问客栈老板说,"人们对他那么尊敬?"

"两位先生,"老板说,"那是杰克逊·T.罗金厄姆上校,旭日-伊甸镇支线铁路公司总裁,山谷镇镇长,佩里县移民和公共改良委员会主席。"

"他外出多年,刚回来吗?"我问道。

"不,先生,罗金厄姆上校是去邮局取信件。镇民们每天早晨都喜欢这样招呼他。上校是我们最杰出的居民。除了旭日-伊甸镇支线铁路公司的多数股票以外,他还拥有小溪那面的一千英亩土地。这样一位家大业大、富于公益精神的居民,山谷镇乐于向他表示敬意。"

那天下午,卡利古拉坐在门廊里,看了一小时报纸,对于这样一个蔑视印刷品的人来说,实属稀罕。他看完后,把我拉到门廊尽头晾晒着洗盘子毛巾那里。我知道卡利古拉有了一个新的诈骗主意。因为他一到那种时候就咬胡子梢,手指插在背带里滑上滑下。

"有什么新花样?"我问道,"只要不是发行矿业公司股票或者种植宾夕法尼亚石竹花,我们可以谈谈。"

"石竹花?那只是宾夕法尼亚人骗小钱的把戏。他们通常用火烧老太太的脚底板,逼她们说出藏钱的地方。"

卡利古拉谈生意买卖时言语不多,但切中要害。

"你看到那边的山,"他指着北面的山说,"你还看到了那个拥有铁路、去邮局的、收入比罗斯福多的上校。我们要做的是把他绑架到山里,勒索一万元赎金。"

"那是违法。"我摇摇头说。

"我料到你要说这种话,"卡利古拉说,"乍看起来好像同治安和尊严格格不入。事实上并非如此。我从报纸上得到了启发。连美利坚合众国本身都宽容、赞成和批准的,符合平衡法原则的把戏,你却表示蔑视?"

"绑架,"我说,"是法律、法规列入废除清单里的不道德行为。如果说美利坚合众国加以确认,那准是新近同种族自杀和乡村免费邮递一起制定的道德原则。"

"听着,"卡利古拉说,"我先介绍报上公布的个案。有个名叫伯迪克·哈里斯的希腊公民,"他说,"非洲人绑架了他,勒索赎金;美国派了两艘炮舰驶往丹吉尔,迫使摩洛哥国王付了七万美元给赖苏利①。"

"慢点,慢点,"我说,"听起来太国际性了,一下子记不住。"

"那是发自君士坦丁堡的电讯,"卡利古拉说,"是否属实,六个月后才知分晓。首先将由月刊证实,消闲的周刊上不久后会把这条消息和西印度群岛帕列火山喷发的照片一起刊出。是这么一回事,皮肯斯。一个叫赖苏利的非洲人把伯迪克·哈里斯藏在山里,开出价钱,通知有关国家政府。你想想看,"卡利古拉接着说,"假如这场把戏不光明正大的话,海约翰②能鼎力相助吗?"

"当然不,"我说,"我一贯拥护布赖恩的政策③,目前我不能

---

① 赖苏利(1875?—1925),摩洛哥土匪,1903年绑架了伦敦《泰晤士报》记者沃尔特·哈里斯、美国人帕迪卡里斯和英国人哈里·麦克莱恩,引起轩然大波,美国国内当时有句口号"解救帕迪卡里斯,处死赖苏利"。摩洛哥苏丹为了避免西方强国借口进兵侵略,与赖苏利谈判,支付了赎金。

② 海约翰(1838—1905),美国政治家、作家。林肯、海斯、麦金莱、西奥图·罗斯福任总统期间,海约翰均担任国务卿等要职,在迫使中国清政府开放门户和同巴拿马签订运河条约方面起了重要作用。他创作的《派克县歌谣集》里有一首题为《小短裤》。

③ 布赖恩(1860—1925),美国律师、1896,1900及1908年总统选举时民主党提名的候选人。他反对金本位制,主张禁酒,但在1925年作为控告方使在学校讲解达尔文进化论的教师斯科普斯遭到有罪判决。

借机反对共和党政府。不过,如果哈里斯是希腊人,海约翰插手有什么国际条约根据呢?"

"没有形成具体的文字,"卡利古拉说,"我猜是个感情问题。你知道海约翰写过一首题为《小短裤》的诗,从现有的雕像来看,希腊人衣服穿得很少,或者根本不穿。不管怎么说,海约翰派去了布鲁克林号和奥林比亚号两艘军舰,用口径三十英寸的大炮对准非洲。然后海约翰去电询问受欢迎的人身体情况。'他们今天早上好吗?'电报这样说,'伯迪克·哈里斯是否活着,赖苏利先生是否已死?'摩洛哥国王付了七万元赎金,伯迪克·哈里斯得到释放。这件绑架的小事在国家之间造成的交恶程度,远比和平会议上的交恶为小。伯迪克·哈里斯用希腊语对采访他的记者说,他常听人谈起美利坚合众国,他对罗斯福的钦佩仅次于对赖苏利的钦佩,赖苏利是与他合作的绑架者中间皮肤最白、最有绅士风度的人之一。你该明白,皮肯斯,"卡利古拉最后说,"国际法是支持我们的。我们要把上校从羊群里牵出来,圈在山里,要他的继承人和受让人出一万元血。"

"好吧,你这个红头发的小捣蛋鬼,"我说,"你吓唬不了你的特库姆塞·皮肯斯大叔!我加入你的这场把戏。但是我怀疑你是否彻底了解了伯迪克·哈里斯事件的内幕,卡利古拉,假如哪一天早晨我们收到国务卿来电询问计划的健全性,我建议马上找两头本地区跑得最快的骡子,直奔邻近平静的阿拉巴马州。"

3

我和卡利古拉把以后的三天用于踏勘我们绑架杰克逊·T.罗金厄姆上校后藏匿肉票的山区,终于选中一地形陡峭、树木茂密的地方,只有沿着我们在山坡上开出来的、有枝桠标志的秘密小径

117

才能到达。

我负责计划的一个重要部分,专程乘火车去亚特兰大,采购了二百五十元最美味、最有效的食品供应。我一贯欣赏疗饥解馋的食品。猪肉和玉米糊不但对我的胃缺乏艺术感染力,而且使我的精神情感消化不良。我考虑到旭日-伊甸镇支线铁路公司总裁杰克逊·T.罗金厄姆上校,南方人讲究吃喝是出了名的,他被绑架期间一定怀念家里的美食。我用我和卡利古拉的半数资金采购了一批新鲜食品和罐头,精美程度是伯迪克·哈里斯或者任何别的专业肉票在露营地里见所未见的。

我另外花了一百元采购两箱波尔多白葡萄酒,两夸脱白兰地酒,二百支带金箔箍的哈瓦那极品雪茄烟,一个野营炉,以及折凳和折叠床等。我要让罗金厄姆上校过几天舒服日子,希望他付了一万元后,为我和卡利古拉扬扬绅士作风和招待周到的名声,正如希腊人称赞他那位让美国充当他的非洲收账员的朋友一样。采购的物品从亚特兰大运到后,我们雇了一辆运货马车,搬上小山,安营扎帐,准备捕捉上校。

一天早晨,上校去视察他的一些焦茶色的农田,我们在离山谷镇两英里的地方截住了他。那位优雅的老先生像钓鱼竿似的又瘦又长,衬衫袖口旧得磨出了毛边,眼镜用黑丝带系着。我们简单明了地向他解释了我们的意图,卡利古拉有意无意地露出上衣里面的四五口径手枪柄。

"什么?"罗金厄姆上校说,"佐治亚州佩里县出了强盗!我要让移民与公共改良委员会调查这件事!"

"放聪明点,听从钻孔与公共腐败委员会的吩咐上车吧,"卡利古拉说,"这是一次业务会议,我们迫切希望在有条件的情况下休会。"

我们驾车带罗金厄姆上校上山,直到马车上不了坡的地方。

然后我们拴好马,带着人质徒步到了营地。

"上校,"我对他说,"我和我的搭档要的是赎金,只要摩洛哥——只要你的朋友把钱送来,你不会受到伤害。我们也是绅士,在此期间对你以礼相待。如果你做出保证,不打算逃跑,你可以在营地里随便走动。"

"我保证。"上校说。

"那好,"我说,"现在已经十一点了,我和波尔克先生在饮食方面有些小事要处理。"

"谢谢你们,"上校说,"我有一片咸肉和一盘玉米糊就心满意足了。"

"那可不成,"我强调说,"本营地不吃那种东西。我们的品位比你们著名然而倒胃口的食物高出一大截。"

上校看报时,我和卡利古拉脱掉上衣,开始准备一顿豪华午餐,露一手给他看看。卡利古拉是做西部风味菜的好手。他像妇女沏茶似的,不费什么劲就能烤一头野牛或者油焖两头阉牛。遇到时间紧迫、需要花大气力、准备大量食物的时候,他有把各种能吃的东西拼在一起的天赋。他同时能用左手烙薄饼,用右手烤鹿肉串,用牙齿剥兔子皮,阿肯色河以西无人能打破他的纪录。我会做沙锅炖菜和本帮菜,并且像法国厨师长那样调制色拉油和墨西哥塔巴斯哥辣酱油。

十二点钟,我们做好一顿像是密西西比河航轮上宴会似的热腾腾的午餐。我们把它摆在拼在一起的两三个木箱上,打开了两夸脱的红酒,在上校的盘子旁边放了橄榄和一罐牡蛎肉开胃小吃和一杯调制好的马丁尼鸡尾酒,叫他过来吃饭。

罗金厄姆上校收起折凳,擦擦眼镜,瞅着桌上的东西。我以为听到了他的咒骂,觉得自己没有在食品上多下工夫有点内疚。但他不是在咒骂,而是在做饭前感恩祷告,我和卡利古拉也低下头,我注意到上校的眼泪滴进牡蛎肉开胃小吃里。

我从没见过他那样专心致志地吃饭的人——不像语法教师那般匆忙,而像蟒蛇或者真正的美食家那般慢条斯理,细细品味。

一个半小时后,上校身子朝后一靠,我替他端去一小杯白兰地酒和浓咖啡,把一盒哈瓦那极品雪茄放在桌上。

"先生们,"他抽着雪茄,吞云吐雾说,"我们眺望终古常新的山峦和赏心悦目的景色,沉思冥想造物主的恩惠——"

"对不起,上校,"我说,"现在有些正经事要办。"我取出纸张和钢笔墨水,摆在他面前。"你认为要钱的信应该写给谁?"我问道。

"我认为,"他考虑片刻后说,"可以写给伊甸镇我们铁路总公司的副总裁。"

"从这儿到伊甸镇有多远?"我问道。

"十来英里吧。"他说。

我便开始口授,罗金厄姆上校照着写下来:

> 我被两个亡命徒绑架,拘禁的地点很隐秘,不必试图寻找。他们要求即付一万元赎金。必须马上筹款,按照下面的指示行事。带好现金到黑顶山下的多石溪。沿小溪走到左岸一块平滑的大岩石处,岩石上有红粉笔画的十字符号。站在岩石上挥动一面白旗。届时自有向导带领你到拘禁我的地点。速来勿误。

上校写完后,请求添几句附言,说明他受到善待,以免铁路公司替他担心。我们同意了。他写的是他刚同那两个穷凶极恶的无赖吃了午餐,然后把全部菜单抄录下来,从开胃小吃到咖啡,无一遗漏。结尾时注明晚饭时间约为六点,内容可能比午餐更丰富。

我和卡利古拉看后同意照发;虽然在一张见票即付一万元的

汇票上这些言语显得不伦不类,但是我们作为厨师,很容易被夸奖打动。

我拿了信到山谷镇的路上,等候便人捎信。不久后,一个去伊甸镇的黑人骑马路过。我给他一元钱,让他把信送到铁路公司办事处,我自己回到营地。

4

下午四点来钟,担任放哨的卡利古拉朝我喊道:

"报告,船头右舷方向发现有白衬衫挥动,先生。"

我下山,领回一个面色红润的胖子,他穿着羊驼毛大衣,活像羊驼,但没有项圈。

"两位,"罗金厄姆上校说,"请允许我介绍我的弟弟杜瓦尔·C.罗金厄姆上尉,旭日-伊甸镇支线铁路公司副总裁。"

"亦名摩洛哥国王,"我说,"我想清点一下赎金,你不介意吧,那只是生意上的手续。"

"呃,当然不介意,"胖子说,"不过要等赎金送来。我把那件事交给我们的第二副总裁处理了。我很关心杰克逊大哥的安全,所以先来一步。副总裁随后就到。杰克逊大哥,你提到的龙虾沙拉味道怎么样?"

"副总裁先生,"我说,"你留在这儿等候第二副总裁,我们十分荣幸。但这只是一场预演,我们不希望不相干的看客出售门票。"

半小时后,卡利古拉又发出信号:

"发现船帆!像是挂在扫帚柄上的衬衫。"

我再次从峭壁下去,领回来一个沙黄色胡子的人,他身高六英尺三,可是看不出携带什么东西。我暗忖道,如果他身上带了一万元,那准是一张竖折起来的汇票。"

"帕特森·G.科布尔先生,我们的第二副总裁。"上校介绍说。

"认识你们很高兴,"科布尔说,"我上山来通报塔拉哈西·塔克少校,我们的客运总代理,把我们铁路公司的股票装了一个板条箱,目前在佩里县银行洽谈贷款。亲爱的罗金厄姆上校,你信里菜单上写的究竟是鸡杂浓汤还是花生糊?我和五十六次车的乘务员在这道菜上有争议。"

"岩石上又有白色的东西在晃动!"卡利古拉嚷道,"如果我再看到,我敢肯定是鱼雷艇,我要朝那里开火了!"

向导又下山,领回匪巢的是一个拿着提灯、穿蓝色工装裤的喝得醉醺醺的人。我认为他一定是塔克少校,一路上根本没有问他姓名,到了山上才知道他是伊甸镇调车场的扳道工蒂莫西大叔,他被派前来通报:铁路公司的律师普伦德加斯特法官正在洽谈罗金厄姆上校农田的抵押贷款,筹措赎金。

他谈话时,两个人从树丛下面爬进了营地,卡利古拉事先没有看到白旗信号,他责任在身,立刻拔出了枪。罗金厄姆上校又出面干预,介绍了四十二次车的司机和司炉,琼斯先生和巴茨先生。

"请原谅我们,"巴茨说,"我和杰姆在这一带打过松鼠,熟悉地形,不需要白旗信号。上校,你说的葡萄干布丁、菠萝馅饼和高级雪茄都是真话吗?"

"海面上有钓鱼竿挂的毛巾!"卡利古拉喊道,"大概是火车乘务员和司闸员的前线部队。"

"这是我最后一次下山了,"我擦擦脸上的汗水说,"如果旭日-伊甸镇支线铁路公司因为我们绑架了他们的总裁而组织一次远足的话,就让他们来吧。我们准备挂出招牌:'绑匪酒馆与铁路员工之家'。"

这次我从塔拉哈西·塔克少校自己嘴里得知他的身份,觉得轻松一点。如果他只是护路员或者公务车上的服务员,我准会把他扔到小溪里淹死。一路上,他喋喋不休地同我谈龙须菜配吐司面包,说他平生从未听说有这种吃法。

到了山上,我把他的心思从食品上拉出来,问他有没有筹到赎金。

"亲爱的先生,"他说,"我用我们铁路公司价值三万元的股票做抵押,谈成了一笔贷款——"

"现在先不谈这件事,少校,"我说,"谈成就好。我们晚饭后再结算。各位先生,"我接着说,"都请留下来用晚餐。我们相互信任,一切进行得很顺利。"

"说得对,"站在我身边的卡利古拉插嘴说,"你最后一次下去时,两个行李处长和一个售票员从树上爬了下来。那位少校把钱带来了吗?"

"他说,"我答道,"贷款已经落实。"

如果有哪两个厨师能在十二小时内挣到一万元,那就是我和卡利古拉。下午六点钟,我们在山顶上开出一顿任何铁路员工从未吃过的丰盛晚餐。我们搬出全部存酒,集中所有的罐装瓶装食品,拼凑成各种冷盘热荤、美味佳肴。铁路员工围坐在一起,开怀畅饮,个个吃得肚子滚圆。

盛筵后,我和卡利古拉以生意为重,把塔克少校叫到一边,谈谈赎金问题。少校掏出一把各种面额的钞票和零钱,总值大概够买亚利桑那州兔子镇一块郊区的地皮,同时发表了下列声明。

"两位,"他说,"旭日-伊甸镇支线铁路公司的股票走势低迷。我用面值三万元的股票作抵,好说歹说,只得到八十七元五十美分的贷款。至于罗金厄姆上校的农田,普伦德加斯特法官作了第九次再抵押,好不容易才贷到五十元。请点点数,一共一百三十七元五十美分。"

"一位铁路公司总裁,"我盯着塔克的眼睛说,"还有一千英亩土地,难道——"

"两位先生,"塔克说,"铁路总长十英里。如今根本没有火车运行,除非员工们到树林里拣足了松木疙瘩,够烧锅炉升汽,开动机车。很久以前,年景好的时候,净盈利额每周可达十八元。罗金厄姆上校的田产为了付税已经卖掉十三块。他在佐治亚州的土地两年来没有收过桃子。春天淫雨毁了西瓜收成。没有钱买肥料;土壤肥力不足,玉米歉收;长的草不够喂兔子。一年来,这一带人们吃的只有咸肉和玉米糊——"

"皮肯斯,"卡利古拉揉着他的红头发插嘴说,"你打算怎么处理那些鸡毛蒜皮?"

我把钱还给塔克少校,走到罗金厄姆上校身边,拍拍他的后背。

"少校,"我说,"希望你欣赏我们的玩笑。我们不想开得太过分了。绑匪!岂不让人笑掉大牙?我姓莱茵格尔德,是昌西·德皮尤①的外甥。我的朋友是《普克》②杂志总编的远房表弟。你这该明白了吧。我们来南方用我们的幽默方式找乐。还有两夸脱白兰地可以打开,然后玩笑宣告结束。"

有什么必要描述细节呢?只要提一两件事就够了。我记得塔拉哈西少校演奏口拨琴,卡利古拉和一个高大的行李处长跳华尔兹舞,他的红头发脑袋只够到行李处长的坎肩表袋那儿。我和帕特森·G.科布尔先生表演了黑人的步态舞,杰克逊·T.罗金厄姆

---

① 德皮尤(1834—1928),美国律师,1863—1865 年间任国务卿,1875 年任范德比尔特铁路公司总顾问,1899—1911 年间任参议员,以口才著称,善于在宴会上发表即席讲话。

② 美国 1877—1918 年间出版的幽默周刊,有彩色卡通画。

上校夹在我们两人中间,说出来真不好意思。

甚至到了第二天早晨,你绝对不会想到我和卡利古拉居然深感欣慰。我们清楚地知道,赖苏利从伯迪克·哈里斯那里得到的好评,同我们从旭日-伊甸镇支线铁路公司得到的好评相比,连一半都不到。

猪崽的伦理

在一列东行的火车上,我走进吸烟室,碰见了杰甫·彼得斯。他是沃巴什河以西惟一有头脑的人,他能同时开动大脑、小脑和延髓。

杰甫干的是并不违法的欺诈勾当。孤儿寡妇们不用怕他;他专门分润别人过剩的钱财。他喜欢装出笨头笨脑的样子,让那些挥金如土的人,或者鲁莽的投资者在他身上扔几块无伤大雅的钱。他一有烟抽就高谈阔论,所以我拿两支燃得很快的粗卷烟换得了他最近的奥托立格斯式的故事①。

"在我这门行业里,"杰甫说,"最伤脑筋的是找一个正直可靠、极端诚实的伙伴来合作行骗。跟我一起行骗的最好的搭档中间,居然有人偶尔也会使用诡计。

"因此,去年夏天,我决定到这一带据我所知灵蛇②还没有光顾过的乡下地方,看看能不能找到一个有犯罪天才,而还没有被成功冲昏头脑的搭档。

"我到了一个村庄,表面似乎正合我的理想。那里的居民还没有发觉亚当已被放逐,他们随意给畜生起名字,随意杀蛇,仿佛他们住的地方是伊甸园。他们管那个小镇叫做尼婆山,小镇坐落

---

① 奥托立格斯是希腊神话中手段高明的小偷,他偷了牲畜后涂改标记,从不失风,科林斯国王把标记做在羊蹄底下,终于将他人赃并获。
② 这里指《圣经·旧约》中诱使亚当和夏娃偷吃禁果的蛇。

在肯塔基、西弗吉尼亚和北卡罗来纳三州交界处。那几个州并不接壤吗？没关系，反正在那里附近。

"我花了一星期工夫证明我不是征税员后，就到本镇乡巴佬常去吹牛的杂货铺里，看看能否找到我需要的那种人。

"'哥儿们，'我们相互打过招呼，围在干果桶旁边时，我开口说，'这样一个还没有遭到罪恶和诡计污染的地方，我想全世界再也找不到了。这里的妇女都勇敢慈爱，男人都诚实和善，这里的生活肯定很理想。使我想起了哥尔德斯坦的一首名叫《荒村》的美丽歌谣①，诗里说：

> 遭到一连串厄运折磨的地方真糟糕；
> 有什么办法可以把它的诅咒赶跑？
> 裁判慢慢地驾车驶出了巷子，妈妈，
> 我将做五月的皇后。②'

"'噢，不错，彼得斯先生，'杂货铺掌柜说，'根据大多数人的意见，我认为我们是一伙像山地居民一样正直、迟钝的人；但是我想你还没有见过鲁夫·达登姆吧？'

"'哦，没有，'镇警长说，'他不可能碰见。那个鲁夫可以说是十恶不赦的坏蛋，早该上绞刑台了。这倒提醒了我，前天就该释放他了。他杀了扬斯·古德罗，判处三十天的监禁已经期满了。不过，多关一两天对鲁夫没有坏处。'

"'咄咄，'我用山区的习语说，'尼婆山不至于有那样的坏蛋吧。'

---

① 哥尔德斯坦是英国诗人哥尔德斯密(1728—1774)之讹，《荒村》是一首叙事体长诗。
② 五月的皇后，西方风俗，少年男女于五月一日围绕用鲜花或彩带装饰的五月柱跳舞作乐，事先选出一个少女扮作皇后，主持游戏。

"'比杀人更坏,'杂货铺掌柜说,'他还偷猪。'

"于是我决定去看看这位达登姆先生。警长放他出来的一两天后,我跟他交上了朋友,邀他到镇外,坐在一根原木上谈谈生意经。

"我需要的是一个外貌土头土脑的搭档,匹特福-京①剧团到西部小镇巡回演出时,叫他在我的独幕恶作剧里扮演一个角色。这个鲁夫·达登姆天生适合演那种角色,正如范朋克②生就一身蛮力,专门扮演不让伊丽莎沉到河里的英雄一样。

"他身材像是一垒的棒球手,暧昧的蓝眼睛活像赫丽托婶婶小时玩的、摆在壁炉架上的瓷器狗。他的头发略微拳曲,像是罗马梵蒂冈的那尊掷铁饼的塑像,头发的颜色让你想起挂在酒店墙上、遮住烟囱窟窿的美国画家画的《大峡谷夕照图》。他正是那种乡巴佬,不需再加工了。他正是滑稽戏里的耳朵上夹着一根草、用独根棉布背带吊着裤子的角色。

"我把来意告诉了他,他很乐意合作。'除了爱杀人的无足轻重的小毛病外,'我问他说,'你能不能提出以前干过什么间接抢劫,或者不会遭到指控的敛财把戏,可以证明你适合那个职位呢?不管说出来丢不丢人。'

"'呵呵,'他带着南方人拖长的声调说,'你没有听说吗?在蓝岭一带,不论黑人白人,谁都不能和我一样不费吹灰之力就背走一口小猪而不给人听到、看见或者逮住。我能偷猪,'他接着说,'从猪圈里、走廊下面、食槽旁边或者树林里把它偷走,不分昼夜,不论地点,保证不发出任何声响。那全凭把它们抓住抱走的手法。总有一天,'这个猪圈掠夺者继续说,'我希望获得世界偷猪冠军

---

① 匹特福-京,原文 Pitfall & Gin 可作"坑人的陷阱和烧酒"解。
② 范朋克(1883—1939),美国好莱坞电影明星,主演了不少武侠片。

称号。'

"'胸怀大志是可嘉的,'我说,'在尼婆山偷猪很吃得开,可是到了外面,这种把戏就被看成像抛空马萨诸塞州煤气股票那么浅薄了。不过,那也可以作为一种诚意的保证。我们合伙好啦。我有一千元现金资本,加上你那副乡巴佬的模样,我们在金融市场上应该挣到一些优先蓝筹股票。'

"我带着鲁夫离开尼婆山到平原去。一路上,我循循善诱地开导他,教他在我策划的骗局中做些什么。我已经在佛罗里达海滨闲散了两个月,这时正跃跃欲试,何况我袖管里有那么多的新方案,要穿一件日本和服才装得下。

"我打算采取漏斗形的路线,在中西部的农业地带开出一片九英里宽的区域,所以我们朝那方向出发。我们到达莱克星屯时发现平克莱兄弟马戏团在那儿,肯塔基的农民嘻嘻哈哈来到镇里,他们穿着木屐,天真而任性地咔哒咔哒走在比利时式的街道上,仿佛参加布赖恩特别选举会似的。我碰到马戏团从来没有过门不入、不捞几个零花钱的,所以我在马戏场附近一个姓彼维的寡妇经营的旅馆替鲁夫和我自己租下两个房间,包了伙食。我又领鲁夫到一家服装店,把他打扮得像样一些。他穿上那套胡萝卜形的现成衣服后,显得倒挺神气,并没有使我失望。我和老密斯费兹基①把他塞进一套有黄绿色大方格的亮蓝色衣服,加上一件特斯基吉的花哨的天然淡黄色坎肩,一条大红领带和一双全镇最黄的皮鞋。

"鲁夫活到现在,除了本村的柳条布裤和灰布衣服之外,还没有穿过这种东西,他像一个戴上新鼻环的伊哥罗人②那般忸怩。

"那天晚上,我在马戏团的帐篷旁边摆了一个仙人摘豆的摊

---

① 密斯费兹基,原文 Misfitzky 是杜撰的服装店老板的姓,有"不合身"意。
② 伊哥罗,菲律宾吕宋岛北部的土著。

子。鲁夫混在人群中间当托儿。我给他一卷假钞票做赌本,再把一些假钞票放在另外一个口袋里,专门赔他赢得的钱。不,我并不是不信任他,只是一看到真钱就没法不把它赢过来。即使我想不赢,我的手指也不听指挥。

"我支起小桌,开始示范,说明猜中小豆子在哪一个贝壳底下是多么容易。那些无知无识的乡巴佬密密层层地围成一个半圆形,嘻嘻哈哈地你推我,我推你,怂恿彼此下注。但是不见鲁夫过来。我有两三次望见他嘴里嚼着花生糖,荡来荡去的看那些杂耍的图片,只是不走近来。

"观众下了一些注,但是玩仙人摘豆的把戏时没有托儿帮忙,就像钓鱼没有鱼饵。我原先打算在那些乡巴佬身上至少捞它两百元,结果弄到四十二元就草草收摊。十一点钟,我回家上床。我以为马戏、音乐等等把鲁夫迷住了,我准备第二天早上把一般的生意经好好开导他一番。

"我刚被睡神打昏,忽然听到一阵撒野难听的声音,仿佛一个闹疝气的小子在嚷痛似的。我打开房门,朝过道里叫那位寡妇太太,她探头出来时,我对她说:'彼维太太,好不好请你把你孩子的嘴堵住,让正派人休息休息,太太?'

"'先生,'她回答说,'那不是我的孩子。那是猪叫呀,你的朋友达登姆先生一两个钟头以前把它带回房间里的。如果你是它的叔叔、表亲或者弟兄,我请你自己去把它的嘴堵住吧,我也感激不尽呢。'

"我披上了一点维持礼貌的衣服,走进鲁夫的房间。他已经起身,点上了灯,正在把一些牛奶倒进地上一只铁皮盘子里,准备喂一口灰白色的、半大不小的、尖叫着的猪崽。

"'怎么回事,鲁夫?'我说,'今晚你玩忽了你的职务,害得我独木难支。这口猪是什么意思?你未免太不上进啦。'

"'别让我太难堪了,杰甫,'他说,'你知道我一辈子喜欢偷猪,已

经养成了习惯。今晚我碰到这么好的机会,不能不把它偷来。'

"'嗨,'我说,'也许你真的是偷猪狂。也许我们离开这个养猪地带之后,你的心思才会转到比较高尚而有利的勾当上去。我真不明白,你干吗要让这样一个讨厌、低能、邪门、尖叫怪嚷的畜生来玷污你的心灵。'

"'哎呀,杰甫,'他说,'你对猪没有一点同情之心。你不像我那样了解它们。拿这个畜生来说吧,我认为它很有理性和智慧。刚才它还用后腿在房间里跑了半圈呢。'

"'算了吧,我要去睡觉了,'我说,'最好请你开导开导你那位有智慧的朋友,叫它别再嚷嚷啦。'

"'它刚才肚子饿,'鲁夫说,'这会儿它要睡了,不会再吵闹的。'

"我总是在早餐前起身,只要我待在霍式卷筒印刷机或者华盛顿式手摇机的发行范围之内,我总是看晨报的。第二天,我起得很早,在前廊上找到送报人扔在那里的一份《克莱星屯日报》。我一眼看到第一版上有个双栏广告,内容是这样的:

悬赏五千元

  拜波,受过训练的欧洲名猪,昨夜在平克莱兄弟马戏团杂耍场帐篷内走失或被窃。如有人将原猪完好送回,即付上项赏格,决不追究。

        马戏团营业主任
        乔治·皮·塔伯雷启

"我把报纸折好,塞在里面的衣袋里,然后走进鲁夫的房间。他差不多已穿好衣服,正在用剩下的牛奶和一些苹果皮喂那口猪。

"'呵,呵,呵,两位早安,'我愉快和气地说,'你们已经起身

啦。猪儿在用早点。你打算怎么安顿它,鲁夫?'

"'我打算把它装箱,'鲁夫回答说,'用快递寄到尼婆山去给我娘。我不在家时,它可以给我娘做个伴。'

"'真是一口了不起的好猪。'我挠挠它的背说。

"'昨晚你还把它臭骂了一顿呢。'鲁夫说。

"'哦,'我说,'今早晨它让我看得顺眼多啦。我是在农村长大的,我非常喜欢猪。以前我总是在太阳落山前上床的,所以从没有在灯光下面看过猪。鲁夫,我告诉你,我打算怎么做,'我说,'我给你十元钱买那口猪。'

"'我想我不愿意卖,'他说,'换了别的一口,我或许可以商量。'

"'为什么这口不行呢?'我问道,生怕他可能知道些消息。

"'哦,因为,'他说,'这是我生平最伟大的成就。这件事没有第二个人能办到。我一旦成了家,有了小孩,我会坐在火炉边告诉他们,他们的爸爸怎么从挤满人的马戏场里偷出一口猪来。我还要告诉我的孙儿。他们一定会引为无上的光荣。呃,那里有两座相连的帐篷。这口猪用一条细链子拴在台上。我看到另一个帐篷里有一个巨人和一个白胡子的女人。我偷了猪,从帐篷底下爬出来,连小耗子般的声音都没有发出。我把它蒙在上衣里面,到街上黑暗的地方之前,至少经过了百来个人。我想我不能卖掉这口猪,杰甫。我让我娘去养它,以后有实物证明我干过的事情。'

"'那口猪绝对活不了那么久,'我说,'让你老年时在炉边吹牛时充当物证。你的儿孙只能凭你的话罢了。我出一百元买这个畜生吧。'

"鲁夫惊愕地瞅着我。

"'这口猪对你绝对值不了这许多钱,'他说,'你要它干吗?'

"'粗看我,'我摆出一副难得的笑容说,'你绝对料不到我的性格里还有艺术的一面。我是藏猪家,到处搜罗不平常的猪。我在沃巴什山谷那边办了一个养猪场,各式各样的猪都有,从美丽奴到波兰中国种①。我看这是一口纯种猪,鲁夫。我相信它是纯种的伯克郡种②。我要它的理由就在于此。'

"'我很想迁就你,'他说,'可是我也有艺术倾向。比别人更会偷猪也是一种艺术呀。尤其是这口猪。即使你出两百五十元,我也不卖。'

"'听我的,'我擦擦额头上的汗水说,'对于我,艺术是不能同生意买卖相提并论的,同慈善事业一比,艺术又差得远了。作为一个猪的鉴赏家和传播家,如果不把那口伯克郡种加进我的收藏,我对世界就没有尽到责任。且不谈它的内在价值,单凭作为人类的朋友和助手的猪崽的伦理,我给你五百元收购这畜生。'

"'杰甫,'猪的审美者说,'那不是钱的问题,在我是情感问题。'

"'七百。'我说。

"'算八百吧,'鲁夫说,'我就把心里的感情一笔抹杀。'

"我从衣服里面取出褡裢,数了四十张二十元的钞票给他。

"'我把它带到我的房间里去吧,'我说,'早饭前先把它锁上。'

"我捉住那口猪的后腿。它像马戏场里的汽笛似的嗥了一声。

"'让我替你弄过去。'鲁夫说,他一手扶住那畜生,一手闷住它的鼻子,把它像睡着的娃儿似的抱进我的房间。早餐后,鲁夫说他想到密斯费兹基的店里去看看皇家紫颜色的短袜,自从我替他

---

① 美丽奴是一种西班牙绵羊;波兰中国种的猪是美国俄亥俄州养殖的,黑身、白脚、白尾、白脸。
② 伯克郡,英格兰南部郡名,出产一种黑色白斑的猪。

置办了新衣服后,他染上了爱逛服饰用品商店的毛病。接着,我便像一个害荨麻疹的独臂人在糊墙纸似的忙得不可开交。我找了一个驾着轻便马车兜生意的老黑人,奈特大叔,我们把那口猪装进麻袋,向马戏场驶去。

"我在一座揭开窗幕的小帐篷里找到了乔治·皮·塔伯雷。他胖胖的,眼光锐利,戴着一顶黑色的便帽,红运动衫的胸口缀了一颗四盎司重的金刚钻。

"'阁下是乔治·皮·塔伯雷吗?'我问道。

"'正是。'他说。

"'那么,我把它弄到了。'我说。

"'倒要请教,'他说,'你弄到的是喂亚洲蟒蛇的豚鼠呢,还是喂圣牛的紫苜蓿?'

"'都不是,'我说,'我弄到了拜波,受过训练的猪,就在车上的麻袋里。今天早晨,它在我的前院里拱花时被我捉到的。如果方便的话,五千元请给我大票子。'

"乔治·皮一溜烟儿跑出帐篷,叫我跟着他。我们跑到杂耍场里,那儿有一口毛色乌黑的猪,脖子上扎着粉红色的缎带,躺在干草堆上,有个工作人员在喂它吃胡萝卜。

"'嗨,麦克,'乔治喊道,'今天早晨全球闻名没有出娄子是吗?'

"'它吗?没有,'那个人说,'它的胃口好得像是晚上一点钟歌舞班子里的姑娘。'

"'你怎么会想出这个主意来的?'塔伯雷问我,'昨晚猪排吃得太多了吗?'

"我抽出报纸,把广告指给他看。

"'假的,'他说,'我根本不知道这回事。你亲眼看到了奇特的、全球闻名的、四足王国里的神猪,以超乎寻常的机巧大嚼它的

早点,既未走失,也没被偷掉。再会吧.'

"我这才恍然大悟。我爬上车子,吩咐奈特大叔把车子赶到最近的一个巷子口。到了那里,我把猪拖出来,把它仔细对准巷子的另一头,然后抬腿给它屁股上一脚,它滚到巷子那一头,过了二十英尺才叫出声来。

"之后,我把半元车钱付给了奈特大叔,再去报馆。我倒要打听打听,弄个水落石出。我把管广告的人叫到窗口答话。

"'我同人家打赌,要弄弄清楚,'我说,'昨晚来登这个广告的人是不是留着八字胡须、一条腿有点瘸的矮胖汉子?'

"'不是,'管广告的人回答,'那个人身高约莫有六英尺四英寸半,一头红发,穿得像是花房里的三色堇.'

"吃晚饭时,我回到彼维太太家。

"'我要不要把汤替达登姆先生热着,等他回来?'她问道。

"'假如你这样做,太太,'我说,'即使你把地底下的煤和地壳上的森林都烧完也不够.'

"所以,你看,"杰甫·彼得斯总结说,"要找正直无私的搭档是多么困难。"

"但是,"我以老朋友的资格坦率地说,"你那个规律应该灵活运用。当初如果你提出平分赏格的话,就不至于——"

杰甫不以为然地打断了我的话。

"根本不牵涉到同样的原则,"他说,"我做投机是一种合情合理的尝试。贱价收进,高价卖出——华尔街的大老板们不也是那样干的吗?牛、熊[1]和猪崽之间又有什么区别?为什么猪鬃不能和牛角、熊皮相提并论呢?"

---

[1] 牛指西方金融市场上哄抬价格的买方,即多头;熊指拉跌价格的卖方,即空头。

命运之路

命 运 之 路

我在路上寻找

　　我未来的命运。

带着真诚而坚强的心，

还有指点迷津的爱情——

　　它们能不能支持我

左右、闪避、掌握或塑造

　　我的命运？

（大卫·米尼奥未出版的诗）

　　歌已经唱完了。歌词是大卫写的，曲调是乡村风格。酒店里围桌而坐的人都热烈地喝彩叫好，因为酒账是这个年轻诗人付的。只有公证人帕比诺先生听了歌词微微摇头。因为他有些学问，并且没有同别人一起喝大卫请客的酒。

　　大卫走在村里的小路上，夜晚的凉风吹散了他脑袋里的酒意。他这才想起那天和伊冯娜吵了一架，他决定当晚离开家乡，到外面广阔的世界去寻找声名和荣誉。

　　"等到人人传颂我的诗歌时，"他美滋滋地自言自语说，"她也许会后悔今天说的叫我伤心的话。"

　　除了酒店里那批闹饮的人以外，村民们都入睡了。大卫悄悄地走进他父亲的农舍，到自己的小屋里，收拾几件衣服打了一个包裹,把包裹穿在棍子上,往肩上一扛,掉头朝韦尔努瓦村通向外面的那条大路走去。

他经过羊栏,父亲的羊群拥挤着睡在里面——他每天带这些羊出去放牧,让它们四处乱跑,自己在零星的纸片上写诗。他看见伊冯娜窗里还有灯光,一阵犹豫突然动摇了他的决定。灯光也许说明她不能入眠,悔恨自己的粗暴,明天早晨她也许——不!他已经做出了决定。韦尔努瓦村不是久留之地。村里没有一个人能理解他。他的命运和未来在那条大路外面等待。

在月光朦胧的原野上,那条路伸展出去有三里格长,直得像是田里的犁沟。村里人都说这条路通到巴黎;诗人一面走,一面悄悄地念着这个地名。大卫以前从没有离开韦尔努瓦村,到那么远的地方去过。

左面的路

那条路伸展出去有三里格长,然后同另一条稍宽一些的路直角相交,形成了三岔口。大卫犹豫不决地站了一会儿,走上了左面的路。

这条交通比较繁忙的公路上,可以看到地面新留下的车辙。再走了半小时光景,车辙得到了证实,只见一辆笨重的马车陷在一座陡峭小山脚边的河沟里。车夫和马童吆喝着拉马笼头。路旁站着一个穿黑衣服的高大的男人和一个披着浅色斗篷的苗条的小姐。

大卫发现那些仆人光使蛮劲,缺乏技巧,便平静地指挥起来。他吩咐仆人们不要瞎嚷嚷,而要把力气用在车轮上,由车夫一个人用马匹熟悉的声音驱赶,大卫自己用他有力的肩膀抵在马车后部,大家劲往一处使,马车便给推到河沟边坚实的地面上。仆从们爬上各自的座位。

大卫迟疑地站了一会儿。那个高大的先生挥挥手说："你也上车。"他的嗓音像他本人一样高大，但由于修养和习惯的关系显得很柔和。这种声音使人只有服从的份儿。命令重复了一遍，打断了年轻诗人短暂的犹豫。大卫的脚踩上踏级。在黑暗中，他模糊地看到小姐坐在后座。他正想在对面坐下，那个声音又使他屈服了。"你坐在小姐旁边。"

那个先生笨重地在前座坐下。马车开始爬上小山。小姐一言不发，缩在角落里。大卫估计不出她的年龄大小，但是她衣服里散发出一股优雅温馨的芳香，激发了诗人的幻想，使他相信这个神秘的人儿一定很可爱。这正是他时常幻想的奇遇。然而他解不开这个谜，他和这两个莫测高深的旅伴坐在一起，大家都默不作声。

一小时后，大卫从车窗里望出去，发觉马车已经驶到一个小镇的街上。然后停在一幢关着门的、黑灯瞎火的房屋前面，马童下了车，不耐烦地擂打大门。楼上一扇格子窗打开了，伸出一个戴睡帽的脑袋。

"半夜三更，谁在打扰正派人的好梦？我的店门已经关了。时候这么晚，哪有规矩的旅客还在路上乱跑的？别敲门了，走吧。"

"开门！"马童嚷道，"来的是博佩图伊侯爵老爷。"

"喔唷唷！"楼上那个人喊了起来，"小的罪该万死，老爷。恕我不知道——时候这么晚了——我立刻下去开门，听候老爷吩咐。"

里面有铁链和门闩的声响，门打开了。银瓶旅店的老板披着衣服，擎着一支蜡烛，又冷又怕的站在门口簌簌发抖。

大卫跟在侯爵后面下了车。"扶小姐一把。"侯爵吩咐他说。诗人服从了。他扶那个小姐下车时，感觉她的手在哆嗦。"到店里去。"这是第二道命令。

他们进了旅店的长饭厅,里面有一张长度和房间一样的橡木桌子。高大的先生在桌子旁边的椅子里坐下。小姐非常疲累地颓然坐到靠墙的椅子上。大卫站着,寻思现在最好开口告辞,继续上路。

"老爷,"店老板一躬到地说,"如果知道大人光临,我早应该准备欢迎了。现在只有酒和冷鸡肉,或许——或许——"

"蜡烛。"侯爵以他特有的姿态张开白白的胖手指说。

"是——是,老爷。"店老板拿来五六支蜡烛,点燃后放在桌上。

"假如大人肯赏光尝尝勃艮第酒——小店倒有一桶——"

"蜡烛。"侯爵伸着手指说。

"当然,当然——我马上去拿,老爷。"

又点了十来支蜡烛,照亮了饭厅。椅子几乎容纳不下侯爵肥硕的身躯。除了手腕和领子上雪白的绉纱以外,他从头到脚一身是黑,甚至佩剑和剑鞘也是黑色的。他显出一副目中无人的讥诮的神情。向上翘起的胡子梢几乎触及那双嘲弄的眼睛。

小姐纹丝不动地坐着,大卫这会儿才发觉她很年轻,并且美丽得动人。他正凝视着这个楚楚可怜的美人时,侯爵洪亮的嗓音又响了起来,把他吓了一跳。

"你叫什么名字,做什么事的?"

"大卫·米尼奥。我是诗人。"

侯爵的胡子翘得更接近眼睛了。

"那你靠什么生活?"

"我还是牧羊人,看管我父亲的羊群。"大卫昂首回答,脸上却不由得一红。

"牧羊诗人先生,听着,你今晚撞上了好运。这位小姐是我的侄女,露西·瓦雷纳小姐。她出身名门,每年有一万法郎收入。至于她的美貌,你只消自己看看。如果她的财产合你牧羊人的心意,她立刻可以成为你的妻子。别打断我的话。她已经和维尔莫尔公爵订了婚,今晚我把她送到公爵的别墅去。宾客都已到场,牧师也准备好了,这桩门当户对的婚事就要举行了。在圣坛上,这个温柔孝顺的小姐居然像母豹子那样向我扑来,指责我残酷造孽,当着大吃一惊的牧师的面,毁了我替她订的婚约。我当场咬牙切齿地发誓,要把她嫁给我们离开别墅后在路上遇到的第一个人,不论他是王子、烧炭人,或是小偷。牧羊人,你是我们遇到的第一个人。小姐今晚必须结婚。不是你,便是另一个人。我给你十分钟的时间来决定。别多说多问来麻烦我。十分钟,牧羊人;时间是很快的。"

侯爵的白手指在桌上敲得直响。他陷入一种诡秘的等待状态,正像一幢门窗紧闭、拒人于千里之外的大房子。大卫正想开口,但是那个高大的人的神色止住了他。于是,他站到小姐椅子边,鞠了一躬。

"小姐,"他说,在这样一个优雅美丽的人面前居然能滔滔不绝地说话,连他自己也觉得诧异,"你已经听我说过,我是个牧羊人。有时候,我也有一个幻想,认为自己是诗人。如果诗人的标准在于他对美的景仰和爱慕,那我的幻想更加强了。我有什么地方能为你效劳,小姐?"

那个年轻女人抬起悲哀的、欲哭无泪的眼睛望着他。他那由于事态严重而显得认真坦率的面庞、坚强而端正的姿态、充满同情的清澈的蓝眼睛,加上她自己迫切需要而失之已久的帮助和仁慈,使她突然哭了起来。

"先生,"她低沉地说,"你好像很真诚,很仁慈。他是我的伯伯,我父亲的哥哥,我惟一的亲属。他从前爱我的母亲,因为我像母亲,他便恨我。他使我的生活成为长期的恐怖。我看见他就害

143

怕，以前从不敢违抗他。可是今晚他要把我嫁给一个年纪比我大三倍的男人。请原谅我给你带来的麻烦，先生。你一定会拒绝强加在你身上的这种疯狂举动。至少让我谢谢你那些豪爽的话。从前谁也没有对我说过那样的话。"

诗人的眼睛里此时有了一些不仅仅是豪爽的神情。他一定是个诗人，因为伊冯娜已经给抛在脑后了；这个新的美妙可爱的人儿，以她的清新和风度迷住了他。她身上微妙的芳香使他充满了奇特的感情。他的温柔的眼光热情地落在她身上。她也如饥似渴地依附着它。

"他给了我十分钟的时间，"大卫说，"让我来做也许需要几年才能完成的事情。我不能说我可怜你，小姐；那不是真话——我要说的是我爱你。我还不能要求你的爱情，但是让我从这个残酷的人身边把你救出来，到时候爱情也许会产生的。我相信我有前途；我不会一辈子做个牧羊人。目前我要尽心尽意地爱惜你，减少你生活中的痛苦。你愿不愿意把你的未来交托给我，小姐？"

"啊，你将会为怜悯而牺牲你自己！"

"为爱情。时间快到啦，小姐。"

"你会后悔，会瞧不起我的。"

"我这辈子的目的只是使你幸福，使我自己配得上你。"

她的美好的小手从斗篷底下伸出来让他握住。

"我愿意把我的生命交托给你。"她悄声说，"并且——并且爱情也许不像你想的那么遥远。去对他说吧。一离开他那双眼睛的威力，我也许可以忘怀。"

大卫走过去，站在侯爵面前。穿黑衣服的身形动了一下，讥诮的眼睛朝饭厅的大钟一扫。

"还差两分钟。一个牧羊人居然花了八分钟时间来考虑要不要接受一位美丽富有的新娘！说呀，牧羊人，你是否同意做小姐的丈夫?"

"小姐已经给了我荣幸,"大卫骄傲地站着说,"答应了我的请求,愿意做我的妻子。"

"说得好!"侯爵说,"牧羊人先生,你在奉承方面倒有一手。小姐的运气毕竟不算太坏。现在尽教堂和魔鬼所允许的,赶快了断这件事吧!"

他用剑柄砰砰敲着桌子。店老板两腿哆嗦地跑来了,又带来一些蜡烛,指望迎合大老爷的心意。"找一个牧师来,"侯爵说,"一个牧师,你懂吗?在十分钟之内找一个牧师来,不然——"

店老板扔下蜡烛,飞也似的跑了。

睡眼惺忪、衣冠不整的牧师来了。他替大卫·米尼奥和露西·德·瓦雷纳证了婚,把侯爵扔给他的一枚金币放进口袋,拖着脚步走到黑夜里。

"酒。"侯爵向店老板伸开他那兆头不妙的手指吩咐说。

"把杯子斟满。"酒拿来之后,他又说。他站在桌子的一头,在烛光下像是一座恶毒和狂妄的黑山,他的眼光落到他侄女婿身上时,旧情的回忆变成了狠毒。

"米尼奥先生,"他举起酒杯说,"我说完话之后请喝酒:你已经娶了一个将使你终身潦倒的女人。她身体里的血液继承了邪恶的谎言和残酷的毁灭。她将给你带来耻辱和不幸。落在她身上的魔鬼,就在她那连乡巴佬也会屈从的眼睛、皮肉和嘴里。诗人先生,那就是你向往的幸福生活。喝酒吧。小姐,我终于摆脱了你。"

侯爵喝了酒。姑娘嘴里发出一声轻微的、伤心的呼喊,仿佛突然受到了创伤。大卫拿着酒杯,向前走了三步,面对着侯爵。他的举止完全不像牧羊人了。

"现在,"他镇静地说,"承你称呼我'先生'。我和小姐的婚姻使我在——就说是间接身份吧——使我在间接身份方面和你接近了一些,我可不可以希望在我想到的一件小事上有权和阁下更平等一些?"

"可以,牧羊人。"侯爵嘲弄地说。

"那么,"大卫说着,突然把他的一杯酒朝那双取笑他的、轻蔑的眼睛泼去,"也许你愿意屈尊和我决斗一下。"

那位大老爷狂暴地咒骂一声,声音像号角那般响亮。他从黑剑鞘里抽出剑来;对徘徊不去的店老板喝道:"替那个乡巴佬找把剑来!"他又转向小姐,发出一声使她心惊肉跳的冷笑,说道:"你给我添的麻烦太大啦,小姐。大概我必须在一夜之间替你找个丈夫,再使你成为寡妇。"

"我不会使剑。"大卫说。他在妻子面前承认这一点很不好意思。

"我不会使剑,"侯爵嘲弄地学着说,"难道我们要像庄稼汉那样用橡木棍子打一架吗?喂,弗朗索瓦,把我的手枪拿来!"

马童从马车的皮套里拿来了两支镶银的闪亮的大手枪。侯爵把一支扔在大卫手边的桌上。"到桌子那一头去,"他嚷道,"即使牧羊人也会扣扳机的。不过有幸死在德·博佩图伊枪下的牧羊人却很少。"

牧羊人和侯爵隔着长桌,面对面站着。吓慌了的店老板双手在空中乱抓,结结巴巴地说:"老——老爷,看在基督的分上!别在我的店里!——别行凶——这要坏我的规矩——"侯爵威胁的眼神吓得他说不下去。

"窝囊废,"博佩图伊老爷说,"你牙齿暂时不要打架,能够的话,替我们报数。"

店老板跪倒在地上。他一句话也说不出。甚至连声音都发不出来。但是他仿佛还在用手势为他的店和规矩呼吁不要闹事。

"我来报数。"小姐声音清晰地说。她走到大卫面前,温柔地吻了他。她的眼睛闪闪发亮,脸颊泛起红晕。她靠墙站着,两个男人举起手枪,等她报数。

"一——二——三!"

两声枪响间隔得那么短,以致烛光只跳动了一次。侯爵含笑站着,左手张开五指按在桌子一端。大卫也站得笔直,非常缓慢地扭过头,用眼睛搜寻他的妻子。接着,他像一件衣服从挂着的地方掉下来似的垮在地上。

成了寡妇的少女恐惧而绝望地短叫一声,跑过去俯在他身上。她找到了他的伤口,然后带着先前那种悲哀的苍白脸色,抬起头来。"打穿了他的心,"她悄声说,"哦,他的心!"

"来吧,"侯爵洪亮的声音响了起来,"出去上车!天亮以前我无论如何也要摆脱你。今晚你再嫁一个活的丈夫。就是我们再遇到的人,小姐,不论是强盗或者庄稼汉。如果路上遇不到,那就是替我们开门的仆人。出去上车!"

毫不容情的高大的侯爵、披上斗篷的小姐、拿着手枪的马童,一起走出旅店,上了等候着的马车。笨重的车轮滚动时的声音响彻沉睡的小镇。在银瓶旅店的饭厅里,心烦意乱的店老板望着诗人的尸体不知所措,二十四支蜡烛的火光在跳动闪烁。

右面的路

那条路伸展出去有三里格长,然后同另一条稍宽一些的路直角相交,形成了三岔口。大卫犹豫不决地站了一会儿,走上了右面的路。

他不知道这条路通向何方,只是下定决心当晚要远远地离开韦尔努瓦村。他走了一里格路,经过一幢新近招待过宾客的大别墅。每扇窗子里都是灯火辉煌;石头大门的地上轮辙交错,那是宾客们的马车留下的。

再走了三里格,大卫觉得累了。他在路旁一堆松枝上躺下来,睡了一会儿。接着又起身,沿着这条陌生的路走去。

就这样,他在大路上走了五天,睡的是大自然的舒适的床铺或者农家的干草堆,吃的是农民招待他的黑面包,喝的是溪水或者看羊人给他的饮料。

最后,他经过一座大桥,踏进了笑脸迎人的城市,被那个城市毁掉的或者捧红的诗人比世上各地都多。当巴黎以低沉的音调向他唱出了充满活力的人生和车马声组成的欢迎曲时,他的呼吸变得急促起来。

大卫在孔蒂路一幢古老的房子里租了一间顶楼,然后坐在一把木椅子上开始写诗了。这条街道一度接纳过重要体面的公民,如今住着一些每况愈下的人。

街上的房屋都很高大,带着没落的尊严,但是有许多房间空关着,成了尘埃和蜘蛛的寓所。夜里只听得刀剑的铿锵声和那些不停地从一家酒店到另一家酒店的闹饮者的喧嚷。上层人物以前居住过的地方,现在成了污浊淫秽的场所。可是大卫发觉这里的租金同他干瘪的钱包很相称。白天黑夜,他都埋头在纸笔中间。

一天下午,他到下面去买了食品,拿着面包、奶酪和一瓶薄酒。他在阴暗的楼梯上遇到了——或者不如说碰到了——一个年轻的女人,她的美貌甚至惊呆了富于想象力的诗人。她披着一件宽大的深色斗篷,从敞开的地方可以看见里面华丽的衣服。她的眼睛随着思绪的每一个微小变化而迅速变化,时而变得像小孩那样又圆又天真,时而变得像吉卜赛人那样细长而狡猾。她提着衣摆,露出一只高跟的小鞋子,上面的丝带散了。她多么美貌,多么不配弯下腰去,多么有资格来迷惑和命令别人呀!也许她看见大卫来了,便站着等他帮忙。

哦,先生能不能原谅她挡住了楼梯,但是这鞋子!——淘气的鞋子!哎呀!不系好可不成。啊!如果先生肯费神!

诗人把纠缠的鞋带系好时,手指直哆嗦。之后,他原可以赶快避开她在场的危险,可是那双变得又细又狡猾、像吉卜赛人似的眼睛留住了他。他抓住那瓶酸酒,靠在楼梯扶手上。

"你太好啦,"她含笑说,"先生是不是住在这幢房子里?"

"是的,小姐。我——我想是的,小姐。"

"也许是在三楼吧,呃?"

"不,小姐;还要上楼。"

那个小姐动动手指,尽量不露出不耐烦的样子。

"对不起。我的问话未免太冒昧了。先生能不能原谅?我问住在什么地方实在不很合适。"

"小姐,别这样说。我住在——"

"不,不,不要告诉我。我已经发觉我的过错。但是我对这幢房子和里面的一切始终很感兴趣。这里以前是我的家。因此我时常来,回忆回忆幸福的往事。你能不能把这当做我的理由?"

"让我告诉你吧,你用不着找理由,"诗人结结巴巴地说,"我住在顶楼——楼梯拐弯处的一间小屋子里。"

"前房吗?"小姐侧过头问道。

"后房,小姐。"

小姐如释重负地叹了一口气。

"我不再耽误你的时间了,先生,"她说,眼睛显得又圆又天真,"好好照管我的房子。哎呀!我对这房子如今只有回忆的份儿了。再见,让我谢谢你的好意。"

她走了,只留下一个微笑和一丝甜蜜的芳香。大卫恍恍惚惚地爬上楼梯。最后他清醒过来,但是那微笑和芳香一直在他周围萦绕,仿佛再也离不开他了。这个素昧平生的小姐促使他写着咏唱眼睛的抒情诗、一见钟情的歌曲、鬈发的颂歌和纤足上的鞋子的十四行诗。

他一定是个诗人,因为伊冯娜已经给抛在脑后了;这个新的美妙可爱的人儿,以她的清新和风度迷住了他。她身上微妙的芳香使他充满了奇特的感情。

某天晚上,同一幢房子三楼的一间屋子里,有三个人围着一张桌子。屋子里的全部家具只有三把椅子、一张桌子和桌子上燃着的蜡烛。其中一个人身材高大,浑身着黑。他脸上显出讥诮而狂妄的神情。他那向上翘起的胡子梢几乎碰到了嘲弄的眼睛。另一个是年轻而美丽的小姐,她的眼睛一会儿像小孩那样又圆又天真,一会儿又像吉卜赛人那样细长而狡猾,这会儿却像任何一个阴谋家一样,敏锐而又野心勃勃。第三个是个好勇斗狠的实干家,粗心大胆的执行人,浑身散发着火与剑的气息。另外两个人管他叫做德罗尔上尉。

现在这个人用拳头擂着桌子,勉强抑制着火气说:

"今天晚上。今天晚上,当他去做弥撒的时候。我已经厌倦了这种毫无结果的阴谋策划。我已经厌倦了暗号、密码、秘密集会和黑话切口。我们要造反,就造得光明正大。如果法国要摆脱他,就让我们公开杀掉他,不必布下罗网陷阱。我说今晚就干。我说话算数。我亲自去干。今天晚上,当他去做弥撒的时候。"

小姐用热诚的眼光望着他。女人不论怎么工于心计,在鲁莽的勇敢前面总是折服的。那个高大的人捋着翘胡子梢。

"亲爱的上尉,"他说,声音虽然洪亮,但由于习惯的关系显得很柔和,"这次我同意你。等待也得不到什么结果。宫廷卫士中已经有许多被我们收买过来了,这次行动很保险。"

"今天晚上,"德罗尔上尉又擂着桌子重说了一遍,"你已经听我说过了,侯爵;我亲自去干。"

"可是,"那个高大的人温和地说,"有一个问题。我们必须送个信给我们在宫廷里的党羽,约定信号。护卫皇上马车的人必须是我们最忠诚的人。现在这个时候,有哪一个送信人能够一直深入南门呢?里布特驻在南门,只要把信送到他手里,一切问题就迎刃而解了。"

"我去送信。"小姐说。

"你,女伯爵?"侯爵扬起眉毛说,"你的忠诚真了不起,我们知道,不过——"

"听着!"小姐站起来,把手按在桌子上说,"这幢房子的顶楼住着一个乡下来的年轻人,他像他自己放牧的羊一般天真温顺。我在楼梯上和他见过一两次面。我曾经问他住在哪里,惟恐他的房间同我们经常聚会的房间相隔太近。只要我高兴,我就可以随意摆布他。他在顶楼写诗,我想他已经为我神魂颠倒。我吩咐他做什么,他一定会做的。由他送信到宫里去。"

侯爵从椅子里站起来,欠一下身。"你刚才没有让我把话说完,女伯爵,"他说,"我要说的是:'你的忠诚真了不起,不过你的智慧和魅力更了不起。'"

三个阴谋家正这样密谈时,大卫在修饰他献给楼梯相逢的情人的诗句。他忽然听到门口有怯生生的叩击声,他过去开了门,吃惊地看到她站在那儿,像身遭不幸的人那样喘着气,眼睛则像小孩那样天真地睁得大大的。

"先生,"她气喘吁吁地说,"我有一件困难来找你。我相信你是真诚善良的,此外我找不到别人来帮助我。我在到处是粗人的街上飞奔来的!先生,我的妈妈快死了。我的舅舅在皇宫里担任警卫队长。得有人去请他来。我可不可以请——"

"小姐,"大卫眼睛里闪着急于为她效劳的光芒,打断了她的

151

话,"你的希望将成为我的翅膀。告诉我怎么去找他。"

小姐把一张盖有封漆的纸塞在他手里。

"到南门去——注意,是南门——对那里的警卫说,'老鹰已经离巢了。'他们会放你进去,你就到皇宫的南门入口。重复这句口令,如果有谁回答说'它高兴的话就让它行动吧',你就把这封信交给他。先生,这是我舅舅告诉我的口令,因为眼前国家很乱,有人想谋害皇上,天黑之后,没有口令的人就进不去宫廷。先生,请你把这封信送给他,让我妈妈临终前再见他一面。"

"交给我吧,"大卫急切地说,"可是时候这么晚了,我是不是该让你一个人回家呢?我——"

"不,不——赶快去吧。每一刻钟都十分宝贵。总有一天,"小姐说,眼睛变得像吉卜赛人那样细长而狡猾,"我一定要酬谢你的善良。"

诗人把信揣在怀里,三步并作两步跳下了楼梯。他走了之后,小姐回到下面的房间里。

侯爵传意的眉毛向她露出询问的神情。

"他送信去了,"她说,"像他自己的羊那样敏捷而愚蠢。"

桌子又在德罗尔上尉的拳头下震动起来。

"天哪!"他嚷道,"我的手枪没有带在身边!别的手枪可不称手。"

"带我的去,"侯爵从斗篷底下拿出一把镶银的、闪闪发亮的大手枪,说道,"再没有比这更准的了。但是要小心保管,因为上面有我的纹章,而我已经受到了怀疑。我今晚还得离开巴黎,赶长路呢。在明天之前,我一定要回到我的别墅。你先请,亲爱的女伯爵。"

侯爵吹熄了蜡烛。小姐把斗篷裹得严严的,两个男人悄悄走下楼梯,混进孔蒂路狭窄的人行道上的人群中间。

大卫飞奔着。皇宫的南门口,一把画戟挡住他胸口,但他说"老鹰已经离巢了",画戟收了回去。

"走吧,"警卫说,"快点走吧。"

在皇宫的南门入口,警卫们过来抓他,但这个口令又使他们安静下来。其中一个上前说:"它高兴的话——"这时候,警卫中间突然起了一阵骚动。一个目光敏锐、模样威武的人挤进来,夺去大卫手里的信。"跟我走。"他说着把大卫领进大厅。他撕开信,看了一遍。然后招呼旁边走过的穿火枪手制服的人。"泰特鲁上尉,你立刻逮捕南门和入口处的警卫,把他们押起来。换一批绝对忠于皇上的人。"他又对大卫说:"跟我来。"

他带领大卫穿过过道和接待室,来到一个宽大的房间,有个穿着深色衣服的忧郁的人沉思地坐在皮椅子里。他对那人说:

"陛下,我早对您说过,皇宫里的叛徒和奸细多得像是下水道里的耗子。您还以为,陛下,我在胡思乱想。这个人就是在他们的纵容下一直闯到了您的门口。他带来的一封信被我截住了。我特地把他带到这里给陛下看看,免得陛下以为我在大惊小怪。"

"我来盘问他。"皇上在椅子里挪动一下说。他那双仿佛蒙上一层翳膜的眼睛迟钝地望着大卫。诗人单膝下跪。

"你是从哪里来的?"皇上问道。

"厄尔-卢瓦尔省,韦尔努瓦村,陛下。"

"你在巴黎干什么?"

"我——我想做一个诗人,陛下。"

"你在韦尔努瓦村干什么?"

"我看管我父亲的羊群。"

皇上又动了一下,眼睛里的翳膜揭开了。

"哦!在田野里!"

"是的,陛下。"

"你生活在田野里;在凉爽的早晨出去,躺在围有篱笆的草地上。羊群散布在山麓,你喝小溪的流水,在树阴下吃甘美的黑面包,毫无疑问,你还听林子里画眉的啭鸣。是不是这样,牧羊人?"

"是的,陛下,"大卫叹了一口气说,"还听花间的蜜蜂,也许还可以听到山上采葡萄人的歌唱。"

"是啊,是啊,"皇上急切地说,"也许可以听到;不过画眉肯定是能听到的。它们常常在树林子里鸣叫,是吗?"

"再没有什么地方的画眉比厄尔-卢瓦尔省的更动听了,陛下。我曾经想在我的诗里表现它们的鸣声。"

"你能背诵那些诗句吗?"皇上急切地问道,"我很久没有听到画眉了。如果有人把它们的歌声逼真地表现出来,那可能比王国都好。晚上你把羊群赶回栏里,平静安逸地吃你愉快的面包。你背得出那些诗句吗,牧羊人?"

"是这样的,陛下。"大卫尊敬而热情地说:

"'懒散的牧羊人,看你的羊羔
在草地上尽情地蹦跳;
看榆树在微风里摆舞,
听牧羊神吹着他的芦箫。

"'听我们在树梢鸣叫,
看我们扑向你的羊群;
找一些羊毛
来暖暖我们的窝巢——'"

"如果陛下不介意,"一个粗厉的声音插进来说,"我想问这个诗人一两个问题。现在时间紧迫,刻不容缓了。我完全是为陛下的安全着想,如果有什么冒犯,请陛下原宥。"

"道马勒公爵的忠诚已经得到了很好的证实,谈不上什么冒犯。"皇上说着往椅子里一靠,眼睛里又显出那种矇眬的神情。

"首先,"公爵说,"我把他送来的信念给您听:

今晚是太子的忌辰。假如他照例去做午夜弥撒,为他儿子的亡灵祈祷,老鹰将在埃斯普兰纳德路角上采取行动。假如他准备去,务必在皇宫西南角的楼上挂一盏红灯,让老鹰看到。

"乡下人,"公爵严厉地说,"你听到了信里说了什么。谁派你送这封信来的?"

"公爵大人,"大卫诚实地回答,"我告诉你。是一位小姐给我的。她说她母亲病了,这封信将请她的舅舅去送终。我不懂得这封信的含意,但我可以发誓说,她是美丽善良的。"

"说说那个女人的模样,"公爵命令道,"你怎么会被她愚弄的。"

"说说她的模样!"大卫柔情地微笑说,"那你简直是要用言语来创造奇迹啦。呃,她是由阳光和阴影组成的。她像杨树一般苗条,举止也像杨树那样优雅。你瞅着她时,她的眼睛一会儿变得圆圆的,一会儿又眯起来,像是两片云间的太阳。她来时光彩照人,去时天昏地暗,只剩下一股山楂花的芬芳。她到孔蒂路二十九号我住的地方来找我的。"

"就是我们一直注意的那幢房子。"公爵转向皇上说,"诗人的形容替我们描绘了那个恶劣的凯贝多女伯爵。"

"陛下和公爵大人,"大卫恳切地说,"我希望我拙劣的言语没有造成损害。我见过那位小姐的眼睛。我可以拿生命来打赌,不管有没有那封信,她总是一个天使。"

公爵逼视着他。"我可以让你试验一下,"他慢慢地说,"你打

155

扮成皇上的模样,坐皇上的马车去做午夜弥撒。你接受这个试验吗?"

大卫笑了。"我见过她的眼睛,"他说,"我早已从她的眼睛里得到了证明。你爱怎么试验就怎么试验吧。"

十一点半钟,道马勒公爵亲自在皇宫西南角的窗口挂了一盏红灯。十二点缺十分时,大卫从头到脚打扮成皇上的样子,头缩在斗篷里,扶着公爵的胳臂,慢慢地从皇宫走向等着的马车。公爵扶他上了车,把门关上。马车飞快地向教堂驶去。

泰特鲁上尉率领二十名士兵在埃斯普兰纳德路拐角的一幢房子里待命,准备在阴谋分子出现时扑上去。

但是阴谋分子似乎为了某种理由稍稍更动了计划。当皇上的马车驶到克利斯托弗路,离埃斯普兰纳德路还有一个方场的时候,德罗尔上尉带着一帮谋刺皇上的人冲出来,袭击了马车。马车上的警卫虽然没有料到他们提前攻击,还是跳下来,奋勇地战斗。格斗的喧闹引起德罗尔上尉的士兵的注意,他们拼命赶来救助。但是,这时候不顾死活的德罗尔拉开皇上的马车门,把他的手枪抵住马车里那个黑乎乎的人的身体开了一枪。

忠心的援兵赶到了,街上响彻了呼喊和刀剑声,受惊的马匹跑开去。坐垫上横着那个可怜的冒牌皇上兼诗人的尸体,博佩图伊侯爵大人手枪里的一颗子弹要了他的性命。

中 间 的 路

那条路伸展出去有三里格长,然后同另一条稍宽一些的路直角相交,形成了三岔口。大卫犹豫不决地站了一会儿,接着便在路边坐下休息。

他不知道这些路通向何方。每一条路仿佛都通向充满机遇和危险的广大的世界。他坐着,看到了一颗明亮的星,他和伊冯娜曾把这颗星当做是他们的。那使他想起了伊冯娜,他怀疑自己是否太莽撞了。他们吵了几句嘴,他为什么就要离开她,离开他自己的家呢?难道爱情是这么脆弱的东西,足以印证爱情的妒忌竟能使它破灭?前晚的伤心事,第二天早晨就能得到补救。现在回家还来得及,酣睡着的韦尔努瓦村里谁都不会知道的。他的心是属于伊冯娜的;在他一向向往的地方,他可以写诗,找到他的幸福。

大卫站起来,打消了那种引诱了他的不安和狂野的情绪。他坚决地朝来路回去。回到韦尔努瓦村时,浪游的欲望已经消失了。他经过羊栏,羊儿听到他的脚步声便像擂鼓似的拥挤奔跑,这种亲切的声响使他感到温暖。他悄悄地回到自己的小房间,躺在那里,庆幸那晚没有踏上不幸的陌生的道路。

他多么理解女人的心情!第二天傍晚,伊冯娜又待在路上的水井边,年轻人总是聚集在那里,让郊区牧师有事可做。

她那抿紧的嘴巴虽然显得不可通融,但她眼角的余光却在搜寻大卫。他看到了她的眼色,不去理会那抿紧的嘴巴,他从抿紧的嘴巴里得到一句言归于好的话,之后,当他们一起回家的时候,又得到了一个吻。

三个月后,他们结婚了。大卫的父亲精明能干,而且财运亨通。他替他们安排的婚礼连三里格远的地方都知道了。街上有仪仗行列,草地上举行了跳舞会,还从德勒请了木偶戏和杂耍班子来招待宾客。

再过了一年,大卫的父亲去世。羊群和农舍传承给了他。他的妻子是村里最美的女人。伊冯娜的牛奶桶和铜壶金光锃亮——哦!你走过他们家时,那些器具在太阳底下简直晃得你睁不开眼睛。但是你的眼睛却不得不望着他们的院子,因为伊冯娜的花坛是那么整齐美丽,使你心悦神怡。你还可以听到她的歌声,哎,一直传到佩尔·格鲁努铁匠铺的两株栗树那儿。

可是有一天,大卫从一个好久没有打开的抽屉里取出纸张,开始咬着铅笔。春天又来了,并且拨动了他的心。他一定是个诗人,因为现在伊冯娜已经给抛在脑后了;大地的清新可爱以它的魅力和风韵迷住了他。树林和草地的芳香奇妙地激动了他。以前他每天带着羊出去,晚上把它们安安稳稳地带回来。如今他躺在篱笆底下,在纸片上拼凑诗句。羊群走散了,豺狼发觉苦苦构思的诗句造就了容易上口的羊肉,便从树林里出来,叼走他的羔羊。

大卫的诗章越来越多,而羊群越来越少。伊冯娜的鼻子和脾气变得尖刻起来,言语也变得粗暴了。她的锅和壶逐渐灰暗,原先的闪光都转移到她的眼睛里去了。她向诗人指出,他的疏忽减少了羊群的数目,并且给他们的家庭带来了灾祸。大卫雇了一个小孩来放羊,自己锁在农舍顶上的一间小屋子里,写着更多的诗。这个小孩也有诗人的气质,但是由于无法从写诗中得到发泄,便把时间消磨在睡觉上。豺狼很快就发现诗和睡觉实质上是同一回事;于是羊群的数目继续下降。伊冯娜的坏脾气按反比例上升。有时候,她站在院子里,朝着顶楼的窗口大骂大卫。即使在佩尔·格鲁努铁匠铺的两株栗树那儿也可以听到她的声音。

任何事情都逃不过那个仁慈、聪明、爱管闲事的公证人帕比诺先生的眼睛,他当然也注意到了这种情况。他跑去找大卫,先倚老卖老吸了一撮鼻烟,然后开口说:

"米尼奥朋友,你爸爸的结婚证书是我盖章的。如果要我在他儿子破产的文件上作证明的话,将使我非常难过。但是你正在走向破产的道路。我以老朋友的身份来和你谈谈。现在请听着我要说的话。据我看,你已经打定主意写诗了。我在德勒有个朋友,布里尔先生,乔治·布里尔。他的家里满是书,他是个有学问的人,每年都去巴黎,他自己也写书。他可以告诉你,陵墓是什么时候修的,星宿的名称是怎么起的,鸻鸟为什么有长喙。他非常熟悉诗歌的意义和形式,正像你熟悉羊叫一样。我替你写一封介绍信,你把你写的诗带去,请他看看。之后你就知道,究竟是应该继续写下去呢,还是多照看你的妻子和生计。"

"写信吧,"大卫说,"可惜你没有早一点提起这件事。"

第二天一清早,他挟着那卷宝贵的诗稿动身去德勒。中午时分,他已经在布里尔先生的门口擦着脚上的灰尘。那个有学问的人打开帕比诺先生的信,戴上一副闪闪发亮的眼镜看着信的内容,正像阳光晒着水塘一样。他把大卫让进了书房,请他坐在书海中间的一个小岛上。

布里尔先生是个好心肠的人。他在厚厚一叠卷曲不平的稿纸面前毫不畏缩。他把诗稿在膝上摊平,开始看起来。他看得一丝不苟,正像钻进硬壳果去找果仁的蛀虫,钻透了那叠厚厚的诗稿。

同时,大卫坐在孤岛上,在浩瀚的典籍的汪洋中直打哆嗦。他耳朵里响着浪涛声。没有航海图或者罗盘来指引他在那片海洋中航行。他觉得世界上仿佛有一半人都在著书立说。

布里尔先生一直钻到最后一页诗稿。接着,他摘下眼镜,用手帕擦镜片。

"我的老朋友帕比诺可好?"他问道。

"硬朗得很。"大卫回答。

"你有多少羊,米尼奥先生?"

"我昨天数的时候有三百零九头。羊群遭到了厄运。从八百五十头降到了那个数目。"

"你有妻子有家,生活得很舒服。羊群替你带来了富裕。你带它们到田野上去,生活在清新的空气中,吃着满足的甘美的面包。你只消在一旁看看,躺在大自然的胸脯上,倾听树林里画眉的歌唱。我说得对不对?"

"对的。"大卫说。

"你的诗我全读过了,"布里尔先生继续说,他的眼睛像在找一片船帆似的扫视着书籍的海洋,"你看窗外那边,米尼奥先生,告诉我你在那棵树上看到了什么。"

"我看到一只乌鸦。"大卫看后说。

"当我有逃避责任的倾向时,"布里尔先生说,"那只鸟就提醒了我。你了解那只鸟,米尼奥先生,它是飞禽界的哲学家。它是知足的。尽管它的眼睛滑稽,步态可笑,却比任何别的鸟高兴,比任何别的鸟吃得饱。田野供给了它所需要的一切。它从没有因为自己的羽毛不如金莺艳丽而自怨自艾。米尼奥先生,你总听到过自然赋予它的嗓音吧?你是不是认为夜莺比它幸福呢?"

大卫站了起来。乌鸦在树上嘶哑地叫着。"谢谢你,布里尔先生,"他慢吞吞地说,"那么说来,这许多乌鸦啼声里没有一声夜莺的鸣啭了吗?"

"如果有的话,我是不会错过的,"布里尔先生叹息说,"我看了每一个字。你还是过过诗的生活,老弟,千万别再尝试写诗了。"

"谢谢你,"大卫又说,"现在我要回到我的羊群那里去了。"

"假如你和我一起吃了饭,"那个有学问的人说,"抛开痛苦,我可以详详细细和你谈谈其中的理由。"

"不用了,"诗人说,"我得回到田野上去,向我的羊群啼叫了。"

他挟着诗稿,沉重地走回韦尔努瓦村。到了村里,他拐进齐格勒的铺子,齐格勒是一个亚美尼亚来的经营旧货买卖的犹太人。

"朋友,"大卫说,"树林里的豺狼老是骚扰我山上的羊群,我得买些火器来保护它们。你有什么火器?"

"今天对我说来真是个坏日子,米尼奥朋友,"齐格勒摊开双手说,"因为看来我得卖掉一件连原价十分之一都不到的武器给你了。上星期我从一个商贩那里买了一车官家拍卖的货色。拍卖的是一个大老爷的别墅和财产——我不知道他的爵位是什么——据说他因为谋反罪遭到放逐。那批货色当中有一些精致的火器。这把手枪——哦,给王子也适合的武器!——卖给你只要四十个法郎,米尼奥朋友——我亏掉十个法郎算了。或者你要一支火绳枪——"

"这就行了,"大卫把钱扔在柜台上说,"里面有没有弹药?"

"我来装,"齐格勒说,"火药和子弹再加十个法郎。"

大卫把手枪藏在上衣里,走回他的农舍。伊冯娜不在家。最近她常常喜欢到邻居家去串门。厨房炉子里却生着火。大卫打开炉门,把诗稿塞进火里。烧起来时,烟道里发出一阵嘶哑的声音。

"乌鸦的歌唱!"诗人说。

他走上顶楼,关好门。村子里是那么静寂,以致有二十来个人听到了那把大手枪的轰响。他们一窝蜂赶到那儿,楼上的硝烟引起他们注意,便上了楼。他们把诗人的尸体抬到床上,笨拙地摆弄它,想掩饰这只可怜的乌鸦的损毁的羽毛。女人们非常热心地谈着惋惜的话。有几个跑去告诉伊冯娜了。帕比诺先生挤在第一批赶到的人们中间,拣起那把手枪,用鉴赏和哀伤的神色察看上面镶银的装饰。

"那是博佩图伊侯爵大人的纹章。"他对旁边的牧师解释说。

骑士册封仪式监护人

在韦茅斯银行的员工中间,布什罗德大叔并不是无足轻重的。作为韦茅斯家族的有体财产、仆从和朋友,布什罗德大叔忠诚地向家族提供服务,已经有六十年之久。布什罗德大叔的肤色像银行里的桃花心木家具——他外观虽然黑,灵魂却洁白得像是银行账本的白页。这种比喻让布什罗德大叔特别高兴,对他说来,世上惟一值得关注的机构就是韦茅斯银行,而他则是银行的杂务工兼总管家。

韦茅斯银行坐落在南方一道河谷的荫翳的丘陵地带。韦茅斯维尔有三家银行。两家是领导无方、没有希望的企业,缺少韦茅斯姓氏的威望所带来的荣光。第三家就是由韦茅斯家族——包括布什罗德大叔——管理的银行。你进镇时,过了接骨木小溪,右面就是韦茅斯家的老宅——红砖盖的、门廊有白色圆柱的大房子,里面住的是罗伯特·韦茅斯先生(银行总裁)、他的守寡的女儿维西太太——大伙儿都叫她"莱蒂小姐"——和她的一双儿女,南恩和盖伊。宅地里还有一幢独立的平房,里面住的是布什罗德大叔和他的妻子马林迪大婶。威廉·韦茅斯先生(银行财务主任)住的是镇里大街上一幢现代化的漂亮房子。

罗伯特先生年纪六十有二,长得高大结实,光滑的胖脸,铁灰色的长头发,炯炯有神的蓝眼睛。他精力旺盛,善良慷慨,笑起来显得很年轻,声音却严厉得吓人,不像他的性格。威廉先生比较温和,举止彬彬有礼,工作专心致志。韦茅斯一家是韦茅斯维尔的大族,理所当然地受到当地尊敬。

布什罗德大叔是银行颇受信任的杂务工、送信人、侍从和监护人。他像罗伯特先生和威廉先生一样,有一把银行保险库的钥匙。保险库里堆放着一袋袋的银币,金额总数往往高达一万、一万五千或者两万元。保险库的钥匙交给布什罗德大叔可以完全放心。他在感情、诚实和自豪方面都是韦茅斯家族的一员。

布什罗德大叔最近有点担忧。起因是罗伯特老爷。一年多来,人们发现罗伯特先生酒喝得多了一些,当然还不到整天醉醺醺的程度,但显然逐渐在养成嗜酒的习惯。他常常离开银行,到附近的农商旅馆去喝一杯,每天有五六次之多。罗伯特先生惯有的敏锐的判断和经营能力稍稍受到了损害。威廉先生,虽说也是韦茅斯家族的人,但经验不多,他力图挽回不可避免的退潮,可是见效不大。韦茅斯银行的储蓄存款余额从六位数降到五位。由于贷款失误,过期未收回的票据越来越多。谁都不愿意规劝罗伯特先生节酒。许多朋友说,嗜酒的起因在于两年前他妻子的去世。另一些朋友之所以不愿规劝,是因为罗伯特先生脾气急躁,很容易把别人的好意当成干涉他的私生活。莱蒂小姐和孩子们注意到了这个变化,为之伤心。布什罗德大叔也忧心忡忡,但也不敢规劝,尽管他和罗伯特老爷可以说是从小一起长大的伙伴。使布什罗德大叔更震惊的不仅仅是银行总裁的威士忌。

罗伯特先生爱好钓鱼,在季节和业务允许的情况下,总要去过过瘾。一天,有关鲈鱼开始活跃的消息接连传来,他宣布打算去湖畔待两三天。他说他要同他的老朋友阿希纳尔法官一起去芦苇湖。

话分两头,布什罗德大叔在社会上有个兼职,是"燃烧的荆棘子民协会"①的司库。凡是有他加入的社团,都会毫不犹豫地推选他担任司库。在有色人种的圈子里,他的信誉是一流的,人们称他为韦茅斯银行的布什罗德·韦茅斯先生。

罗伯特先生提起打算外出钓鱼的那天,大叔半夜十二点醒来,说是他忘了把"子民协会"的存折带回家,必须去一次银行把它取来。那天记账员替他结算了账目,把作废的支票夹在存折里,然后箍了两个橡皮圈。别人的存折一般只箍一个橡皮圈。

马林迪大婶说他犯傻,时间这么晚了,没有必要特地跑一趟,但是布什罗德大叔责任在身,非去不可。

"我和阿达林·霍斯金斯大姐说定了,"他说,"她明天早上七点钟来取存折,管理委员会开会时要用,她来的时候存折必须在我这儿。"

于是布什罗德大叔穿上他那套棕色的旧衣服,拿起沉重的山核桃木手杖,走到韦茅斯维尔曲曲折折的、几乎阒无一人的街道上。他进了银行,打开侧门,看到他忘了带回家的存折仍在他挂大衣的后屋里。他在这间兼作小会客室的后屋扫了一眼,一切都和他离去时一样。他正要回家时,听到大门有钥匙开锁的咔嗒声,便站着不动。只见一个人闪进来,悄悄把门关上,然后穿过铁栅栏的小门,进了会计室。

会计室和后屋相通,两个屋子之间的小通道现在很黑。

布什罗德大叔紧握山核桃木手杖,踮着脚尖,走到通道里,监视那个午夜闯入韦茅斯银行要害部门的不速之客。屋里点着煤气灯,尽管光线昏暗,他一眼就辨出小偷竟是银行总裁。

老黑人感到困惑,害怕,不知如何是好,他一动不动站在昏暗

---

① 宗教性组织,名称典出《旧约·出埃及记》第 3 章:摩西一日领羊群到了何烈山,"耶和华的使者从荆棘里火焰中向摩西显现。摩西观看,不料荆棘被火烧着,却没有烧毁。"

的过道里,等待情况的发展。对面是有大铁门的保险库。库里有保险箱,里面存放着银行的重要文件、票据、黄金和现款。保险库地上的帆布袋里也许有一万八千元的银币。

总裁从口袋里掏出钥匙,打开库门,进去时随手把门一带,几乎关上了。布什罗德大叔从门缝里看见有蜡烛光闪烁。过了一两分钟——监视的人却觉得有一小时之久——罗伯特先生出来了,手里拎个大提包,匆忙谨慎的样子像是怕人家发现。他用一只手关上库门锁好。

布什罗德大叔头脑里产生了一个他不愿接受的想法,他在藏身的阴影里哆嗦。

罗伯特先生轻轻地把手提包放在桌上,翻起上衣领子,遮住脖子和耳朵。他穿着一套灰色的粗呢衣服,像是外出旅行的样子。他皱着眉头看看煤气灯上方办公室的大钟,然后依依不舍地看看银行里的一切——布什罗德大叔认为他是向亲切熟悉的事物告别。

现在他又拿起提包,悄悄地沿原路退出银行,锁好了前门。

布什罗德大叔心潮翻腾,不知所措地站了足足一分钟或者更长的时间。假如那个午夜盗窃保险库和保险箱的人换了任何一个别人,老监护人为了保护韦茅斯的财产早就冲上去拼命了。但是现在一种比失窃更强烈的疑惧把他折磨得死去活来。韦茅斯家族将会名誉扫地,这种想法简直让人难以接受。罗伯特老爷盗窃银行!还能有什么解释呢?半夜三更,蹑手蹑脚地溜进保险库,悄悄拿了一个鼓鼓的手提包迅速出来,小偷的粗呢衣服,依依不舍地看钟的模样,不声不响地离去——这一切还能有什么解释?

布什罗德大叔回忆起最近的情况更印证了他混乱的想法——罗伯特先生喝酒越来越没有节制,酒后的情绪亢奋和语言粗暴;大叔还在银行里无意中听到银行业务下滑和收回贷款困难。罗伯特先生一定是带了银行剩余的资金准备潜逃,抛下威廉先生、莱蒂小姐、小南恩、盖伊和布什罗德大叔,让他们蒙受羞耻,除此之外,还能有什么解释呢?

布什罗德大叔思考了一分钟,突然下定决心,准备采取行动。

"天哪!天哪!"他呻唤着一瘸一瘸地朝侧门匆匆走去,"干了这么多年的大事业,竟然落到这种下场。韦茅斯家族出了盗用公款的小偷,简直丢尽颜面!布什罗德大叔应该出面清除败类,整顿家风了。啊,天哪!罗伯特老爷,你不能干那种事。莱蒂小姐和孩子们经常谈起韦茅斯家族,都感到自豪!我要尽力阻止你。假如黑人先生冒犯了你,你可以打破他脑袋,可是我非阻止你不可。"

布什罗德大叔虽然为风湿病所苦,但靠那根山核桃木手杖的帮助,匆匆朝两条铁路线在韦茅斯维尔交汇的火车站跑去。正如他所猜测和担心的那样,罗伯特先生果然在车站建筑的黑影里等火车。那个提包在他手里。

银行总裁站在车站墙边,像是一个高大灰色的幽灵,布什罗德大叔来到离他不足二十码远的地方时,突然慌张起来。他看清了他要做的事是多么莽撞和大胆。他真想扭头回去,逃避韦茅斯家族有名的愤怒。但是他仿佛又看到了莱蒂小姐苍白的面庞以及南恩和盖伊的痛苦的表情,责问他为什么没有尽到监护人的责任。

想到这里,他横下一条心,清了清嗓子,笔直地朝前走去,山核桃木手杖沉重地敲着地,好让自己及早受到注意,以免罗伯特先生突然吃惊,大发脾气。

"是你吗,布什罗德?"灰色幽灵清晰的声音急切地问道。

"是的,罗伯特老爷。"

"你半夜三更出来干什么鬼名堂?"

布什罗德大叔平生第一次对罗伯特老爷说了假话。他不得不这么做。他没有开门见山的勇气,非委婉一点不可。

"老爷,我去看玛丽亚·帕特森老大娘。她夜里发病了,我把马林迪配的药送一瓶给她。老爷。"

"哼!"罗伯特说,"赶紧回家吧,夜里空气潮湿。明天风湿病发作,你又要叫爹叫娘了。你看明天是不是大晴天,布什罗德?"

"我看是的。昨晚天色发红。"

罗伯特先生在暗处点燃一支雪茄,吐出的烟雾像他灰色的幽灵似的升腾消失在夜空里。布什罗德大叔的舌头不听话,怎么也说不到那个可怕的话题上去。他笨拙地站在原地,脚蹭着地上的小石子,手摸索着拐杖。这时候,远在三英里外的杰姆镇侧线那儿传来了微弱的火车的汽笛声,那趟列车将把韦茅斯家族的姓氏带往羞耻的深渊。所有的顾虑都抛到了脑后,他脱掉帽子,面对他所侍奉的家族的首领——那个高高在上的、仁慈而又可怕的韦茅斯,在可怕的事情即将发生的时候,公然进行反抗。

"罗伯特老爷,"他情绪激动,声音稍稍有点颤抖,"你记得那天橡树草坪上比武的事情吗?那天你赢了赛马,替露西小姐加冕,封她为皇后?"

"比武?"罗伯特先生取下嘴里的雪茄说,"我记得很清楚,可是——深更半夜的,你在这里谈比武是什么意思?布什罗德,回家去吧。我想你准是在梦游。"

"露西小姐用剑碰你的肩膀,"老黑人不理会罗伯特的话,自顾自接着说,"露西小姐说的是:'我封你为骑士,罗伯特爵士——站起来吧,无畏无惧、纯洁无邪的骑士。'那是很久以前的事了,但是你我永远不会忘记。还有一次也是你我不会忘记的——就是露西小姐临终的时候。她派人把布什罗德大叔找去,对他说:'布什罗德大叔,我死后,你要好好照顾罗伯特先生。'露西小姐说:'你说的话,他好像还听得进去。有时候他很倔,你劝他时也许会招他骂,可是他身边应该有个了解他的人。有时候他像个孩子,'——

说这话时,露西小姐可怜的瘦脸上眼睛闪着光——'但他永远是我的骑士,无畏无惧、纯洁无邪。'"

罗伯特先生往往会假装发火掩饰他的真实感情。

"你,你——你这个老贫嘴!"他在盘旋的雪茄烟雾中喝道,"我看你八成儿是有病。我叫你回去,布什罗德。露西小姐确实说过那些话,不是吗?好吧,我们说说清楚。她是两年前的上个星期去世的,不是吗,布什罗德?活见鬼!你这个咖啡色的废话包打算站在那儿唠叨一整宿吗?"

火车的汽笛声又响了。现在在一英里外的水塔那儿。

"罗伯特老爷,"布什罗德大叔伸手按在银行家拿着的手提包上说,"看在老天分上,别把那东西带走。我知道里面是什么。我知道你是从银行里取出来的。别带走。那个包会给露西小姐和她孩子的孩子带来麻烦。它会毁了韦茅斯的姓氏,造成羞耻和痛苦。罗伯特老爷,你高兴的话可以杀掉我这个老黑人,但是别把包带走。我过了约旦河,露西小姐会问我'布什罗德大叔,你是怎么照顾罗伯特先生的?'那时候我拿什么话回答她?"

罗伯特先生扔掉雪茄烟,腾出一条手臂,摆出平时发怒前惯有的姿态。布什罗德大叔低下头,等待暴风雨的到来,但绝不退缩。假如韦茅斯家族要垮,他活在世上也是多余的了。银行家开口说话了,布什罗德大叔吃惊地瞅着。暴风雨并没有过去,但受到了遏制,像夏天的和风那么平静。

"布什罗德,"罗伯特先生说,声音比平时还低,"你管得太宽了。平时待你好,你却不知天高地厚,简直不能饶恕。你知道这包里是什么东西!你长期忠诚的服务固然是个借口,可是——回家去吧——一句话也别说了。"

布什罗德大叔不依不饶地抓住手提包不放。这时火车头的前灯照亮了车站的暗处。轰响声越来越近,铁路旁边的人们走动起来。

"罗伯特老爷,把那个包给我。老爷,我有权对你这样说话。我从小侍候你,照看你。战争期间,我做你的贴身侍从,直到我们把扬基人打回北方。你结婚时我在,莱蒂小姐出生时我也在。现在莱蒂小姐的孩子每晚都等布什罗德大叔回去陪他们玩。除了肤色和地位之外,我算得上韦茅斯家族的成员。我们两个都上了年纪,罗伯特老爷。我们过不了多久都会去见露西小姐,总结我们的所作所为。老黑人可以说他已经为主人家尽了力。可是韦茅斯家的人必须说他们一生无畏无惧,纯洁无邪。把那个包给我,罗伯特老爷——我非要不可。我要把它带回银行,锁进保险库里。我要按照露西小姐的吩咐做。松手吧,罗伯特老爷。"

火车靠了站。有人在站边推行李车。两三个睡眼惺忪的旅客下了车,徐徐消失在黑夜里。乘务员跳到列车旁边的砾石路基上,晃动着信号灯,朝一个看不见的人嚷了一声:"喂,弗兰克!"铃声响起,制动器嘶嘶响了,乘务员喊道:"旅客上车!"

罗伯特先生松开拎提包的手。布什罗德大叔像情人拥抱初恋的姑娘似的,双手把提包抱在胸前。

"带回去吧,布什罗德,"罗伯特先生把手插进口袋说,"记住,别再提这件事了!你的话够多的了。我现在要上车。告诉威廉先生,我星期六回来。再见。"

银行家上了缓缓起动的列车,进了卧车厢。布什罗德大叔仍捧着那个贵重的提包,一动不动。他闭上眼睛,念念有词地感谢上帝挽救了韦茅斯家族的荣誉。他知道罗伯特先生说了要回来,肯定会回来的。韦茅斯家的人从不食言。感谢上帝,现在谁都不能说韦茅斯家有人盗用银行的钱了。

老头儿想起进一步监护韦茅斯家信托基金的必要,捧着那个失而复得的提包,向银行走去。

离开韦茅斯维尔三小时后,天际露出熹微晨光,罗伯特先生在一个冷清的信号停车站下了车。他隐约看到等在月台上的一个人形,还有一辆弹簧马车、拉车的马匹和车夫。马车后面伸出五六根长长的钓鱼竹竿。

"来啦,鲍勃,"罗伯特先生的老朋友和同学阿希纳尔法官说,"今天准是钓鱼的好天气。我记得你说过——怎么啦,你没把那东西带来?"

韦茅斯银行总裁脱掉帽子,揉着他铁灰色的鬓发。

"呃,班,说实话,我家有个自以为是、倚老卖老的老黑人,把我的安排全搅乱了。他赶到车站,否决了我的整个部署。他用意不坏,呃——我觉得他是对的。不知怎么搞的,他发现了我准备的东西——尽管我把它藏在银行的保险库里,半夜偷偷地拿出来。我认为他注意到我近来过于贪杯,有失绅士身份,他守在车站,说了一通动人的理由。

"我要戒酒了,"罗伯特先生说,"我得出结论,一个人不能既贪酒又做一个他希望做到的'无畏无惧、纯洁无邪的人'——那是老布什罗德借用别人的话。"

"嗯,平心而论,"他们上马车时,法官沉思地说,"那个老黑人的论点确实不能驳回。"

"话虽这么说,"罗伯特先生轻轻叹口气说,"那个手提包里有两夸脱最好的陈年波旁威士忌,醇厚绵软,恐怕你从没有尝过。"

鄙视金钱的人们

　　腰缠万贯的当代哈里发①们在有地下铁道的巴格达②街上溜达，寻找济贫扶困的机会，伟大的哈龙·阿尔·拉希德③见到这种情况在坟墓里也会辗转反侧，躺不安稳。这话即使没有见到，光是听到也够他折腾好久的，因为真正的哈里发是机敏的学者，向来讨厌俏皮话。

　　怎么恰如其分地减轻穷苦人的困难，是有钱人最伤脑筋的事情之一。专业慈善家们一致同意不能施舍现金。穷苦人的浮躁是众所周知的事实；他们有了钱，往往就有强烈的倾向：不去归还分期付款的欠账，而把钱花在美味佳肴或者大幅的色粉肖像画上。

　　话虽这么说，作为慈善家，老哈龙却有些优势。他漫步街头时总带着大臣贾法尔（大臣一身兼任车夫、国务卿和日夜银行）和佩着砍刀的刽子手，老梅斯罗大叔。

　　有这两个人伴随，哈里发的巡幸不可能不顺利。最近你有没有看到报上登的标题为"我们该拿前总统怎么办？"的文章？好

---

① 哈里发是伊斯兰国家国王的称号。
② 指纽约市。
③ 哈龙·阿尔·拉希德（766—809）：阿拉伯阿巴斯王朝第五任哈里发，常带大臣、刽子手和宫廷诗人夜间微服出巡巴格达，挥金如土，《一千零一夜》故事中经常影射他。

吧,假定卡内基①先生聘请他和乔·甘斯协助分发免费图书馆,会有什么结果呢?你认为哪一个城市会忍心拒绝?那种哈里发式的组合会促使以前只有一套爱德华·佩森·罗②作品的小地方建起两所图书馆。

但是,正如我前面所说,腰缠万贯的哈里发也有难处。他们崇尚金钱,认为世上没有金钱解决不了的事情。阿尔·拉希德执行法律,当场奖赏值得帮助的人,惩罚他不喜欢的人。他发起短篇小说评奖活动。他在集市上随便找个人,给了施舍,然后让那人谈谈他的悲惨遭遇。如果故事欠缺结构、风格和神韵,他就吩咐大臣给讲故事的人两千张博斯普鲁斯第一国民银行发行的十元面额的钞票,或者派他一个美差,让他保管御花园夜莺的鸟食。如果故事精彩,他就吩咐刽子手梅斯罗砍掉讲故事人的脑袋。据说哈龙·阿尔·拉希德仍然健在,并且负责编辑你祖母订阅的杂志,不过这个消息尚未得到证实。

下面就是百万富翁、无效增值和丛林里出来的婴儿③的故事。

年轻的百万富翁霍华德·皮尔金斯生在富贵人家。他善于选择鹳鸟④,落在了皮尔金斯酿造公司——他的直系祖先的住宅的一楼。他的母亲是这家公司的合伙人。皮尔金斯老爸死于肝气不畅,皮尔金斯太太因为运货不畅而愁死——于是年轻的霍华德·皮尔金斯继承了四百万元家产。这个年轻人平易近人,但有点傲

---

① 卡内基(1835—1919):美国钢铁大王,原籍苏格兰,他首先采用酸性转炉炼钢法,晚年捐赠多所公共图书馆,并建立卡内基理工学院。
② 爱德华·佩森·罗(1838—1888):美国通俗小说家。
③ "丛林中的婴儿"指天真无邪、容易受骗的人,源出16世纪一首英国民谣,内容是恶舅为了夺取外甥和外甥女的继承权,雇人杀害这两个婴儿,弃置丛林,"红胸知更鸟"衔了树叶覆盖他们的尸体。原诗见英国诗人珀西编纂的《古诗钩沉》。
④ 孩子往往问母亲自己是怎么来的,为了避免正面回答,西方习俗说婴儿是鹳鸟送来的。

慢,他盲目相信世上一切都能用钱买到。长期以来,有地下铁道的巴格达的所作所为更加坚定了他的这个信念。

捕鼠笼终于捉住了他;他听见弹簧啪的一声,发觉为了一块别名艾丽斯·冯·德·勒伊斯林的奶酪,自己的心陷进了铁丝笼。

冯·德·勒伊斯林家仍然住在那个名声在外、但无所作为的小广场附近。今天你听到蒂尔登①先生的地下铁道,古尔德②先生的高架铁路,和世界喧闹终点的格拉默西广场。以前的情况不同。冯·德·勒伊斯林家仍旧住在那儿,格拉默西公园的第一把钥匙就是他们接受的。

至于艾丽斯·冯·德·勒伊斯林小姐的容貌,这里不再描绘了。你只要想象一下你自己的麦琪,薇拉,或者比阿特丽斯,让她的鼻子高一点,声音温柔一点,线条柔和一点,色彩鲜明一点,使她美丽得可望而不可即——你就有了一幅同艾丽斯的大致不差的铜版雕刻画像。他们家有一幢败落的红砖住宅,一个穿彩色大衣的名叫约瑟夫的车夫,和一匹老马,那匹马历史悠久,据说属于奇蹄目,也就是说,它长的不是蹄,而是趾。一八九八年,他们不得不替那头奇蹄目的动物购置一套新的挽具。换上新挽具之前,他们吩咐约瑟夫把马全身涂遍煤烟和灰的混合物。一六四九年,冯·德·勒伊斯林家用一包绦带和两幅用于哈莱姆区公寓的土耳其红帷帘向一个印第安酋长买下一块土地,也就是今天波威里街、东江、里文顿街和自由女神像之间的区域。我一直钦佩那个印第安酋长的慧眼和口味。这番话只是让你相信冯·德·勒伊斯林家是

---

① 蒂尔登(1814—1886):1875—1876年间任纽约州州长,1876年由民主党提名竞选总统,以一票之差落败。
② 杰伊·古尔德(1836—1892):美国金融家,操纵黄金交易,触发了美国1869年9月24日"黑色星期五"金融恐慌;其子乔治·杰伊·古尔德(1864—1923)继承了大量铁路公司股票,但最终全部输给竞争对手。

落魄的穷贵族,他们瞧不起有钱的人。呃,我说的是,除了钱以外什么都没有的人。

一天傍晚,皮尔金斯造访格拉默西广场的红砖住宅,向艾丽斯·冯·德·勒伊斯林提出他认为是求婚的建议。艾丽斯想到他的钱财,考虑了一下,拒绝了他的建议和他本人。像任何优秀的将军都会做的那样,皮尔金斯使出浑身解数,谨慎地提到他的金钱可能提供的有利条件。这下却坏了大事。小姐变得十分冷淡,以致沃尔特·韦尔曼①都要等到大地回春的时候才能赶着狗拉雪橇去找她。

皮尔金斯不是平庸之辈。百万富翁们不是轻易能打发走的。

"不论什么时候,"他对艾丽斯·冯·德·勒伊斯林说,"假如你觉得刚才的答复可以重新考虑,请送给我一支那样的玫瑰花。"

皮尔金斯大胆地用手碰碰她戴在头上的雅克米诺玫瑰②。

"很好,"她说,"当我那样做的时候,你可以认为你或我对于金钱的购买力有了新的认识。你被宠坏了,我的朋友。不,我想我不能和你结婚。明天我把你给我的礼物退还给你。"

"礼物!"皮尔金斯诧异地说,"我从来没有送过你什么礼物。我很想看看你会从他那里接受礼物的那个人的全身像。你从来没有让我送你花、糖果,甚至艺术挂历。"

"你忘啦,"艾丽斯·冯·德·勒伊斯林微微一笑说,"那是很久以前我们两家是邻居时的事了。那时候你七岁,我抱着玩具娃娃坐在人行道上。你给我一个灰色的绒毛小猫,猫眼睛是鞋纽扣

---

① 韦尔曼(1858—1934):美国探险家,于1906—1907年及1909年两次试图乘飞船飞越北极,1910年试图飞越大西洋,均告失败,但创造了72小时飞行1008英里的世界纪录。
② 雅克米诺玫瑰:一种杂交培育的多年生玫瑰,花深红色,以法国将军 J. F. 雅克米诺(1787—1865)命名。

做的。猫脑袋拿下来后,里面全是糖果。你花五分钱买的——你自己告诉我的。里面的糖果没法还给你了——当时我只有三岁,考虑得不多,把糖果吃了。可是小猫还留着,今晚我把它包好,明天派人送去。"

艾丽斯·冯·德·勒伊斯利说得轻松,但清楚地表明了她坚决拒绝。皮尔金斯没有回旋余地,只得带着他惹人厌的几百万元身价,离开那幢败落的红砖住宅。

皮尔金斯回家时穿过麦迪逊广场。钟上的时针指在八点;气温虽然还不到冰点,但冷得刺骨。昏暗的小广场像是一间没有屋顶的凄冷的大房间,周边的建筑是它的四堵墙壁,闪烁着千百个昏暗的电灯。很少几个闲混的人畏葸地坐在广场的长椅上。

皮尔金斯突然发现一个不怕冷的年轻人,像是在闷热的夏天那样没穿上衣,白色的衬衫在球形电灯罩散发出的光线下分外引人注目。紧挨在他身边的是一个姑娘,脸上露出幸福的梦幻似的微笑。她肩上披的显然是那个不怕冷的年轻人的上衣。那似乎是《丛林中的婴儿》的经过改编的现代版本,红胸知更鸟还没有衔着树叶出场。

腰缠万贯的哈里发高兴地看到了他们认为可以伸出援手的情况。

皮尔金斯坐在长椅上,同年轻人隔着一个位置。他谨慎地朝年轻人瞥了一眼,看出(男人能看出,而女人——哦!她们永远不会看出)他们两人属于同一类型。

过了片刻,皮尔金斯凑过身去,同年轻人攀谈起来,年轻人面带微笑,很有礼貌地回答。他们从一般的话题集中到坚强个性的基本原理。但是皮尔金斯像任何一个哈里发那样,措辞十分谨慎真诚。谈到关键问题时,年轻人笑容依然,但压低了声音。

"我不愿意显得不识好歹,老兄,"年轻人的亲昵称呼似乎过早一点,"可是你明白,我不能接受陌生人的任何东西。我知道你没有恶意,我非常感激,可是我不想向任何人借钱。你明白,我是马格斯·克莱顿,弗吉尼亚州罗阿诺克县的克莱顿家族的。那位女士是伊娃·贝德福德——我想你大概听说过贝德福德县的贝德福德家族。她十七岁,是贝德福德县贝德福德家的。我们从家里私奔出来结婚,我们想见识见识纽约。我们是今天下午到的。我的钱包在轮渡上被人偷了,我身边只剩三分零钱。明天我去打工,我们会结婚的。"

"可是,朋友,你听我说,"皮尔金斯推心置腹地低声说,"你不能让那位女士露天冻一宿啊。至于旅馆——"

"我对你说过,"年轻人笑容可掬地说,"我只剩三分钱。此外,即使我有一千元,我们也得在这里等到明天早晨。你当然能理解。我非常感激,可是我不能拿你的钱。贝德福德小姐和我有过户外生活的经验,冷一点算不了什么。明天我能找到工作。我们有一纸袋的蛋糕和巧克力,我们能对付。"

"听我说,"百万富翁强调说,"我姓皮尔金斯,身价有几百万。我口袋里恰好有八九百元现金。有了钱,你和那位女士就可以不露宿街头,你却拒绝接受,是不是过于精打细算了呢?"

"先生,我不能同意你的想法,"罗阿诺克县的克莱顿说,"我从小受的教育使我对这种问题有不同的看法。不管怎么说,我十分感激你的好意。"

"那我不得不向你告别了。"百万富翁说。

那一天,他的钱两次遭到蔑视,在那些普通人眼里,他的美元不屑一顾。他并不崇拜钱币和钞票,但他一向认为钱的购买力几乎是无限的。

皮尔金斯快步走开,突然又转身回到那对年轻人坐的长椅前面。他脱掉帽子,开始说话。姑娘很感兴趣地看着他,正像看那些使得老广场显得像贝德福德县那么遥远的灯光和高楼大厦似的。

"呃——罗阿诺克先生,"皮尔金斯说,"我十分钦佩你的——你的独立性——和你的犟劲,所以现在我要请你发扬你的豪侠气概。我知道你们南方人为了维护你们过时的自豪感,宁愿让女士在街头长椅上挨一宿冻,还把它叫做豪侠气概。我有个从小认识的朋友——一位女士——住的地方离这儿不远,只有几个街口——她家还有父母、姐妹、姑妈等等。我相信我那个朋友会乐意留——呃,会乐意请贝德福德小姐住一夜。弗吉尼亚的罗阿诺克先生,你认为你的偏见能变通一点吗?"

罗阿诺克的克莱顿站起来,伸出手。

"老兄,"他说,"贝德福德小姐很高兴接受你提到的那位女士的邀请。"

他向贝德福德小姐正式介绍了皮尔金斯先生。姑娘愉快地看着他,缓缓地说:"今天晚上很可爱,你说是吗,皮尔金斯先生?"

皮尔金斯带他们到了冯·德·勒伊斯林家的败落的红砖住宅。仆人把他的名片拿进去后,艾丽斯诧异地下楼来。私奔的一对给让进了客厅,皮尔金斯在门厅里把事情的原委一五一十地告诉了艾丽斯。

"当然,我可以留她,"艾丽斯说,"这些南方的姑娘气质不坏,是吗? 当然,她可以住在这里。克莱顿先生由你照顾。"

"我吗?"皮尔金斯快活地说,"对,对,我会照顾他的!作为纽约市民,我也是公园的部分业主。今晚我招待他住在麦迪逊广场。他可以在长椅上坐到明天早晨。他这个人真有意思,怎么劝说都不行。艾丽斯,你肯费心照顾那个年轻姑娘,我很高兴。那两个丛林里的婴儿使得我的——我是说——使得华尔街和英格兰银行显得像是廉价市场了。"

冯·德·勒伊斯林小姐带贝德福德县的贝德福德小姐上楼去

休息。她再下来时,把一个椭圆形的硬纸板盒子交给皮尔金斯。

"你的礼物,"她说,"现在还给你。"

"哦,我记起来了,"皮尔金斯叹口气说,"那只绒毛小猫。"

他让克莱顿待在公园长椅上,两人热烈地握手告别。

"我有了工作后去找你,"年轻人说,"你的名片上有地址,是吗?不,谢谢,我不吸烟。晚安。"

皮尔金斯回到自己的房间里打开盒子,取出那个可笑的小猫,肚子里的糖果早就空了,还缺了一只纽扣做的眼睛。皮尔金斯伤心地瞅着它。

"说到头,"他说,"我认为光有钱是不能——"

他突然喊出声,发现放小猫的盒子下面还有什么东西——一枝压扁的、但仍红得可爱的、芳香扑鼻的雅克米诺玫瑰花。

迷人的侧影

女哈里发为数是不多的。以出身、嗜好、本能和声带结构而论，女人都是山鲁佐德①。每天都有千千万万的宰相的女儿把一千零一夜的故事讲给与她们相应的苏丹听。但是，如果她们不加意提防的话，绞索还是会落到她们中间某些人头上的。

我却听到过一个女哈里发的故事。说得更确切一些，并不是《天方夜谭》的故事，因为这里也提到灰姑娘，她在另一个时代和另一个国家使她的抹布化为神奇。因此，如果你不介意日期的混乱（说起来，这仿佛可以替故事增添一些东方情调呢），我们就开始了。

纽约有一家古老的旅馆。你在杂志上已经见到过它的木刻画面。它落成的时候——呃——那时候第十四街上还空无一物，只有那条通向波士顿和海默斯坦办公室的印第安人的小径。过不了多久，老旅馆就要给拆掉。当结实的墙壁被凿开，砖头顺着槽板哗啦啦地滚下来时，一群群的市民会挤在最近的街角上，哀悼一个古老亲切的标志的消亡。新巴格达的人对本市有强烈的自豪感；反对打破旧风气的最伤感和叫嚷得最凶的人（原籍特雷霍特），对老

---

① 山鲁佐德：阿拉伯民间故事集《一千零一夜》（或译《天方夜谭》）中讲故事的女子。相传萨桑国王因痛恨王后与人有私，将其杀死，此后每日娶一少女，翌晨即处死。宰相之女山鲁佐德为拯救无辜的女子，自愿嫁给国王，每夜讲述故事，引起国王兴趣，未遭杀戮。她的故事讲了一千零一夜。

旅馆的记忆只限于一八七三年从它的免费食堂被撵出来的一件事。

麦琪·布朗太太一直住在这家旅馆。布朗太太年已六十,瘦骨嶙峋,老是穿最陈旧的黑衣服,拿着一个手提包,手提包显然是用亚当最初定名为鳄鱼的那种原始动物的皮革制作的。她总是租用旅馆顶层的一个小客厅和一间卧室,房金每天两元。她在那里时,每天总是有许多面相精明、神色焦急、忙得不可开交的人赶来看她。因为据说麦琪·布朗太太是世界上第三个最富的女人;焦急的先生们是本市最有钱的经纪人和生意人,他们跑来向这个穿黑衣服、拿史前时期手提包的老太太商谈五六百万小数目的贷款。

卫城旅馆(哎呀!我把它的名字漏出来了!)的速记打字员是艾达·贝兹小姐。她简直是希腊的古典美人。她的容貌十全十美。有个老手向一位夫人致意时曾说过:"爱她等于是受高等教育。"嗯,即使看看贝兹小姐的黑头发和整洁的白衬衫,也就等于在国内任何一个函授学校读一门课程。有时候,她替我打一些字,她拒绝预支报酬,仿佛把我当做朋友和照顾对象。她总是那么和蔼可亲,甚至连铅白推销员和皮货进口商在她面前也不敢稍有失礼。卫城旅馆的全部人员,上至住在维也纳的老板,下至在床上躺了十六年的服务员领班,必要时都会毫不犹豫地跳起来卫护她。

一天,我走过贝兹小姐搁打字机的小房间,看见她的位置上坐着一个黑头发的人,正用两只食指在戳字键。我想这只是暂时的变动,便不经心地走了过去。第二天,我去外地度了两星期假。回来后,我悠闲地穿过卫城旅馆的休息室,带着缅怀往日的兴奋看到了贝兹,她正把打字机罩好,仍像以前那么带着希腊风韵,仍是那么和蔼可亲、十全十美。下班的时间已经到了,但她仍请我进去,让我坐在那张供口授信件的人坐的椅子上。她用和以下相同或者相似的语言向我解释了她离开卫城旅馆和回来的经过。

"好啊,朋友,"她说,"小说写得怎么样啦?"

"相当正常,"我说,"和出版的数量差不多。"

"很抱歉,"她说,"好的打字是小说的主要部分。你一定很惦记我吧,是吗?"

"在我认识的人中间,"我说,"没有一个比你更懂得怎么恰当地隔开腰带扣子、分号、旅馆客人和头发夹子了。你不是也离开了一段时候吗?那天我看到你的桌子上放着一包口香糖。"

"假如你刚才没有插嘴,"贝兹小姐说,"我正想告诉你呢。

"你当然知道住在这里的麦琪·布朗。呃,她有四千万元的财产。她在泽西时住一套日租金十元的公寓。她手头的钱比五六个竞选副总统的商人还多。我不知道她是不是把钱藏在袜筒里,只知道她在本市崇拜金牛的区域里是赫赫有名的。

"呃,约莫两星期前,布朗太太停在门口,朝我看了十分钟。当时我侧面对着她,替一位托诺巴来的老先生打几份铜矿招股书的副本。但是周围的每一件事都逃不过我的眼睛。我埋头工作的时候,可以从鬓梳里看到外面的情况,我还可以故意少扣一个衬衫后背的纽扣,看看谁在我后面。我并不左顾右盼,因为我每星期可以挣到十八、二十来元钱,我不需要这么做。

"那天傍晚下班的时候,她派人叫我去她的房间。我原以为她会给我十美分,要我打两千来字的期票、催讨欠债的通知或者合同,我去了。呃,朋友,确实出乎我的意料。老麦琪·布朗变得近乎人情了。

"'孩子,'她说,'你是我生平看到的最美的人。我希望你辞去工作来陪我。除了一个丈夫和一两个儿子外,我没有亲戚朋友,'她说,'我和他们早就不通音讯了。对于一个勤苦的女人来说,他们简直是极其沉重的负担。我要你做我的女儿。人家说我悭吝小气,报纸还造谣说我自己做饭,自己洗衣服。这是中伤,'

她接着说,'我的衣服是拿出去洗的,除非是手帕、袜子、裙子和衬领之类的小东西。我有四千万元的现金、股票、公债,股票公债都是可以流通的,像教会义卖市场上美孚石油公司的优先股那么受欢迎。我是个孤单的老太婆,我要找个伴儿。你是我生平看到的最美丽的人,'她说,'你愿不愿意来陪我住在一起?我要让人们看看,我究竟会不会花钱。'她说。

"嗯,朋友,换了你会怎么做呢?我当然同意。说老实话,我开始喜欢老麦琪了。倒不是完全为了那四千万元和她可能给我的好处。我在世界上觉得有点孤单。谁都想找一个人谈谈自己左肩膀的疼痛,谈谈漆皮鞋子有了裂痕之后坏得多么快。这类话你都不能同旅馆里的男人们谈——他们要找的正是这种机会。

"于是我辞去了旅馆里的职务,跟着布朗太太走了。我准有什么叫她着迷的地方。当我坐着看书看杂志的时候,她会朝我一连看上半个小时。

"有一次,我问她:'布朗太太,我是不是让你想起你去世的亲戚或者儿时的朋友?我注意到你常常仔细打量我。'

"'你的面貌,'她说,'活像我的一个好朋友——我生平最好的朋友。不过你本人更让我喜欢,孩子。'她说。

"喂,朋友,你猜她怎么啦?像康奈岛上的浪花似的散开来。她带我去一家豪华的服装店,替我量体定做了许多衣服——全部加急,不考虑价钱。女店主便关起前门,吩咐全体人员加班加点。

"接着,我们搬到——你猜是什么地方?——不对,再猜猜看——对啦——我们搬到邦顿旅馆。我们租了六间的套房,房金每天一百元。我看到账单的。我对那位老太太开始有了好感。

"之后,朋友,我定做的衣服一套一套的送来了——哦,我不把那些衣服形容给你听了!你不会了解的。我开始叫她麦琪姑妈。你当然读过灰姑娘的故事。当王子把那只三又二分之一号的鞋子套在她脚上时,她想的事情和我想的比较起来,简直可以算是坏运气。

"麦琪姑妈说是要在邦顿旅馆为我举行一次初进社交界的宴会,使五马路上所有姓名里有'范'字的古老的荷兰家族都骚动起来。

"'我已经进过社交界了,麦琪姑妈,'我说,'但是我不介意再进一次。可是你知道,'我说,'这家旅馆是全市最豪华的旅馆之一。你知道——请原谅我——要把一批名人请来是很困难的,除非你以前同他们有过往来。'

"'别担心,孩子,'麦琪姑妈说,'我不需要邀请——我只消下个命令。我可以请到五十个客人,这五十个客人中间,除非是爱德华国王或者威廉·特拉弗斯·杰洛姆①举行招待会,别的人谁都请不到。他们当然都是男人,并且都欠我钱,或者想向我借钱。有几个人的太太不会来,大多数是会来的。'

"嗯,我真希望那次宴会时你也在场。餐具全是金器和刻花玻璃。除了麦琪姑妈和我以外,到会的大约有四十个男人和八位太太。你再也认不出世界上第三个最有钱的女人了。她穿一套崭新的黑绸衣服,上面缀满了珠饰,丁零当啷,正像有一次我在一个住在顶楼画室的女朋友那里过夜时听到的冰雹声。

"还有我的衣服呢!——朋友,不是我跟你唠叨。只要有料子的地方全是手工刺绣——价钱是三百元。我看到账单的。宴会上的男人都是秃头或者白胡子,他们滔滔不绝地谈着三分利息的证券、竞选总统的布里安和棉花收成。

"坐在我左面的,听说话口气大概是银行家,坐在我右面的是

---

① 爱德华国王(1894—1972):英国国王乔治五世之子,1936 年登基,因娶美国商人辛普逊离异的妻子,放弃王位,被封温莎公爵;杰洛姆(1859—1934):美国著名的律师和地方检察官。

个年轻人,据他自己说是报馆里的画家。只有他——呃,我来讲给你听。

"饭后,布朗太太和我上楼,回我们的房间。我们穿过大厅时简直是在新闻记者堆里挤出来的。那就是金钱给你带来的好处。喂,你知不知道一个姓拉斯罗普的报馆画家——个子高高的,长着一双讨人喜欢的眼睛,说话的态度很大方?不,我不记得他在哪家报馆工作。好吧,我接着说下去。

"我们上了楼,布朗太太立刻打电话把账单要来。账单来了:六百元。我看到账单的。麦琪姑妈晕了过去。我把她扶到卧榻上,解开了那些珠饰。

"'孩子,'她苏醒后说,'那是什么呀?是加租了呢,还是所得税?'

"'只不过是一次小小的宴会,'我说,'不值得大惊小怪——九牛身上一根毛罢了。坐起来看看吧——没别的,只是一个破费的通知。'

"可是,朋友,你知道麦琪姑妈怎么啦?她害怕了!第二天早上九点钟,她叫我赶紧搬出邦顿旅馆。我们在下西区找了一幢公寓。她租了一间自来水在楼下、电灯在楼上的房间。我们搬过去后,那个房间里所能看到的只有价值一千五百元的漂亮衣服和一个独眼的煤气炉。

"麦琪姑妈的悭吝病突然发作了。我想人生在世总会荒唐一次的。男人把钱花在酒上,女人则被衣服搞昏了头。但是有了四千万元——哎!我真想看看那种画面——说起画面,你有没有碰到过一位姓拉斯罗普的报馆里的画家——高高的个子——哦,我已经问过你了,不是吗?在那次宴会上,他对我非常好。他的声音就讨我喜欢。我猜想他一定以为我能继承麦琪姑妈的一些钱呢。

"嗯,朋友,那种枯燥的家务生活,过三天就够我受的。麦琪姑妈还是那么慈爱。她简直不让我离开她身边。但是听我告诉你。她是悭吝县、悭吝村来的悭吝人。她规定每天的花费不能超过七十五分。我们的饭是在房间里烧的。房间里摆着价值一千五百元的最时尚的衣服,而我却要在一个独眼的煤气炉上创造惊人的奇迹。

"我说过,第三天我逃走不干了。叫我穿着值一百五十元的、镶巴伦西亚花边的便服来做只值十五分的炖腰花,我可受不了。我到盥洗室换上布朗太太花七十五元买给我的一套最便宜的衣服——就是现在我身上这套——只花七十五元,还不坏,对不对?我自己的衣服全寄放在布鲁克林我姐姐家了。

"'布朗太太,也就是以前的麦琪姑妈,'我对她说,'我要尽可能快地撒腿离开这间屋子。我并不崇拜金钱,'我说,'有些事情实在叫我无法忍受。我能容忍我在故事书上看到的那种喜怒无常的怪物。但是我不能容忍虎头蛇尾的人,'我说,'人家说你的身价有四千万元——你的钱再也不会少了。再说我开始对你有了好感。'我说。

"那位前麦琪姑妈大闹情绪,哭了起来。她提出可以搬到一个有两眼的煤气炉和自来水的好住所去。

"'孩子,我已经花了许许多多钱,'她说,'我们不得不节约一个时期。你是我生平看到的最美的人,'她说,'我不愿意你离开我。'

"结果我还是走了。我直接回到卫城旅馆,请求复职,仍旧做这份工作。你刚才说你的小说写得怎么样啦?我没有替你打字,你一定有些损失。你的小说有没有用过插图?顺便问一句,你是不是认识一个报馆里的画家——哦,住嘴!我知道我已经问过你了。我就是不清楚他在哪一家报馆工作。说来也可笑,我总是有这种想法:他很可能认为我能从老麦琪·布朗那儿得到一些钱,但他想的不是这个。只要我认识几个报馆编辑,我就可以——"

门口传来一阵轻快的脚步声。艾达·贝兹从后脑勺的梳子里看到了是谁。我发现她脸红了,她真像是一尊十全十美的塑像——只有我和毕格马里昂①两人才看到的奇迹。

"请原谅我,"她对我说——这时她又成了一个可爱的请求者,"这位是拉斯罗普先生。我想恐怕确实不是为了钱——我想他毕竟——"

当然啦,举行婚礼时,我也收到了邀请。仪式结束后,我把拉斯罗普拉到一边。

"你是画家,"我说,"却没有想到麦琪·布朗为什么这般迷恋贝兹小姐——是不是?让我来指点你。"

新娘穿着一件纯朴的白衣服,像古希腊人的服装那样美妙地披垂下来。我从客厅里的一个装饰花环上取下几片叶子,编成一个花冠,戴在贝兹小姐富有光泽的栗色头发上,叫她侧过身去,对着她的丈夫。

"哎呀!"他嚷道,"艾达和一元银币上那个女人的头像简直一模一样!"

---

① 毕格马里昂:希腊神话中的塞浦路斯国王、雕塑家,爱上他自己塑造的维纳斯像,经过他诚恳的祷告,塑像有了生命,和他结为夫妇。

"醉翁之意"

他从德斯布罗萨斯街的渡口出来时，使我不由得对他发生了兴趣。看他那神气，是个见多识广、四海为家的人；来到纽约的样子，又像是一个睽违多年，重新回到自己领地来的领主。尽管他露出这种神情，我却断定他以前从未踩上过这个满是哈里发的城市的滑溜的圆石子街道。

他穿着一套宽大的、蓝中带褐、颜色古怪的衣服，戴着一顶老式的、圆圆的巴拿马草帽，不像北方的时髦人物那样在帽帮上捏出花哨的凹塘，斜戴成一个角度。此外，他那出奇的丑陋不但使人厌恶，而且使人吃惊——他那副林肯式的愁眉蹙额的模样和不端正的五官，简直会使你诧异和害怕得目瞪口呆。渔夫捞到的瓶子里窜出的一股妖气变的怪物，恐怕也不过如此①。后来他告诉我，他名叫贾德森·塔特；为了方便起见，我们从现在起就用这个名字来称呼他。他的绿色绸领带用黄玉环扣住，手里握着一支鲨鱼脊骨做的手杖。

贾德森·塔特招呼了我，仿佛旧地重游记不清一些无关紧要的细节似的，大大咧咧地向我打听本市街道和旅馆的一般情况。我觉得没有理由来贬低我自己下榻的商业区那家清静的旅馆；于是，到了下半夜，我们已经吃了饭，喝了酒（是我付的账），就打算

---

① 这里指《天方夜谭》中的故事。

在那家旅馆的休息室里找一个清静的角落坐下来抽烟了。

贾德森·塔特仿佛有什么话要讲给我听。他已经把我当做朋友了；他每说完一句话，便把那只给鼻烟染黄的、像轮船大副的手一般粗大的手在我鼻子前面不到六英寸的地方晃着。我不由得想起，他把陌生人当做敌人时是不是也这么突兀。

我发觉这个人说话时身上散发出一种力量。他的声音像是动人的乐器，被他用华彩出色的手法弹奏着。他并不想让你忘却他的丑陋，反而在你面前炫示，并且使之成为他言语魅力的一部分。如果你闭上眼睛，至少会跟着这个捕鼠人的笛声走到哈默尔恩的城墙边。你不至于稚气得再往前走。不过让他替他的言词谱上音乐吧，如果不够味儿，那该由音乐负责。

"女人，"贾德森·塔特说，"是神秘的。"

我的心一沉。我可不愿意听这种老生常谈——不愿意听这种陈腐浅薄、枯燥乏味、不合逻辑、不能自圆其说、早就给驳倒的诡辩——这是女人自己创造出来的古老、无聊、毫无根据、不着边际、残缺而狡猾的谎言；这是她们为了证明、促进和加强她们自己的魅力和谋算而采取的卑劣、秘密和欺诈的方法，从而暗示、蒙混、灌输、传播和聪明地散布给人们听的。

"哦，原来如此！"我说的是大白话。

"你有没有听说过奥拉塔马？"他问道。

"可能听说过。"我回答说，"我印象中仿佛记得那是一个芭蕾舞演员——或者是一个郊区——或者是一种香水的名字？"

"那是外国海岸上的一个小镇，"贾德森·塔特说，"那个国家的情况，你一点儿不知道，也不可能了解。它由一个独裁者统治着，经常发生革命和叛乱。一出伟大的生活戏剧就是在那里演出的，主角是美国最丑的人贾德森·塔特，还有无论在历史或小说中都算是最英俊的冒险家弗格斯·麦克马汉，以及奥拉塔马镇镇长的美貌女儿安娜贝拉·萨莫拉。还有一件事应该提一提——除了乌拉圭三十三人省①以外,世界上任何别的地方都没有一种叫楚楚拉的植物。我刚才提到的那个国家的产品有贵重木料、染料、黄金、橡胶、象牙和可可。"

"我一向以为南美洲是不生产象牙的呢。"我说。

"那你就错上加错了。"贾德森·塔特说。他那美妙动人的声音抑扬顿挫,至少有八个音度宽。"我并没说我所谈的国家在南美洲呀——我必须谨慎,亲爱的朋友;要知道,我在那里是搞过政治的。虽然如此,我跟那个国家的总统下过棋,棋子是用貘的鼻骨雕刻成的——貘是安第斯山区的一种角蹄类动物——那棋子看起来同上好的象牙一模一样。

"我要告诉你的不是动物,而是浪漫史和冒险,以及女人的气质。

"十五年来,我一直是那个共和国至高无上的独裁者老桑乔·贝纳维德斯背后的统治力量。你在报上见过他的相片——一个窝囊的黑家伙,脸上的胡子像是瑞士音乐盒圆筒上的钢丝,右手握着一卷像是记家谱的《圣经》扉页那样的纸头。这个巧克力色的统治者一向是种族分界线和纬线之间最惹人注意的人物。很难预料他的结局是登上群英殿呢,还是身败名裂。当时,如果不是格罗弗·克利夫兰②在做总统的话,他一定会被称为南方大陆的罗斯福。他总是当一两任总统,指定了暂时继任人选之后,再退休一个时期。

"但是替'解放者'贝纳维德斯赢得这些声誉的并不是他自

---

① 三十三人省:乌拉圭东部省名及省会名。1825 年,以拉瓦列哈为首的三十三名乌拉圭爱国者在乌拉圭河岸阿格拉西亚达登陆,开始了反巴西统治的武装斗争,后人遂将该地命名为"三十三人"。
② 克利夫兰(1837—1908):美国第 22 任和第 24 任总统,民主党人。

己。不是他，而是贾德森·塔特。贝纳维德斯只不过是个傀儡。我总是指点他，什么时候该宣战，什么时候该提高进口税，什么时候该穿大礼服。但是我要讲给你听的并不是这种事情。我怎么会成为有力人物的呢？我告诉你吧。自从亚当睁开眼睛，推开嗅盐瓶，问道：'我怎么啦'以来，能发出声音的人中间，要数我最出色。

"你也看到，除了新英格兰早期主张信仰疗法的基督徒的相片以外，我可以算是你生平碰见的最丑的人。因此，我很年轻时便知道必须用口才来弥补相貌的不足。我做到了这一点。我要的东西总能到手。作为在老贝纳维德斯背后出主意的人，我把历史上所有伟大的幕后人物，诸如塔利兰、庞巴杜夫人和洛布①，都比得像俄国杜马中少数派的提案了。我用三寸不烂之舌可以说得国家负债或者不负债，使军队在战场上沉睡，用寥寥数语来减少暴动、骚乱、税收、拨款或者盈余，用鸟鸣一般的嗯哨唤来战争之犬或者和平之鸽。别人身上的俊美、肩章、拳曲的胡须和希腊式的面相同我是无缘的。人家一看到我就要打寒战。可是我一开口说话，不出十分钟，听的人就被我迷住了，除非他们害了晚期心绞痛。不论男女，只要碰到我，无不被我迷住。呃，你不见得认为女人会爱上像我这种面相的人吧？"

"哦，不，塔特先生。"我说，"迷住女人的丑男子常常替历史增添光彩，使小说黯然失色。我觉得——"

"对不起，"贾德森·塔特打断了我的话，"你还不明白我的意思。你先请听我的故事。"

"弗格斯·麦克马汉是我在京都的一个朋友。拿俊美来说，

---

① 洛布（1866—1937）：美国商人，西奥多·罗斯福任纽约州长与总统时的私人秘书。

命 运 之 路

我承认他是货真价实的。他五官端正,有着金黄色的鬈发和笑吟吟的蓝眼睛。人们说他活像那个叫做赫耳·墨斯①的塑像,就是摆在罗马博物馆里的语言与口才之神。我想那大概是一个德国的无政府主义者。那种人老是装腔作势,说个没完。

"不过弗格斯没有口才。他从小就形成了一个观念,认为只要长得漂亮,一辈子就受用不尽。听他谈话,就好比你想睡觉时听到了水滴落到床头的一个铁皮碟子上的声音一样。他和我却交上了朋友——也许是因为我们如此不同吧,你不觉得吗?我刮胡子时,弗格斯看看我那张像是在万圣节前夜戴的面具的怪脸,似乎就觉得高兴;当我听到他那称之为谈话的微弱的喉音时,我觉得作为一个银嗓子的丑八怪也心满意足了。

"有一次,我不得不到奥拉塔马这个滨海小镇来解决一些政治动乱,在海关和军事部门砍掉几颗脑袋。弗格斯,他掌握着这个共和国的冰和硫磺火柴的专卖权,说是愿意陪我跑一趟。

"在骡帮的铃铛声中,我们长驱直入奥拉塔马,这个小镇便属于我们了;正如西奥多·罗斯福在奥伊斯特湾②时,长岛海峡不属于日本人一样。我说的虽然是'我们',事实上是指'我'。只要是到过四个国家,两个海洋,一个海湾和地峡,以及五个群岛的人,都听到过贾德森·塔特的大名。人们管我叫绅士冒险家。黄色报纸用了五栏,一个月刊用了四万字(包括花边装饰),《纽约时报》用第十二版的全部篇幅来报导我的消息。如果说我们在奥拉塔马受到欢迎的部分原因是由于弗格斯·麦克马汉的俊美,我就可以把我那巴拿马草帽里的标签吃下去。他们张灯结彩是为了我。我不

---

① 赫耳墨斯(Hermes)是希腊神话中商业、演说、竞技之神,作者在这里把原文拆开,成了德文中的"墨斯先生"(Herr Mees),因此下文有"德国无政府主义者"之说。
② 奥伊斯特湾:美国长岛北部的村落,西奥多·罗斯福的家乡。

是爱妒忌的人;我说的是事实。镇上的人都是尼布甲尼撒①;他们在我面前拜倒草地;因为这个镇里没有尘埃可以拜倒。他们向贾德森·塔特顶礼膜拜。他们知道我是桑乔·贝纳维德斯背后的主宰。对他们来说,我的一句话比任何人的话更像是东奥罗拉图书馆书架上的全部毛边书籍。居然有人把时间花在美容上——抹冷霜,按摩面部(顺眼睛内角按摩),用安息香酊防止皮肤松弛,用电疗来除黑痣——为了什么目的?要漂亮。哦,真是大错特错!美容师应该注意的是喉咙。起作用的不是赘疣而是言语,不是爽身粉而是谈吐,不是香粉而是聊天,不是花颜玉容而是甘言巧语——不是照片而是留声机。闲话少说,还是谈正经的吧。

"当地头面人物把我和弗格斯安顿在蜈蚣俱乐部里,那是一座建筑在海边桩子上的木头房子。涨潮时海水和房子相距只有九英寸。镇里的大小官员、诸色人等都来致敬。哦,并不是向赫耳·墨斯致敬。他们早听到贾德森·塔特的名声了。

"一天下午,我和弗格斯·麦克马汉坐在蜈蚣旅馆朝海的回廊里,一面喝冰甘蔗酒,一面聊天。

"'贾德森,'弗格斯说道,'奥拉塔马有一个天使。'

"'只要这个天使不是加百列,'我说,'你谈话的神情为什么像是听到了最后审判的号角声那样紧张?'

"'是安娜贝拉·萨莫拉小姐。'弗格斯说,'她——她——她美得——没治!'

"'呵呵!'我哈哈大笑说,'听你形容你情人的口吻倒真像是一个多情种子。你叫我想起了浮士德追求玛格丽特的事——就是说,假如他进了舞台的活板底下之后仍旧追求她的话。'

---

① 尼布甲尼撒(前605—前562):巴比伦王,《旧约·但以理书》第4章第29—33节有尼布甲尼撒"吃草如牛"之语。

"'贾德森,'弗格斯说,'你知道你自己像犀牛一般丑。你不可能对女人发生兴趣。我却发疯般地迷上了安娜贝拉小姐。因此我才讲给你听。'

"'哦,当然啦。'我说,'我知道我自己的面孔像是尤卡坦杰斐逊县那个守着根本不存在的窖藏的印第安阿兹特克偶像。不过有补偿的办法。比如说,在这个国家里抬眼望到的地方,以及更远的地方,我都是至高无上的人物。此外,当我和人们用口音、声音、喉音争论的时候,我说的话并不限于那种低劣的留声机式的胡言乱语。'

"'哦,'弗格斯亲切地说,'我知道不论闲扯淡或者谈正经,我都不成。因此我才请教你。我要你帮我忙。'

"'我怎么帮忙呢?'我问道。

"'我已经买通了安娜贝拉小姐的陪媪,'弗格斯说,'她名叫弗朗西斯卡。贾德森,你在这个国家里博得了大人物和英雄的名声。'

"'正是,'我说,'我是当之无愧的。'

"'而我呢,'弗格斯说,'我是北极和南极之间最漂亮的人。'

"'如果只限于相貌和地理,'我说,'我完全同意你的说法。'

"'你我两人,'弗格斯说,'我们应该能把安娜贝拉·萨莫拉小姐弄到手。你知道,这位小姐出身于一个古老的西班牙家族,除了看她坐着马车在广场周围兜圈子,或者傍晚在栅栏窗外瞥见她一眼之外,她简直像是星星那样高不可攀。'

"'替我们中间哪一个去弄呀?'我问道。

"'当然是替我。'弗格斯说,'你从来没有见过她。我吩咐弗朗西斯卡把我当做你,已经指点给安娜贝拉看过好几次了。她在广场上看见我的时候,以为看到的是全国最伟大的英雄、政治家和浪漫人物堂贾德森·塔特呢。把你的声名和我的面貌合在一个人身上,她是无法抗拒的。她当然听到过你那惊人的经历,又见过我。一个女人还能有什么别的企求?'弗格斯·麦克马汉说。

"'她的要求不能降低一点吗?'我问道,'我们怎么各显身手,怎么分摊成果呢?'

"弗格斯把他的计划告诉了我。

"他说,镇长堂路易斯·萨莫拉的房子有一个院子——通向街道的院子。院内一角是他女儿房间的窗口——那地方黑得不能再黑了。你猜他要我怎么办?他知道我口才流利,有魅力,有技巧,让我半夜到院子里去,那时候我这张鬼脸看不清了,然后代他向萨莫拉小姐求爱——代她在广场上照过面的、以为是堂贾德森·塔特的美男子求爱。

"我为什么不替他,替我的朋友弗格斯·麦克马汉效劳呢?他来求我就是看得起我——承认了他自己的弱点。

"'你这个白百合一般的、金头发、精打细磨的、不会开口的小木头,'我说,'我可以帮你忙。你去安排好,晚上带我到她窗外,在月光颤音的伴奏下,我滔滔不绝地谈起来,她就是你的了。'

"'把你的脸遮住,贾德。'弗格斯说,'千万把你的脸遮严实。讲到感情,你我是生死之交,但是这件事非同小可。我自己能说话也不会请你去。如今看到我的面孔,听到你的说话,我想她非给弄到手不可了。'

"'到你的手?'我问道。

"'我的。'弗格斯说。

"嗯,弗格斯和陪媪弗朗西斯卡安排好了细节。一天晚上,他们替我准备好一件高领子的黑色长披风,半夜把我领到那座房子那里。我站在院子里窗口下面,终于听到栅栏那边有一种天使般又柔和又甜蜜的声音。我依稀看到里面有一个穿白衣服的人影;我把披风领子翻了上来,一方面是忠于弗格斯,一方面是因为那时正当七月潮湿的季节,夜晚寒意袭人。我想到结结巴巴的弗格斯,几乎笑出声来,接着我开始说话了。

"嗯,先生,我对安娜贝拉小姐说了一小时话。我说'对她',因为根本没有'同她'说话。她只是偶尔说一句:'哦,先生',或者'呀,你不是骗人吧?'或者'我知道你不是那个意思',以及诸如此类的、女人被追求得恰到好处时所说的话。我们两人都懂得英语和西班牙语;于是我运用这两种语言替我的朋友弗格斯去赢得这位小姐的心。如果窗口没有栅栏,我用一种语言就行了。一小时之后,她打发我走,并且给了我一朵大大的红玫瑰花。我回来后把它转交给了弗格斯。

"每隔三四个晚上,我就代我的朋友到安娜贝拉小姐的窗子下面去一次,这样持续了三星期之久。最后,她承认她的心已经属于我了,还说每天下午驾车去广场的时候都看到了我。她见到的当然是弗格斯。但是赢得她心的是我的谈话。试想,如果弗格斯自己跑去待在黑暗里,他的俊美一点儿也看不见,他一句话也不说,那能有什么成就!

"最后一晚,她答应跟我结婚了——那是说,跟弗格斯。她把手从栅栏里伸出来让我亲吻。我给了她一吻,并且把这消息告诉了弗格斯。

"'那件事应该留给我来做。'他说。

"'那将是你以后的工作。'我说,'一天到晚别说话,光是吻她。以后等她认为已经爱上你时,她也许就辨不出真正的谈话和你发出的喂嚅之间的区别了。'

"且说,我从来没有清楚地见过安娜贝拉小姐。第二天,弗格斯邀我一起去广场上,看看我不感兴趣的奥拉塔马交际界人物的行列。我去了;小孩和狗一看到我的脸都往香蕉林和红树沼地上逃。

"'她来啦,'弗格斯捻着胡子说——'穿白衣服,坐着黑马拉的敞篷车。'

"我一看,觉得脚底下的地皮都在晃动。因为对贾德森·塔特来说,安娜贝拉·萨莫拉小姐是世界上最美的女人,并且从那一刻起,是惟一最美的女人。我一眼就明白我必须永远属于她,而她也必须永远属于我。我想起自己的脸,几乎晕倒;紧接着我又想起我其他方面的才能,又站稳了脚跟。何况我曾经代替一个男人追求了她有三星期之久呢!

"安娜贝拉小姐缓缓驶过时,她用那乌黑的眼睛温柔地、久久地瞟了弗格斯一下,那个眼色足以使贾德森·塔特魂魄飞扬,仿佛坐着胶轮车似的直上天堂。但是她没有看我。而那个美男子只是在我身边拢拢他的鬈发,像浪子似的嬉笑着昂首阔步。

"'你看她怎么样,贾德森?'弗格斯得意扬扬地问道。

"'就是这样。'我说,'她将成为贾德森·塔特夫人。我一向不做对不起朋友的事。所以言明在先。'

"我觉得弗格斯简直要笑破肚皮。

"'呵,呵,呵,'他说,'你这个丑八怪! 你也给迷住了,是吗? 好极啦! 不过你太迟啦。弗朗西斯卡告诉我,安娜贝拉日日夜夜不谈别的,光谈我。当然,你晚上同她谈话,我非常领你的情。不过你要明白,我觉得我自己去的话也会成功的。'

"'贾德森·塔特夫人。'我说,'别忘掉这个称呼。你利用我的舌头来配合你的漂亮,老弟。你不可能把你的漂亮借给我;但是今后我的舌头是我自己的了。记住"贾德森·塔特夫人",这个称呼将印在两英寸阔、三英寸半长的名片上。就是这么一回事。'

"'好吧。'弗格斯说着又笑了,'我跟她的镇长爸爸讲过,他表示同意。明天晚上,他要在他的新仓库里举行招待舞会。如果你会跳舞,贾德,我希望你也去见见未来的麦克马汉夫人。'

"第二天傍晚,在萨莫拉镇长举行的舞会上,当音乐奏得最响亮的时候,贾德森·塔特走了进去。他穿着一套新麻布衣服,神情像是全国最伟大的人物,事实上也是如此。

"有几个乐师见到我的脸,演奏的乐曲马上走了调。一两个最胆小的小姐禁不住尖叫起来。但是镇长忙不迭地跑过来,一躬到地,几乎用他的额头擦去了我鞋子上的灰尘。光靠面孔漂亮是不会引起这么惊人的注意的。

"'萨莫拉先生,'我说,'我久闻你女儿的美貌。我很希望有幸见见她。'

"约莫有六打粉红色布套的柳条椅靠墙放着。安娜贝拉小姐坐在一张摇椅上,她穿着白棉布衣服和红便鞋,头发上缀着珠子和萤火虫。弗格斯在屋子的另一头,正想摆脱两个咖啡色、一个巧克力色的女郎的纠缠。

"镇长把我领到安娜贝拉面前,做了介绍。她一眼看到我的脸,大吃一惊,手里的扇子掉了下来,摇椅几乎翻了身。我倒是习惯于这种情形的。

"我在她身边坐下,开始谈话。她听到我的声音不禁一怔,眼睛睁得像鳄梨一般大。她简直无法把我的声音和我的面相配合起来。不过我继续不断地用 C 调谈着话,那是对女人用的调子;没多久她便安安静静地坐在椅子上,眼睛里露出一种恍惚的样子。她慢慢地入彀了。她听说过有关贾德森·塔特的事情,听说过他是一个多么伟大的人物,干过许多伟大的事业;那对我是有利的。但是,当她发觉伟大的贾德森并不是人家指点给她看的那个美男子时,自然不免有些震惊。接着,我改说西班牙语,在某种情况下,它比英语好,我把它当做一个有千万根弦的竖琴那样运用自如,从降 G 调一直到 F 高半音。我用我的声音来体现诗歌、艺术、传奇、花朵和月光。我还把我晚上在她窗前念给她的诗背了几句;她的眼睛突然闪出柔和的光亮,我知道她已经辨出了半夜里向她求爱的那个神秘人的声音。

"总之,我把弗格斯·麦克马汉挤垮了。啊,口才是货真价实的艺术——那是不容置疑的。言语漂亮,才是漂亮。这句谚语应当改成这样①。

"我和安娜贝拉小姐在柠檬林子里散了一会儿步,弗格斯正愁眉苦脸地同那个巧克力色的姑娘跳华尔兹。我们回去之前,她同意我第二天半夜到院子里去,在她窗下再谈谈话。

"呃,经过非常顺利。不出两星期,安娜贝拉和我订了婚,弗格斯完了。作为一个漂亮的人,他处之泰然,并且对我说他不准备放弃。

"'口才本身很起作用,贾德森,'他对我说,'尽管我以前从没有想到要培养它。但是凭你的尊容,指望用一些话语来博得女人的欢心,那简直是画饼充饥了。'

"我还没有讲到故事的正文呢。

"一天,我在火热的阳光底下骑马骑了好久,没等到凉爽下来,就在镇边的礁湖里洗了一个冷水澡。

"天黑之后,我去镇长家看安娜贝拉。那时候,我每天傍晚都去看她,我们打算一个月后结婚。她仿佛一只夜莺,一头羚羊,一朵香水月季,她的眼睛又明亮又柔和,活像银河②上撒下来的两夸脱奶油。她看到我那丑陋的相貌时,并没有害怕或厌恶的样子。老实说,我觉得我看到的是无限的柔情蜜意,正像她在广场上望着弗格斯时那样。

"我坐下来,开始讲一些安娜贝拉爱听的话——我说她是一

---

① 英文有"行为漂亮,才是漂亮"一成语。
② "银河"的原文是"牛奶路"(Milky Way)。

个托拉斯,把全世界的美丽都垄断了。我张开嘴巴,发出来的不是往常那种打动心弦的爱慕和奉承的话语,却是像害喉炎的娃娃发出的微弱的嘶嘶声。我说不出一个字,一个音节,一声清晰的声音。我洗澡不小心,着凉倒了嗓子。

"我坐了两个小时,想给安娜贝拉提供一些消遣。她也说了一些话,不过显得虚与委蛇,淡而无味。我想竭力达到的算是话语的声音,只是退潮时分蛤蜊所唱的那种'海洋里的生活'。安娜贝拉的眼睛仿佛也不像平时那样频频地望着我了。我没有办法来诱惑她的耳朵。我们看了一些画,她偶尔弹弹吉他,弹得非常坏。我离去时,她的态度很冷漠——至少可以说是心不在焉。

"这种情况持续了五个晚上。

"第六天,她跟弗格斯·麦克马汉跑了。

"据说他们是乘游艇逃到贝利塞去的,他们离开了已有八小时。我乘了税务署的一条小汽艇赶去。

"我上船之前,先到老曼努埃尔·伊基托,一个印第安混血药剂师的药房里去。我说不出话,只好指指喉咙,发出一种管子漏气似的声音。他打起哈欠来。根据当地的习惯,他要过一小时才理会我。我隔着柜台探过身去,抓住他的喉咙,再指指我自己的喉咙。他又打了一哈欠,把一个盛着黑色药水的小瓶放在我手里。

"'每隔两小时吃一小匙。'他说。

"我扔下一块钱,赶到汽艇上。

"我在安娜贝拉和弗格斯的游艇后面赶到了贝利塞港口,只比他们迟了十三秒。我船上的舢板放下去时,他们的舢板刚向岸边划去。我想吩咐水手们划得快些,可声音还没有发出就在喉头消失了。我记起了老伊基托的药水,连忙掏出瓶子喝了一口。

"两条舢板同时到岸。我笔直地走到安娜贝拉和弗格斯面前。她的眼光在我身上停留了一会儿;接着便掉过头去,充满感情和自信地望着弗格斯。我知道自己说不出话,但是也顾不得了。我的全部希望都寄托在话语上面。在美貌方面,我是不能站在弗格斯身边同他相比的。我的喉咙和会厌软骨纯粹出于自动,要发出我心里想说的话。

"使我大吃一惊、喜出望外的是,我的话语滔滔不绝地说了出来,非常清晰、响亮、圆润,充满了力量和压抑已久的感情。

"'安娜贝拉小姐,'我说,'我可不可以单独同你谈一会儿?'

"你不见得想听那件事的细节了吧?多谢。我原有的口才又回来了。我带她到一株椰子树下,把以前的言语魅力又加在她身上。

"'贾德森,'她说,'你同我说话的时候,我别的都听不见了——都看不到了——世界上任何事情、任何人都不在我眼里了。'

"'嗯,故事到这里差不多完了。安娜贝拉随我乘了汽艇回到奥拉塔马。我再没有听到弗格斯的消息,再也没有见到他。安娜贝拉成了现在的贾德森·塔特夫人。我的故事是不是使你厌烦?'"

"不。"我说,"我一向对心理研究很感兴趣。人的心——尤其是女人的心——真是值得研究的奇妙的东西。"

"不错。"贾德森·塔特说,"人的气管和支气管也是如此。还有喉咙。你有没有研究过气管?"

"从来没有,你的故事使我很感兴趣。我可不可以问候塔特夫人,她目前身体可好,在什么地方?"

"哦,当然。"贾德森·塔特说,"我们住在泽西城伯根路。奥拉塔马的天气对塔特太太并不合适。我想你从来没有解剖过会厌杓状软骨,是吗?"

"没有,"我说,"我不是外科医生。"

"对不起,"贾德森·塔特说,"但是每一个人都应该懂得足够的解剖学和治疗学,以便保护自己的健康。突然着凉可能会引起支气管炎或者肺气泡炎症,从而严重地影响发音器官。"

"也许是这样,"我有点不耐烦地说;"不过这话跟我们刚才谈的毫不相干。说到女人感情的奇特,我——"

"是啊,是啊,"贾德森·塔特插嘴说,"她们的确特别。不过我要告诉你的是:我回到奥拉塔马以后,从老曼努埃尔·伊基托那里打听到了他替我医治失音的药水里有什么成分。我告诉过你,它的效力有多么快。他的药水是用楚楚拉植物做的。嗨,你瞧。"

贾德森·塔特从口袋里掏出一个椭圆形的白色纸盒。

"这是世界第一良药,"他说,"专治咳嗽、感冒、失音或者气管炎症。盒子上印有成分单。每片内含甘草 2 喱,妥鲁香胶 1/10 喱,大茴香油 1/20 量滴,松馏油 1/60 量滴,荜澄茄油树脂 1/60 量滴,楚楚拉浸膏 1/10 量滴。"

"我来纽约,"贾德森·塔特接着说,"是想组织一家公司,经销这种空前伟大的喉症药品。目前我只是小规模地推销。我这里有一盒四打装的喉片,只卖五毛钱。假如你害——"

我站起身,一声不响地走开了。我慢慢逛到旅馆附近的小公园,让贾德森·塔特心安理得地独自待着。我心里很不痛快。他慢慢地向我灌输了一个我可能利用的故事。那里面有一丝生活的气息,还有一些结构,如果处理得当,是可以出笼的。结果它却证明是一颗包着糖衣的商业药丸。最糟的是我不能抛售它。广告部和会计室会看不起我的。并且它根本够不上文学作品的条件。因此,我同别的失意的人们一起坐在公园的椅子上,眼皮逐渐耷拉下来。

我回到自己的房间,照例看了一小时我喜欢的杂志上的故事。

这是为了让我的心思重新回到艺术上去。

我看了一篇故事,就伤心地把杂志一本本地扔在地上。每一位作家毫无例外地都不能安慰我的心灵,只是轻快活泼地写着某种特殊牌子的汽车的故事,仿佛因而抑制了自己的天才的火花塞。

当我扔开最后一本杂志的时候,我打起精神来了。

"如果读者受得了这许多汽车,"我暗忖着,"当然也受得了塔特的奇效楚楚拉气管炎复方含片。"

假如你看到这篇故事发表的话,你明白生意总是生意,如果艺术远远地跑在商业前面,商业是会急起直追的。

为了善始善终起见,我不妨再加一句:楚楚拉这种草药在药房里是买不到的。

艺术与烈马

荒野地方出了一个画家。天才之神不嫌贫爱富,用槲树枝替朗尼·布里斯科编织了一顶王冠。艺术神妙的表现力没有定规,可以来自牛仔的指尖,也可以来自爱好文艺的皇帝,如今选择了圣萨巴的青年艺术家作为媒介。结果是一幅挂在州议会休息室的镶有镀金画框的、高七英尺、宽十二英尺的涂满颜料的油画。

州议会正值会议期间;议员们欢聚一堂,给西部大州的首府带来了活跃有利的季节。爱玩耍的立法委员们替下榻处带来滚滚财源。西部最大的州,土地和资源的帝国,已经崛起,摈弃了古老的诽谤或者野蛮、违法行为和流血事件。秩序在境内占据统治地位。像东部老朽腐败的任何城市一样,那里的生命财产也有安全。枕头饰套、教堂、草莓宴和人身保护令繁荣昌盛。初出茅庐的新手可以毫无顾忌地夸夸其谈,或者发表文化理论。艺术和科学得到扶持和津贴。因此,这个大州的议会有义务拨款买下朗尼·布里斯科那幅不朽的油画。

圣萨巴在传播美术方面很少贡献。它的子弟的过人之处在于军人的风采,扔套索的技术,摆弄四五口径手枪的熟练和勇猛,给夜晚增添热闹、排遣过分的冷清;但是到目前为止,它还没有赢得美学中心的名声。朗尼·布里斯科的画笔抹掉了那个缺憾。干旱山谷的石灰岩石、仙人掌和焦枯的草中间出了一位青年艺术家。他追求艺术的起因无从查考。毫无疑问,圣萨巴的土地虽然荒凉,灵感的胚种仍在他身体里滋长。喜欢恶作剧的造物主一定怂恿他去尝试表现自己,然后坐在山谷的白热的沙地里看好戏。朗尼的画如果当做艺术作品来欣赏,会使评论家大吃一惊。

那幅画——几乎是全景式的鸿篇巨制——描绘了典型的西部景色,画面中心是一个动物形象:在典型的骑马牧童紧逼下的牛群占据了背景偏右的地方,一头同真牛一般大小的公牛离群逃窜,它疯狂地奔跑着,惊恐的眼睛里冒着火。风景的细节都很真实恰当。栎树、牧豆树、刺李分布合理。一簇西班牙剑兰的花朵大如车轮,白如凝脂,增添了画面的变化和美感。远景是起伏的草原,断断续续的小溪纵横交错,形成当地特有的景观,小溪两旁是碧绿的栎树和水榆。近景浅绿色的刺李树底下盘据着一条五彩斑斓的响尾蛇。画面有三分之一是深蓝和湖白色——典型的西部天空和羽毛般轻灵的浮云。

油画摆在靠近众议院门口宽敞门厅的两根白色柱子中间。市民和议员们三三两两,甚至成群结队经过那里观看。许多人——也许是大部分人——有过草原生活的经历,很容易想起熟悉的景色。怀旧的、上了年纪的牧场主由衷地感到高兴,同以前野营和赶路的伙伴们谈过去的时光。本地很少艺术评论家,因此听不到东部爱用的"色彩""透视""意境"之类的内行话。大多数人望着镀金画框连连称赞伟大、伟大——画框之大确实是他们见所未见的。

金尼参议员是那幅画的积极拥护者。他常常走上前,用他那驯马师的嗓音发表见解,他说画家把代表本州财富和繁荣的伟大资源——土地和牲畜,如此高明地转移到不朽的画布上,如果对他的天才不加以恰如其分的认可,将是本州伟大名称的永久污点。

金尼参议员是本州离圣萨巴四百英里的极西地区的代表,但是真正的艺术爱好是不受边界限制的。代表圣萨巴的参议员马伦斯也坚决主张州政府应该购买本州选民的画。据他所知,它的居民之一创作的这幅伟大的油画受到圣萨巴地区的一致赞扬。在运往首府展出之前,成千上万的鉴定家骑马赶了几英里路来观看。马伦斯参议员希望连选连任,他了解圣萨巴选票的重要性,也了解金尼参议员在议会里举足轻重,有了金尼的帮助,事情就好办得多。金尼参议员提出一个有利于他选区的灌溉议案,希望获得通过,圣萨巴地区已经从相似的立法中得益,他知道马伦斯参议员能给他宝贵的意见和帮助。两人的利益不谋而合,州首府对艺术突然产生兴趣,也就不足为怪了。朗尼·布里斯科适逢其会,他的处女作刚问世就得到别的艺术家难得碰到的机遇。

金尼参议员和马伦斯参议员在帝国饭店的咖啡厅里喝酒长谈后,在灌溉和艺术问题上达成了共识。

"唔,我不清楚,"金尼参议员说,"我不是艺术评论家,但是我觉得那东西不怎么样。在我看来,那幅彩色画太差劲了。参议员先生,我不想褒贬你的选民的艺术天才,但是如果不包括画框在内,我本人不会出七十五美分买那幅画。议会讨论预算时,连六百八十一元的擦字橡皮的小项开支都反复斟酌,怎么能指望它接受那种玩意儿?纯粹是浪费时间。马伦斯参议员,我很想帮你忙,可是我们一提出来,参议院会笑掉大牙。"

"你不了解其中原委,"马伦斯参议员用他细长的食指轻敲着金尼的酒杯,郑重其事地说,"这幅画想表现什么,是西班牙斗牛还是日本浮世绘,我自己也一头雾水,但是我希望本届议会通过拨款议案把它买下来。当然,画的主题应反映本州的发展,现在把颜料铲下来重画已经来不及了。州政府花那笔钱,不会白白扔掉的。油画可以搬到木料堆放场去,不至于招谁惹谁。现在先把艺术摆在一边,有一点需要考虑——画画的那个人是卢西恩·布里斯科的孙子。"

"你再说一遍,"金尼凑近说,"是先前那个老卢西恩·布里斯科吗?"

"正是。正是那个在荒野里开拓本州的人。那个把印第安人赶到居留地,肃清了盗马贼,拒绝了官职的人,本州优秀的子弟。现在你该明白了吧?"

"那幅画买定啦,"金尼说,"你绕了那么大的圈子,谈什么艺术,干吗一开头不明说? 如果我不能让州政府买下卢西恩·布里斯科的孙子涂刷的画,我就辞去参议员的席位,回县里去当土地丈量员的助手。你有没有听说过替'独眼'斯马瑟斯的女儿购房的特别拨款? 那个议案像提议休会那样很快就通过了,'独眼'杀的印第安人还不及布里斯科杀的一半多呢。你和那个涂刷匠打算敲掉州财政多少钱?"

"依我看,"马伦斯说,"大概五百元吧——"

"五百元!"金尼打断了他的话,用酒杯敲桌子,叫侍者拿支铅笔来,"卢西恩·布里斯科的孙子运来的一头大活牛只要五百元! 老兄,这不是丢州政府的脸吗? 应该是两千元。由你提出议案,我在参议院发言,把老卢西恩剥下的每一个印第安人的头皮炫耀一番。唔,他还干过一些骄傲的蠢事,可不是吗? 是啊,他拒领他应得的所有报酬和利益。他拒领退役军人优待证。他有条件做州长,但不做。他不领退休金。现在是州政府付清欠账的机会了。它非买下那幅画不可,同时还应该因为让布里斯科家等了这么久而做出惩罚性的补偿。本月中旬,在解决税务法案后,我们把这件事提出来。马伦斯,你尽快把灌溉沟渠的成本和单位面积增产的统计数字告诉我。议会讨论我那个议案时,我需要你帮衬。我认为本届会议和今后的会议中我们可以很好地合作,不是吗,参议员?"

圣萨巴的青年艺术家得到了财富女神的青睐。命运女神安排朗尼充当卢西恩·布里斯科的孙子时,已经完成了她分内的工作。

老布里斯科心胸宽阔纯朴,是占领土地和某些行动的先行者。在对抗自然界的野性力量、土著人和浅薄的政客方面,他都跻身拓荒者和征讨者的前列。他的姓氏同休斯顿、布恩、克罗克特、克拉克和格林一样受到尊敬,值得怀念。他生活简朴,自主自立,不受野心的困扰。即使精明程度不及金尼参议员的人,也能预料州政府会急于补偿和报答他的从榆树地带迟迟出来的孙子。

因此,多日来,众议院门口那幅伟大的油画前常有金尼参议员健壮的身形和嘹亮的嗓音,他现身说法,把卢西恩·布里斯科过去的事迹同他孙子的手工艺品联系起来。马伦斯参议员的形象和声音都比较低调,但目的相同。

提出拨款议案的日子越来越临近,朗尼·布里斯科和一帮由忠诚的牧童组成的议院院外活动集团,骑了马从圣萨巴赶来支持艺术事业,并且为友谊增光,因为朗尼是他们中间的一员,是配备踢马刺和皮套裤的骑士,而且朗尼除了套马索和四五口径手枪外,还善于运用画笔和调色板。

三月的一天下午,院外活动集团嘀嘀叫着,骑马冲进城里。牧童们按照城里的规矩调整了他们在牧场穿的服装。他们脱掉了皮套裤,取下身边的六响手枪和皮带,把它们挂在鞍头。朗尼也在他们中间,朗尼二十三岁,脸色黑里透红,表情严肃,机灵而沉默寡言,胯下的坐骑是密西西比河以西最机敏的矮种马,名叫"辣子玉米肉卷"。马伦斯参议员已经把大好形势告诉了他,他对金尼的能力深信不疑,甚至提到州政府可能支付的价格。朗尼认为名声和金钱已经十拿九稳。脸色黝黑的年轻骑手心中闪出神圣的火花,他把两千元当做今后发展他天才的启动资金。有朝一日,他要创作一幅比现在更大的油画——比如说,高十二英尺、宽二十英尺,更为气势磅礴,生动活泼。

离预定提出议案的日子还有三天,在这段时间里,半人半马的院外活动集团自告奋勇地开展工作。他们不穿外套,靴子上带着踢马刺,用不同寻常的语言表达他们的热情,锲而不舍地在画前徘徊。他们不无狡黠地估计,他们评说油画栩栩如生的言论,肯定会被当做内行的意见。只要附近有人能听到,他们就高声夸奖画家的技巧。啦啦队的领队,莱姆·佩里,有一套一成不变的说法。

"瞧那头两岁的牛,"他朝画面的重点挥动他那肉桂色的手说,"真他妈的,那头畜生简直给画活啦。瞧它离群脱逃的惊恐样子,几乎可以听到擂鼓似的蹄声了。那头公牛真调皮捣蛋。瞧它那对睁大的眼睛和摆动的尾巴。同真的一模一样。它正等着骑马牧童把它赶回牛群去。真他妈的!瞧它的尾巴。公牛的尾巴就是那么摆的,没有比它更像的了。"

尤德·谢尔比承认公牛杰出的同时,对风景也赞美不已,目的是让整幅油画得到应有的称颂。

"那个牧场,"他宣称,"是死马山谷的逼真的写照。一样的草,一样的地形,一样的小溪穿插的小树林子。左面的那些秃鹰在山姆·基尔德雷克的老花马上空盘旋,那匹马是有一天天气太热,饮水过多撑死的。马被小溪旁边的榆树林子遮住了,你看不见,可是肯定在那里。谁想去死马山谷,只要看这幅画就可以了,他可以下马,找个宿营的地点了。"

爱出洋相的"瘦猴"罗杰斯想出了一个小小的余兴节目,使人印象深刻。他走过画幅旁边,在有利时机突然发出一声尖叫,蹦得老高,带踢马刺的靴子后跟重重地落在石板地上。

"耶稣基督!"——他的台词是这样的——"我还以为那条响尾蛇是真的呢。可把我吓了一大跳。我几乎听到了它的嘶嘶声。瞧刺李树下的那条该死的爬虫,保不准有谁会被咬上一口呢。"

朗尼的忠诚的小集团挖空心思搞了这些小动作,金尼哓哓不休地宣扬画的优点,拓荒者布里斯科的不可磨灭的威信给画蒙上光彩,以套牛比赛和兜捕技术出名的圣萨巴地区看来不可能不博得艺术中心的名声。外在因素,而不是艺术家自身的功底,替油画营造了一种氛围,使人们更加刮目相看。布里斯科的具有魔力的姓氏一好遮百丑,掩盖了技术和配色的粗糙。那位追逐印第安人和狼的老战士默默无闻地度过一生,如果知道两代之后自己的幽灵竟然成了艺术保护人,肯定会含笑九泉。

参议院表决马伦斯参议员的拨款两千元买画议案的日子到了。朗尼和圣萨巴院外活动集团一早就占满了参议院的旁听席。他们头发凌乱,身上的皮革和金属物品咯吱作响,在严肃的会堂气氛中显得很不自在。

议案提出后,进入二读,马伦斯参议员冗长乏味地加以详细说明。金尼参议员起来发言,他口若悬河,滔滔不绝。演讲在那时候是一门实用技能;世上的问题不大用几何学和乘法表来衡量,当时吃香的是石破天惊的口才、挥洒自如的姿态、装饰性的直接呼语和动人的结论。

参议员演讲时,旁听席上那帮从圣萨巴来的人呼吸急促,凌乱的头发披到眼睛上,十六英两重的宽檐帽不停地在膝盖上挪来挪去。卓越的参议员们坐在下面,有的一副懒洋洋的样子,说明他们资深;有的正襟危坐,说明他们是本届新任。

金尼参议员讲了一个小时。他的主题是历史——用爱国主义和情感诠释的历史。他漫不经心地提到外面门厅里的那幅油画——他说没有必要详细叙述画的优点——议员先生们自己都看到了。画的作者是卢西恩·布里斯科的孙子。接着,他用浓墨重彩描绘了布里斯科的生平:艰苦的冒险经历,对他出力创建的社会的纯真的爱,对报酬和赞扬的蔑视,极端坚定的独立精神,以及他对本州的伟大贡献。演讲的主题是卢西恩·布里斯科;油画给当做普通的工具,推到了幕后,现在才恰到好处地抬出来,说明州政府可以对它优秀子弟的后人给予迟到的补偿。参议员们不时报以热烈的掌声,证明这种情绪得到了认可。

议案以全票通过。明天将交众议院讨论。由于所做的布置,众议院也会顺利通过,布兰福德、格雷森和普卢默表示支持,已经向他们提供了有关拓荒者布里斯科的充分资料,他们都是一流的演讲家,同意鼎力协助。

圣萨巴的院外活动集团和它所拥护的人磕磕碰碰地下了楼梯,聚在议会院子里,齐声发出胜利的呼喊。可是其中一个——"罗圈腿"萨默斯——沉吟片刻后说出一句关键的话:

"大功告成了,"他说,"我估计他们会买下朗尼的公牛。我对议院的情况了解不多,但是迹象表明基本上已经解决。不过,朗尼,讲话内容主要是赞扬爷爷,没怎么提到画。这让人觉得你沾了布里斯科这个姓的光,老弟。"

朗尼本来隐约有点疑惑,这句话更使他觉得不是滋味。他默不作声,拔起地上的草,沉思地用牙齿咬着。泄气的是参议员的发言根本没有提到油画本身。画家无非也是以孙子的身份给抬出来。有些话固然令人欣慰,但是相形之下,艺术就显得苍白无力了。青年艺术家开始思考。

朗尼落脚的旅馆离议会大楼不远。参议院通过拨款议案时,是将近一点钟的午餐时间。旅馆管理员告诉朗尼,一位有名的纽约画家今天刚到,也住在这里。他要去西部的新墨西哥州,研究阳光照在祖尼族的古城墙上的效果。现代的石头反射阳光,那些古建筑的材料却吸收阳光。那位纽约画家希望在他创作的一幅画里达到同样的效果,特地从两千英里之外赶来。

午餐后,朗尼找到那位画家,介绍了自己的情况。画家身体病弱,全靠天才和对人生的淡泊态度才活到现在。他和朗尼一起去议会大楼,站在朗尼的作品前观看。他揪着自己的胡子,显得很不快乐。

"我想听听你的意见,"朗尼说,"有什么就说什么。"

"我正想一吐为快呢,"画家说,"饭前我吃了三种不同的药,有好几匙。嘴里现在还难受。我讲的是实话。你希望知道这幅画到底怎么样,是吗?"

"不错,"朗尼说,"到底是好是坏。我应该继续作画呢,还是死心塌地去放牛?"

"我吃饭时听人闲谈,"画家说,"州政府打算出两千元买你这幅画。"

"参议院已经通过,"朗尼说,"众议院明天讨论。"

"太走运了,"那个脸色苍白的人说,"你是不是有个替你带来好运的吉祥物?"

"没有,"朗尼说,"不过我有个爷爷。人们似乎把他和画牵扯到一起了。我花了一年工夫画那幅画,是不是不堪入目?有人说公牛的尾巴画得不坏。他们认为有点意思。你说呢?"

画家瞅着朗尼瘦削结实的体形和深栗色的皮肤。他突然觉得一阵难受。

"看在艺术的份上,老弟,"他没好气地说,"别把钱花在颜料上啦。那根本不能算是一幅画。是把枪。你愿意的话,可以用它勒索州政府两千块钱,可是不要再站在画布前面涂抹了。你拿了那笔钱,买两百匹矮种马——我听说马很便宜——尽情地骑吧。你尽量呼吸新鲜空气,吃好,睡好,过好日子。别再画画了。你身体健康,就是福分。别糟蹋了。"他看看表。"三点差二十。三点钟要吃三颗胶囊和一片药。你想知道的就是这件事,对吗?"

三点钟,牧童们骑马来找朗尼,把朗尼的坐骑也带来了。传统习惯还得遵守。为了庆祝议案在参议院通过,那帮人必须在城里策马狂奔,喧闹一番。还必须喝酒,搞它个天翻地覆,欢呼圣萨巴地区的光荣。他们来时已经在沿途的酒店里举行了部分节目。

朗尼骑上"辣子玉米肉卷",那匹训练有素的牲口心领神会地腾跃起来。它感到朗尼的两腿夹住它的两肋时特别高兴。朗尼是它的朋友,它愿意替朗尼卖力。

"来吧,弟兄们。"朗尼膝头一使劲,"辣子玉米肉卷"便窜了出去。受到鼓动的伙伴们嗬嗬叫着,在扬起的尘土中紧紧跟上,直奔议会大楼。那帮人尖叫怪嚷,赞同朗尼骑马闯进议会的明显意图。圣萨巴万岁!

牧童们的马匹冲上六级宽阔的石灰石台阶。咔嗒咔嗒的蹄声在门厅里回响,人们吓得四散躲闪。领头的朗尼把"辣子玉米肉卷"的缰绳一带,朝那幅大画跑去。这时,二楼窗户照进来的柔和阳光正好泻在画布上。门厅里别的地方比较暗,画面衬托得分外突出。尽管艺术有许多不足,但你几乎觉得面前是一片自然景色。那头和真牛一般大小的逃窜的公牛在草地上直奔过来,几乎使你后退一步。也许"辣子玉米肉卷"有同样感觉。它熟悉那种场面。也许它只是顺从骑手的意愿。它竖起耳朵,喷喷鼻子。朗尼在鞍上俯身朝前,像展翅似的抬起两肘。骑手向坐骑发出信号,要全速冲上去。"辣子玉米肉卷"是不是觉得他看到了一头腾跃的红牛,应该把它截住,赶回牛群?朗尼伏在马鞍上,躲开画框顶部的横档,"辣子玉米肉卷"猛踢后蹄,绷紧两肋肌肉,在缰绳的一拉下跳了出去,像迫击炮弹似的在画布上撞出一个大窟窿,撕碎的帆布条凌乱地垂下来。

朗尼勒住马,绕过圆柱。人们纷纷跑来,见到这种混乱的场面吃惊得说不出话。议会大楼的警卫也来了,皱紧眉头,似乎要采取措施,接着咧嘴笑了。不少立法委员出来看看是怎么一回事。朗尼的伙伴们被他疯狂的举动惊得目瞪口呆。

金尼参议员是最早出来的人之一。他还没有开口,朗尼在

"辣子玉米肉卷"背上欠身,用马鞭指着参议员平静地说:

"你今天的发言十分精彩,先生,不过你还是撇下拨款的事别管啦。我不要求州政府给我任何东西。我原以为有幅画可以卖,其实根本不是画。你说了许多有关布里斯科爷爷的话,我作为他的孙子觉得自豪。布里斯科家还不想从州政府那里得到什么礼物。谁要画框就给谁吧。弟兄们,走吧。"

圣萨巴代表团匆匆离开门厅,下了台阶,到了尘土飞扬的街上。

回圣萨巴去的半路上,他们停下来过夜。朗尼悄悄离开篝火堆,走到在拴马桩那里安详地吃草的"辣子玉米肉卷"身边。朗尼抱着马脖子,长叹一声,他对艺术的渴望随着叹息一去不返,可是漏出了一句话。

"'辣子玉米肉卷',惟有你多少看到了一点。它确实像头公牛,不是吗,马儿?"

菲 比

"你是经过大风大浪、见过世面的人,"我对帕特里西奥·马洛尼船长说,"你是否相信好运或厄运的可能因素——如果说有运气这类东西的话——对你事业的帮助或干扰达到如此明显的程度,以致你不得不把结果归诸上面所说的好运或厄运的拨弄?"

我们坐在新奥尔良刚果广场附近鲁塞林的红屋顶的小酒馆里时,我提出了这个语言几乎像法律条文那么沉闷而傲慢的问题。

脸色黧黑、戴白帽子和金戒指的雇佣船长们常常来鲁塞林的酒馆喝威士忌。他们来自五洲四海,不轻易谈他们见过的事物——倒不是因为那些事物比亚拿尼亚[①]式的印刷品更匪夷所思,而是因为它们太不同寻常了。我是个爱闲聊的人,尤其喜欢同雇佣水手们套近乎。马洛尼船长有爱尔兰-伊比利亚血统,闯荡江湖,见多识广。他三十五岁,衣着讲究,由于久经风吹日晒的原因,皮肤黑得不能再黑了,他的表链上挂着一个古代秘鲁的象牙和黄金的辟邪物,不过辟邪物和他讲的故事毫无关联。

"我对你的问题的答复,"船长微笑着说,"是把'厄运'卡尼的故事讲给你听,如果你不介意的话。"

我的反应是敲敲桌子,招呼鲁塞林上酒。

---

① 指谎言。亚拿尼亚是《圣经》里的人物,他和妻子私扣捐献圣灵的钱财,经使徒彼得点破后立刻倒地而死。见《旧约·使徒行传》第5章。

"有一晚,我在乔比杜拉斯街上闲逛,"马洛尼船长开始说,"忽然看见一个小个子匆匆在我对面走来。他踩到地下煤窖的木板盖,跌落下去,不见了踪影。我把他从烟煤堆里拉上来。他使劲掸着身上的煤灰,像低工资的演员背诵吉卜赛骂人的台词似的,机械地发出一连串诅咒。他很想喝点什么,清清嗓子里的煤灰和对我的感激之情,我便和他一起进了街那头的酒馆,喝了一些低劣的苦艾酒和苦味酒。

"我们面对面坐在小桌前,我才看清了弗朗西斯·卡尼的模样。他身高大概只有五英尺七,但是结实得像是一棵歪脖柏树。他的头发深红,嘴巴仿佛只有一条缝,让你捉摸不透刚才一连串话是怎么说出来的。他的眼睛又蓝又亮,充满期待。那种罕见的神情给人双重印象,似乎表明他已经走投无路,而你最好别再挤对他了。

"'我在哥斯达黎加①海岸找金子,刚回来不久,'他解释说,'一条运香蕉船上的二副告诉我,本地人在海滩的沙子里淘出大量黄金,足够买下世上所有的朗姆酒、红印花布和脚踏风琴。我到达的那天,一家名叫琼斯公司的辛迪加从政府方面取得一个特定地点的全部采矿权,我却得了海滩热病,在一间茅草屋里躺了六星期,昏昏沉沉地数着绿色和蓝色的蜥蜴。经人通知,我才知道自己的病好了,因为那些蜥蜴都是真的。后来,我在一条不定期的挪威货轮上充当厨师的下手,货轮出了检疫停船港两英里,锅炉爆炸了。我只好在一条沿海贸易的班轮上打杂,回到上游去,那种班轮遇有想买东西的渔民,即便是一包烟,都会靠岸。我注定要倒霉,今晚掉进了那个煤窖。我现在等着后面要来的倒霉事。会来的,肯定会来的,'那个古怪的卡尼先生说,'我那颗明亮但不十分特

---

① 哥斯达黎加(Costa Rica)在西班牙文中意为"富饶的海岸",盛产香蕉、甘蔗、可可、咖啡、橡胶等热带植物,也有沙金,但并不是遍地黄金。

别的星辰的光束会带来的。'

"卡尼的为人一开始就让我喜欢。他敢作敢为,活泼好动,面对多舛的命运从不退缩,这些品质使他的同胞们成为冒险事业的可贵伙伴。当时我正需要那种人。我有一艘载重五百吨的轮船停泊在果品公司的码头,装了蔗糖、木材和波纹铁皮,准备第二天启航驶往——唔,我们就管那个国家叫做埃斯佩兰多吧——一个港口,那是以前的事了,不过当人们谈起那里动荡不安的政局时,仍提起帕特里西奥·马洛尼的名字。蔗糖和铁皮下面藏了一千支温彻斯特连发枪。埃斯佩兰多最有雄才大略的爱国志士,国防部长堂拉斐尔·巴尔德维亚,在首都阿瓜斯弗里亚斯等我去。你当然听说过那些热带小共和国的微不足道的战争和起义。同列强大国的战争相比,那里的战争无非是小打小闹;但在那些可笑的军装制服、上不了台面的外交活动、毫无意义的反向行军和阴谋之下,也可以找到政治家和爱国志士。堂拉斐尔就是一个。他的伟大理想是给埃斯佩兰多带来和平,正直的繁荣,博得大国的尊重。因此他在阿瓜斯弗里亚斯等我的长枪。有人也许会以为我想招募你。不,我要的人是弗朗西斯·卡尼。我一面喝着低劣的苦艾酒同他长谈,一面闻着我们城里贫穷地区酒馆里特有的、叫人透不过气的大蒜和油布的气味。我谈到克鲁斯总统的暴虐,百姓在他贪婪残酷的压迫下不堪重负,度日如年。卡尼听到这里泪如雨下。接着,我描绘了压迫者一旦被推翻、睿智慷慨的巴尔德维亚上台后,我们所能得到的丰厚回报,使他破涕为笑。卡尼跳起来,用打杂工的手使劲握住我的手。他说他鞍前马后听我调遣,直到暴君的最后一个走狗从科迪耶拉山顶被扔进海里为止。

"我付了酒钱。我们出来时,卡尼的胳膊肘碰翻了一个玻璃柜,把它摔得粉碎。我赔了酒馆老板开的价钱。

"'回我的旅店去过夜吧,'我对卡尼说,'我们明天中午

启航。'

"他同意了,但是走到人行道上,他又像我刚才把他从煤窖里拉出来时那样,念念有词地骂开了。

"'船长,'他说,'在我们走之前,我得如实告诉你,从巴芬湾到火地岛无人不知我是出名的"厄运"卡尼。我确实是这样。我插手什么事,那件事就会像气球似的吹掉。我打赌时必输无疑。只要我乘船,那条船肯定沉没,除非是潜水艇。只要我对什么感兴趣,什么就会粉碎,除非是我自制的炸弹。我犁地时地皮纹丝不动,可是等我拿到什么东西奔跑时会一个跟斗把地上摔出坑来。所以人们管我叫厄运卡尼。我认为应该事先告诉你。'

"'有时候谁都会碰上厄运,'我说,'或者碰上那个名称所带来的东西。如果它老是同你纠缠不清,超出了我们称之为平均数的范围,那肯定就有原因了。'

"'确实有,'卡尼着重说,'我们到了下一个广场,我指点给你看。'

"我挨在他身边,一直走到运河街宽阔的街心。

"卡尼抓住我胳臂,伸出食指指着一颗同地平线大约形成三十度仰角的相当明亮的星。

"'那是土星,'他说,'主管厄运、邪恶、失望、麻烦和一事无成的星。我就是在那颗星辰下出生的。我有什么动作,土星就会突然冒出来,加以阻挠。它是天上不吉利的星辰。据说它直径有七万三千英里,质地不比豌豆汤浓厚,外围的光环和芝加哥的声名狼藉的犯罪团伙一样多①。在那种星辰下出生能好得了吗?'

---

① 土星是太阳系九大行星中的第二个行星,有一个光环和十个卫星,本篇标题"菲比"是土星第十个卫星(土卫10)的名称,也是妇女的名字。英文中 ring 一词可作"光环"和"帮派团伙"解,美国城市芝加哥的犯罪团伙比较猖獗,所以作者用了双关语。

"我问卡尼他那些惊人的知识是哪里来的。

"'是俄亥俄州克利夫兰的大占星学家阿兹拉斯告诉我的,'他说,'我还没有坐定,那人瞅瞅玻璃球就报出了我的名字。我还没有开口,他就说出我出生和死亡的日期。接着,他用占星术替我算命。我一听他的判断,仿佛兜心挨了恒星系给我的一拳。弗朗西斯·卡尼一辈子都交厄运,他的朋友都会受到牵连。我为了那番丧气话付了十元钱。阿兹拉斯觉得很抱歉,但他尊重他的行业,决不说违心的话。那次算命是在夜晚,他带我到阳台上,让我免费看看天空。他指点我哪颗是土星,怎样在不同的阳台和不同的经度找到土星。

"'但土星并不是至高无上的。他只是一个头目。他提供的厄运数量如此之多,因此配备了一批副手,帮他分发。他们整天围着主要供应渠道公转自转,把厄运投向各自特定的区域。

"'你有没有看到土星上方偏右大约八英寸的那颗丑陋的小红星?'卡尼问我,'就是她。就是菲比。我归她管。"根据你出生那天估算,你的一生都受土星影响。根据你出生的小时和分钟估算,你必定在土星的第九颗卫星——菲比——的统治和直接管辖之下。"阿兹拉斯是这么说的。'卡尼恶狠狠地朝天空挥舞拳头,'她干得太卖力了,真该诅咒,'他说,'自从我沾了占星术的边以后,我说过,厄运便像影子似的跟着我。多年来一直这样。船长,我像男子汉应该做的那样,把我的不利条件告诉了你。如果你怕我不吉利的星辰坏了你的大事,可以把我排除在外。'

"我尽可能安慰卡尼。我对他说,目前我们别去想占星术和天文学。他的显而易见的勇气和热情吸引了我。'我们不妨看看多一点勇气和勤奋是否能扭转厄运,'我说,'我们明天启航去埃斯佩兰多。'

"在密西西比河上航行了五十英里后,轮船的舵出了故障。

我们派人找了一条拖船把我们拉回去,耽误了三天时间。当我们到达墨西哥湾碧蓝的水域时,大西洋的暴风雨前的乌云仿佛都集中在我们上空。我们心想,船上装载的蔗糖肯定要在惊涛骇浪中泡汤,枪支和木材多半也要堆放在墨西哥湾海底了。

"面对我们所处的险境,卡尼丝毫不想推卸他不祥星相的责任。每次暴风雨发作时,他都守在甲板上,嘴上叼着烟斗,雨水和海水没有浇灭烟斗,反而像油似的使它燃得更旺。他朝乌云挥舞拳头,他那颗恶毒的星辰在乌云后面眨巴眼睛,只不过人们看不到罢了。一天傍晚,风止雨霁,他没好气地谩骂他那颗邪恶的守护星。

"'你在窥探,是吗,红头发的泼妇?你照章办事,专找小弗朗西斯·卡尼和他朋友们的麻烦,是吗?眨巴眼睛的小魔鬼!你是妇道人家——就因为别人出生在你管辖下,你就让他没完没了地交厄运,是吗?你动手把船弄沉呀,独眼的报丧妖女。菲比!哼!你的名字温柔得像是挤奶姑娘。可是女人不能凭名字判断。我为什么不能有男性的星辰?我想骂男性的话对菲比可说不出口。菲比——你,你真该死!'

"我们一路遇到的都是大风大浪和水龙卷。平常到埃斯佩兰多只要五天时间,可是我们花了八天。我们的那位约拿①以感人的坦诚承担了责任,但是并不能减轻我们一路上吃的苦头。

"一天下午,我们的船终于驶进埃斯康迪多小河平静的河湾。两岸大树参天,植物疯长,把河道挤得几乎都找不到了,我们摸索行进了三英里,拉了一下汽笛,五分钟后,我们听见一声呼喊,卡洛

---

① 约拿是《圣经》里的先知,耶和华吩咐约拿去邪恶的城市尼尼微传道,约拿蓄意逃避,搭乘反向的船,海上风浪大作,水手们抽签,把约拿投入大海平息风浪,约拿被耶和华派去的鲸鱼吞下,在鱼腹过了三天三夜,被吐到岸上,再去尼尼微,警告百姓,百姓悔改前非。事见《旧约·约拿书》。

219

斯——我的勇敢的卡洛斯·金塔纳——欣喜若狂地挥动着帽子,从纠缠的藤蔓中间跌跌撞撞地跑出来。

"一百码外就是他的营地,三百名精选的埃斯佩兰多爱国者在那里等待我们的来到。一个月来,卡洛斯给他们战术训练,向他们灌输革命和自由的精神。

"'船长——我的老哥!'我的小船放下时,卡洛斯喊道,'你应该看看他们的队形训练,纵队运动,四列行军,棒极啦!还有持枪操练——可是,哎呀!只有竹竿代替。枪支,船长——据说你运来了枪支!'

"'一千支温彻斯特连发枪,'我大声回答他,'还有两挺格林机关枪。'

"'老天帮忙!'他把帽子扔到空中嚷道,'这下子我们打遍天下无敌手啦!'

"那时扑通一声,卡尼不知怎的,从轮船侧舷掉进河里。他不会游泳,水手们抛下一条绳索,把他拉回船上。我瞥见他的眼神,由于意识到自己的不走运而显得可怜,但仍刚毅明亮。我暗暗觉得他也许是个晦气的人,但也值得钦佩。

"我吩咐领航员立即把枪支弹药和供应从船上卸到岸上。轮船携带的小船完成这些工作并不困难。可是把两挺格林机关枪驳运上岸,却需要平底船,不过我们事先已有准备,船舱里装了一条平底船。

"水手们卸船时,我和卡洛斯步行到营地,我用西班牙语向士兵们发表了简短的演说,他们很受鼓舞;随后,我在卡洛斯的帐篷里喝了一点酒,抽了一支香烟。接着,我们回河边看看卸船工作进行得怎么样。

"我们到河边时,看见轻武器和供应已经上了岸,下级军官们在指挥小队士兵陆续搬往营地。一挺格林机关枪好端端地放在地上；另一挺正从船舷吊运。我注意到卡尼在甲板上跑来跑去，他一个人仿佛有十个人的雄心壮志，在做五个人的工作。我觉得他看到卡洛斯和我时，热情更加高涨。滑轮上有一条缆绳头松松垮垮地荡在空中。卡尼纵身一跳，抓住了缆绳头。啪的一声，缆绳像烧焦似的嘶嘶冒烟，格林机关枪骤然跌落，砸穿平底船底，陷进二十英尺深的河水和五英尺深的淤泥里。

"我转过身。我听到卡洛斯的狂叫，他似乎痛苦到了极点，无法用语言表达。还听到水手们的喃喃埋怨，领航员托雷斯的咒骂——我不忍看那副惨状。

"天黑时，营地秩序稍稍好转。当时还没有制订严格的军事条令，士兵们一组一组的围着篝火吃饭，玩牌赌钱，唱当地歌曲，或者兴致勃勃地讨论我们向首都进军的结果。

"他们替我在我的副官的帐篷旁边支起一个帐篷，卡尼来找我，他并不气馁，脸上带着笑容，眼睛明亮，看不出有什么晦气的迹象。不如说像是英勇的殉难者，经受了崇高和光荣的磨难，反而容光焕发。

"'船长，'他说，'我想你已经发现"厄运"卡尼仍在船上。那挺机关枪的确实糟糕。只要再挪两英寸就吊出船舷了；所以我去抓缆绳头。谁料到当水手的竟会打活结？即使香蕉船上的西西里傻瓜也不会那样做。别认为我推卸责任，船长。该我晦气。'

"'卡尼，'我板着脸说，'有人自己无能，出了差错，总是怪运气不好。不是说你是那种人。如果你的灾难都可以追溯到那颗小星的话，我们的大学应该开设精神天文学课程了，并且越早越好。'

"'问题不在于星的大小，'卡尼说，'而在于质量。正像女人的情况一样。因此人们用男性名字称呼最大的星辰，用女性名字称呼小星辰——以便平衡他们所起的作用。试想一下，假如我的星辰不叫菲比,而叫阿伽门农,麦克卡蒂,或者那一类的名字,每当他们按下灾难的按钮,通过无线电给我发来厄运时,我想怎么回答都可以。可是对一个叫菲比的星辰却不能用粗野的语言。'

"'你还有心思说笑话,卡尼,'我仍板着脸说,'我想到陷在河底淤泥里的格林机关枪可笑不出来。'

"'至于那件事么,'卡尼立刻严肃起来,'我已经采取了措施。我在采石场干过吊装石块的工作。托雷斯和我已经结好三根缆绳,从船尾拉到岸上的一棵树上。我们再安一个滑轮,明天中午之前就能把机关枪吊上陆地。'

"你没法老是对'厄运'卡尼这种人生气。

"'我再告诉你,'我说,'我们不谈运气问题。你有没有训练新兵的经验?'

"'我在智利军队里当过一年上士教官,'卡尼说,'还当过一年炮兵上尉。'

"'你的部下呢?'我问道。

"'在推翻巴尔马塞达的革命中全打死了,只剩下我一个。'卡尼说。

"那个倒霉家伙的不幸,似乎让我看到了戏剧性的一面。我躺倒在山羊皮吊床上哈哈大笑,树林子里都响起了回声。卡尼咧着嘴说:'我讲的是实话。'

"'明天我派一百个士兵归你指挥操练和队形变化。给你中尉军衔。听着,卡尼,看在上帝分上,如果这算是迷信的话,尽量克服吧。祸福无门,惟人自召。别去想星辰了。要把埃斯佩兰多当成你好运的星球。'

"'谢谢你,船长,'卡尼平静地说,'我尽量避凶趋吉。'

"第二天中午,正如卡尼所保证的那样,掉进河里的格林机关枪打捞了上来。卡洛斯、曼努尔·奥蒂斯和卡尼(我的手下)把温彻斯特连发枪分发给士兵们,开始不停地让他们荷枪操练。不论实弹空弹,我们都不开枪,因为这一带的海岸数埃斯佩兰多最安静;在发出自由和推翻压迫的信号之前,我们不想惊动那个腐败的政府。

"下午,首都阿瓜斯弗里亚斯来了一个骑骡子的人,给我捎来堂拉斐尔·巴尔德维亚的信。

"我一提起那个人的名字,就不由自主地赞扬他的伟大、高尚、纯朴和卓越天才。他见多识广,对各国人民和政府深有研究,他有科学知识,他是诗人、演说家、领袖、军人、国际形势的分析家、埃斯佩兰多人民的偶像。我有幸和他相交多年。是我第一个劝说他创立一个新埃斯佩兰多,一个没有肆无忌惮的暴君统治、法治清明公正、人民繁荣昌盛的国家。他同意后,满腔热忱地投身于这一事业。他的金库向我们这些了解活动机密的人完全开放。他的威望极高,使得克鲁斯总统不得不委任他担任国防部长。

"堂拉斐尔在信中说时机已经成熟。他预言成功是十拿九稳的。人民开始公开反对克鲁斯的倒行逆施。夜里,首都居民甚至成群结队上街,朝公共建筑扔石块,表示他们的不满。植物园里的一尊克鲁斯总统的青铜雕像被人用套索套住脖子拉倒在地。现在只等我带着我的部队和一千支枪开到,只等他站出来宣布自己是人民的救星,一天之内就可以推翻克鲁斯。驻扎在首都的六百名政府士兵士气涣散,不会进行什么抵抗。全国将是我们的天下。他推算我的轮船这时已经抵达金塔纳的营地,建议把进攻日期定在七月十八日。也就是说,我们还有六天时间拔营,进军阿瓜斯弗里亚斯。信尾署名是我的朋友和自由事业的伙伴堂拉斐尔。

"十四日早晨,我们开始沿着与海岸并行的山脉,在六十英里长的小路上向首都进军。我们用骡子驮小型武器和供应。两挺机关枪各配备二十名士兵,在平坦的低洼冲积地顺利行进。我和我的三名副官骑着当地善走的矮种马。

"离开营地一英里后,一条倔强的驮骡脱离了大队,窜进丛林。机警的卡尼一踢马腹,迅速赶上去截它。他在马镫上站起身,腾出一只脚,狠狠地踢了一下那头叛逆的牲口。骡子打了一个趔趄,猛地侧翻倒地。我们上前时,骡子朝卡尼翻着那双几乎带有人性的大眼睛,断了气。真糟糕;但是我们认为更糟糕的是伴随而来的灾难。那头骡子驮的东西中间有一百磅热带地区最好的咖啡。咖啡袋子破了,那些十分贵重的、磨碎的、褐色的浆果撒落在沼泽地浓密的藤蔓和野草中间。坏运气!你剥夺了埃斯佩兰多人的咖啡,就剥夺了他的爱国心和百分之五十的军人气概。士兵们开始收集撒了一地的宝贝;我把卡尼叫到他们听不见我们说话的地方。已经到了忍无可忍的地步。

"我掏出钱包,拿了几张钞票。

"'卡尼先生,'我说,'这里有些堂拉斐尔的资金,我是为他的事业花费的。我知道这样做最有利于他。这是一百元。不论运气好坏,我们在这里分手吧。不管星辰不星辰,灾难仿佛跟着你。你回轮船。船先到阿莫塔帕卸木材和铁皮,然后回新奥尔良。把这张条子交给领航员,他会让你搭乘。'我在笔记本上写了便条撕下,和钱一起递给卡尼。

"'再见了,'我握握他的手说,'并不是我对你有什么意见,只不过这次远征中没有菲比小姐的位置。'我说这话时微微一笑,试图缓和一下他的情绪,'但愿你运气好一些,老弟。'

"卡尼接过钱和便条。

"'我只是轻轻碰了一下,'他说,'只是用靴子尖稍稍一抬——但那有什么差别?——即使我用粉扑掸掸那头该死的骡子的肋骨,它也会死的。只能怪我晦气。好吧,船长,我本来很想参加你们在阿瓜斯弗里亚斯的战斗。祝你们成功,再见啦!'

"他转过身,头也不回地走了。那头不走运的骡子的驮鞍给换到卡尼的马上,我们继续行进。

"我们翻山越岭,涉水渡过冰冷的湍流,悬崖峭壁上风化的岩石随时都会崩落,脚下则是万丈深渊,吊桥摇摇欲坠,在上面大气都不敢出,一失足就成千古奇恨,这样走了四天。

"七月十七日傍晚,我们离阿瓜斯弗里亚斯还有五英里路程,在丘陵地带的一条小河边扎营,准备破晓后再行进。

"午夜时,我站在帐篷外面呼吸清新的冷空气。天空无云,星光灿烂,从黑沉沉的地面望去,苍穹显得无限深远。土星几乎就在天顶;我瞅着它旁边那颗闪出暗红色的不吉利的卫星——卡尼厄运的不祥星辰。接着,我的思想飞到山那边我们即将胜利的场景,英雄高贵的堂拉斐尔在等着我们,一颗新星将在群星璀璨的国家的天空中闪亮登场。

"我听到右面浓密的草丛里有窸窸窣窣的声响。我转过身去,发现卡尼朝我走来。他衣服破烂,被露水打得湿透,丢了帽子和一只靴子,走路一瘸一拐的。他用布条和草裹着那只没有靴子的脚。但是他走近来的姿态表明他了解自己的品质,绝不会遭到拒绝。

"'先生,'我冷冷地盯着他说,'如果说坚持就是胜利,我看你没有理由不在破坏我们的工作中取得成功。'

"'我跟在你们后面,始终保持半天的路程,'卡尼一面说,一面从他那只瘸脚的包布里抠出一颗石子,'这样,我的晦气就不至于连累你们了。我非来不可,船长;我要参加这场战斗。路上十分艰苦,特别是伙食供应方面。低洼地带总能找到香蕉和橙子。高一些的地方就困难了;不过你的士兵们在营地灌木丛里剩下不少羊肉。这是你的一百元。你们快到了,船长。让我参加明天的战斗吧。'

225

"'现在即使给我一万元,我也不愿意我的计划出一个最小的差错,'我说,'无论是由不祥的星辰或者人为的失误造成的。不过五英里外就是阿瓜斯弗里亚斯,道路通畅无阻。我现在倒想同土星和它所有企图破坏我们成功的卫星抗争一下。不管怎么说,今晚我不打算把你这样疲惫不堪的行路人和这样忠诚的军人拒之门外,卡尼中尉。最旺的那堆篝火旁边是曼努尔·奥蒂斯的帐篷。去把他叫醒,让他给你弄点吃的,给你配备毯子和衣服。我们明天破晓启程。'

"卡尼简短然而感激万分地谢了我,走开了。

"他还没有走出十来步,一阵强光突然把周围的山丘照得通明;响起了蒸汽跑冒似的险恶的嘶嘶声。然后是远处打雷似的轰鸣,逐渐来近。接着是一声吓人的爆炸,像地震似的惊天动地;光线越来越强,我不禁用手蒙住眼睛以免致盲。我以为世界末日到了,想不出有什么自然现象可以解释。我给吓懵了。震耳欲聋的爆炸声之后,远处又是一阵打雷似的轰鸣,逐渐去远;士兵们从休息的地方跌跌撞撞跑出来,惊恐地叫喊,四处乱跑。我还听到卡尼嘶哑的声音:'他们肯定要怪在我头上,那是什么鬼东西,连弗朗西斯·卡尼自己都不知道。'

"我睁开眼睛。山丘仍在那里,黑乎乎的安然无恙。如此看来,不是火山爆发或地震。我仰望天空,看见一道彗星似的光芒横过天顶,朝西飞去——火也似的轨迹越来越暗淡狭窄。

"'陨石!'我嚷道,'天上掉下一颗陨石。没有危险。'

"这时卡尼的暴喊声压倒了一切声响。他双手高举过头,踮起脚尖。

"'菲比不见了!'他使足力气喊道,'她炸得粉碎,见鬼去了。你瞧,船长,那个红头发的小倒霉鬼自己炸得粉碎。她发现卡尼不是好对付的,气得七窍生烟,结果自己的锅炉爆炸了。卡尼不再晦

气了。啊,让我们欢呼吧!'

"'矮胖子坐在墙头;
倒下去再也爬不起!'①

"我诧异地抬头观看,找到了土星。但是附近那颗暗红色的、卡尼称之为他的晦气星的小发光体却不见了。半小时前,我还见过;肯定是自然的神秘可怕的一震把它震出了天空。

"我拍拍卡尼的肩膀。

"'小个子,'我说,'这是你的新起点。占星术似乎奈何不了你。人定胜天,你的勇气和忠诚肯定重新安排了你的星相。准保你一帆风顺。现在回你的帐篷去睡觉吧。破晓出发。'

"七月十八日早上九点钟,我和卡尼并骑进入阿瓜斯弗里亚斯。他换了干净的亚麻布衣服,军人的姿态和锐利的眼光活像典型的雇佣军人。我不由得想,当新建的共和国论功行赏时,他作为巴尔德维亚总统的卫队长骑在马上的神气模样。

"卡洛斯带着部队和给养跟在后面。他到了城外,就隐蔽在一个树林子里,等待进军的命令。

"卡尼和我骑马沿着宽街直奔城里另一头堂拉斐尔的住宅。我们路过埃斯佩兰多大学漂亮的白色建筑时,我在一扇打开的窗户里看见贝戈维茨先生的闪亮的眼镜和秃头,他是自然科学教授、堂拉斐尔和我的朋友、我们事业的支持者。他笑容满面,朝我挥手。

"阿瓜斯弗里亚斯并没有骚动的迹象。人们同平时一样悠然自得;不披头巾的妇女在集市上买水果和肉;庭院和酒馆里传出弦乐队演奏的声音。显而易见,堂拉斐尔在等候消息。

---

① "矮胖子"原文 Humpty-Dumpty,是英国童谣中的一个矮胖的人物,原指鸡蛋落地即碎,无法补救。

"他的住宅是座宽大低矮的建筑,庭院很大,种了许多热带观赏树木。门口一个老太婆过来告诉我们说堂拉斐尔还没有起身。

"'快去通报,'我说,'马洛尼船长和一个朋友立刻要见他。他也许睡过了头。'

"她回来时显得很惊慌。

"'我叫了他,'她说,'拉了好多次铃,他没有回答。'

"我知道哪间屋子是他的卧室。卡尼和我把老太婆推在一边,我们自己跑去。我用肩膀撞开房门。

"堂拉斐尔坐在一张摊着地图和书本的大桌子前的扶手椅里,紧闭着眼睛。我摸摸他的手。他已经死了好几个小时。头部耳朵上方有一个重物打击造成的伤口。早已停止流血了。

"我让老太婆找个人来,派他赶快去请贝戈维茨先生。

"贝戈维茨来了,我们愣愣地站着,震惊得目瞪口呆。一个人的脉管流了一点血,竟断送了一个国家的生命。

"戴着一副大眼镜的贝戈维茨先生注意到桌子底下有块黑乎乎的、橘子般大小的石头,他弯腰捡起来,用科学的眼光仔细察看。

"'陨石碎片,'他得出结论说,'昨日午夜后不久在本城上空爆炸的,二十年来没有发生过这么奇怪的事了。'

"教授随即抬头望望天花板。我们发现堂拉斐尔椅子上方有个橘子大小的窟窿,从窟窿里可以看见蓝天。

"我听到一个熟悉的声音,转过身去。只见卡尼扑在地上,怨气冲天地、使人毛骨悚然地咒骂他晦气的星辰。

"菲比无疑是女性。即使她高速飞行,化成一团火永远消失的时候,最后的定论仍是她做的。"

马洛尼船长在讲故事方面不是新手。他知道该在哪里结束。我正回味他精彩的结尾时,他又说下去:

"当然,"他说,"我们的计划就此结束。没有人可以顶替堂拉斐尔的位置。我们那支小小的军队像太阳出来后的露水一样化为乌有。

"我回新奥尔良后,有一天向一个在图兰大学当教授的朋友讲起这个故事。

"我讲完时,他笑着问我是否了解卡尼后来的情况。我说此后没有见过他,不了解;但他和我分手时,表示他的晦气星既然已经消失,他将来肯定大吉大利。

"'毫无疑问,'教授说,'他由于不了解一个事实,反而会感到幸福。如果说他的晦气真来自土星的第九颗卫星,菲比,事实上那位存心不良的女士仍在监管他的前程。他以为是菲比的那颗星辰,只是在轨道上运转时凑巧挨近了土星——他很可能在不同的时候把许多凑巧在土星附近的星辰认作菲比。真正的菲比只有用高倍望远镜才能看到。'

"差不多一年后,"马洛尼船长接着说,"我走在一条穿过博伊德拉斯市场的街道上。一位身材硕大、面色红润、穿黑色缎子衣服的太太皱皱眉头,把我从狭窄的人行道上挤了下去。跟在她后面的是一个个子矮小的男人,捧着大包小包的果蔬物品,几乎把自己的眼睛都挡住了。

"那个男人是卡尼——不过变化很大。我停下来,同他招呼,他用按住一袋大蒜和红辣椒的那只手和我相握。

"'运气怎么样,老伙计?'我问他。我不忍心把有关他星辰的真相告诉他。

"'嗯,'他说,'你可能看出来,我已经结婚了。'

"'弗朗西斯!'那位硕大的太太吼道,'难道你打算在街上站一整天不动窝了吗?'

"'我这就来,这就来,亲爱的菲比。'卡尼说着匆匆赶了上去。"

船长说到这里又停住了。

"说到头,你信不信运气?"我问道。

"你信吗?"船长反问我,他那顶软檐草帽的阴影遮住了模棱两可的微笑。

双料骗子

乱子出在拉雷多。这件事要怪小利亚诺,因为他应该把杀人的对象仅限于墨西哥人。但是小利亚诺已经二十出头了;在里奥格朗德河边境上,年过二十的人只有杀墨西哥人的纪录未免有点儿寒伧。

事情发生在老胡斯托·瓦尔多斯的赌场里。当时有一场扑克牌戏,玩牌的人大多素昧平生。人们打老远的地方骑马来碰碰运气,互不相识也是常有的事。后来却为了一对皇后这样的小事吵了起来;硝烟消散之后,发现小利亚诺闯了祸,他的对手也犯了大错。那个不幸的家伙并不是墨西哥人,而是一个来自牧牛场的出身很好的青年,年纪同小利亚诺相仿,有一批支持他的朋友。他的过错在于开枪时,子弹擦过小利亚诺右耳十六分之一英寸的地方,没打中;这一失误并没有减少那个更高明的枪手的莽撞。

小利亚诺没有随从,也没有许多钦佩他和支持他的人——因为即使在边境上,他的脾气也算是出名的暴躁——他觉得采取那个"走为上策"的审慎行动,同他那无可争辩的倔强性格并不矛盾。

复仇的人迅速集结起来追踪。有三个人在火车站附近赶上了小利亚诺。他转过身,露出他通常在采取蛮横和暴力手段前的不怀好意的狞笑。追他的人甚至没等他伸手拔枪,便退了回去。

当初,小利亚诺并不像平时那样好勇斗狠,存心找人拚命。那纯粹是一场偶然的口角,由于两人玩牌时某些使人按捺不住的粗话引起的。小利亚诺还相当喜欢那个被他枪杀的瘦长、傲慢、褐色脸膛、刚成年的小伙子。目前他不希望再发生什么流血事件。他想避开,找块牧豆草地,在太阳底下用手帕盖住脸,好好睡一大觉。他有这种情绪的时候,即使墨西哥人碰到他也是安全的。

小利亚诺大模大样地搭上北行的客车,五分钟后便出站了。可是列车行驶了不久,到了韦布,接到讯号,临时停下来让一个旅客上车,小利亚诺便放弃了搭车逃跑的办法。前面还有不少电报局;小利亚诺看到电气和蒸气之类的玩意儿就恼火。马鞍和踢马刺才是安全的保证。

小利亚诺并不认识那个被他枪杀的人,不过知道他是伊达尔戈的科拉里托斯牛队的。那个牧场里的人,如果有一个吃了亏,就比肯塔基的冤冤相报的人更残酷,更爱寻仇。因此,小利亚诺以大勇者的大智决定尽可能远离科拉里托斯那帮人的报复。

车站附近有一家店铺;店铺附近的牧豆树和榆树间有几匹顾客的没卸鞍的马。它们大多提起一条腿,耷拉着头,睡迷迷地等着。但是有一匹长腿弯颈的杂毛马却在喷鼻子,踹草皮。小利亚诺跳上马背,两膝一夹,用马主人的鞭子轻轻打着它。

如果说,枪杀那个莽撞的赌牌人的行为,使小利亚诺正直善良的公民身份有所损害,那么盗马一事就足以使他名誉扫地。在里奥格朗德河边境,你夺去一个人的生命有时倒无所谓,可是你夺去他的坐骑,简直就叫他破产,而你自己也并没有什么好处——如果你被逮住的话。不过小利亚诺现在也顾不得这些了。

他骑着这匹鲜蹦活跳的杂毛马,把忧虑和不安都抛到了脑后。他策马跑了五英里后,就像平原人那样款款而行,驰向东北方的纽西斯河床。他很熟悉这个地方——熟悉它那粗犷的荆棘丛林之间最艰苦、最难走的小路,熟悉人们可以在那里得到款待的营地和孤寂的牧场。他一直向东走去；因为他生平还没有见过海洋，很想抚摸一下那匹淘气的小马——墨西哥湾——的鬃毛。

三天之后，他站在科珀斯克里斯蒂①的岸上，眺望着宁静的海洋上的粼粼微波。

纵帆船"逃亡者号"的布恩船长站在小快艇旁边，一个水手守着小艇。帆船刚要启航的时候，他发觉一件生活必需品——口嚼烟草块——给忘了。他派一个水手去采办那遗忘的货物。与此同时，船长在沙滩上来回踱步，一面漫骂，一面嚼着口袋里的存货。

一个穿高跟马靴、瘦长结实的小伙子来到了海边。他脸上孩子气十足，不过夹杂着一种早熟的严厉神情，说明他阅历很深。他的皮肤本来就黑，加上户外生活的风吹日晒，竟成了深褐色。他的头发同印第安人一般又黑又直；他的脸还没有受过剃刀的翻掘；他那双蓝眼睛又冷酷，又坚定。他的左臂有点往外撇，因为警长们见到珍珠贝柄的四五口径手枪就头痛，他只得把手枪插在坎肩的左腋窝里，那未免大了些。他带着中国皇帝那种漠然无动于衷的尊严，眺望着布恩船长身后的海湾。

"打算把海湾买下来吗，老弟？"船长问道。他差点要作一次没有烟草的航行，心里正没好气。

"呀，不，"小利亚诺和善地说，"我没有这个打算。我生平没有见过海。只是看看而已。你也不打算把它出卖吧？"

"这一次没有这个打算。"船长说，"等我回到布埃纳斯蒂埃拉斯之后，我把它给你运去，货到付款。那个傻瓜水手终于把烟草办来了，他跑得那么慢，不然我一小时前就可以启碇了。"

"那条大船是你的吗？"小利亚诺问道。

---

① 科珀斯克里斯蒂：德克萨斯州纽西斯河口上的城市。

"嗯,是的,"船长回答说,"如果你要把一条帆船叫做大船的话,我也不妨吹吹牛。不过说得正确些,船主是米勒和冈萨雷斯,在下只不过是老塞缪尔·凯·布恩,一个没什么了不起的船长。"

"你们去哪儿?"逃亡者问道。

"布埃纳斯蒂埃拉斯,南美海岸——上次我去过那里,不过那个国家叫什么名字我可忘了。船上装的是木材、波纹铁皮和砍刀。"

"那个国家是什么样的?"小利亚诺问道——"是热还是冷?"

"不冷不热,老弟。"船长说,"风景优美,山水秀丽,十足是个失乐园。你一早醒来就听到七条紫尾巴的红鸟在歌唱,微风在奇花异葩中叹息。当地居民从来不干活,他们不用下床,只消伸出手就可以采到一大篮一大篮最好的温室水果。那里没有礼拜天,没有冰,没有要付的房租,没有烦恼,没有用处,什么都没有。对于那些只想躺在床上等运气找上门的人来说,那个国家是再好没有的了。你吃的香蕉、橘子、飓风和菠萝就是从那里来的。"

"那倒正合我心意!"小利亚诺终于很感兴趣地说道,"我搭你的船去那里要多少船费?"

"二十四块钱,"布恩船长说,"包括伙食和船费。二等舱。我船上没有头等舱。"

"我去。"小利亚诺一面说,一面掏出了一个鹿皮袋子。

他去拉雷多的时候,带着三百块钱,准备像以前那样大玩一场。在瓦尔多斯赌场里的决斗,中断了他的欢乐的季节,但是给他留下了将近两百元;如今由于决斗而不得不逃亡时,这笔钱倒帮了他的忙。

"好吧,老弟。"船长说,"你这次像小孩似的逃出来,我希望你妈不要怪我。"他招呼一个水手说;"让桑切斯背你到小艇上去,免得你踩湿靴子。"

美利坚合众国驻布埃纳斯蒂埃拉斯的领事撒克还没有喝醉。当时只有十一点钟;到下午三四点之前,他不会达到飘飘然的境界——到了那种境界,他就会用哭音唱着小曲,用香蕉皮投掷他那尖叫怪嚷的八哥。因此,当他躺在吊床上听到一声轻咳而抬起头来,看到小利亚诺站在领事馆门口时,仍旧能够保持一个大国代表的风度,表示应有的礼貌和客气。"请便请便。"小利亚诺轻松地说,"我只是顺道路过。他们说,开始在镇上逛逛之前,按规矩应当到你的营地来一次。我刚乘了船从得克萨斯来。"

"见到你很高兴,请问贵姓?"领事说。

小利亚诺笑了笑。

"斯普拉格·多尔顿。"他说,"这个姓名我自己听了都觉得好笑。在里奥格朗德河一带,人家都管我叫小利亚诺。"

"我姓撒克。"领事说,"请坐在那张竹椅上。假如你来到这儿是想投资,就需要有人帮你出出主意。这些黑家伙,如果你不了解他们的作风,会把你的金牙齿都骗光。抽雪茄吗?"

"多谢,"小利亚诺说,"我不抽雪茄,不过如果我后裤袋里没有烟草和那个小包,我一分钟也活不下去。"他取出卷烟纸和烟草,卷了一支烟。

"这里的人说西班牙语,"领事说,"你需要一个译员。我有什么地方可以效劳,嗯,我一定很高兴。如果你打算买果树地或者想搞什么租借权,你一定需要一个熟悉内幕的人替你出主意。"

"我说西班牙语,"小利亚诺说,"大概比说英语要好九倍。我原先的那个牧场上人人都说西班牙语。我不打算买什么。"

"你会西班牙语?"撒克若有所思地说。他出神地瞅着小利亚诺。

"你的长相也像西班牙人。"他接着说,"你又是从得克萨斯来的。你的年纪不会超出二十或者二十一。我不知道你有没有胆量。"

"你在打什么主意？"小利亚诺问道，他的精明出人意料。

"你有意思插一手吗？"撒克问。

"我不妨对你讲实话。"小利亚诺说，"我在拉雷多玩了一场小小的枪斗，毙了一个白人。当时没有凑手的墨西哥人。我到你们这个八哥和猴子的牧场上来，只是想闻闻牵牛花和金盏草。现在你明白了吗？"

撒克站起来把门关上。

"让我看看你的手。"他说。

他抓着小利亚诺的左手，把手背端详了好一会儿。

"我办得了。"他兴奋地说，"你的皮肉像木头一般结实，像婴孩儿的一般健康。一星期内就能长好。"

"如果你打算叫我来一场拳头，"小利亚诺说，"那你可别对我存什么希望。换成枪斗，我一定奉陪。我才不喜欢像茶会上的太太们那样赤手空拳地打架。"

"没那么严重。"撒克说，"请过来，好吗？"

他指着窗外一幢两层楼的，有宽回廊的白墙房屋。那幢建筑矗立在海边一个树木葱茏的小山上，在深绿色的热带植物中间显得分外醒目。

"那幢房屋里，"撒克说，"有一位高尚的西班牙老绅士和他的夫人，他们迫不及待地想把你搂在怀里，把钱装满你的口袋。住在那里的是老桑托斯·乌里盖。这个国家里的金矿有一半是他的产业。"

"你没有吃错疯草吧？"小利亚诺说。

"再请坐下来，"撒克说，"我告诉你。十二年前，他们丧失了一个小孩。不，他并没有死——虽然这里有许多人因为喝了淤水，害病死掉了。当时他只有八岁，可是顽皮得出格。大家都知道，有几个勘察金矿的美国人路过这里,同乌里盖先生打了交道,他们非常喜欢这个孩子。他们把许多有关美国的大话灌进了他的脑袋里;他们离开后一个月,这小家伙也失踪了。据人家揣测,他大概是躲在一条水果船的香蕉堆里,偷偷地到了新奥尔良。据说有人在得克萨斯见过他,此后就音讯杳然。老乌里盖花了几千块钱找他。夫人尤其伤心。这小家伙是她的命根子。她目前还穿着丧服。但大家说她从不放弃希望,认为孩子总有一天会回来的。孩子的左手背上刺了一只抓枪的飞鹰。那是老乌里盖家族的纹章,或是他在西班牙继承下来的标记。"

小利亚诺慢慢抬起左手,好奇地瞅着它。

"正是,"撒克说着,伸手去拿藏在办公桌后面的一瓶走私运来的白兰地,"你脑筋不笨。我会刺花。我在山打根①当了一任领事有什么好处?直到今天我才明白。一星期之内我能把那只抓着小尖刀的老鹰刺在你手上,仿佛从小就有刺花似的。我这里备有一套刺花针和墨水,正因为我料到你有一天会来的,多尔顿先生。"

"喔,妈的。"小利亚诺说,"我不是把我的名字早告诉了你吗!"

"好吧,那么就叫你'小利亚诺'。这个名字也不会长了。换成乌里盖少爷怎么样?"

"从我记事的时候起,我从没有扮演过儿子的角色。"小利亚诺说,"假如我有父母的话,我第一次哇哇大叫时,他们就进了鬼门关。你的计划是怎么样的呀?"

撒克往后靠着墙,把酒杯对着亮光瞧瞧。

"现在的问题是,"他说,"你打算在这件小事里干多久。"

———————
① 山打根:马来西亚城市。

"我已经把我来这里的原因告诉你了。"小利亚诺简单地说。

"回答得好。"领事说,"不过你用不着待这么久。我的计划是这样的:等我在你手上刺好商标之后,我就通知老乌里盖。刺花期间,我把我收集到的有关那个家族的情况讲给你听,那你谈吐就不会露出破绽了。你的长相像西班牙人,你能说西班牙语,你了解情况,你又能谈谈得克萨斯州的见闻,你有刺花。当我通知他们说,真正的继承人已经回来,想知道他能不能得到收容和宽恕时,那会发生什么事情?他们一准立刻赶到这里,抱住你的脖子,这场戏也就结束,可以到休息室去吃些茶点,舒散舒散了。"

"我准备好了。"小利亚诺说,"我在你营地里歇脚的时间还不长,老兄,以前也不认识你;但如果你的目的只限于父母的祝福,那我可看错人了。"

"多谢。"领事说,"我好久没有遇到像你这样条理分明的人了。以后的事情很简单。只要他们接纳,哪怕是很短一个时期,事情就妥了。别让他们有机会查看你左肩膀上有没有一块红记。老乌里盖家的一个小保险箱里经常藏着五万到十万块钱,那个保险箱,你用一根铜丝都可以捅开。把钱搞来。我的刺花技术值其中的半数。我们把钱平分,搭一条不定期的轮船到里约热内卢去。如果美国政府由于少了我的服务而混不下去的话,那就让它垮台吧。你觉得怎么样,先生?"

"很合我的口味!"小利亚诺说,"我干。"

"那好。"撒克说,"在我替你刺上老鹰之前,你得躲起来。你可以住这里的后房。我是自己做饭的,我一定在吝啬的政府给我的薪俸所许可的范围之内尽量款待你。"

撒克估计的时间是一星期,但是等他不厌其烦地在小利亚诺手上刺好那个花样,觉得满意时,已经过了两个星期。撒克找了一个小厮,把下面的便条送达他准备暗算的人:

白屋

堂桑托斯·乌里盖先生

亲爱的先生：

请允许我奉告,数日前有一位年轻人从美国来到布埃纳斯蒂埃拉斯,目前暂住舍间。我不想引起可能落空的希望,但是我认为这人可能是您失踪多年的儿子。您最好亲自来看看他。如果他确实是您的儿子,据我看,他很想回自己家,可是因不知道将会得到怎样的接待,不敢贸然前去。

汤普森·撒克谨启

半小时以后——这在布埃纳斯蒂埃拉斯还算是快的——乌里盖先生的古色古香的四轮马车,由一个赤脚的马夫鞭打和吆喝着那几匹肥胖笨拙的马,来到了领事住处的门口。

一个白胡须的高个子下了车,然后搀扶着一个穿黑衣服、蒙黑面纱的太太下来。

两人急煎煎地走进来,撒克以最彬彬有礼的外交式的鞠躬迎接了他们。他桌旁站着一个瘦长的年轻人,眉清目秀,皮肤黧黑,乌黑的头发梳得光光的。

乌里盖夫人飞快地把厚面纱一揭。她已过中年,头发开始花白,但她那丰满漂亮的身段和浅橄榄色的皮肤还保存着巴斯克妇女所特有的妍丽。你一见到她的眼睛,发现它们的暗影和失望的表情中透露出极大的哀伤,你就知道这个女人只是依靠某种记忆才能生活。

她带着痛苦万分的询问神情,向那年轻人瞅了好久。她一双乌黑的大眼睛转到了他的左手。接着,她抽噎了一下,声音虽然不大,但仿佛震动了整幢房屋。她嚷道:"我的儿子!"紧接着便把小利亚诺搂在怀里。

过了一个月,小利亚诺接到撒克捎给他的信,来到领事馆。

他完全成了一位年轻的西班牙绅士。他的衣服都是进口货,珠宝商的狡黠并没有在他身上白费力气。他卷纸烟的时候,一枚大得异乎寻常的钻石戒指在他手上闪闪发光。

"怎么样啦?"撒克问道。

"没怎么样。"小利亚诺平静地说,"今天我第一次吃了蜥蜴肉排。就是那种大四脚蛇。你知道吗?我却认为咸肉煮豆子也配我的胃口。你喜欢吃蜥蜴吗,撒克?"

"不,别的爬虫也不吃。"撒克说。

现在是下午三点钟,再过一小时,他就要达到那种飘飘然的境界了。

"你该履行诺言了,老弟,"他接着说,他那张猪肝色的脸上露出一副狰狞相,"你对我太不公平。你已经当了四星期的宝贝儿子,你喜欢的话,每顿饭都可以用金盘子来盛小牛肉。喂,小利亚诺先生,你说应不应该让我老是过粗茶淡饭的日子?毛病在哪里?难道你这双孝顺儿子的眼睛在白屋里面没有见到任何像是现款的东西?别对我说你没有见到。谁都知道老乌里盖藏钱的地方。并且还是美国货币;别的钱他不要。你究竟怎么啦?这次别说'没有'。"

"哎,当然,"小利亚诺欣赏着他的钻石戒指说,"那里的钱确实很多。至于证券之类的玩意儿我可不懂,但是我可以担保说,在我干爸爸叫做保险箱的铁皮盒子里,我一次就见到过五万元现款。有时候,他把保险箱的钥匙交给我,主要是让我知道他把我当做那个走失多年的真的小弗朗西斯科。"

"哎,那你还等什么呀?"撒克忿忿地问道,"别忘了只要我高兴,我随时随地都可以揭你的老底。如果老乌里盖知道你是骗子,你知道会出什么事?哦,得克萨斯的小利亚诺先生,你才不了解这个国家。这里的法律才叫辣呢。他们会把你绷得像一只被踩扁的蛤蟆,在广场的每一个角上揍你五十棍。棍子都要打断好几根。再把你身上剩下来的皮肉喂鳄鱼。"

"我现在不妨告诉你,伙计,"小利亚诺舒适地坐在帆布椅子里说,"事情就按照目前的样子维持下去。目前很不坏。"

"你这是什么意思?"撒克问道,把酒杯在桌子上碰得格格直响。

"计划吹啦。"小利亚诺说,"以后你同我说话,请称呼我堂弗朗西斯科·乌里盖。我保证答应。我们不去碰乌里盖上校的钱。就你我两人来说,他的小铁皮保险箱同拉雷多第一国民银行的定时保险库一样安全可靠。"

"那你是想出卖我了,是吗?"领事说。

"当然。"小利亚诺快活地说,"出卖你。说得对。现在我把原因告诉你。我到上校家的第一晚,他们领我到一间卧室里。不是在地板上铺一张床垫——而是一间真正的卧室,有床有家具。我入睡前,我那位假母亲走了进来,替我掖好被子。'小宝贝,'她说,'我的走失的小宝贝,天主把你送了回来。我永远赞美他的名。'她说了一些诸如此类的废话。接着落了几点雨,滴在我的鼻子上。这情形我永远忘不了,撒克先生。那以后一直是这样,将来也是这样。我说这番话,别以为我为自己的好处打算。你不要以小人之心度君子之腹。我生平没跟女人多说过话,也没有母亲可谈,但是对于这位太太,我们却不得不继续瞒下去。她已经忍受了一次痛苦;第二次她可受不了。我像是一条卑贱的野狼,送我走上这条路的可能不是上帝,而是魔鬼,但是我要走到头。喂,你以后提起我的名字时,别忘了我是堂弗朗西斯科·乌里盖。"

"我今天就揭发你,你——你这个双料叛徒。"撒克结结巴巴地说。

小利亚诺站起来,并不粗暴地用他有力的手掐住撒克的脖子,慢慢地把他推到一个角落去。接着,他从左腋窝下抽出他那支珍珠贝柄的四五口径手枪,用冰冷的枪口戳着领事的嘴巴。

"我已经告诉过你,我怎么会来到这里的。"他露出以前那种叫人心寒的微笑说,"如果我再离开这里,那将是由于你的缘故。千万别忘记,伙计。喂,我叫什么名字呀?"

"呃——堂弗朗西斯科·乌里盖。"撒克喘着气说。

外面传来车轮声、人的吆喝声和木鞭柄打在肥马背上的响亮的啪啪声。

小利亚诺收起手枪,向门口走去。但他又扭过头,回到哆嗦着的撒克面前,向领事扬起了左手。

"这种情况为什么要维持下去,"他慢慢地说,"还有一个原因。我在拉雷多杀掉的那个人,左手背上也有一个同样的刺花。"

外面,堂桑托斯·乌里盖的古色古香的四轮马车咔嗒咔嗒地驶到门口。马车夫停止了吆喝。乌里盖太太穿着一套缀着许多花边和缎带的漂亮衣服,一双柔和的大眼睛里露出幸福的神情,她向前探着身子。

"你在里面吗,亲爱的儿子?"她用银铃般的西班牙语喊道。

"妈妈,我来啦。"年轻的堂弗朗西斯科·乌里盖回答说。

黑鹰的消失

某一年,得克萨斯州格朗德河沿岸被一个凶恶的强盗搅得鸡犬不宁,前后有几个月之久。这个臭名昭著、令人侧目的歹徒博得了"边境的恐怖——黑鹰"的称号。他和他那帮人无恶不作,留下许多可怕的故事,都有记录在案。突然,在极短的时间里,黑鹰从地面上消失了。连他自己的手下人也琢磨不出他失踪的秘密。边境牧场和居留地的人们担心他会卷土重来,蹂躏那些牧豆树丛生的平原,可是他永远不会回来了。在这个短篇里,读者对黑鹰的遭遇可以有所了解。

故事要从圣路易斯一个酒吧侍者的脚上说起。侍者敏锐的眼光落到了贪婪地取食免费食品的"鸡公"拉格尔斯身上。鸡公是流浪汉。他有一个鸡喙似的长鼻子,不比寻常的吃鸡的胃口,以及不花钱满足那种胃口的习惯,从而在同他一样的流浪汉中间赢得鸡公的绰号。

医生们认为进餐时喝酒不利健康。酒馆里卫生学的主张完全相反。喝酒的客人才有享受免费食品的资格,鸡公忽略了这个规矩。侍者从酒吧后面出来,用榨柠檬汁的钳子夹住那位光吃白食不买酒的、不检点的客人,把他拉到门口,一脚踢到街上。

这一脚使鸡公注意到了冬季临近的迹象。夜里很冷,星光亮得不善,街上的人流推推搡搡,匆匆奔向各自的方向。人们加了大衣,鸡公精确地估计到要从那些扣紧的大衣里面的坎肩口袋哄出几枚硬币越来越困难了。该是他每年一度向南方迁移的时候了。

一个五六岁模样的小男孩馋涎欲滴地站在糖果店橱窗前面。他一只小手拿着一个二英两装的空瓶,另一只手紧紧攥着一枚闪亮的、扁平的、轧出花边的圆东西。眼前的景象是鸡公大展天才和胆量的场所。他先打量一下周围,确定附近没有警察之后,狡猾地上前同他的受害者搭讪。小孩的家人早就教他要特别警惕陌生人无私的友好表示,他最初的反应相当冷淡。

鸡公知道,想要赢得命运青睐,往往必须冒极大的风险,现在他必须孤注一掷。他有五分钱资本,没有投入就没有产出,他必须用这五分钱去博孩子紧攥在胖乎乎的小手里的东西。鸡公知道这是可怕的博彩。只有运用策略才能达到目的,因为他一向不敢用暴力掠夺小孩。有一次,他在公园里饿得红了眼,竟然抢了童车里婴儿的奶瓶。遭到欺侮的婴儿立刻嚎啕大哭,引来了大人,鸡公给判了三十天监禁。因此,正如他自己所说,他"对小孩怀有戒心"。

他开始巧妙地问那孩子喜欢什么糖果,逐渐得到了他想了解的情报。妈妈叫他带个空瓶子去药店打十美分的止痛药水;他要攥紧那一元钱;路上不能同陌生人说话;请药店老板把找回的钱包好,放在他的裤子袋里。他的裤子有口袋——有两个呢!他最喜欢的是巧克力奶油糖。

鸡公走进店里,成了盲目的投机家。他把全部资本投在糖果股上,为后续的更大的冒险铺平道路。

他把糖果给了孩子,满意地看到信任已经建立。他轻而易举地取得了远征队的领导权,拉着孩子的手,到了附近的一家药店。鸡公摆出父亲的样子,递过那一元钱,指明要什么药,孩子吃着糖果,由于免除了买药的责任而很快活。成功的投资者在自己的口袋里摸出一个脱落的大衣纽扣,仔细用纸包好,权充找回的零钱,放进那个充分信任他的小孩的口袋。他和气地拍拍小孩的后背,吩咐他回家——其实鸡公的心肠和鸡毛一般柔软——他自己带着百分之一千七百的投资回报率离开了市场。

两小时后,铁山铁路公司的一个火车头驶出了编组场,牵引着一列空车皮前往得克萨斯。鸡公舒舒服服地躺在一节装牲口的、铺着厚厚一层刨花丝的箱车里,他身边放着一瓶劣质威士忌和一个纸口袋装的面包和奶酪。鸡公拉格尔斯先生乘坐他的专用车厢去南方度冬了。

车轮滚滚,那节车厢向南行进,按照铁路上的规矩有时转轨,有时等候,有时挂靠,鸡公跟定了车厢,只在必须解决饥渴问题时才离开一小会儿。他知道列车肯定开往牧牛地区,他的目的地就是那个地区的中心圣安东尼奥。那里的空气清新温和,那里的人宽容忍耐。那里的酒吧侍者不会踢他。即使他在一家酒馆吃的时间太长或者次数太多,侍者会像背诵似的、并不激烈地骂他。他们慢声慢气,骂人的词汇十分丰富,从不会由于想不出用词而停顿,在此期间,鸡公往往可以狼吞虎咽吃饱肚子。那里的气候四季如春;夜晚广场上有音乐,气氛欢快:除了偶尔几天比较冷之外,假如室内不受欢迎,睡在户外也能凑合。

到了特克萨卡纳后,他乘坐的那节车皮转轨上了国际大北铁路,继续朝南行驶,在奥斯汀缓缓爬过科罗拉多桥,沿着笔直的路线直奔圣安东尼奥。

货运列车到圣安东尼奥时,鸡公睡得正香。十分钟后,列车重新启动,驶往终点拉雷多。空车皮可以让沿线的牧场装运牲口。

鸡公醒来时,他乘坐的车厢停着不动。他从木板缝里看到外面是月光如水的夜晚。他下了车,发现他乘的那节车厢和另外三节被甩在孤寂荒野的小侧线上。轨道一边有一个牛栏和斜坡搭板。铁路横贯辽阔阴暗的海洋似的草原,鸡公和他的动弹不得的车皮,像鲁滨孙和他的失事船只一样,被困在这片海洋似的陆地中间。

轨道附近有一根标志杆。鸡公走过去看杆顶的路牌,上面写的是:离圣安东尼奥九十英里。和南面的拉雷多距离差不多。他同任何一个城市相距都将近一百英里。周围的神秘的海洋传来郊狼的嗥叫声。鸡公感到寂寞。他在波士顿时没有机会上学读书,在芝加哥没有胆量参加团伙,在费城没有安身之处,在纽约没有拉他一把的朋友,在匹兹堡没有清醒的时候,可是从来也没有感到过现在这样的寂寞。

他在一片岑寂中突然听到马嘶。声音是从铁路东面传来的,鸡公提心吊胆地朝那个方向探查。他在席子般的卷曲的牧豆草地上小心翼翼行走,因为他害怕荒野里的任何东西——蛇、鼠、土匪、蜈蚣、海市蜃楼、牛仔、方登戈舞、毒蜘蛛、辣玉米肉卷——这些东西都是他在小报上看到的。他绕过一丛奇形怪状的、长着吓人的圆脑袋的刺李树,马喷鼻子和踢后蹄的声响使他吃了一惊,那匹马自己也吓了一跳,跑出五十来码远,然后继续吃草。鸡公在荒漠里惟一不害怕的东西就是马。他在牧场里长大;他驯养过马,了解马,会骑马。

马逃了一次后似乎相当温顺,鸡公跟在它后面,好声好气地哄着它慢慢靠近,抓住了它拖在草地上的一条二十英尺长的套索的一端。他很快就把绳索巧妙地编成墨西哥式的笼头。随即跳上马背,放松缰绳,让它自己选择方向奔跑。"它会带我去一个地方的。"鸡公暗忖道。

鸡公不喜欢干费劲的活儿,在月光的草原上无拘无束地驰骋本来是乐事,可是他现在没有这种闲情逸致。他觉得头痛,并且越来越渴;这匹得来全不费工夫的坐骑,可能带他去的地方充满了不可知的疑惑。

他发现那匹马奔跑时有一个明确的目的地。它在草原上平坦的地方,笔直朝东。遇到山岗、小溪或者荆棘丛,它会绕道,随即立刻回到它准确的本能指引的路线。最后,它突然在一个缓坡下放慢了步子。前面不远有一个小树林子;林子下有一间墨西哥式的茅屋——抹着泥巴的木排墙,铺着灯芯草的屋顶。有经验的人一看就知道那是一个小牧羊场的场部。在月光下可以看到附近畜栏的地面被羊蹄踩得十分平整。到处都是凌乱的牧场用具——绳索、笼头、马鞍、羊皮、装羊毛的袋子、饲料槽和帆布床。饮水桶放在门口货车旁边。马具杂乱地搭在辕杆上。

鸡公下来,把马拴在一株树上。他招呼了几声,但屋里没有回应。门开着,他谨慎地进了屋,屋里很暗,没有人。他划亮了一根火柴,点燃桌上的油灯。屋子的主人显然是个满足于最低生活条件的单身汉。鸡公聪明地在屋里翻查,找到了他几乎不存奢望的东西——一个褐色的罐子,里面还有将近一夸脱的酒。

半小时后,鸡公步履蹒跚地从屋里出来——现在是一副好斗的公鸡模样。他已经用外出的牧场主的配备替换了自己破烂的服装。他穿着一套棕色的粗帆布衣服,上衣很短,几乎有点时髦。脚上的靴子佩着踢马刺。腰上扣着一条子弹带,两旁的枪套里各插一把六响大左轮。

他还找到了配备坐骑的毯子、马鞍和笼头。他不敢久留,骑上马迅速离开,高声唱着一支跑调的歌子。

巴德·金手下的一帮土匪、亡命徒、盗马贼和盗牛贼在弗里奥河边一个隐蔽的地点宿营。他们在格朗德河一带的劫掠虽然不比往常大胆,但传得比较广泛,以致金尼上尉的游骑兵连奉上级命令进行搜捕。高明的头目巴德·金没有按照手下人的愿望落荒而逃,躲避维护法律的游骑兵的追踪,而是在弗里奥河谷仙人掌丛生的迷宫里暂时隐蔽起来。

这一步棋下得相当谨慎,同巴德·金出了名的勇气并不矛盾,在团伙中间却引起了意见分歧。他的手下人像缩头乌龟似的躲在丛林里窃窃私语,怀疑巴德·金继续当他们的头目是否合适。巴德的精明能干以前从未受到过非议,但是由于一颗新星的出现,他的光芒相形失色。匪帮中间逐渐形成一个看法,认为如果由黑鹰带领,他们可以干得更轰轰烈烈,更有效益。

黑鹰——别名"边境的恐怖"——是三个月前入伙的。

有一晚,他们在圣米格尔水坑旁边宿营时,一个孤身骑手跨着悍马闯了进来。新来的人相貌奇特,骄横恣睢。蓝黑色的虬曲的络腮胡子上突出一个鹰钩鼻子,深凹的眼睛露出凶光。他头上戴着阔边帽,脚蹬佩有踢马刺的靴子,腰际挎着左轮手枪,喝得烂醉,一副大大咧咧满不在乎的样子。布拉沃河流域很少有人胆敢像他这样单枪匹马闯进巴德·金的宿营地。而这只猛禽毫无畏惧地扑下来,要求给他吃食。

草原地区的好客风气一向有名。即使你的敌人路过,你开枪打他之前也必须向他提供食物。你打空转轮里的铅弹前,必须拿出你的全部食品储备。因此,意图不明的陌生人心安理得地坐下来,畅怀吃喝。

陌生人夸夸其谈,讲了许多奇闻轶事和了不起的业绩,他用的语言有时候晦涩难懂,但风趣横生。巴德·金的手下难得同外人打交道,他们觉得这人新鲜,喜欢听他吹牛夸口,听他讲奇异有趣的江湖黑话,他走南闯北,阅历甚广,再大的世面都见过,什么都不在话下。

在客人眼里,那帮土匪无非是些乡巴佬,是他蒙吃蒙喝的对象,正如他在农家后门编些故事,骗顿饭的情况一样。这个西南部的歹徒的无知并不是没有道理的,因为他不做过分的事。他很可能把那些土匪当成聚在一起吃烤鱼或者采集山核桃的安分守己的乡下人,他们举止文雅,走路没精打采,说话细声细气,衣着平常,看上去谁都不像是有重案在身的歹徒。

陌生人在营地受到两天热情款待。接着,大家商量后邀请他入伙。他同意了,提出以"蒙特雷索上尉"的称号参加,但立即遭到否决,大家出于对他永不餍足的惊人的胃口的恭维,主张用"皮吉"①代替。

得克萨斯州榆树丛生的边境地带从此出了一个赫赫有名的强盗。

此后的三个月里,巴德·金照常主持帮内事务,避免同官兵正面冲突,满足于合理的利润。那帮强盗掳走一些牧场的马匹和牛群,安全渡过格朗德河,脱手换成现钱。有时骚扰小村落和墨西哥人的居留地,抢走一些他们需要的粮食和弹药。在这些不流血的袭击中,皮吉凶恶的相貌和可怕的嗓音替他招来了广泛的名声,是帮里别的细声细气和愁眉苦脸的亡命徒一辈子都没能获得的。

善于起名字的墨西哥人首先管他叫做黑鹰,吓唬小孩说那个可怕的强盗要用大嘴叼走哭闹的婴儿。这个名字不胫而走,边境的恐怖——黑鹰,在夸张的报纸消息和牧场闲谈中成了公认的因素。

从努西斯河到格朗德河的一片肥沃的荒野,多半是放牧牛羊的场地。牧场土地无偿使用,居民很少,法律只是一纸空文,直到浮夸炫耀的皮吉给匪帮带来不相称的广告效应之前,盗匪的横行并没有受到什么遏制。现在金尼的游骑兵开始进剿那个地区,巴德·金知道那意味着突发的残酷战争,或者暂时退避。他认为没有必要冒险,便带领手下撤到弗里奥河畔一个难以接近的地点。前面说过,匪帮中间滋长了不满情绪,考虑启动弹劾巴德·金的程

---

① "皮吉":原文 piggy,意为"猪"。

序，主张由黑鹰接替的呼声很高。巴德·金有所察觉，把他的心腹副手"仙人掌"泰勒叫过一边商讨。

"如果弟兄们不满意我，"巴德说，"我可以退出。他们反对我带领他们的方式。特别是我决定在山姆·金尼巡逻期间避一避风头。我是为了他们不被打死或者送去服苦役，他们却不知好歹，说我窝囊。"

"问题还不在那里，""仙人掌"解释说，"弟兄们对皮吉着了迷。他们希望有他那样的络腮胡子和尖鼻子，以便骑马奔跑时冲破风障。"

"皮吉有些地方很奇怪，"巴德沉思地说，"他把自己说得多么了不起，可是我没有见他玩过真的。他嗓门大，确实能嚷嚷，可是没有动过真格。你知道，仙人掌，他来后我们还没有干过大买卖。皮吉吓唬墨西哥小子、抢劫路口商店的时候表现不坏。他吃罐头牡蛎和奶酪的胃口很大，可是打斗的胃口怎么样呢？我见过一些人，你以为他们好勇斗狠，真要上场的时候，他们却打起了退堂鼓。"

"他自吹自擂，"仙人掌说，"说他见过多少大风大浪，多少次著名的行动都有他的份。"

"我知道，"巴德不以为然地说，"我才不信呢！"

他们说这番话时，帮里别的弟兄们——一共八个——聚在篝火边，还没有吃完晚餐。巴德和"仙人掌"看见皮吉一面滔滔不绝地发表意见，一面大口大口吃东西，填补他永远满足不了的胃口。

"赶着牛马跑几千里路有什么意思？"他说，"油水不大。在灌木和荆棘丛中奔波，口干舌燥，整个一家酿酒厂都解不了你的渴，吃饭也没有一定的时间！喂！你们知道如果我当了头头会怎么干吗？我要拦劫火车。要抢快运列车，里面的现款多得会让你们吓一跳。你们这种偷鸡摸狗的把戏让我烦透了。"

过后不久,几个代表来找巴德。他们局促不安,嚼着牧豆树枝,转弯抹角地迟迟没有切入正题,因为他们不愿意伤巴德的感情。巴德直截了当地点破了他们的心思。他们要的是冒更大的险,获得更大的利益。

皮吉抢劫火车的建议激起了他们的兴趣,使他们更佩服他的胆大妄为。他们是些头脑简单、囿于习俗的丛林居民,他们的活动范围限于偷了牛群逃跑和开枪打那些敢于阻拦的人,思路从来没有像皮吉那么开阔。

巴德为人痛快,他同意屈居人下,让黑鹰有机会经受一次领导才能的考验。

经过大量探讨,研究火车时刻表,讨论现场的地形地貌后,决定了实施他们新计划的时间和地点。当时墨西哥饲料作物歉收,美国某些地区牲口减产,边境贸易十分活跃。两国之间的铁路上经常运送大量现款。商讨结果认为,抢劫的最佳地点是拉雷多北面四十来英里的国际大北铁路线上的埃斯皮纳小站。列车在那里停一分钟;附近无人居住,比较荒僻;车站只有一座房屋,也就是站长的住家。

黑鹰一帮人夜间骑马出发。离埃斯皮纳还有几英里时,他们把马匹留在一个小树林子里,让它们白天休息。

列车到埃斯皮纳的时间是晚上十点三十分。他们可以抢了列车,带着战利品越过墨西哥边境,第二天天明时早已走远。

替黑鹰说句公道话,他在委予他的重任面前并没有畏缩的迹象。

他审慎地向弟兄们分别布置了任务,仔细告诉他们应该如何行动。铁路两边的槲树林子里各潜伏四个人。"残缺耳朵"罗杰斯去控制火车站站长。"野马"查利看守马匹,随时待命。巴德·金和黑鹰两人分别蹲守在列车停下时估计火车头所在的地点两边。他们拔枪逼住司机和司炉,要他们从火车头下来,走到后面不准乱说乱动。抢了快运车厢里的钱后立刻逃跑。黑鹰开枪为号,发出信号之前谁都不准行动。计划完美无缺。

列车到达前十分钟,各人都已到位,隐藏在铁路两边的槲树林子里。夜晚黑沉沉的,墨西哥湾飘来的乌云落下牛毛细雨。黑鹰蹲在离铁轨不到五码的树丛后面。腰际皮带上挂着两把六响左轮。他时不时从口袋里掏出一个深色的大瓶子,对着瓶嘴喝一口。

铁道远处出现了一点亮光,那是进站列车的前灯,灯光越来越亮。轰隆隆的声音也越来越响,火车头耀眼的灯光和尖锐的声响朝埋伏的亡命徒扑来,像是一个要把他们绳之以法的复仇的怪物。黑鹰匍匐在地面上。机车没有像估计的那样停在他和巴德·金隐藏的地点,足足前进了四十码才停下。

匪帮头子站起来,打量了树丛周围。他的手下人都悄悄地埋伏着,等待信号。黑鹰对面的东西引起了他的注意。列车不是普通的客运车,而是客货混合车。他面前是一节箱车,车门不知怎的没有关好。黑鹰上前推开车门。一股气味扑鼻而来——一股潮湿、酸腐、发霉、醉人的亲切熟悉的气味,强烈地勾起了幸福日子和流浪的回忆。黑鹰吸吸鼻子,像归来的流浪者闻着童年时期农舍家门前的玫瑰似的闻着那迷人的气味。怀旧之情油然而生。他把手伸进箱车,地板上是刨花丝——干燥、卷曲、柔软、有弹性的诱人的刨花丝。外面的牛毛细雨下得越来越紧,寒气逼人。

列车铃响了。匪帮头子解开腰带,把它连同左轮手枪扔了下去。随后是他的踢马刺和阔边帽。黑鹰脱换羽毛了。列车喀嗒一声开动了。以前的"边境的恐怖"爬进箱车,关好门。他舒服地躺在刨花丝上,紧握那个深色瓶子放在胸前,闭上眼睛,他那可怕的容貌露出傻乎乎的幸福的微笑。鸡公拉格尔斯开始了归途。

那帮亡命徒一动不动地埋伏着等待信号,列车没有受到干扰,驶离了埃斯皮纳。它逐渐加速时,两旁黑黑的槲树丛飕飕退去,快运货车押车员点起烟斗,望着车外,颇有感触地说:

"拦劫列车的极好地点!"

重新做人

　　看守来到监狱制鞋工场,吉米·瓦伦汀正在那里勤勤恳恳地缝着鞋帮。看守把他领到前楼办公室。典狱长把当天早晨州长签署的赦免状给了吉米。吉米接过来时有几分厌烦的神气。他被判四年徒刑,蹲了将近十个月。他原以为最多三个月就能恢复自由。像吉米·瓦伦汀这样在外面有许多朋友的人,进了监狱连头发都不必剃光。

　　"喂,瓦伦汀,"典狱长说,"你明天早晨可以出去啦。振作起来,重新做人。你心眼并不坏。以后别砸保险箱了,老老实实地过日子吧。"

　　"我吗?"吉米诧异地说,"哎,我生平没有砸过一只保险箱。"

　　"哦,没有吗,"典狱长笑了,"当然没有。现在让我们来看看。你怎么会由于斯普林菲尔德的那件案子给送进来的?是不是因为你怕牵连某一个社会地位很高的人,故意不提出当时不在出事现场的证据?还是仅仅因为不仗义的陪审团亏待了你?你们这些自称清白的罪犯总是要找借口的。"

　　"我吗?"吉米还是露出无辜的样子斩钉截铁地说,"哎,典狱长,我生平没有到过斯普林菲尔德!"

　　"带他回去吧,克罗宁,"典狱长微笑着说,"替他准备好出去的衣服。明天早晨七点钟放他出去,让他先到大房间里来。你最好多考虑考虑我的劝告,瓦伦汀。"

第二天早晨七点一刻,吉米已经站在典狱长的大办公室里。他穿着一套极不称身的现成衣服和一双不舒服的吱吱发响的皮鞋,那身打扮是政府释放强行挽留的客人时免费供给的。

办事员给他一张火车票和一张五元的钞票,法律指望他靠这笔钱来重新做人,成为安分守己的好公民。典狱长请他抽了一支雪茄,同他握手告别。瓦伦汀,九七六二号,档案上注明"州长赦免"。詹姆斯·瓦伦汀先生走进外面阳光灿烂的世界。

吉米不去理会鸟儿的歌唱,绿树的婆娑和花草的芬芳,径直朝一家饭馆走去。在那里,他尝到了睽违已久的自由的欢乐,吃了一只烤鸡,喝了一瓶白酒——最后再来一支比典狱长给他的要高出一档的雪茄。他从饭馆出来,悠闲地走向车站。他扔了一枚两毛五分的银币给一个坐在门口、捧着帽子行乞的盲人,然后上了火车。三小时后,火车把他带到州境附近的一个小镇上。他到了迈克·多兰的咖啡馆,同迈克握了手。当时只有迈克一个人在酒吧后面。

"真对不起,吉米老弟,我们没有把这件事早些办妥。"迈克说,"我们要对付斯普林菲尔德提出的反对,州长几乎撒手不干了。你好吗?"

"很好。"吉米说,"我的钥匙在吗?"

他拿了钥匙,上楼打开后房的房门。一切都同他离开时一样。当他们用武力逮捕他时,那位著名的侦探本·普赖斯的衬衫上给扯下了一颗钮扣,如今钮扣还在地板上。

吉米把贴墙的折床放下来,推开墙壁上一块暗板,取出一只蒙着灰尘的手提箱。他打开箱子,喜爱地望着那套东部最好的盗窃工具。那是一套样式俱全、用特种硬钢制造的最新式的工具,有钻头、冲孔器、摇钻、螺丝钻、钢撬、钳子和两三件吉米自己设计,并引以自豪的新玩意儿。这是他花了九百多元在一个专门打制这类东西的地方定做的。

255

过了半小时,吉米下楼来,穿过咖啡馆。他已经换了一套雅致称身的衣服,手里提着那只抹拭干净的箱子。

"有苗头吗?"迈克·多兰亲切地问道。

"我吗?"吉米用困惑的声调说,"我不明白。我现在是纽约饼干麦片联合公司的推销员。"

这句话叫迈克听了非常高兴,以至吉米不得不留下来喝一杯牛奶苏打。他从不碰烈性饮料。

在瓦伦汀——九七六二号释放了一星期之后,印第安纳州里士满发生了一件保险箱盗窃案,案子做得干净利落,毫无线索可循。一共失窃了为数不多的八百元。两星期后,洛根斯波特有一只新式防盗保险箱给轻而易举地打开了,失窃一千五百元现款;证券和银器没有损失。警局开始注意了。接着,杰斐逊城一只老式银行保险箱出了毛病,损失了五千元现款。如今失窃的数字相当高了,本·普赖斯不得不插手干预。经过比较,他发现盗窃的方法惊人地相似。本·普赖斯调查了失窃现场,宣布说:

"那是'花花公子'吉米·瓦伦汀的手法。他又恢复营业了。瞧那个暗码盘——像潮湿天气拔萝卜那般轻易地拔了出来。只有他的钳子才干得了。再瞧这些发条给钻得多么利落!吉米一向只消钻一个洞就行了。哎,我想我得逮住瓦伦汀先生。下次可不能有什么减刑或者赦免的蠢事,他得蹲满刑期才行。"

本·普赖斯了解吉米的习惯。他经手处理斯普林菲尔德那件案子时就摸熟了吉米的脾气。跑得远,脱身快,不找搭档,喜欢交上流社会的朋友——这些情况替瓦伦汀赢得了难得失风的名声。本·普赖斯已在追踪这个难抓到的开保险箱好手的消息透露了出去,有防盗保险箱的人比较安心一些了。

一天下午,吉米·瓦伦汀带着他的手提箱搭了邮车来到艾尔摩尔。艾尔摩尔是阿肯色州黑檞地带的一个小镇,离铁路线有五英里。吉米活像是一个从学校回家来的结实年轻的大学四年级学生,他在宽阔的人行道上向旅馆走去。

一位年轻姑娘穿过街道,在拐角那里打他身边经过,走进一扇挂着"艾尔摩尔银行"招牌的门。吉米·瓦伦汀直勾勾地瞅着她,忘了自己是谁,仿佛成了另一个人。她垂下眼睛,脸上泛起一阵红晕。有吉米这种气宇和外表的年轻人在艾尔摩尔是不多见的。

银行门口台阶上有个男孩,仿佛是股东老板似的在闲荡,吉米便缠住他,开始打听这个小镇的情况,不时给他几枚银币。没多久,那位姑娘出来了,装着根本没有见到这个提箱子的年轻人,大模大样地自顾自走路。

"那位年轻姑娘是不是波利·辛普森小姐?"吉米装得老实,其实很狡黠地问道。

"不。"小孩说,"她是安娜贝尔·亚当斯。这家银行就是她爸爸开的。你到艾尔摩尔来干吗?那表链是不是金的?我就要有一条叭喇狗了。还有银角子吗?"

吉米到了农场主旅馆,用拉尔夫·迪·斯潘塞的姓名登了记,租了一个房间。他靠在柜台上,把自己的来意告诉了那个旅馆职员。他说他来艾尔摩尔是想找个地方做些买卖。这个小镇的鞋子行业怎么样?他想到了鞋子行业。有没有机会?

旅馆职员被吉米的衣着和风度打动了。他本人也可以算是艾尔摩尔那些还不够格的时髦青年之一,但是现在看到了自己的差距。他一面揣摩吉米的领结是怎么打的,一面恳切地提供了情况。

是啊,鞋子行业应该有很好的机会。当地没有专门的鞋店。绸缎和百货商店兼做鞋子生意。各行各业的买卖都相当好。希望斯潘塞先生能打定主意在艾尔摩尔安顿下来。他将发现住在这个小镇上是很愉快的,居民都很好客。

斯潘塞先生认为不妨在镇上逗留几天,看看情形再说。不,不必叫小厮了。他自己把手提箱带上去；箱子相当沉。

一阵突如其来、脱胎换骨的爱情之火把吉米·瓦伦汀烧成了灰烬，从灰烬中重生的凤凰拉尔夫·斯潘塞先生在艾尔摩尔安顿下来，一帆风顺。他开了一家鞋店，买卖很兴隆。

在社交上，他也获得了成功，交了许多朋友。他的愿望也达到了。他结识了安娜贝尔·亚当斯小姐，越来越为她的魅力所倾倒。

一年后，拉尔夫·斯潘塞先生的情况是这样的：他赢得了当地人士的尊敬，他的鞋店很发达，他和安娜贝尔已经决定在两星期后结婚。亚当斯先生是个典型的、勤恳的乡间银行家，他很器重斯潘塞。安娜贝尔非但爱他，并且为他骄傲。他在亚当斯家和安娜贝尔的已经出嫁的姊姊家里都很受欢迎，仿佛他已是他们家的成员了。

一天，吉米坐在他的房间里写了如下的一封信，寄往他在圣路易斯的一个老朋友的可靠的地址：

亲爱的老朋友：

我希望你在下星期三晚上九点钟到小石城沙利文那里去。我想请你帮我料理一些小事。同时我想把我那套工具送给你。我知道你一定乐于接受的——复制一套的话，花一千元都不够。喂，比利，我已经不干那一行啦——一年前歇手的。我开了一家很好的店铺。如今我老老实实地过活，两星期后，我将同世界上最好的姑娘结婚。这才是生活，比利——正直的生活。现在即使给我一百万，我也不会去碰人家的一块钱了。结婚后，我打算把铺子盘掉，到西部去，那里被翻旧账的危险比较少。我告诉你，比利，她简直是个天使。她相信我；我怎么也不会再干不光明的事了。千万到沙利文那里去，我非见你不可。工具我随身带去。

你的老朋友，

吉米

吉米发出这封信之后的星期一晚上,本·普赖斯乘了一辆租来的马车悄悄到了艾尔摩尔。他不声不响地在镇上闲逛,终于打听到他要知道的事情。他在斯潘塞鞋店对面的药房里看清了拉尔夫·迪·斯潘塞。

"你快同银行老板的女儿结婚了吗,吉米?"本轻轻地自言自语说,"嘿,我还不知道呢!"

第二天早晨,吉米在亚当斯家里吃早饭。他那天要到小石城去订购结婚礼服,再替安娜贝尔买些好东西。那是他到艾尔摩尔后的第一次出门。自从他干了那些专业"工作"以来,已经过去一年多了,他认为出门一次不会有什么问题。

早饭后,家里的人浩浩荡荡地一起到商业区去——亚当斯先生、安娜贝尔、吉米、安娜贝尔已出嫁的姊姊和她的两个女儿,一个五岁,一个九岁。他们路过吉米仍旧寄住的旅馆,吉米上楼到他的房间里去拿手提箱。之后他们便去银行。吉米的马车停在那里,等一会儿由多尔夫·吉布森赶车送他去火车站。

大伙走进银行营业室的雕花橡木的高栅栏里——吉米也进去了,因为亚当斯未来的女婿是到处都受欢迎的。职员们都乐于接近那位将同安娜贝尔小姐结婚的、漂亮可亲的年轻人。吉米放下手提箱。安娜贝尔充满了幸福感和青春活泼,她戴上吉米的帽子,拎起手提箱。"我像不像一个旅行推销员?"安娜贝尔说,"哎呀!拉尔夫,多么沉呀!里面好像装满了金砖。"

"装着许多包镍的鞋楦,"吉米淡淡地说,"我准备还给别人。我自己带着,可以省掉行李费。我近来太节俭了。"

艾尔摩尔银行最近安装了一个保险库。亚当斯先生非常得意,坚持要大家见识见识。保险库不大,但是有一扇新式的门。门上装有一个定时锁和三道用一个把手同时开关的钢闩。亚当斯先生得意扬扬地把它的构造解释给斯潘塞先生听,斯潘塞彬彬有礼地听着,但好像不很感兴趣。那两个小女孩,梅和阿加莎,见了闪闪发亮的金属以及古怪的时钟装置和把手,非常高兴。

这时候,本·普赖斯逛了进来,胳臂肘支在柜台上,有意无意地向栅栏里望去。他对出纳员说他不要什么;只是等一个熟人。

突然间,女人当中发出了一两声尖叫,乱成一团。在大人们没有注意的时候,九岁的梅好奇地把阿加莎关进保险库,学着亚当斯先生的样子,关上了钢闩,扭动了暗码盘。

老银行家跳上前去,扳动着把手。"门打不开了。"他呻唤着说,"定时锁没有上,暗码也没有对准。"

阿加莎的母亲又歇斯底里地尖叫起来。

"嘘!"亚当斯先生举起发抖的手说,"大伙都静一会儿。阿加莎!"他尽量大声地嚷道。"听我说。"静下来的时候,他们隐隐约约可以听到那孩子关在漆黑的保险库里吓得狂叫的声音。

"我的小宝贝!"她母亲哀叫道,"她会吓死的!开门!哦,把它打开!你们这些男人不能想些办法吗?"

"小石城才有人能打开这扇门。"亚当斯先生声音颤抖地说,"老天!斯潘塞,我们该怎么办?那孩子——她在里面待不了多久。里面空气不够,何况她要吓坏的。"

阿加莎的母亲发疯似的用手捶打着保险库的门。有人甚至提议用炸药。安娜贝尔转向吉米,她那双大眼睛里充满了焦急,但并没有绝望的神色。对一个女人来说,她所崇拜的男人仿佛是无所不能的。

"你能想些办法吗,拉尔夫——试试看,好吗?"

他瞅着她,嘴唇上和急切的眼睛里露出一抹古怪的柔和的笑容。

"安娜贝尔,"他说,"把你戴的那朵玫瑰给我,好不好?"

她以为自己听错了他的话,但还是从胸襟上取下那朵玫瑰,交到他手里。吉米把它塞进坎肩口袋,脱去上衣,卷起衬衫袖子。这一来,拉尔夫·迪·斯潘塞消失了,代替他的是吉米·瓦伦汀。

"大家从门口闪开。"他简单地命令说。

他把手提箱往桌子上一放,打了开来。从那一刻开始,他就仿佛没有意识到周围的人了。他敏捷而井井有条地把那些闪亮古怪的工具摆出来,一面照他平时干活的脾气轻轻地吹着口哨。周围的人屏声静息,一动不动地看着他,似乎都着了魔。

不出一分钟,吉米的小钢钻已经顺利地钻进了钢门。十分钟后——这打破了他自己的盗窃记录——他打开钢闩,拉开了门。

阿加莎几乎吓瘫了,但没有任何损伤,给搂在她妈妈怀里。

吉米·瓦伦汀穿好上衣,到栅栏外面,向前门走去。半路上他模模糊糊听到一个耳熟的声音喊了一声"拉尔夫!"但他没有停下脚步。

门口有一个高大的人几乎挡住了他的去路。

"喂,本!"吉米说道,脸上还带着那种古怪的笑容,"你终于来了,是吗?好吧,我们走。我想现在也无所谓了。"

本·普赖斯的举动有些古怪。

"你认错了人吧,斯潘塞先生。"他说,"别以为我认识你。你的马车在等着你呢,不是吗?"

本·普赖斯转过身,朝街上走去。

要线索，找女人

《毕卡戎报》的记者罗宾斯和有百年历史的法文《蜜蜂报》的记者迪马斯是好朋友，一起经历过多年荣辱盛衰的考验。两人现在坐在迪曼纳街蒂博夫人的小咖啡馆里，法国移民后裔喜欢光顾这里，罗宾斯和迪马斯也养成了在这里碰头的习惯。如果你来过这里，每当你回忆起这里的情景时就会有一种温馨的感觉。小咖啡馆里光线幽暗，有六张光洁的桌子，你在这里可以喝到新奥尔良最好的咖啡和调制得不比萨塞拉克逊色的苦艾酒。胖胖的蒂博夫人性情随和，坐在收款台后收钱。她的两个外甥女，尼科莱特和梅美，系着小巧的围裙替你端来你要的饮料。

迪马斯带着真正的法国移民后裔爱好享受的习惯，在缭绕的香烟雾中半闭着眼，慢慢品味苦艾酒。罗宾斯在浏览早上的《画刊》，出于年轻记者的职业习惯，喜欢寻找排版的差错和编辑删改的痕迹。广告栏里的这一则消息引起了他的注意，他突然呼喊起来，高声念给他的朋友听。

    公开拍卖——今日下午三时，撒玛利亚小姐妹会的全部共同财产将售与出价最高的竞拍者，地点在博诺姆街该会会址。出售物品包括房屋、地皮、房屋里和小教堂里的全部陈设。

这则公告使两个朋友想起两年前他们记者生涯中的一个事

件。他们重温往事,回忆当时的种种猜测,然后根据事过境迁的见解加以探讨。

咖啡馆里没有别的顾客。夫人敏锐的耳朵听到了他们谈的事情,她走到他们的桌子旁边——因为整个事情的起因不正是她丢失的钱——她的化为乌有的两万元吗?

他们三人抖掉陈谷烂芝麻,拣起尘封已久的疑案。罗宾斯和迪马斯当初急切而徒劳无功地寻找新闻线索时,就站在撒玛利亚小姐妹会的小教堂里,瞅着圣母的镏金塑像。

"就是那么回事,两位老弟,"夫人总结说,"就是那个可恶的莫林先生搞的鬼。谁都知道是他盗用了我托付给他的那笔钱。是啊。他肯定把那笔钱花到什么地方去了。"夫人会意地朝迪马斯一笑说。"迪马斯先生,当时你向我详细了解莫林先生的情况时,我明白你的意思。啊!是啊,我知道男人的钱花得不明不白时,你们总是说'要线索,找女人'——总是有女人牵涉在里面。莫林先生却不是这种人。不,两位老弟。他生前简直像是圣徒。迪马斯先生,如果你要找同那笔钱有牵连的女人,恐怕只有找莫林先生捐赠给小姐妹会的圣母像了。"

罗宾斯听了蒂博夫人最后一句话微微一震,瞥了迪马斯一眼。迪马斯毫无反应,仍旧睡迷迷地瞅着他吐出的香烟烟圈。

上午九点到了,几分钟后,两个朋友分手,各干各的事去了。蒂博夫人的不知去向的几万元的经过是这样的:

新奥尔良忘不了加斯帕尔·莫林先生之死带来的一连串事情。莫林先生是法裔区的工艺金匠和珠宝商,极受尊敬。他的祖先是最古老的法国家族之一,他本人在古物收藏和历史学方面颇有声望。他去世时五十来岁,单身一人居住在皇家街一家古老的清静舒适的旅馆。一天早晨,人们发现他死在自己的房间里,死因不明。

人们清理他的事务时,发现他几乎资不抵债,他的货品存量和个人财产勉强可以偿还债务而不至于受到谴责。接着,又发现有一位蒂博夫人曾把她法国亲戚遗赠的两万元托付给莫林先生,蒂博夫人在莫林家当过管家。

朋友们和司法当局进行了彻底调查,但查不出那笔钱的下落。它无影无踪,毫无线索可找。莫林先生曾对蒂博夫人说过,要替她找一个安全的投资方式,把钱暂时存在银行里,他去世前几星期,从银行提了出来,全部是金币。于是,莫林先生身后的名声似乎不可避免地要蒙上不诚实的乌云,蒂博夫人当然十分伤心。

那时候,罗宾斯和迪马斯代表他们各自的报馆开始孜孜不倦地进行私下调查,近年来,新闻界常常采用这种方式满足公众的好奇心理,同时为自己获得荣誉。

"找女人。"迪马斯说。

"太对了!"罗宾斯表示同意,"条条道路都通向永恒的女性。我们要找到那个女人。"

他们向莫林先生下榻的旅馆的工作人员,上至老板,下至侍者,了解他的情况。他们有礼貌然而不屈不挠地盘问死者的亲属,直至第三代的堂表兄弟;巧妙地询问已故珠宝商的雇员,缠住他的主顾,让他们介绍他的生活习惯。他们像警犬似的尽可能追踪那个有亏空嫌疑的莫林先生几年里走过的有限而单调的道路。

他们进行了大量调查研究之后,发觉莫林先生是个毫无缺点的人。没有任何对他不利的可能构成犯罪动机的弱点,他循规蹈矩,从未偏离过正道,甚至丝毫没有喜欢女色的迹象。他的生活像修士那么严肃克制;他的习惯简朴,没有不可告人之处。凡是认识他的人都说他乐善好施,堪称道德楷模。

"现在该怎么办?"罗宾斯摆弄着空白的笔记本问道。

"找女人，"迪马斯点燃一支香烟说，"到贝莱尔斯夫人那儿去试试。"

这匹母马是本季度赛马场上的热门。作为女性，她的表现反复无常，有几个赌徒认为她可以信任，结果输惨了。两位记者便在这方面打听消息。

莫林先生吗？绝对不会。他连赛马都从未看过，别说赌钱了。他不是那种人。两位问这种话未免离奇。

"我们放弃算了，"罗宾斯说，"让字谜组去试试怎么样？"

"找女人，"迪马斯哼哼说，"到那个叫什么来着的小姐妹会去试试。"

他们调查期间发现莫林先生对那个慈善性质的教会特别照顾。他慷慨解囊，并且选择小姐妹会的小教堂作为他个人的礼拜场所。据说他每天去那里祷告。他死前一个时期心思几乎全部放在宗教事务上，他的世俗事务甚至都受到损害。

罗宾斯和迪马斯去博诺姆街小姐妹会的会址，进了没有窗户的临街石墙的窄门。一个老太婆在小教堂扫地。她说会长费利西泰嬷嬷在凹室祭坛祷告，过一会儿就出来。黑色的厚帷幕遮住了凹室。他们便在外面等候。

过一会儿，帷幕一动，费利西泰嬷嬷出来了。她长得又高又瘦，一副悲天悯人的样子，身穿姐妹会的黑色长袍和罩帽。

罗宾斯开始自我介绍，他是个有冲劲的好记者，但说话不够婉转。

他们代表新闻界。嬷嬷对莫林的事情大概已经有所耳闻。为了正确对待那位先生身后的名声，有必要探查那笔失踪款项的下落。据说他常来这个小教堂。有关莫林先生的任何情况，例如习惯、爱好、交往的朋友等等，对他身后的评价都有价值。

费利西泰嬷嬷已经听说了。她知道的一切都乐意奉告，但是情况不多。莫林先生是姐妹会的好朋友,有时候一次就捐助一百元。姐妹会是独立的组织,慈善事业的资金完全来自私人捐助。小教堂的银烛台和祭台台布就是莫林先生捐赠的。他每天来小教堂祷告,有时候待上一个小时。他是虔诚的天主教徒。是啊,凹室里还有一尊圣母像是莫林先生本人浇铸制造,送给教会的。哦,怀疑他这样的一个好人未免太残酷了。

罗宾斯对于这种毁谤也感到十分痛心。但是在弄清楚莫林先生究竟如何处理蒂博夫人的钱之前,恐怕很难平息人们红口白牙的议论。有时候——事实上常有这种情况——这类事情里常常——呃——正如俗话所说——呃——牵涉到一个女人。我们保证严守秘密——也许——嬷嬷可以告诉我们他是不是——

费利西泰嬷嬷的大眼睛庄重地盯着罗宾斯。

"有一个女人,"她缓慢说,"确实使他拜倒——使他献出他的心。"

罗宾斯喜出望外地赶快拿出铅笔。

"瞧那个女人!"费利西泰嬷嬷突然深沉地说。

她伸出手臂,拉开凹室的帷幕。里面有一个神龛,在彩色玻璃窗照进来的光线下蕴蕴含光。石墙的壁龛里是一尊纯金色的圣母马利亚的塑像。

迪马斯是传统的天主教徒,被这戏剧性的场面镇住了。他低下头,在自己胸前画了个十字。罗宾斯有点羞愧,喃喃道歉,尴尬地退后。费利西泰嬷嬷拉好帷幕,两个记者走了出来。

到了博诺姆街狭窄的石板人行道上,罗宾斯转向迪马斯,带着不该有的讥刺口气问道:

"好吧,下一步怎么办?还要找女人吗?"

"苦艾酒。"迪马斯说。

失踪款项的故事讲到这里,有人也许会推测,费利西泰嬷嬷的那句话似乎使罗宾斯突然产生了一个念头。

那个狂热的信徒会不会把他的钱财——或者不如说蒂博夫人的钱财——全部捐献出来,作为他的无限虔诚的物质象征?出于崇拜,有人干过比这更古怪的事情。那失踪的几万元会不会给铸成了那尊金光灿灿的塑像?那个金匠会不会忽发奇想,用纯金铸成塑像,放在祭台上讨好圣徒,为他身后的永生铺平道路?

那天下午三点缺五分时,罗宾斯到了撒玛利亚小姐妹会的小教堂。光线幽暗的教堂里,约莫有一百个参加拍卖的人。大多数是宗教团体的成员、神甫和教士,专门来买教堂器具,以免它们落到俗人手里。另一些是想购买房地产的商人和代理人。一个教士模样的老兄自告奋勇上台掌槌,说话用词不像正规的拍卖师,但添了一点庄重的气氛。

卖掉几件小物品后,两个助手抬出圣母像。

罗宾斯开价十元。一个穿教士袍的壮实的人出十五元。人群中另一人抬到二十元。三人轮流报价,每次加五元,最后喊到了五十元。那个壮实的人退出了,罗宾斯突发奇兵,报出了一百元。

"一百五十。"另一个声音说。

"二百。"罗宾斯大胆出价。

"二百五十。"同他竞拍的人不甘示弱。

记者犹豫了一下,估算能从报馆的同事借到多少钱,是否能从业务经理那里预支下个月的工资。

"三百。"他说。

"三百五十。"竞拍者的声音压过了他,罗宾斯突然钻进人群,朝那声音的方向跑去,狠狠抓住声音的主人——迪马斯的领子。

"你这个没有改宗的白痴!"罗宾斯凑在他耳朵边说,"咱们合伙!"

"同意!"迪马斯冷冷地说,"抄我家也凑不齐三百五十元,但是我能筹到一半的数目。你干吗要同我竞拍?"

"我以为我是这些人中间惟一的傻瓜呢。"罗宾斯解释说。

别人不再出价,拍卖品按最后的喊价落槌卖给了那个辛迪加。迪马斯守着塑像,罗宾斯匆匆回去找他们两人的朋友借款。不多久,他带着钱来了,两人把他们的宝贝装上一辆出租马车,到沙特尔街迪马斯的住处。他们用布包好塑像,使劲搬上楼,放在桌子上。那玩意儿沉得很,一百磅只少不多,如果他们大胆的设想得到证实,那尊塑像按重量计算要值两万金币。

罗宾斯取下包布,打开他的小折刀。

"罪过罪过!"迪马斯打了个寒噤说,"这可是基督的亲娘呀,你想干什么?"

"闭嘴,犹大!"罗宾斯冷冷地说,"现在什么都救不了你了。"

他从塑像的肩部使劲削下一片金属。切片露出暗灰色的光泽,外面是一层薄薄的金箔。

"是铅的!"罗宾斯把折刀扔到地上说,"贴金箔的铅!"

"真见鬼!"迪马斯破口骂道,"我非喝一杯不可。"

他们垂头丧气走到离迪马斯住处两个街口的蒂博夫人的咖啡馆。

蒂博夫人那天似乎忽然想起两个年轻人帮过她不少忙。

"两位请不要坐那张桌子,"他们正要在平时的老位置就座时,她插嘴说,"两位老弟,别坐那儿。我把你们当做我最好的朋友,请你们到这间屋子里来。对。我要替你们调制最好的苦艾酒,煮最好的咖啡。啊!我喜欢好好款待我的朋友。是啊。请到这儿来。"

夫人带他们进了她偶尔招待贵宾的后屋。她请他们坐在面向庭院的大窗前两张舒适的扶手椅上,椅子之间有一张矮桌。她殷勤地张罗,开始调制刚才说的饮料。

两个记者首次有幸进入这个神圣的区域。屋子里光线暗淡,但精致的细木家具和法国移民后裔喜爱的磨光玻璃和金属器皿闪烁发亮。小庭院里的喷泉水声潺潺,窗外芭蕉树的宽大叶子摇曳生姿。

罗宾斯出于职业本能,好奇地打量一下房间。夫人大概从某个村野的祖先那里秉承了粗糙装饰的倾向。

墙上是一些廉价的石印画——迎合小资产阶级趣味的拙劣的静物画——生日贺卡、花花绿绿的报纸副刊、醒目的艺术广告挂历样张。一个比较朴素的画面让罗宾斯弄不明白,他站起来,上前一步看看仔细。接着,他虚弱地靠在墙上,喊道:

"蒂博夫人!夫人!你什么时候养成了这种习惯——居然用五千元票额、年息四分的美国黄金债券来糊墙壁?告诉我——这是格林童话,还是我的眼睛出了毛病?"

蒂博夫人和迪马斯应声而来。

"你说什么?"夫人高兴地说,"你说什么,罗宾斯先生?好啊!那几张漂亮的纸吗?有一次我发现墙上有裂缝,罗宾斯先生,我就用那几张小纸片糊上去遮盖。我觉得颜色和墙纸很搭配。我从哪里弄来的吗?哦,我记得很清楚。莫林先生有一天来我家——大约在他去世一个月以前——也就是他答应帮我投资那些钱的时候。莫林先生把那些纸片放在桌子上,说了许多有关钱的话,可是我不太明白。以后我再也没有见到那些钱了。那个可恶的莫林先生。你管那些纸片叫什么来着,罗宾斯先生?"

罗宾斯向她解释。"那就是你的两万元,还有息票,"他用拇指摸着四张债券的边缘说,"你最好找个能工巧匠把它揭下来。莫林先生没有问题。我要到外面去清醒清醒。"

他拽住迪马斯的胳臂到了外屋。夫人叫尼科莱特和梅美来看莫林先生——世上最好的好人,天国的圣徒——归还给她的那笔财富。

"迪马斯,"罗宾斯说,"我要大喝一场庆祝庆祝。三天之内,尊敬的《画刊》将得不到我宝贵的服务了。我劝你和我一起去。你现在喝的绿东西可不好。它刺激思想。我们需要的是忘掉回忆。我要介绍你认识的是保证能产生理想效果的惟一的女士。她名叫肯塔基美女①,十二年陈的波旁威士忌,一夸脱装的。你觉得怎么样?"

"走吧!"迪马斯说,"去找那个女人。"

---

① "肯塔基美女"是美国肯塔基州波旁地方出产的一种烈性威士忌品牌。

圣罗萨里奥的朋友们

上午八点二十分,西行的火车准时在圣罗萨里奥停了站。一个挟着鼓鼓的黑公事包的人下了火车,快步走向镇上的大街。在圣罗萨里奥下车的旅客不止他一个,但他们不是懒洋洋地走进铁路食堂,便是到银元酒店,再不然就同车站上一堆堆的闲人混在一起。

这个挟黑公事包的人的举止没有丝毫迟疑。他身材矮小,但是很结实,浅色的头发剪得很短,修得光光的面孔显得非常果断,鼻子上夹着一副叫人望而生畏的金丝边眼镜。他的气派如果不是代表真正的权势,至少也代表着一种安详而自信的潜在力量。

走过三个街口后,他来到镇上的商业中心。在这里,另一条热闹的街道同大街相交,形成了圣罗萨里奥生活和商业的核心。一个角上是邮政局,另一个角上是鲁宾斯基服装公司,其余两个相对的角上则是镇上的两家银行,第一国民银行和国家畜牧银行。新来的人走进圣罗萨里奥第一国民银行。他跨着轻快的脚步,一直走到襄理的窗口。银行要九点钟才开始营业,工作人员却都到了,各自在做他那部门的准备工作。襄理在翻阅信件时,发觉这个陌生人站在他的窗前。

"银行九点开始营业。"襄理爱理不理地草率地说。自从圣罗萨里奥按照城市银行的办公时间营业以来,他经常要对一些早来的顾客说这句话。

"我很清楚。"对方说,声调冷淡而干脆,"请你看看我的名片。"

襄理把那张一尘不染的小小的卡片拿进窗口里,看到的是:

> 国民银行稽核
> 杰·弗·西·内特尔威克

"哦——呃——请到里面来,呃——内特尔威克先生。您初次来——当然不知道您的身份。请进来吧。"

稽核很快地进入银行神圣的区域,襄理埃德林格先生——一个谨慎而精明的中年人——唠唠叨叨地把他介绍给银行的每一个职员。

"我原以为这几天萨姆·特纳又会来的。"埃德林格先生说,"萨姆来我们这里检查将近有四个年头了。虽然市面比较紧,我想你会发现我们这里很正常。我们手头的钱并不太多,但是抵得住风浪,先生,抵得住风浪。"

"特纳先生和我奉审计官的指示,交换了稽核区域。"稽核果断地、一本正经地说,"他检查我从前的南伊利诺伊和印第安纳的区域。我先查现金。请。"

出纳员佩里·多尔西已经把现金摆在柜台上等稽核来检查。他明知一分钱也不差,没什么可以害怕的,但还是紧张慌忙。银行里每个人都是这样。这个人是如此冷漠而敏捷,无动于衷而难以通融,以至他的存在仿佛就代表着指责。他似乎是一个永远不会犯错误、也不会放过错误的人。

内特尔威克先生先拿起纸币,用敏捷得几乎像是变戏法的手法,点了扎数。接着,他把海绵盘转到面前,蘸湿了手指,一张张地点数。他那瘦削而雪白的手指像音乐家弹钢琴似的跳动着。他把金币哗啦啦地往柜台上一倒,金币从他灵活的指尖掠过大理石柜台面时叮叮当当响成一片。当他数到五毛和两毛五分的钱币时,空中全是辅币的声响。他连一毛和五分的辅币都数到了。他随身还带着弹簧秤,把保险库里的每一袋银币都过了秤。他询问多尔西每一笔现金账的情况——上一天营业转过来的支票、传票——虽然非常客气,可是呆板的态度似乎极其神秘而了不起,害得那个出纳员满脸通红,结结巴巴地连话也说不上了。

这位新来的稽核和萨姆·特纳大不一样。萨姆走进银行时总是高声招呼,请大家抽雪茄,把他在路上听来的新闻告诉大家。他招呼多尔西时总是这么说:"喂,佩里!敢情你还没有卷逃。"特纳检查现金的方式也不同。他只是不耐烦地摸摸一扎扎的钞票,然后到保险库里,踢踢几袋银币,事情就完了。五毛、两毛五和一毛的辅币吗?萨姆·特纳才不去数呢。"别把鸡食拿给我,"他们把辅币搬到他面前时,他会这样说,"我不在农业部干活。"不过特纳是得克萨斯人,是银行总经理的老朋友,从小就认识多尔西。

稽核在数现金的时候,第一国民银行总经理托马斯·皮·金曼少校——大伙都管他叫"汤姆少校"——乘了一匹褐色马拉的轻便马车到了边门口,走了进来。他看到稽核正忙着数钱,便自顾自走到他称之为小"马栏"的围着栅栏的办公桌那儿,开始翻阅信件。

先前,银行里发生了一件小事,即使目光锐利的稽核也没有注意到。当他在现金柜台开始工作时,埃德林格先生朝那个年轻的信差罗伊·威尔森使个眼色,朝前门略微一点头。罗伊心领神会,拿起帽子,把收款簿往腋下一夹,不慌不忙地出去了。一出门口,他转了一圈儿,然后向国家畜牧银行走去。那家银行也准备就绪,开始营业了。不过还没有主顾上门。

"喂,诸位!"罗伊同他们很熟,毫无顾忌地嚷道,"你们赶快准备。第一国民银行里来了一个新稽核,这家伙真了不起。他把佩里的辅币都数遍了,大家被他搞得手忙脚乱。埃德林格招呼我通知你们一声。"

国家畜牧银行总经理巴克利先生——一个结实的、上了年纪的人,活像穿着做礼拜时的好衣服的农场主——在后面的小办公室里听到了罗伊的话,便叫他进去。

"金曼少校有没有去银行?"他问罗伊。

"去了,先生,我出来时他的马车刚到。"罗伊说。

"我请你带一个便条给他。你一回去就交给他本人。"

巴克利先生坐下来写便条。

罗伊回去后把装着便条的信封交给金曼少校。少校看后把便条折好,往坎肩口袋里一塞。他在椅子里往后靠了一会儿,仿佛在苦苦思索,接着站起来,走进保险库。他出来时拿着一只装得鼓鼓囊囊的老式的皮面票据夹,上面烫金的字样是"贴现票据"。这里面藏着银行应收票据和附属抵押品。少校粗手粗脚地把它全倒在桌子上,开始清理。

这时,内特尔威克已经数完了现金。他的铅笔在一张记数的单子上像燕子似的飞掠着。他打开一个仿佛也是秘密记事册的黑皮夹,迅捷地在上面写了几个字,转过身,那副闪闪发光的眼镜对着多尔西,镜片后面的眼色好像在说:"你这次没有出毛病,不过——"

"现金全部符合。"稽核简单地说。说罢,他到个人存户记账员那里,几分钟后,账页索索直响,借贷对照表到处乱飞。

"你多久才结一次存折?"他突然问道。

"呃——一个月一次。"个人存户记账员结结巴巴地说,不知道自己会被判几年刑。

"好。"稽核说,又转过身去找一般存户的记账员,他已经把外地银行的结账单和对账单准备好了。一切都没有问题。接着是存款簿的存根。刷刷地翻了一阵子。好。请把透支清单拿来。多谢。哼——唔。没有签署的票据。好。

之后轮到了襄理,平时悠闲的埃德林格先生在他一连串有关周转、未分的红利、银行房地产和股权的问题之下,急得直搓鼻子,擦眼镜。

内特尔威克忽然发觉一个高大的人站到了身边——一个年过六十、粗犷矍铄的老头儿,长着乱蓬蓬的灰白胡子和头发,一双锐利的蓝眼睛即使在稽核那咄咄逼人的眼镜前也不畏缩。

"呃——这位是金曼少校,我们的总经理——呃——这位是内特尔威克先生。"襄理介绍说。

两个类型截然不同的人握手了。一个是拘泥古板、墨守成规、公事公办的世界的标准产物;另一个却比较自由豪放,更接近自然。汤姆·金曼没有受到习俗的任何影响。他当过骡夫、牧人、牧场主、士兵、警官、淘金者和牛贩子。如今他当上了银行总经理,那些草原上牧牛的老伙伴却发现他并没有变化。得克萨斯牛生意最兴旺的时候,他发了财,在圣罗萨里奥开了第一国民银行。尽管他心胸开阔,有时对老朋友慷慨得不够精明,银行业务仍旧蒸蒸日上,因为汤姆·金曼少校非但了解牛,也了解人。近来牛生意疲软,少校的银行是少数几家损失不大的银行之一。

"嗯,"稽核掏出怀表,精神十足地说,"最后要查的是贷款。我们现在就看吧,对不起。"

他检查第一国民银行的速度几乎可以打破记录——但是像他做任何工作一样,检查得十分彻底。银行的日常工作很有秩序,因而也减轻了他的工作。镇上只剩下另一家银行。他每检查一家银行,便可以向政府领取二十五元。他在半小时内可以解决那些贷款和贴现。那么接下去就可以立刻去检查另一家银行,赶上十一点四十五分的火车到他要去工作的地方,当天只有那一班火车。不然的话,他不得不在这个枯燥的西部小镇过一夜和一个星期天。因此,内特尔威克先生想赶快了事。

"跟我来,先生,"金曼少校说,他那深沉的声音夹杂着南方的拖长的调子和西部的有节奏的鼻音,"我们一起来看吧。银行里谁都不如我更清楚那些票据。有些还没站稳,有些背上还没有烙印,不过兜捕起来时,绝大多数是靠得住的。"

他们两个在总经理的桌子旁边坐下。稽核先以闪电般的速度把那些票据翻了一遍,加了总数,发现完全符合日计表上的贷款数字。然后他挑出几笔数额较大的贷款,仔细询问有关担保人和担保品的情况。新稽核的心思像是一条追踪嗅迹的纯种猎犬,不断地追索搜寻,并且时常出乎意外地扑上去。最后,他把票据推在一边,挑了几张,整整齐齐地放在自己面前,一本正经地说了一番枯燥乏味的话。

"先生,你们州里牛生意虽然疲软衰退,我发现你的银行的情况非常好。账务工作似乎做得很准确及时。过期未收的款项很少,即使坏账,损失也不大。我建议你收回大笔贷款,以后贷款期限最好不超过六十天或九十天,或者做短期拆借,随时可以收回,等到一般市面好转后再说。现在还有一件事,解决后我的检查就结束了。这里有六张票据,总额是四万元。照上面的说明看来,它们有价值七万元的证券、公债、股票等作为担保。这些担保品应该附在票据一起,但是不在。我想你大概把它们存在保险库或者保险箱里了。请允许我检查一下。"

汤姆少校的浅蓝色的眼睛毫不畏惧地转向稽核。

"不,先生,"他说,声调低沉而坚定,"那些担保品不在保险库也不在保险箱里。是我拿的。它们不在,这件事完全由我个人负责。"

内特尔威克不免有点吃惊。他没有料到竟会发生这种事情。打猎将近尾声时,他发现了一个重要线索。

"啊!"稽核说。他顿了一顿又找补一句:"我可不可以请你说得更明确一些?"

"担保品是我拿的。"少校重复说,"并不是我自己用,而是为了解救一个朋友的困难。请到里面来,先生,我们谈谈。"

他把稽核让进营业室后面的小办公室,关上了门。里面有一张写字台、一张桌子和六把皮面椅子。墙上挂着一只剥制的得克萨斯鹿头,两支鹿角的尖端之间有五英尺宽。鹿头对面的墙上挂着少校在夏伊洛和比卢港①用过的马刀。

少校替内特尔威克端了一把椅子,自己坐在窗前,从那里可以望到邮政局和国家畜牧银行的雕花的石灰石前墙。他没有立即开口,内特尔威克觉得也许应该用一个冷冰冰的正式警告来打破这种冷冰冰的僵局。

"你刚才的话,"他说,"既然没有什么补充,你一定了解,这将会引起非常严重的后果。你一定也了解,我的责任将迫使我采取什么措施。我不得不向联邦审计官——"

"我了解,我了解。"汤姆少校挥挥手说,"我经营银行难道不知道国民银行法和它的修正条例吗!履行你的责任好了。我并不向你求情。但是我要谈谈我朋友的事。我希望你听我谈谈鲍勃。"

内特尔威克在椅子上坐定。他当天不能离开圣罗萨里奥了。他得打电报向货币审计员汇报;还得向联邦审计官要求拘捕金曼少校;由于担保品的失踪,他还可能奉命封闭这家银行。稽核以前

---

① 两地均为美国南北战争时的战场。

也查获过违法乱纪的事,这不是头一次。他调查时引起了人们可怕的情绪骚乱。他那公事公办的宁静有一两次几乎受到一丝波动。他见过银行家往往为了一个失误,竟像女人那样跪下来苦苦哀求,求他给他们一个机会,给一小时的宽限。有一个负责人曾经当着他的面在座位上开枪自杀。没有谁能像这个严肃的西部人那样对此泰然自若。内特尔威克至少应该听听他要说的话。稽核把胳臂肘支在椅子扶手上,右手托着他那方下巴,等着听取圣罗萨里奥第一国民银行总经理的坦白交代。

"你同一个人交了四十年朋友,"汤姆少校近乎说教似的开始说,"经过水火风土的考验,当你能给他一些小恩惠时,你自然是乐意的。"

("为他挪用了七万元的担保品。"稽核想道。)

"鲍勃同我一起当过牧牛人,"少校接着说,他说得很慢,字斟句酌,若有所思,仿佛他关心的不是目前的紧要关头,而是以往的旧事,"我们一起在亚利桑那、新墨西哥和加利福尼亚大部分地区踏勘过金矿银矿。我们一起参加了一八六一年的南北战争,只是在不同的部队里。我们一起打过印第安人和马贼;我们在亚利桑那山区的小屋里,被埋在二十英尺深的雪底下,一起挨过几星期饿;大风天气,连闪电都给刮得打不下来时,我们一起赶过牛群——哎,自从我同鲍勃在锚记牧场的烙印营地认识以来,我们经历了一些磨难。那时候,我们不止一次发现,在患难中必须互相帮助。那时候,交朋友必须忠实,并不是要得到什么好处。也许你第二天就需要他支持你,帮你打退一群土人,或者替你在被响尾蛇咬伤的腿上绑止血器,骑上马去搞威士忌。嗯,说到头,这是有来有往的。如果你对待朋友不真心实意,你需要他的时候,你自己也会惭愧。鲍勃这个人对待朋友远不止这样呢。他的好心肠是没话说的。

"二十年前,我在这个县里当警长,我请鲍勃做警官。那是在牛生意兴旺之前,我们还没有发财。我既是警长,又是收税员,那时候我觉得很了不起。我结了婚,有了一男一女两个孩子——一个四岁,一个六岁。县政府隔壁有一座很舒适的房子,是县里免费供给我居住的,我逐渐积攒了一些钱。事务工作大多由鲍勃做。我们两人都经历过许多艰难危险,那时候可真快活。晚上窗外大雨倾盆,狂风怒吼,你却待在屋子里又暖和,又安全舒适,知道你明天早晨可以平安无事地起身,刮刮胡子,听人家称呼你'先生'。我的老婆孩子又是牧场上最了不起的,我同老朋友一起享受兴旺和宁静的生活,我想我是幸福的。是啊,那时候我是幸福的。"

少校叹了一口气,有意无意地朝窗外望了一眼。稽核换了一个姿势,把下巴支在另一只手上。

"一年冬天,"少校接着说,"县里征收的税款大量涌来,一星期里,我没时间去银行存钱。我只是把支票塞在一个雪茄烟盒里,把现钱装进一个袋子,然后往警长办公室的大保险箱里一锁。

"那个星期,我工作过度,快病倒了。我的神经不很正常,晚上睡了也不能得到休息。大夫对这种病有一个科学名称,他给我吃了一些药。这还不算,我心里一直惦记着那些钱,睡觉时都抹不开。其实没有什么可担忧的,因为保险箱很坚固,开锁的暗码只有鲍勃和我两个人知道。星期五晚上,袋子里的现款大约有六千五百元。星期六早晨,我像往常那样去办公。保险箱仍旧锁着,鲍勃在桌子前写东西。我打开保险箱,发觉里面的钱不见了。我立刻召集鲍勃和机关里所有的人,把失窃的事声张开来。使我奇怪的是,这件事对鲍勃、对我的影响都非同小可,而鲍勃却好像无动于衷。

"过了两天,我们仍旧毫无线索。不可能是外贼偷的,因为保险箱是按照暗码正常打开的。别人一定在说闲话了。因为一天下午,艾丽斯——那是我老婆的名字——带了男孩女孩走了进来,她顿着脚,眼睛直冒火,嚷道:'那些红口白牙的家伙——汤姆,汤姆!'她昏了过去。我抱着她,呼唤着她。她慢慢醒来,垂下头,开始哭了。自从她同汤姆·金曼结婚以来,这是第一次哭呢。那两个孩子,杰克和齐拉,一向像虎崽子那样顽皮,只要让他们到办公室来,他们就扑在鲍勃身上乱爬,这时候也侷促不安地站着,像受惊的松鸡似的挤在一起。他们还是初次遇到生活中的阴暗面。鲍勃正在桌上写字,他站起来,一声不响地走了出去。那期间,大陪审团正开庭,鲍勃第二天早晨去他们那儿坦白说钱是他偷的。他说这笔钱被他赌输掉了。十五分钟后,他们裁定他有罪,给我送来一张拘捕证,要我逮捕这个多年来同我一起,比兄弟还要亲的人。

"我照办了。之后我对鲍勃说,'那里是我的家,这里是我的办公室,东面是缅因州,西面是加利福尼亚州,南面是佛罗里达州——在法院开庭之前,你尽管走动。你归我看管,由我负责好了。需要你的时候,你会来的。'

"'多谢,汤姆,'他满不在乎地说,'我原希望你不要把我关押起来。法院下星期一开庭,如果你不反对,在这以前我想待在办公室里。如果不算过分,我还有一个要求。假如你让孩子们时常到院子里来玩玩,我将很高兴。'

"'为什么不可以呢?'我回答说,'他们尽可以来,你也可以来。你还是同平时一样来我家好了。'你明白,内特尔威克先生,你不能认贼作友,也不能突然之间认友作贼。"

稽核并不搭腔。那会儿传来了火车进站的尖厉的汽笛声,那是从南方到圣罗萨里奥来的窄轨火车准点到站了——十点三十五分。少校接下去说:

"鲍勃还是待在办公室里,看看报纸,抽抽烟。我派了另一个警官代替他的职务。这些时候,这件案子引起的最初一阵轰动也逐渐过去了。

"一天,办公室里只有我们两个人,鲍勃走近我坐的地方。他脸色阴沉发青——当他通宵警戒印第安人或者赶牛群时脸色也是这样。

"'汤姆,'他说,'这比警戒红种人更难熬;比躺在沙漠里离水源还有四十英里时更难熬;不过我仍旧准备坚持到底。你知道我的脾气就是这样。如果你给我一个小小的暗示——只消说,"鲍勃,我明白,"那就使我轻松多了。'

"我很惊奇。'我不懂你的意思,鲍勃。'我说,'当然,你知道只要我办得到,我愿意做任何事情来帮助你。可是我不懂你的意思。'

"'好吧,汤姆。'他只说了这么一句话,便回到自己的座位上,点了一支雪茄,去看报纸了。

"法院开庭的前一夜,我才弄清楚他的意思。那晚我睡觉时,又有先前那种头昏不安的感觉。午夜左右我才入睡。醒来时,我发现自己站在办公室的走廊里,衣服也没有穿整齐。鲍勃攥住我的一条胳臂,我们的家庭医生攥着另一条,艾丽斯摇撼着我,几乎要哭了。她没有告诉我,便去请医生,医生来时,发现我下了床,不见了,他们便到处寻找。

"'梦游症。'医生说。

"我们大伙回到家里,医生讲了许多有关梦游病人干怪事的故事给我们听。我出外一次,觉得很冷,这时候我老婆不在屋里,我便打开一个旧衣柜的门,拖出一条我见过的大被子。跟被子一起拖出来的是那袋钱,第二天早上鲍勃就要为偷它的罪名受到审讯判决。

"'那袋钱怎么会他妈的到这里来的?'我嚷了起来,在场的人一定看到我是多么惊讶。鲍勃恍然大悟了。

"'你这个老混蛋,'他说,恢复了从前的神气,'我看见你放在那里面的。我看见你打开保险箱把它取出来,我便跟着你。我从窗子外面看见你把它藏在衣柜里。'

"'那你这个该死的垂耳朵、绵羊头的山狗,你干吗说是你拿的?'

"'因为,'鲍勃简单地说,'我不知道你当时是处在睡眠状态。'

"我看他朝杰克和齐拉待着的屋子瞥了一眼,我便明白,从鲍勃的观点看来,交朋友是什么意思了。"

汤姆少校停住了,又朝窗外瞥了一眼。他看见国家畜牧银行里有人把黄颜色的窗帘拉下来,完全遮住了前面的大玻璃窗,虽然这时候太阳还没有照射到,没有必要拉窗帘来挡住阳光。

内特尔威克在椅子上坐坐端正。他虽然不感兴趣,却还是不厌其烦地听完了少校的故事。他觉得这个故事同当前的情况毫无关系,更不可能对这件事产生什么影响。他想,这些西部人未免太感情用事,没有生意头脑。他们实在应该提防他们的朋友。少校显然已经讲完了。他说的话并不解决问题。

"我可不可以请问,"稽核说,"对于这些失窃的担保品,你还有什么直接有关的话要说?"

"失窃的担保品,先生!"汤姆少校突然在椅子里转过身,他那双蓝眼睛炯炯有神地盯着稽核,"你这是什么意思,先生?"

他从上衣口袋里掏出一捆用橡皮圈箍住的纸张,往内特尔威克手里一扔,站了起来。

"担保品全在这里,先生,每一张证券、公债和股票。你数现金的时候,我从票据里抽出来的。请你检查吧。"

少校又带路回到银行营业室里。稽核跟在他后面,有些吃惊、困惑和恼怒,不知道该怎么办。他觉得自己上了当,虽不能说是受了骗,但仿佛被玩弄,被利用了,之后又被一脚踢开,而他自己却莫名其妙。也许他的职务地位也受到了不够尊敬的愚弄。但是他抓不到把柄。把这件事打个正式报告将会闹笑话的。而且,不知怎的,他觉得现在弄不明白,以后也永远弄不明白。

内特尔威克冷淡地、呆板地检查了担保品,发现它们同票据完全符合。他拿起黑公事包,起身告辞。

"我得说,"他忿忿地盯着金曼少校说,"不论是谈正经或是讲笑话,你的声明——容易使人误会的声明——同事实并不符合,而你又没有加以解释。我不理解你的动机和行为。"

汤姆少校镇静而和善地看着他。

"老弟,"他说,"在西部的丛林、草原和峡谷里,有许多事情是你所不理解的。不过我得感谢你费神听了一个唠叨老头儿的枯燥乏味的故事。我们这些老得克萨斯人向来喜欢谈谈我们的经历和我们的老朋友。家乡的人一听到我们谈起'从前怎么怎么样',便立刻想法脱身;因此,我们只能同找上门来的客人闲扯淡了。"

少校笑了笑,稽核只是冷冷地一鞠躬,头也不回地走出了银行。他们看见他穿过马路,到斜对面的国家畜牧银行去了。

汤姆少校在自己的办公桌前坐下,从坎肩口袋里掏出罗伊刚才递给他的便条。他已经看过一遍,不过看得很匆忙。现在他眼睛里闪着光,再看了一遍。便条是这样写的:

亲爱的汤姆:

我听说有一个山姆大叔的猎狗在查你的账目,那意味着一两个小时之后也许要找到我们这里来。我希望你帮我一个忙。我们银行里只有两千两百元现款,而账面上要求有两万元。昨天傍晚,我借给罗斯和费希尔一万八千元,让他们去买吉布森的那批牛。那批牛在一个月之内准能卖四万元,但是在银行稽核看来,我手头的现金情况并不会因之好转。我又不能给他看那些借据,因为那只是普通的白条,没有任何担保品。你知道平克·罗斯和吉姆·费希尔是世界上最好的两个人,他们是靠得住的。你总记得吉姆·费希尔吧——他就是在埃尔帕索枪杀法罗赌场老板的那个人。我已经给萨姆·布雷德肖的银行去了电报,请他们运两万块钱来,十点三十五分可以由窄轨铁路运到。你总不能让稽核来数数两千两百块钱,把我的银行封掉。汤姆,你得绊住那个稽核。绊住他。即使把他捆起来,坐在他脑袋上,也要绊住他。窄轨火车开到后,请注意我们的前窗,我们拿到了钱便拉下窗帘作为信号。在那以前别放他走。我指望着你了,汤姆。

你的老朋友,
国家畜牧银行总经理
鲍勃·巴克利

少校把便条撕成碎片,扔在废纸篓里。他这样做的时候,得意地笑出声来。

"那个该死的、不顾前后的老牧牛人!"他满意地粗声粗气地说,"二十年前他在警长办公室里为我干的事,如今多少报答了他一些。"

萨尔瓦多的七月四日

夏季的一天,当爱国主义的喧闹响彻这个美国城市上空的时候,比来·卡斯帕里斯向我讲了下面的故事。

从某种意义上说,比来是个小尤利西斯。他像撒旦一样,在世界上满处转悠。明天早上,当你敲破早餐的鸡蛋时,他可能已经提着鳄鱼皮做的小旅行包到奥基乔比湖去开发一个新城镇,或者同巴塔哥尼亚人做马匹买卖了①。

我们坐在一张小圆桌旁,桌上的玻璃酒杯里盛着冰块,一株假棕榈的叶子在头顶上摇曳。比来触景生情,想起了往事。

"我在萨尔瓦多的时候,协助组织过一次七月四日②的庆祝活动,"他说,"当时我抛售了我在科罗拉多州的银矿,到萨尔瓦多去办一家制冰厂。我领到的执照是所谓'附带条件的特许证'。当地政府要我缴纳一千元,条件是必须连续生产六个月。如果履行了条件,那笔保证金可以收回。如果违约,政府就有权没收。因此,检查人员经常搞突然袭击,到我的厂里看看,企图抓住我不生产冰的时候。

"一天,温度计升到华氏一百一十度,时针指在一点半,日历上的日子是七月三日,两个穿红色裤子的矮小油滑的密探溜进厂

---

① 奥基乔比湖在美国佛罗里达州中南部;巴塔哥尼亚在南美洲阿根廷和智利南端。
② 七月四日是美国的独立纪念日。

来检查。工厂三个星期来没有生产过一磅冰,理由有二。一是那些萨尔瓦多蛮子不买,他们说同冰放在一起的东西太凉。二是我无力再生产,因为我破产了。我之所以苦苦支撑着,为的是收回我的一千元,以便离开那个国家。约定七月六日就到期了。

"我向他们出示我的冰块。我打开一个黑乎乎的大桶的盖子,里面有一块重一百磅的、漂亮的、像模像样的机制冰。我正要盖好大桶时,两个穿红裤子的黑黑的探子中的一个蹲了下去,把他那无法无天的脏手按在我诚意的保证上面。两分钟后,他们把那块漂亮的模制玻璃搬了出来搁在地上,当初我花了五十块钱从旧金山运来的。

"'是冰吗?'跟我开卑鄙玩笑的家伙说,'是啊,很暖和的冰。先生,天气太热了。也许应该让它在外面凉快凉快。'

"'是啊,'我说,'是啊,'我明白他们戳穿了我的把戏,'不摸不知道,一摸吓一跳,对吗?有人也许会说,你们裤子的屁股是天蓝色的,不过我认为是红色的。我们不妨检验一下。'我抬腿把两个检查员踢出门外,自己坐在那块名誉扫地的玻璃上凉快凉快。

"我颓丧地坐着,不名一文,怀念家乡,那时随风飘来我一年没有闻到的最美妙的香味。天知道那个落后的国家里怎么会有那种气味——那是鸡尾酒里的柠檬皮、雪茄烟蒂和走味的啤酒的混合气味——也是第十四街'金砖'查里的酒馆里的气味,我在纽约时下午常同闲得发慌的三流演员在那里玩纸牌。那种气味勾起了我的全部烦恼,难以排遣。我满怀深情想念我的国家,痛贬萨尔瓦多,用词之热烈不像是制冰厂里所能有的。

"我那么坐着时,身穿干净的白衣服的马克西米利安·琼斯在火辣辣的太阳光底下走来,他是做橡胶和花梨木生意的美国人。

"'真见鬼!'他进来时,我情绪正不好,脱口说道,'难道我倒的霉还不够吗?我知道你想干什么。你想告诉我约翰尼·阿米格

在火车上遇到那个寡妇的事情。你这个月已经讲过九次了。'

"'准是天气太热的原因,'约翰尼站在门口吃惊地说,'可怜的比来。他有病,坐在冰块上,对他最好的朋友出言不逊。嗨!——小伙子!'琼斯叫唤坐在太阳底下摆弄脚趾的我惟一的雇员,吩咐他穿上裤子去请大夫。

"'不用去,'我说,'你请坐,马克西,别理会我刚才说的话。你看到的不是冰块,坐在上面的人也不是神经病。只是一个想家的流放者,坐在一块害他损失一千元的玻璃上。约翰尼怎么开口同那寡妇搭讪的?我想再听听,马克西——千真万确。别理会我刚才说的话。'

"马克西米利安·琼斯和我坐下聊天。他讨厌这个国家的程度不下于我,因为那些贪官污吏把他在橡胶和花梨木生意上赚的钱勒索去了一半。我在蓄水池底存放了五六瓶旧金山的啤酒,便把它们摸出来,我们一边喝酒,一边谈论家乡、国旗、'万岁,哥伦布发现的土地'①和国内的炸薯条;我们的那些废话会使国内的人感到腻烦。可是现在是在国外。身在福中不知福,你离开家乡后才体会到家乡的可爱,花光了钱后才觉得钱的可贵,你的妻子参加了妇女俱乐部后你才发现家里的空虚,在国外见到领事馆用扫帚柄挂出的美国国旗才感到国旗的可亲。

"我和马克西米利安·琼斯坐在那儿,挠着身上发痒的痱子,踢开地上的蜥蜴,爱国主义的情绪逐渐高涨。我,比来·卡斯帕里斯,由于贪杯,从资本家变成了穷光蛋,现在把烦恼都抛到脑后,宣布自己是世上最伟大国家的无冕之王。马克西米利安·琼斯把他

---

① 《万岁,哥伦布发现的土地》(Hail Columbia)是约瑟夫·霍普金逊1798年写的美国赞歌,开头几句是这样的:
"万岁,哥伦布发现的土地!幸福的土地!
万岁,为自由而战斗流血的天生的英雄们!"

的全部无名火发泄在那些穿红裤子、花布鞋的寡头政治家和权势人物身上。我们发表了一项声明,保证要用传统上所有的礼炮、爆竹、给予战败军队的优待、讲演和酒类饮料在萨尔瓦多庆祝七月四日。是啊,我和琼斯从没有喝得那么稀里糊涂。萨尔瓦多将有一场骚动,奉劝猴子爬到最高的椰子树上去,消防队佩上红绶带,带两个铁皮水桶。

"这时候,一个名叫马利·埃斯佩兰萨·丁戈将军的本地人走进工厂。他在政治和肤色方面都算得上响当当的人物,也是我和琼斯的朋友。他十分斯文,相当聪明,他在费城学过两年医,那期间为了保持斯文,学会了聪明。作为萨尔瓦多人,他不算太笨,虽然玩纸牌时老是把杰克、后、王、幺和小二子当作顺子①。

"马利将军同我们坐了一会儿,喝了一瓶酒。他在美国期间获得了英语的大致概念和对我们的制度的欣赏。过了一会儿,将军站起来,蹑手蹑脚地走到窗户、门口和通道那儿,每到一处就发出'嘘!'的一声警告。萨尔瓦多人在要求喝杯水或者问钟点之前都这么做,因为他们从孩提时起就是阴谋家,并且是公认的舞台上的风流小生。

"'嘘!'丁戈将军又一次发出警告,然后像悭吝人加斯帕尔②似的把胸口贴在桌子上,'先生们,好朋友,明天就是自由独立的大日子。美国人和萨尔瓦多人应该同呼吸、共命运。我了解你们的历史和伟大的华盛顿。对吗?'

"我和琼斯觉得将军记得七月四日这个日子真太好了。我们很高兴。他肯定听说费城那面我们同英国的冲突。

"'是啊,'我和马克西异口同声地说,'我们知道。你进来时

---

① 纸牌戏中的顺子应是 10,J,Q,K,A,不是 J,Q,K,A,2。
② 悭吝人加斯帕尔,法国古典主义时期著名剧作家莫里哀(1622—1673)创作的讽刺喜剧《悭吝人》中的人物。

我们正谈着呢。明天准保热闹非凡。我们人数不多,可是照样能搞得有声有色,沸天震地。'

"'我也参加,'将军拍胸脯说,'我是拥护自由的。高尚的美国人,我们要使明天成为永生难忘的日子。'

"'我们喜欢美国威士忌,'琼斯说——'明天千万不要你们的那种劣质威士忌、大茴香酒或者三星白兰地。我们把领事的旗子借来;由比尔芬格老头发表演说,我们在广场上吃烧烤全牛。'

"'焰火不容易搞到,'我说,'不过我们可以把杂货铺里的弹药全买来,我有两把从丹佛带来的六响大手枪。'

"'还有一门炮,'将军说,'一门可以轰的开响的大炮,再有三百个配备步枪的人。'

"'哎呀,大元帅,'琼斯说,'你真了不起。我们可以搞一次国际联合庆祝。将军,你骑一匹白马,佩上蓝色的绶带,当典礼官吧。'

"'凭我的剑发誓,'将军顾盼自雄地说,'我一定骑马跑在那些以自由的名义聚集起来的勇敢人前面。'

"'你最好去和卫戍司令打个招呼,告诉他说,我们可能闹得凶一点。你知道,我们美国人为国旗争光时,往往顾不上市政条例。不妨请他把法令法规暂停一天。他的士兵如果妨碍了我们很可能挨揍,我们可不想因此进拘留所,你明白吗?'

"'嘘!'马利将军说,'司令全心全意支持我们。他会帮助我们。他是我们一伙的。'

"那天下午,我们做好了一切准备。有个佐治亚州的黑人,同别的黑人一起在墨西哥一块连老鼠也养不活的地方开发了居留地,结果破了产,流落到萨尔瓦多。他听见我们谈到烧烤,高兴得哭起来,扑到地上。他在广场上挖了一条沟,搞来半爿牛,架在炭火上,准备通宵吃烧烤。我和马克西分头去找城里别的美国人,他们一听到要隆重庆祝独立纪念日,都快活得像是发泡的塞得利兹矿泉水。

"美国人一共有六个——咖啡种植园主马丁·迪拉德、铁路员工亨利·巴恩斯、有学问的铁板摄影师比尔芬格老头、我、琼斯和烧烤主持人杰里。城里还有一个姓斯特雷特的英国人,在萨尔瓦多写一本有关昆虫世界的住房建筑的书。我们请一个英国人参加我们向英国人示威的活动,有点不好意思,但出于对他个人的敬意,仍冒险试试。

"我们找到斯特雷特时,他穿着睡衣在写稿子,用一个白兰地酒瓶当镇纸。

"'英国人,'琼斯说,'我们打断一下你的甲虫住房的专题论文。明天是七月四日。我们不愿意伤你的感情,但是我们打算庆祝一下我们打败你们的日子,我们打算搞些文雅的吃喝,然后稍稍火爆一下——五英里外可以听到的喧闹。如果你气度够大,乐意在悼念英国落败的场合喝点威士忌,希望你能参加。'

"'要知道,'斯特雷特扶正鼻梁上的眼镜说,'我喜欢你们问我乐不乐意参加的冒失劲头;我不参加才怪呢。你们不问也知道我会参加的。这不是背叛我自己的国家,而是由于热闹的内在欢乐。'

"七月四日早晨,我在制冰厂破旧的棚屋里醒来时情绪很坏。我环顾我拥有的那些破烂东西,满腹怨气。我躺在帆布床上,可以望见窗外领事馆棚屋上挂着的那面老旧的星条旗。'比来·卡斯帕里斯,你是个彻头彻尾的傻瓜,'我自言自语说,'在你做的所有傻事中,庆祝七月四日的主意应该评上大奖。你的买卖已经完蛋,由于你最后一着失算,你的一千元赌注就要被这个腐败的国家吃掉,你手头只有十五个萨尔瓦多克朗,昨晚睡觉时每克朗只能兑换四十六美分,目前还在不断贬值。今天你为了向那面旗子欢呼,把你最后的一分钱都投了进去,明天你只好摘树上的香蕉充饥,死乞白赖缠着朋友请你喝酒。那面旗子帮过你什么忙?你在它庇护下的时候,只靠自己干活吃饭。你累死累活地把富矿矿石搬到贫矿,然后卖掉那个假矿的采矿权,骗一大笔钱;你赶跑了熊和鳄鱼,把荒地当做城镇拓展的地皮出售。当储蓄银行的戴绿眼罩的小雇员在你的存折上入账的时候,爱国主义能顶多少钱数?假如你在这个不敬神的国家里犯了一点小事被逮住,你请求你的国家保护时,它能为你做些什么?它把你的申请转给一个由铁路员工、军官、工会会员、有色人种各一人组成的委员会,请他们调查你的祖先中间有没有谁是马克·汉纳①的亲戚的亲戚,然后把材料存入史密森学会②的档案,等下次大选后再处理。那是星条旗把你晾在一边的办法。'

"你看到我情绪低落,像是靛蓝植物③;可是我用凉水洗了脸,带着左轮手枪和弹药,去我们约定见面的纯洁圣徒酒吧时,感觉好了一些。我看到别的美国人大摇大摆走进约会地点——那些冷静、从容、显眼的家伙,准备玩任何孤注一掷的赌博,或者甘冒同灰熊搏斗、救火或被引渡的危险,我由于自己是他们中间的一员而开始高兴。我又自言自语说:'比来,今天早晨你只剩下十五块钱和一个国家——拿出美国男子汉在独立纪念日的气概,把那些钱全花掉,把这个城镇搞它个天翻地覆。'

"我记得那天我们是按传统方式开始的。我们六个人——斯特雷特也来了——一路走去,把小酒馆里所有美国牌子的烈性饮

---

① 马克·汉纳(1837—1904),美国商人、政治家,美国第 25 任总统麦金莱的有影响的顾问。
② 史密森学会是英国科学家詹姆斯·史密森(1765—1829)遗嘱捐赠在美国华盛顿设立的一个学术、文化机构,该会的陈列馆有大量科学、历史、艺术性的文物。
③ 靛蓝植物可以提炼蓝色染料,英文中的蓝色有"忧郁"之意。

料统统喝光。我们让周围知道美国的光荣和卓越,以及美国征服、超越和消灭世上任何国家的能力。美国牌子的酒越喝越多,我们的爱国主义情绪也越来越高涨。马克西米利安·琼斯希望我们的前敌人斯特雷特先生不必为我们的激情介意。他放下酒瓶,同斯特雷特握手。'我们都是白人,'他说,'我们的喧闹中间千万不能夹杂个人色彩。在邦克希尔、帕特里克·亨利、沃尔多夫·阿斯托①和我们两个国家之间的恩恩怨怨方面,请你原谅我们。'

"'流氓伙伴们,'斯特雷特说,'我以女王陛下的名义请各位静一静。承各位相邀在美国旗帜下扰乱治安,是我莫大的荣幸。趁酒吧后面的那位先生斟另一巡酒时,我们唱唱热情洋溢的《扬基歌》②吧。'

"比尔芬格老头有修辞天才,我们每到一处歇脚喝酒时,他就发表一通演说。我们一路上向遇到的公民解释,我们在庆祝我们专用品牌的自由的开端时,如果干出了什么不近情理的事,请他们登记在不可避免的伤亡人员名单上。

"十一点钟左右,我们的病情公报上这么写道:'体温显著升高,伴有口渴及令人惊慌的其他症状。'我们挽着胳臂,在狭窄的街道上横排着行进,我们都配备温彻斯特连发枪和左轮手枪,目的是造成声响效果,并无恶意。我们停在街角,开十来枪,发出一连串那个城镇里可能闻所未闻的美国式的呐喊。

---

① 邦克希尔在马萨诸塞州查尔斯顿,美国革命的第一次重大战役于1775年6月17日在此进行;帕特里克·亨利(1736—1799)是美国革命领袖之一,任弗吉尼亚州议员时宣布英国殖民主义的《印花税法案》违反宪法,1776—1779年和1784—1786年间两度任弗吉尼亚州长,善于演讲,"不自由,毋宁死"就是他的名言;阿斯托女子爵是英国下院第一个女议员,1879年出生于美国;沃尔多夫·阿斯托利亚是纽约著名的豪华饭店,作者故意混淆了"阿斯托"和"阿斯托利亚"。

② 《扬基歌》(Yangkee Doodle)是美国独立战争时期的流行歌曲。

"我们发出那种嗓声时,周围顿时活跃起来。一条小街传来了脚步声,马利·埃斯佩兰萨·丁戈将军骑着一匹白马,带领一二百个穿红汗衫、光着脚、拖着十英尺长的步枪的棕色皮肤的小伙子来了。琼斯和我早就把马利将军答应协助我们庆祝的事忘得一干二净。将军同我们握手,挥舞他的佩剑时,我们又开了排枪,鼓噪一次向他致敬。

"'啊,将军,'琼斯嚷道,'太好啦。美国鹰会十分高兴。下马喝点酒吧。'

"'喝酒?'将军说,'不。没有喝酒的时间啦。自由万岁!'

"'别忘了万众一心①!'亨利·巴恩斯说。

"'愿它繁荣强盛,'我说,'同时愿乔治·华盛顿永垂不朽。上帝保佑联合王国,'我向斯特雷特鞠一躬说,'并且别忘掉女王陛下。'

"'谢谢,'斯特雷特说,'下一巡酒由我请客。大家进酒吧去吧。'

"但是几个街区之外的一阵枪响害得我们没有喝到斯特雷特请客的酒,丁戈将军认为他应该去查看一下。他一踢那匹老白马的肚子,朝枪声方向跑去,士兵们匆匆跟在他后面。

"'马利真是个热心人,'琼斯说,'他把步兵全拉出来帮我们庆祝七月四日。我们过一会儿把他提到的那门大炮也拉出来,轰轰烈烈地开几炮。不过现在我想吃点烤牛肉。我们到广场去吧。'

"我们看到牛肉已经烤好,杰里眼巴巴地在等我们。我们围坐在草地上,割下大块大块的烤肉放在铁皮盘子里。马克西米利安·琼斯一喝酒就会心软,由于乔治·华盛顿不在场同庆,竟然洒

---

① 原文拉丁文 E Pluribus Unum,是美国国徽图像鹰头两旁饰带上的箴言。

下几滴眼泪。'他是我所爱的人,比来,'他伏在我的肩上哭着说,'可怜的乔治!想想看,他已经走了,看不到焰火了。请再给我一点盐,杰里。'

"根据我们听到的声音判断,丁戈将军似乎出于好意在我们大吃大喝的时候添了一些音响。城镇周围有枪声,不久后,正如他所说的那样,大炮也隆隆开响了。接着,广场四周的柑橘树和房屋之间影影绰绰有人逼近。我们确实使萨尔瓦多活跃起来了。我们感到骄傲,很领丁戈将军的情。斯特雷特正要咬一块汁水淋漓的肋骨,一颗子弹把他快到口的东西打飞了。

"'有人用实弹庆祝,'他再拿一块肉说,'对于一个客串的爱国者来说,未免过分热心了,不是吗?'

"'别去理会它,'我对他说,'那是意外。你明白,七月四日常出那种事。我知道,在纽约时,《独立宣言》一读刚结束,医院和警察局就挂出了"客满"的牌子。'

"那时,杰里狂叫一声,蹦了起来,一手捂紧他大腿后侧另一颗过分热心的子弹擦过的地方。传来一片呼喊,马利·埃斯佩兰萨·丁戈将军抱着马脖子从街角穿过广场飞奔而来,他的士兵跟在后面,为了减轻负担大多数已经丢掉了步枪。追赶他们的是一队穿蓝色裤子、戴蓝帽子的兴奋的小个子战士。

"'支援,朋友们,'将军嚷道,试图勒住他的马,'以自由的名义,赶快支援!'

"'那是总统的蓝色卫队连,'琼斯说,'真可耻!可怜的老马利无非协助我们庆祝,他们竟然袭击他。来吧,弟兄们,那是我们的独立日;我们能让那帮混小子扫我们的兴吗?'

"'我投反对票,'马丁·迪拉德拿起温彻斯特枪说,'美国公民不论在谁的国家,七月四日那天都有权喝酒、盛装、操练、惊世骇俗。'

"'同胞们!'比尔芬格老头说,'在自由刚诞生的最黑暗的日子里,我们英勇的先辈颁布了自由不朽的原则,他们从未想到竟有那么一小撮蓝色的乡巴佬来破坏纪念日。我们必须维护宪法。'

"我们一致同意,纷纷拿起枪支,向蓝色部队大举进攻。我们朝他们头顶上方开枪,然后呐喊冲锋,他们顿时土崩瓦解,溃不成军。我们因为烧烤大会给搅散很不痛快,在他们背后追了四分之一英里。我们抓住了几个,狠狠地踢了他们的屁股。将军重整他的部队,参加追击。最后对方在浓密的香蕉林中四散躲藏,我们怎么也轰不出来。我们便坐下休息。

"当天其余的情况我记不清了,即使严刑拷打,我也说不出什么。我只记得我们在城里恣意横行,叫人们请出更多的军队来让我们消灭。我记得仿佛在什么地方看到一群人,有个不是比尔芬格的高个子在阳台上发表独立日演说。大致就是这些。

"准是有谁把那家老制冰厂搬到我所在的地方,在我周围重新搭了起来,因为我第二天早上醒来时,发觉自己在制冰厂里。我能回忆起自己的姓名地址时,起身做了一番调查。我发现自己身无分文。我累极了。

"这时候,一辆整洁的黑色马车来到门口停下,下车的是丁戈将军和一个戴大礼帽、穿棕色皮鞋的栗色皮肤的人。

"'是啊,'我暗忖道,'我明白了。你们是警察局长和监狱掌礼大臣;你们要以过分爱国和蓄意殴打的罪名逮捕查里·卡斯帕里斯。好吧。反正一文不名,蹲蹲监狱也无所谓。'

"但是马利将军似乎面带笑容,那个栗色皮肤的人同我握手,用美国英语和我交谈。

"'卡斯帕里斯先生,丁戈将军向我汇报了你见义勇为,对我们的事业所做的贡献。我要亲自向你表示感谢。你和别的美国先生的勇敢在关键时刻帮助了我们争取自由的斗争。我们的党胜利

了。那次激烈的战役在历史上将永垂不朽。'

"'战役?'我说,'什么战役?'我回顾历史,想知道他说的是什么战役。

"'卡斯帕里斯先生为人真谦虚,'丁戈将军说,'在那场可怕的战斗中,他率领勇敢的伙伴们投入炮火最猛烈的地点。是啊,没有他们的支援,革命很可能失败。'

"'慢着,'我说,'昨天发生了一场革命?那只不过是独——'

"我突然住了口,觉得最好将错就错。

"'经过那场激烈战斗,'栗色皮肤的人说,'博兰诺总统被迫逃亡。今天,卡巴育宣布就任总统。啊,是啊。在新政府里,我是商业特许部部长。我在档案里发现一份报告,卡斯帕里斯先生,说你没有按照合同规定生产冰块。'栗色皮肤的人说到这里意味深长地朝我笑笑。

"'对,'我说,'我认为那份报告是实事求是的。我知道他们抓到了我的毛病。我没有什么可抱怨的。'

"'别这么说。'栗色皮肤的人说。他脱掉一只手套,走过去把手放在玻璃块上。

"'是冰。'他点点头,郑重其事地说。

"丁戈将军也走过去用手摸摸。

"'是冰,'将军说,'我可以宣誓作证。'

"'假如卡斯帕里斯先生,'栗色皮肤的人说,'本月六日前去财政部,他可以收回作为保证金的一千元。后会有期,先生。'

"将军和栗色皮肤的人连连鞠躬退出,我也连连鞠躬送客。

"马车在沙地上驶去时,我再深深鞠一躬,帽子几乎碰到地上。这次却不是对他们鞠躬。因为我看到领事馆屋顶上那面在微风中飘动的老旧的旗子;我对它表示最深的敬意。"

比来的解放

那幢古老的有方柱门廊的邸宅,百叶窗歪歪斜斜,油漆褪色剥落,住在里面的是南北战争时期最后几位健在的州长之一。

南方已经忘记了那场大冲突的敌意,但拒绝放弃它的传统和偶像。埃尔姆维尔的居民们依然亲切地管彭伯顿叫做"州长",把他当做本州伟大光荣的历史的遗念。当年他是全国心目中的大人物。他那个州把有权授予的各种荣耀都加在他身上。如今他上了年纪,置身于瞬息万变的公共事务之外,安度晚年,市民们缅怀往事,仍旧喜欢向他表示敬意。

州长破败的"邸宅"坐落在埃尔姆维尔的大街上,离东倒西歪的、褪色的栅栏只有几英尺之隔。每天早晨,州长(由于风湿病)小心翼翼地从台阶上下来,拄着金柄手杖,橐橐地沿着高低不平的、砖砌的人行道走去。他年已七十八,但老得很有风度。他的相当长的头发和两撇胡子已经变得雪白。穿在瘦高身材上的长礼服总是舒适地扣着。他头戴一顶呵护得很仔细的大礼帽——埃尔姆维尔的居民称它为"高帽子"——几乎从不脱掉手套。他一举一动都拘泥形式,似乎过分彬彬有礼。

州长走在主街李马路上,似乎是纪念胜利的游行。他遇到的每一个人都毕恭毕敬地向他打招呼。许多人甚至脱帽致敬。同他有私交的人驻足和他握手,这时候你会看到南方礼貌的真正典范。

州长走到离邸宅两个街口的拐角上时总是停下来。那里有一条横街,过往交通比较繁忙,其实无非是一些农民的马车和几辆小贩的手推车而已。这时候,德芬鲍将军锐利的眼睛发现了情况,立刻从第一国民银行他的办公室里出来,殷勤地搀扶他的老朋友。

他们两人互致问候时,现代礼貌就显得衰退了。将军弯下高大笨重的身躯,动作的灵活使人难以置信。州长老是抱怨的风湿病暂时退居二线,让位给骑士时代流传下来的礼数。州长扶住将军的胳臂,引导他避开装运干草的马车和洒水车,安全抵达马路对面。尊敬的政治家在朋友的照拂下到了邮局,和前来领取早班信件的市民们举行一次非正式的接见。两三个法律界、政界或者社交界的知名人士在这里加入了游行队伍,浩浩荡荡地沿李马路走去,到了豪华旅馆稍作逗留,因为旅客登记簿上或许有值得介绍给本州显赫公民的客人的姓名。如果确实有这种人,他们就会谈上一两个小时,回忆前州长任职期间的早已成为明日黄花的光辉政绩。

在返程的路上,将军多半会建议说,州长阁下肯定疲倦了,不妨在阿普尔比·R.芬特雷斯先生的大药房里略事休息(芬特雷斯是位高尚的绅士,他家是查塔姆县的望族,南北战争以后,许多南方望族的成员开始经商)。

阿普尔比·R.芬特雷斯先生是鉴定疲倦的专家。他光凭记忆就能开出处方,多年来几乎每天都有顾客堂而皇之地来他的药房,问问有没有提神解乏的良药。芬特雷斯先生知道一种抗疲劳的药剂,并且善于配制那种药剂,据他说(当然用制药学的词汇),其中主要成分是"货真价实的一八五九年的家酿苜蓿叶陈酒"。

给药的仪式从不变化。芬特雷斯先生首先调制两剂那种著名的混合物——一剂给州长,另一剂给将军"品尝"。州长便用他尖锐的颤音发表简短的演说:

"不,芬特雷斯先生,你先替自己调制一杯和我们一起服用,否则我们决不能喝。先生,令尊是我在职期间最得力的支持者和朋友之一,我非但乐于向他的哲嗣表示敬意,而且有责任这么做,先生。"

药剂师受宠若惊,红着脸照办了,大家跟着将军的祝词一起喝:"先生们,为了我们伟大古老的州的繁荣——为了纪念它光荣的过去——为了它的卓有成就的子弟的健康。"

"老卫士"①中间总有人护送州长回家。有时候,将军要处理银行事务,不能亲自陪伴,布鲁姆菲尔德法官、泰特斯上校,或者阿什福县的杀敌英雄之一便会自告奋勇履行这一仪式。

州长早晨去邮局的散步仪式已经相当隆重,在公共集会露面的场景就更为壮观,更令人难以忘怀了。那时候,将军会把那位往日辉煌的银发遗老当做稀世珍宝的脆弱的蜡像似的搬出来,向同胞们宣扬他原始的赫赫事迹。

德芬鲍将军是埃尔姆维尔的声音。有人说他就是埃尔姆维尔。不管怎么说,他作为埃尔姆维尔的喉舌是没有竞争对手的。他在《旗帜日报》拥有的股权使他足以左右该报的言论,在第一国民银行拥有的股权使他足以审查它的贷款,在战争时期的履历使他理所当然地成为烧烤聚餐、学校毕业典礼和先烈纪念日②集会的首选主持人。除此以外,他还有其他有利条件。他的得意扬扬的个性能鼓舞人心。无可争议的权势把他塑造得像是一个肥胖的罗马皇帝。他的声调不比号角逊色。说将军具有热心公益的精神,对他是不公平的评判。他的精神远远超过这些。这一切的可

---

① "老卫士"指效忠于某一领袖的心腹党羽,原指拿破仑的最忠诚的部队。在滑铁卢一役被俘的法军将领康布罗纳伯爵曾说:"卫士宁肯战死疆场,决不投降。"
② 先烈纪念日:美国多数州的法定纪念日,在5月最后的一个星期一,用以纪念历次战争中阵亡的将士。

靠基础是他宽广坚定的心胸。是啊,德芬鲍将军就是埃尔姆维尔。

州长早晨散步时通常还有一个小插曲,由于不太重要,我们拖延到现在才讲出来。他们一行到了李马路上一幢砖砌的小事务所前总是停下。事务所门前有几级很陡的木楼梯,门楣上方一块简陋的铁皮招牌的字样是:"威廉·B.彭伯顿,律师"。

将军朝屋里看看,喊一嗓子:"喂,比来,孩子。"随行人员中地位较低的则招呼说:"早上好,比来。"州长尖锐的声音说:"早上好,威廉。"

一个两鬓斑白、看上去没有脾气的小个子走下梯级,同这些人一一握手。埃尔姆维尔的居民见面时总要握手致意。

这一套结束后,小个子回到他的堆满法律书籍和文件的办公桌,队伍继续行进。

比来·彭伯顿,正如招牌标明的,以律师为业。在人们心目中,他却是"他爸爸的儿子"。比来生活在这个称号的阴影下,多年来一直努力要爬出这个深坑,但终于认识到他的雄心壮志注定要埋在坑里。他对父亲的尊敬和所尽的责任超过大多数人,但是他渴望以自己的成绩和价值得到人们的认识和评价。

经过多年锲而不舍的工作,他作为法学原理专家的名声在埃尔姆维尔以外某些范围流传很广。他两次去华盛顿最高法院辩论案件,他发言的严密逻辑和渊博学识使法官席上披着绸袍的先生们刮目相看。他执行律师业务的收入逐渐增加,能够维持他父亲在那幢古老的祖宅(尽管破败,父子二人都没有放弃的想法)过着以前那种舒适的,几乎可以说是奢华的生活。然而,在埃尔姆维尔人的眼里,他始终只是比来·彭伯顿,是卓越的、受人尊敬的市民、"前州长彭伯顿"的公子。有时候他在公众集会上发言,说话吞吞吐吐,并不出彩,因为他的学问过于高深,不适于即席发挥;有时候他被介绍给陌生人和巡回法庭的律师;有时候《旗帜日报》的文章提到他,在那些场合下,他都被称为"前州长彭伯顿的公子"。他这辈子似乎注定要做"某某人的公子"了。他的全部成就都要奉献在堂皇而不可避免的先辈荫庇的祭台上。

比来雄心壮志的特殊和最可悲之处,在于他惟一渴望征服的世界是埃尔姆维尔。他天性羞怯谦逊。全国或者全州性的荣耀可能使他觉得承受不起。他最希望得到的是和他一起长大的伙伴们的欣赏。他不愿意从加在他父亲头上的纷至沓来的花环撷取一片叶子,更不愿意从那些完全相同的干枯枝桠上采集枝叶来编织自己的花环。埃尔姆维尔人老是称呼他"比来""公子",使他十分懊恼,但又不能明说,最后他变得更沉默寡言,更勤奋好学。

一天早晨,比来收到高级当局的一封信,请他出任美国新的岛屿领地的一个重要司法职务。这是了不起的荣耀,因为全国上下都在议论可能的人选,认为担任那种职务的人必须具备极高的资格、丰富的学识和平衡的心态。

这一任命代表了比来长期勤奋的工作的成功,他抑制不住心头的喜悦,但嘴角露出了古怪的微笑,因为他已经预料到埃尔姆维尔会怎么看待这一光荣。"彭伯顿州长的公子得到赏识,可喜可贺"——"埃尔姆维尔为它尊敬的市民彭伯顿州长的公子的成功感到高兴"——"比来,好样的!"——"比来·彭伯顿法官,本州战争时期的英雄和人民的骄傲的儿子!"——在比来的想象中,报上刊登的和人们谈论的将是这类词句。本州的孙子、埃尔姆维尔的继子——命运把他和国家之间的联系定了位。

比来和他父亲住在老宅。父子两人加上一个上了年纪的妇女——一个远房亲戚——构成了一家。州长的贴身老黑人男仆老杰甫或许也应包括在内。毫无疑问,他会要求这种荣誉的。还有别的仆人,但是托马斯·杰弗逊·彭伯顿是"家庭成员"。

在埃尔姆维尔,惟有杰甫是认可比来而不掺杂家长作风的人。

他认为"威廉少爷"是塔尔博特县最伟大的。尽管战争时期的前州长散发出来的光芒使他眼花缭乱,尽管他一贯忠于旧制度,他信任和佩服的人却是比来。作为英雄的男仆和家庭一员,他有极好的判断机会。

比来首先向杰甫透露了任命的消息。他回家吃晚饭时,杰甫接过他的大礼帽,拂拭后挂在门厅的衣帽架上。

"可不是吗!"老仆说,"我知道会有这一天的,我知道会有这种事的。你说是法官吗,威廉少爷?北方佬委派你当法官?该是时候了,少爷,他们战争期间做了对不起人的事,应该补偿。我想他们准是开了会,说,'让威廉·彭伯顿少爷当法官吧,事情有个了结。'你是不是要离家去菲律宾,威廉少爷,你可不可以待在这里判案?"

"我大多数时间必须住在那里。"比来说。

"不知道州长对这件事会怎么说。"杰甫琢磨着。

比来也在琢磨。

晚饭后,父子二人按照习惯坐在书房,州长抽陶制烟斗,比来抽雪茄,孝顺儿子说出了任命的事。

州长一言不发,默默坐着只顾抽烟。比来靠在他惯坐的摇椅上等他父亲开口,也许还在为任命感到得意,那些勾心斗角、趋炎附势、吵吵嚷嚷的人怎么也钻营不到的差使,不请自来地到了他那寒碜的小事务所。

州长终于开口了;他的话听来似乎不着边际,实质上十分中肯。他的颤颤巍巍的声音里有一种殉道的调子。

"最近几个月来,我的风湿病越来越严重了,威廉。"

"我很难过,父亲。"比来轻声说。

"我快满七十八岁了。我成了老人。我任职期间活跃在公共生活中的人只有两三个还健在。你刚才说任命你的职位是什么性质,威廉?"

"联邦法官,父亲。我认为那个职务相当令人满意。你了解,它不问政治,不受幕后操纵。"

"当然,当然。将近一个世纪以来,彭伯顿家很少有人从事专业工作。从来没有谁担任过联邦职务。多半是地主、奴隶主、庄园主。你母亲德温特家有一两个在法律界。你决定接受任命没有,威廉?"

"我正在考虑。"比来瞅着雪茄的烟灰慢吞吞地说。

"你一向是我的好儿子。"州长用笔套拨弄烟斗,接着说。

"我一生都是你的儿子。"比来郁郁不乐地说。

"人们为我有这样一个优秀的儿子而向我祝贺时,我很高兴,"州长抽着烟斗,不免露出得意的神情,"特别在我们的家乡,人们谈话时总是把你的名字和我联系起来。"

"谁都忘不了这种联系。"比来含糊地说。

"由于我对本州的贡献而和我的名字联系起来的任何威望,"父亲继续说,"你都可以自由运用。我一有机会就为你创造条件。你也当之无愧,威廉。你是最好的儿子。现在这项任命要把你从我身边带走了。我没有几年可活了。现在我的生活几乎不能自理,走路穿衣都要别人帮助。没有了你,我怎么办,我的儿子?"

州长的烟斗掉到地上,流下了眼泪。他的嗓音越来越高,化为微弱的假声,终于停了。他是个即将失去爱护他的儿子的老人。

比来站起来,把手放在州长的肩上。

"别担心,父亲,"他快活地说,"我不准备接受了。埃尔姆维尔这个地方对我够可以了。我今晚就回信谢绝任命。"

州长和德芬鲍将军在李马路上再次互致问候时,州长自鸣得意地提起比来得到的任命。

将军吹了一声口哨。

"对比来说,那可是个要职,"他喊出声说,"谁会想到比来——我真混,他本来就有才能。埃尔姆维尔会沾光不少。房地产生意会看好。对本州是荣誉。对南方是认同。我们大家都没有看到比来这么出息。他什么时候赴任?我们一定要开个欢送会。哇!那个职务的年薪有八千元呢!多少人做梦都想得到。想想看!我们的埋头干活、才高八斗的小比来!谁会想到他不飞则已,一飞冲天。埃尔姆维尔如果不马上列队承认过去埋没了人才,不向他表示歉意,将是个耻辱。"

那个年高德劭的摩洛①傻笑着。他掌握了焚烧奉献给比来的祭品的火,焚烧的烟雾将袅袅升起,向他自己顶礼膜拜。

"威廉已经谢绝了任命。"州长带着谦逊的自豪说,"他不愿意在我老年时离开我。他是个孝顺儿子。"

将军转过身,用粗大的食指按在他朋友的胸前。将军的成功有很大一部分应归功于他在因果之间迅速建立联系的本领。

"州长,"他的牛眼般的大眼睛紧盯着州长说,"你大概对比来抱怨了你的风湿病吧?"

"亲爱的将军,"州长偏头偏脑地回答说,"我的儿子是四十二岁的人了。对这类事情完全有能力自己做出决定。作为他的父亲,我有责任声明,你说的——呃——关于风湿病的话,纯粹是针对个人苦恼的小口径枪发射的一颗毫无准头的子弹。"

"对不起,"将军反驳说,"你这颗子弹会使公众苦恼一个时期,并且不是小口径的。"

两个老伙伴第一次争得面红耳赤,若不是泰特斯上校和另一人得意扬扬地来到,他们斗嘴可能斗得更凶。将军把受宠的州长

---

① 摩洛指要求作出重大牺牲的势力,原为古代腓尼基人崇拜的火神,以儿童为祭品,见《旧约·列王纪下》第 23 章第 10 节:"……不许人在那里使儿女经火,献给摩洛。"

托付给新来的人,自己走开了。

比来有效地埋葬了自己的抱负,安下心来做个好儿子,却惊异地发现心情轻松愉快得多。他认识到自己长期不懈地奋斗,但没有寻找简单的、有益于身心健康的欢乐,因而遭受了多么大的损失。现在,埃尔姆维尔和对他不另眼相看的朋友们使他感到温暖。他开始觉得继续当"比来"和他父亲的儿子,听到快活的邻居和小时候的伙伴亲热的招呼,比之当"法官阁下"要好得多,那样的话,他坐在陌生人中间,听取引经据典的辩护人的论证时,会仿佛听到那个老人微弱的声音在说:"没有了你,我怎么办,我的儿子?"

比来现在在街上行走时会吹吹口哨,见到熟人会亲昵地拍拍他们的后背,记起多年来没有时间去回忆的旧闻轶事,这些变化都使朋友们吃惊。有些比较年轻的人甚至学他的样子加入了高尔夫球俱乐部。他改变习惯的一个明显证明是他戴了一顶时髦的、不很庄重的小软帽,只在星期日和重大的场合才戴大礼帽。比来开始享受埃尔姆维尔的生活,尽管那个不尊重他的市镇没有给他应有的荣誉。

在此期间,埃尔姆维尔一直过着平淡的日子。州长每天仍旧招摇过市地去邮局,将军仍旧充当典礼官,两人似乎都忘了那次在他们友谊中激起波澜的小别扭。

但是有一天,埃尔姆维尔突然沸腾起来。消息传来说,总统巡视途中将莅临埃尔姆维尔,逗留二十分钟。总统同意在豪华旅馆的阳台上向市民发表五分钟讲话。

埃尔姆维尔像一个人似的站起来了——那个人当然是德芬鲍将军——筹备给全国各党各派的首领恰如其分的接待。排障器两旁飘着小星条旗的火车头牵引的列车到了。埃尔姆维尔尽了最大的努力。乐队、鲜花、马车、制服、彩旗、临时委员会等等一应俱全。穿白短裙的女学生捧着一束束的玫瑰花簇拥在贵宾们的必经之路上。这种场面总统以前见过不下数十次之多。他事先可以想象出从老一套的讲话到玫瑰花蕾的每一个细节。但是他面对埃尔姆维尔的欢迎,仍旧露出和善的、很感兴趣的微笑,似乎这一切都很新鲜。

埃尔姆维尔的知名人士聚集在豪华旅馆楼上的圆形大厅里,等待在预定的讲话之前逐一介绍给贵宾。默默无闻但爱国的老百姓聚集在旅馆外面的街道上。

德芬鲍将军把埃尔姆维尔的王牌留在旅馆里。全市都知道,因为那张王牌是固定的,古老的习俗要求打出那张王牌。

到了恰当的时刻,年高德劭、精神矍铄、身材高大的彭伯顿州长会扶着将军的前臂走上前来。

埃尔姆维尔屏气息声地看着听着。直到现在,美利坚合众国的一位北方总统才同战争时期的前州长彭伯顿握手,鸿沟才完全弥合,国家成为不可分的整体,不谈什么北方南方,更没有东部西部之分。盛装的埃尔姆维尔人挤挤插插,把豪华旅馆墙上的白粉都蹭了下来,等着那声音发言。

还有比来呢!我们几乎把比来忘了。他注定要扮演儿子的角色,耐心地等待出场的时刻。他手里拿着大礼帽,心态平静。他钦佩父亲的引人注目的风度和姿态。说到头,这个人在众望所归的位置上三代不衰,做他的儿子也不枉然。

德芬鲍将军清了清嗓子。埃尔姆维尔的人张开嘴,蠢动起来。一言九鼎的总统面带笑容,伸出手。战争时期的前州长彭伯顿也伸出弥补隔阂的手。可是将军说的是什么话呀?

"总统先生,请允许我向您介绍我们杰出的公民、学识渊博的法学家、模范的南方绅士威廉·B.彭伯顿法官阁下的父亲。"

魔　吻

塞缪尔·坦西只是一家便宜药房的店员,但他瘦长的身躯里蕴藏着罗密欧的激情、莱拉的忧郁、达太安的浪漫和梅尔诺特不顾一切的冲动①。可惜的是他缺乏自我表达的能力,注定要受到极度羞怯的限制;他崇拜那些天使般的女人,渴望救助、拥抱、抚慰并征服她们,但命运之神使他在女人面前总是张口结舌、脸涨得通红。

坦西和几个朋友在打台球,时针快移到十点了。每隔一天,他不必在药房值夜班,七点就可以离开。即使同男人一起的时候,坦西也很腼腆,局促不安。他在想象中干过英雄豪侠的事迹,实际上只是个浅薄的二十三岁的青年,少言寡语,举止过分拘谨。

时钟敲响十点时,他匆匆放下球杆,用一枚硬币敲敲柜台玻璃,让服务员来收他应付的钱。

"你干吗这么着急,坦西?"一个朋友说,"还有约会吗?"

"坦西有约会!"另一个朋友应声说,"绝对不可能。皮克大妈早就立下规矩,坦西十点钟必须回家。"

---

① 罗密欧是莎士比亚悲剧《罗密欧和朱丽叶》中的人物;莱拉是英国诗人拜伦的两部叙事长诗《海盗》和《莱拉》中的人物,海盗首领康拉德(后名莱拉)乔装苦行僧进入萨伊德苏丹的王宫,败露后被投入地牢,王后解救了他,一起回海盗岛发动起义;达太安是法国作家大仲马的小说《三个火枪手》中的风流人物;梅尔诺特是英国作家利顿的喜剧《里昂贵妇人》中的人物,描写一个花匠之子冒充科莫王子,赢得贵妇人的爱。

"不可能，"一个脸色苍白的年轻人取下嘴里的雪茄，凑上来说，"坦西不敢晚回去，因为卡蒂小姐可能下楼开门在门厅里吻他。"

这句挖苦坦西的反话使他感到火辣辣的刺痛，因为除了吻之外都是真情。那正是他梦寐以求、胡思乱想的东西，但是太遥远、太神圣了，以致他不存什么奢望。

坦西轻蔑地朝说话的人瞪了一眼——他羞怯的性格只能做出这种反击——离开了台球房，下楼走到街上。

两年来，他默默地爱慕着皮克小姐，她的可爱之处隔着精神距离显得更光彩、更神秘。皮克太太收了几个精选的房客，坦西是其中之一。别的年轻人老是同卡蒂开玩笑，拿小虫追在后面吓唬她，毫无顾忌地嘻嘻哈哈同她闹着玩，坦西冷眼看着，心头像铅一般沉重。他爱慕的表示少得可怜——一声颤抖的"早上好！"，吃饭时偷看她一眼，偶尔有几晚她奇迹似的没有约会待在家里，他便红着脸极度兴奋地和她玩玩纸牌。（那简直是天上人间！）至于在门厅里吻他！哎呀，他害怕，但那是一种狂喜的害怕，正如以利亚被旋风卷上天空时的感觉一样①。

可是今晚伙伴们的嘲笑在他身上激起了一种鲁莽的、无法无天的叛逆想法，一种挑战、反抗、不顾一切的返祖现象。海盗、冒险家、多情种子、诗人、狂放的艺术家的精神控制了他。皮克小姐的青睐，或者她那愉快的嘴唇的要命的甜蜜，似乎并不像他看到的星星那么高高在上、那么可望而不可即了。他的命运似乎使他出奇地激动伤感，呼唤着与它的极端状态相适应的安慰。附近有一家酒馆，他进去要了苦艾酒——毫无疑问，这种酒最符合他的浪荡

---

① 以利亚是以色列国王亚哈时代的先知，据说是白日升天的，见《旧约·列王纪上》。

的、自暴自弃的、无奈的多情种子的心情。

他一而再、再而三地喝了酒,一种超凡脱俗的、奇特的兴奋感弥漫到全身。坦西平时不怎么喝酒;短短几分钟内连喝三杯苦艾大茴香酒马上给他看了颜色;人们常说酒能消愁,坦西只不过想用很少尝试的酒精来淹没他的悲哀。

他从酒馆出来,在人行道上朝皮克家的方向挑衅地打了一个榧子,然后转过身,像哥伦布航海似的进入一条荒凉的魔街。这个比喻并不言过其实,因为多年来坦西很少踏上陌生的地方——他总是两点一线,往返于药房和寄宿处之间,即使逆流也很少改变他的航线。

坦西漫无目的地走着,不知是因为他不熟悉这一地区,或是因为他初次参加大胆冒险的周游,还是某个绿眼睛的精灵悄悄在他耳边唆使,他走上一条黑暗的没有行人的大路,两旁的房屋都关着百叶窗,空荡荡的,一点动静都会响起回音。这条路突然到了头(西班牙人建的古老的圣安东尼奥城里的许多街道都是这样的),迎面是一堵高大的砖墙。不——道路并没有堵死!左右两面还有出口——卵石铺地的、没有照明的、朦胧狭窄的沟壑。道路右面地势逐渐升高,有五磴莹莹发光的石灰石梯级,侧面与一堵同样高度、同样材料的墙相接。

坦西坐在石梯级上,想他所爱的人,想她或许根本不知道自己是他的所爱。他还想到那个肥胖、和善而警惕的皮克大妈,皮克大妈并不反对他和卡蒂在客厅里打纸牌。因为便宜药房开给他的工资并不便宜,说得通俗些,他在皮克家的房客中间可算是星级的。他还想到卡蒂的爸爸,使他害怕和讨厌的皮克船长,一个喜欢摆阔的二流子和败家子,靠剥削女眷的劳动来养肥自己,一个莫名其妙的家伙,但据说还算不上最不要脸。

夜晚起了雾,有点凉意。市中心和它的喧闹已被坦西抛在后面。远处的灯光在高空雾气的反映下仿佛是颤抖的圆锥形的光幕,带着一道道难以形容的颜色和此起彼伏的幽灵般的电光石火。现在黑暗似乎友好一些,可以看出街道尽头那堵墙的盖顶石上有一排尖铁。后面朦朦胧胧,仿佛是山峰的锐角,零零落落地透出一些小平行四边形。坦西终于想起,那些山峰其实是圣梅塞德斯修道院古老庞大的建筑,只是他视觉的角度不同,没有马上辨认出来。一阵悦耳的歌声坚定了他的判断。远处传来的应是纯洁的修女们甜美神圣的赞歌,那阵和谐的声调越来越高。修女什么时候唱歌?他思考着——六点,八点,还是十二点?坦西靠在石灰石墙上思索。怪事出现了。许多白鸽拍翅振翼在空中盘旋,落到修道院墙上。坚实的石墙长出许多闪亮的绿眼睛盯着他眨巴。一个粉红色的、优雅的宁芙从路上的窟窿里蹦出来,光着脚在砾石上翩跹起舞。一群轻灵的、系着蝴蝶结的猫在天上迤逦而过。歌唱声更响了,不合季节的萤火虫闪闪烁烁飞过空中,黑暗里无缘无故地传来奇怪的低语。

坦西注意到了这些现象,并没有惊异之感。他的理解达到了新的层次,他的心情似乎很清晰,而且十分恬静。

他突然产生了活动和探查的欲望,便站起来走进右面黑黝黝的窄街。那堵墙形成一段路的边界,再往前走,是两排黑灯瞎火的房屋。

城里的这一地区一度归那个西班牙人管辖。经过一个世纪的风风雨雨,他的水泥和土砖盖的住宅依然阴森森的屹立在那里。灰暗的天空衬出精雕细刻的摩尔式阳台的轮廓。一阵阵阴冷陈腐的空气从石砌的拱道迎面向他扑来;他的脚有时踢到半埋在石板里的铁环,发出叮当的声响。傲慢的西班牙贵族曾经大摇大摆地走在这些路上,骑着马在这里耀武扬威,大声喝斥,向爱慕的女人唱小夜曲,与此同时,印第安人已经举起战斧,拓荒者已经拿起步枪要把他逐出美洲。坦西跌跌撞撞地踏着旧世界的尘土,在暗地里抬头,影影绰绰仿佛看到阳台上的安达卢西亚美女。有的嬉笑着,在听那缭绕不绝的鬼怪似的音乐;有的胆怯地倾听一世纪前已经消失的夜里卵石路上骑士们的马蹄声。那些女人不做声了,但是坦西听到没有马的马嚼铁和没有骑手的踢马刺的声响,以及不时用外国话发出的含混的咒骂。他没有被吓倒。黑影和声音的影子都吓不倒他。害怕吗?不。害怕皮克大妈?害怕面对他心中的姑娘?害怕那个醉醺醺的皮克船长?没有的事!他也不怕那些魑魅魍魉和老是缠着他的鬼怪般的唱歌声。唱歌!他可以唱给他们听听!他扯起嗓子,没腔没调地唱起来,警告那些胆敢冒犯他的神秘的力量:

当你听到丁零零的铃响,
今晚老城里就会有一场好戏,
搅得你待不下去!

坦西不清楚自己在这条鬼影幢幢的小街上走了多久,但终于到了宽敞的大路。离街口还有几码远的时候,他看到一家寒碜的糖果点心铺的橱窗,瞥见里面简陋的设备、低廉的散装苏打汽水容器和烟草糖果的货架,同时也认出了凑在摇曳的煤气灯火前点雪茄烟的皮克船长。

坦西拐过街角时,皮克船长恰好出来,两人打了个照面。坦西喜出望外地发现自己竟能坦然直面这种场合。果真是皮克!他举起手,打了个响亮的榧子。

在药房店员勇敢的姿态前畏畏缩缩的却是皮克。船长像干了坏事被人当场捉住似的,神色惊恐万分。不错,那张脸平时总是使别人显出惊恐的神色。那是一张异教偶像的淫荡的脸,小眼睛,皮肤打褶的肥下巴,欲火难熬的邪恶的表情。坦西还看到铺子外面的街沟那儿有一辆关着门的马车,马车夫一动不动坐在驾驶座上。

"嗨,是坦西!"皮克船长喊道,"你好吗,坦西?抽支雪茄吧,坦西?"

"嗨,是皮克!"坦西也喊道,由于自己的鲁莽而兴高采烈,"这么晚了,你还在搞什么鬼名堂,皮克?偏僻的小街,关着门的马车!呸!皮克!"

"车里没有人。"船长假装老实说。

"车外的人撞上大运了。"坦西找茬似的说,"我想让你知道,皮克,我一看见你心里就有气,你这个酒糟鼻的混蛋。"

"嘿,这小子喝醉了!"船长快活地说,"我以为他存心找麻烦,其实是醉了!回家去吧,坦西,别在街上碍大人的事。"

那时候,一个穿白衣服的人从马车里跳下来,尖厉的声音——卡蒂的声音——划破天空:"萨缪尔!萨缪尔!——救救我,萨缪尔!"

坦西朝她冲去,但是皮克船长肥硕的身子挡住了去路。奇迹中的奇迹!那个以前窝窝囊囊的年轻人居然挥起右拳,船长笨重地倒在地上,破口大骂。坦西扑向卡蒂,像胜利的骑士似的把她搂在怀里。她抬起脸,他吻了她——紫罗兰!触电!糖蜜!香槟酒!没有摆脱幻想的梦实现了。

"噢,萨缪尔,"卡蒂喘过气来时说,"我知道你会来救我的。你知道那些坏蛋要把我怎么样吗?"

"替你拍照片吧?"坦西说,自己也觉得这句话太蠢。

"不,他们要吃掉我。我听他们这么说来着。"

"吃掉你!"坦西思考一会儿后说,"不可能;没有盘子呀。"

突如其来的声响使他警觉地转过身。船长和一个穿条纹外套、红色灯笼短裤的、长胡子的畸形侏儒向他逼来。侏儒一跳二十英尺,抓住了他。船长抓住了卡蒂,把她塞进马车,自己也跟着上车。马车飞快地驶去,只听得卡蒂的尖叫。侏儒把坦西高举过头顶,跑进铺子。他一手举着坦西,另一手打开一个巨大的盛有冰块的箱子,把坦西扔了进去,放下箱盖。

摔下去的力量一定很大,因为坦西失去了知觉。他苏醒时,第一个感觉是背部和四肢冷得厉害。他睁开眼睛,发现自己坐在石灰石台阶上,仍旧面对着那堵墙和圣梅塞德斯修道院。他想起的第一件事就是使他神魂颠倒的卡蒂的吻。皮克船长无法无天的恶劣行径、眼前不合情理的神秘情况、他同那个怪异侏儒的荒谬的冲突——这一切使他十分愤怒,但并没有不真实的感觉。

"明天我再去那里,"他大声抱怨说,"敲掉那个喜歌剧里的矮子的脑袋。他凭什么跑出来找完全不认识的陌生人,把他扔进冷藏库!"

那个吻仍是他首先想到的东西。"我早就该做了,"他想,"卡蒂也喜欢。她叫了我四声萨缪尔。我不再去那条街。太伤筋动骨。也许我应该去另一条街。不知道她说他们要吃掉她是什么意思!"

坦西感到困倦,过了一会儿,他决定再活动活动。这次他走左面的小街。开始一段路比较平坦,接着逐渐向下倾斜,通到一片荒凉暗淡的空地——军事广场。左面一百来码远的广场边缘有一簇闪烁的灯光。他一看就认出那是什么地方。

供应著名的墨西哥风味食品的商贩一度非常红火,现在所剩不多,都聚居在那个狭窄地带。几年前,他们每晚在市中心有名的阿拉莫广场支起帐篷营业,宴饮热闹得像是狂欢节,远近闻名。当时的商贩有好几百,顾客成千上万。卖弄风情的小姐、西班牙吟游诗人的音乐、百来张桌子上争奇斗艳的辛辣的墨西哥菜肴,引来大量顾客,阿拉莫广场整夜熙熙攘攘。旅行者、牧场主、醉汉、观光客、口音各各不同的闲人和出来吃饭的全家老少,圣安东尼奥的夜猫子汇聚在这个欢乐的中心。开酒瓶时软木塞的噗噗声,手枪的砰砰声,乘机突然向女方的求婚声;眼睛、珠宝和匕首的闪亮;琅琅的笑声和硬币的叮当声——这一切构成夜晚的主旋律。

可是现在都没有了。绚丽多彩的饮宴缩减成五六顶帐篷、炉火和桌子,并且局限在一个废弃的老广场内。

坦西晚上常常逛到这里的饭摊来吃美味的辣椒肉末——墨西哥人的一道拿手好菜,用剁碎的鲜肉加上芳香植物和红辣椒做成——风味独特,辣得像火,特别适合南方人的口味。

这种菜肴的使人馋涎欲滴的香味随风飘进坦西的鼻孔,唤起了他的食欲。他朝那个方向转过身去,看见一辆马车冲出幽暗的广场,驶到墨西哥人的帐篷前。摇曳的灯光下有几个人影来回走动,接着马车又飞快地离去。

坦西上前,在一张铺着花花绿绿的漆布的桌子旁坐下。这时候路上车辆稀少。几个青少年在另一张桌子吵吵嚷嚷地吃饭;墨西哥人冷漠地、慢吞吞地吃他们的东西。死气沉沉。城市夜晚的嘈杂撞上广场周围黑黝黝的房屋外墙,逐渐消退,形成模糊的营营声,偶尔有柴禾的爆裂和刀匙的碰击声。东南风吹来,使人昏昏欲睡。没有星星的天空像铅盖似的压在地面上。

在这片阒静中,坦西突然扭头,平静地看到一群鬼怪似的骑手在广场展开队形,朝着前来阻挡他们的发出荧光的步兵冲去。他看到了猛烈的枪炮的火光,但没有声音。漫不经心的食客茫然坐着,不理会双方交战。坦西不清楚,也不想弄明白,那些不声不响的战士分属什么国家,他向过来侍应的墨西哥女人要了辣椒肉末和咖啡。这个女人上了年纪,愁眉锁眼,脸上的皱纹多得像甜瓜皮。她从搁在炉火边的锅里舀了菜端上来,退回附近一个黑咕隆咚的帐篷。

没过多久,坦西听到帐篷里起了骚动,西班牙语的伤心的哭喊声在苦苦哀求,两个人拉拉扯扯地到了灯光下。一个是那老女人,另一个是穿着华丽的闪闪发亮的衣服的男人。女人揪着他,似乎要什么他不愿意给的东西。男人挣脱了她,狠狠揍她,把她打回帐篷看不见了,只听得她抽抽搭搭地哭泣。男人看到了坦西,快步走到他坐的桌子这儿。坦西认出他是墨西哥人拉蒙·托雷斯,他所光顾的饭摊的老板。

托雷斯几乎是纯种的西班牙人后裔,三十来岁,英俊傲慢,但十分有礼貌。今晚他打扮得很漂亮。穿的是威风凛凛的斗牛士的衣服,紫色天鹅绒几乎缀满了刺绣和珠宝。衣服和手上的硕大的钻石光芒四射。他拉过一把椅子,在坦西对面坐下,慢条斯理地卷一支香烟。

"啊,坦西先生,"他说,漆黑的眼睛还含着怒火,"我今晚见到你非常高兴。坦西先生,你是老顾客。我认为你是个可靠的人——一个极好的朋友。你喜欢长在吗?"

"永远走开,不再来这儿?"坦西问道。

"不,不是走开——是长在,不死。"

"我觉得那句话莫名其妙。"坦西不高兴地说。

托雷斯把胳膊肘支在桌上,吸了一大口烟再说话——每吐出一个字就带出一股灰色的烟雾。

"你看我有多大年纪,坦西先生?"

"嗯,二十八或者三十。"

"今天是我的生日,"墨西哥人说,"我今天正好四百零三岁。"

"又一次证明,"坦西轻快地说,"我们这里的空气有益健康。"

"不是空气的原因。我要告诉你一个非常有价值的秘密。听我说,坦西先生。我二十三岁时从西班牙到了墨西哥。哪一年?我是一五一九年同埃尔南多·科尔特斯的士兵们一起到墨西哥的。一七一五年,我又到了你们的国家。我亲眼看到你们的阿拉莫陷落。我觉得像是昨天的事。三百九十六年前,我学会了长在的秘密。瞧我穿的衣服——瞧这些钻石。你认为我卖辣椒肉末挣的钱能买得起吗,坦西先生?"

"我认为买不起。"坦西立刻说。托雷斯哈哈大笑。

"天哪!我买得起。不过我做的不是你现在吃的那种。我做另外一种完全不同的东西,吃了可以长生。想想看!我供应给一千个人——每人每月付我十个比索。你瞧!每月就是一万比索!可了不起!我怎么不穿漂亮衣服呢?你看到刚才那个揪住我的老太婆吗?她是我的妻子。我娶她时她很年轻——十七岁——很美。同别人一样,她变老了——你说得对!——并且不好对付。我还和以前一样——永远年轻。今晚我决定打扮一下,另娶一个适合我年纪的妻子。那个老太婆要抓破我的脸。哈!哈!坦西先生——美国人也是这样的吧。"

"你提到的长生食品呢?"坦西问道。

"听我说,"托雷斯凑过来,上身完全贴到了桌面,"辣椒肉末还是辣椒肉末,不过原料不是牛肉或者鸡肉,而是小姐的肉——年轻稚嫩的小姐。秘密就在这儿。每个月都得吃,注意不能出月,那你就不会死了。你瞧,我多么信任你,坦西老朋友!今晚我买了一个年轻小姐——非常美丽——美丽、丰满、柔软!明天辣椒肉末就做得了!我花了一千元买下那个年轻小姐。从美国人那里买的——一个了不起的人——皮克船长——你怎么啦,先生?"

坦西跳起来,带翻了椅子。他想起卡蒂刚才的话:"他们要吃掉我,萨缪尔。"看来这就是卡蒂的没有人性的父亲替她安排的悲惨命运。他刚才看到的从广场驶来的马车就是皮克船长的。卡蒂在哪里呢?也许已经被——

他正不知如何是好时,帐篷里传出一声尖厉的叫喊。墨西哥老太婆跑出来,手里握着一把明晃晃的刀子。"我放掉了她,"老太婆嚷道,"你杀不了她了。你会被绞死的——你这个忘恩负义的东西——施妖法的巫师!"

托雷斯暴喊一声,朝她扑去。

"我的拉蒙!"她叫道,"以前你是爱我的。"

墨西哥人的手打了下来。"现在你老了。"他说,老太婆倒下去,不动弹了。

另一声叫喊,帐篷的门帘撩开,卡蒂站在那里,吓得面无人色,手腕仍有一根绳索绑着。

"萨缪尔!"她喊道,"再救救我!"

坦西绕过桌子,勇气百倍地朝墨西哥人扑去。这时候,城里响起午夜的钟声。坦西揪住托雷斯,觉得手里抓的是嘎吱作响的丝绒和冰凉闪亮的钻石。转眼之间,他手里那个衣着华丽的人突然抽缩成一具容貌枯槁、胡子雪白、有四百零三年历史的木乃伊,身上的衣服破烂不堪,脚上穿的是古埃及人的皮凉鞋,嘴里却发出叫声。墨西哥女人爬了起来,大笑着朝那个哀嚎的老家伙挥舞她棕色的手。

"去呀,"她嚷道,"去找你的小姐呀。拉蒙,让你落到现在这个地步的是我。你每个月吃那延年益寿的辣椒肉末。让你搞错时间的是我。你本应昨天吃的,可是拖延到了今天。现在已经晚了。去你的吧,混蛋!你太老了,我不要你了!"

"这是你们家里有关年龄问题的私事,"坦西放开那个白胡子说,"和我没有关系。"

他抓起一把餐刀,割断缚住美丽姑娘手腕的绳索;然后吻了卡蒂·皮克——这是今晚第二次吻她,又尝到了吻的甜蜜、奇妙和快感,又一次达到了他不间断的乱梦的高潮。

接着,一把冰冷的刀深深插进他的后背,他觉得他的血流慢慢冻结,听到那个老而不死的西班牙人的咯咯狞笑,看见广场升腾到空中旋转，最后天塌了下来——什么都不知道了。

坦西再睁开眼时，发现自己仍坐在原来的地方，望着沉睡的修道院的幢幢黑影。他仍感到后背冰凉剧烈的疼痛。他是怎么被弄回到这里的？他艰难地站起来，伸伸僵直的四肢。他扶着石墙，默默回想当晚每次离开台阶后的光怪陆离的经历，某些细节使他难以置信。他漫游期间是不是真的遇到了皮克船长、卡蒂或者那个奇特的墨西哥人——他是不是在平凡的情况下真的遇到他们，而他的过分兴奋的头脑创造了不协调的事件？不管怎么样，一个突如其来的得意的念头使他感到无比快乐。我们一生中的某些时刻——或者是为了原谅自己的愚蠢，或者是抚慰自己的良心——几乎都宣扬过某种宿命论。我们会树立一个善解人意的、通过密码和暗号起作用的命运之神。坦西也不例外，他认为这一晚的种种事情都是命运的安排。他每次漫游都导向一个至高的结局——卡蒂和那个滞留在他记忆里越来越强烈的使他心醉的吻。很明显，命运之神那晚举起镜子让他看看无论他走哪一条路，路的尽头等待他的是什么。他立刻转身，匆匆回家。

卡蒂小姐穿着一件裁剪合身的淡蓝色的晨袍，坐在她房间里的扶手椅上，烤着快要熄灭的炉火。她那双没穿袜子的小脚窝在天鹅绒滚边的拖鞋里。她在一盏小煤油灯的光线下浏览上星期日报纸的社交新闻版。她的雪白的小牙齿有节奏地嚼着什么坚不可摧的好吃的东西。卡蒂小姐随意看着花边新闻，耳朵却留意外面的声息，不时朝壁炉架上的时钟瞟一眼。一听到柏油人行道上的脚步声，她的圆下巴就暂时停止上下运动，扬起俊俏的眉毛倾听。

铁门门闩终于咔嗒一响。她像弹簧似的跳起来，跑到镜子前，掠了一下额发，整理一下前襟，女人的这些小动作肯定能让进来的房客着迷。

门铃响了。卡蒂小姐匆忙中不是拧亮而是拧暗了煤油灯,她悄悄快步下楼,到了门厅。她开了锁,打开门,坦西先生侧身进了屋。

"哟,怎么回事!"卡蒂小姐说,"是你吗,坦西先生?半夜都过了。这么晚让我起来替你开门,你好意思吗?你真是的!"

"我晚了。"坦西精神焕发地说。

"亏你说得出口!妈替你担心极了。你十点钟还没有回来时,那个讨厌的汤姆·麦吉尔说你去另一场——说你去找一位年轻小姐了。我讨厌麦吉尔先生。好吧,坦西先生,确实晚了一点,可是我不多责怪你了——哟!我把灯芯拧反了!"

卡蒂小姐低叫一声,她心不在焉,没有拧亮灯,反而完全拧灭了。屋里漆黑一片。

坦西听到悦耳的吃吃笑声,闻到使人神魂颠倒的香水草的气味。一只轻巧的小手摸索着碰到了他的手臂。

"我真笨!你摸得到路吗——萨缪尔?"

"我——我想我身上带着火柴,卡——卡蒂小姐。"

划擦的声音,火柴着了,追随命运的胆怯的人伸直手臂拿着点燃的火柴,照亮了一幕曲终人散的丢脸的场景:一个少女嘟着没有被吻的、表示鄙夷的嘴唇,慢慢地提起煤油灯罩,让火柴点燃灯芯;在幸运儿名单上高居榜首的不幸的坦西讪讪地上楼,走向他自作自受的必然的厄运,而平时办事老练的命运之神夹着翅膀慌乱地拉扯搭错的牵线,搞得一团糟。

局 级 案 件

你在得克萨斯州可以跑一千英里直路而遇不到任何阻拦。如果你的路线弯弯曲曲,距离和速率就可能大大增加。天上的云平静地逆风飘行。纹母鸟闷闷不乐的鸣声同它们北方弟兄的调子完全相反。大旱之后如果下了一场暴雨,一夜之间光滑石硬的土地就会奇迹般地冒出盛开的百合花。汤姆格林县的面积一度漫无边际。我忘了一组数字,说明它那槲树丛生的平原可以隐藏多少个新泽西州和罗得岛而不被发现。但是州议会的斧子把汤姆格林砍成几个不比欧洲王国大多少的县。议会在州中心附近的奥斯丁召开会议,当里奥格朗德地区的代表收拾芭蕉扇和亚麻布衣服准备前往首府时,锅柄①地区的议员扣紧大衣领子,裹严围巾,跺掉沾在靴子上的雪,准备做目的地相同的旅行。这番话只想说明西南部那个前共和国在星条旗上构成一颗相当大的星,并且为下面的推论做好铺垫:那里的事情有时不合常规,不受边界的限制。

得克萨斯州的保险统计史料局以前是个既不特别重要、也非无足轻重的机构。那是以前的名称,现在叫保险局。政府文件里已经没有统计和史料这两个专用名词。

一八八九年,州长委派卢克·孔罗德·斯坦迪弗出任该局局

---

① 锅柄,美国人称两州之间突出的狭长地区为"锅柄",例如"德克萨斯锅柄""爱达荷锅柄""俄克拉荷马锅柄";西弗吉尼亚州别称"锅柄州"。

长。斯坦迪弗是个彻头彻尾的得克萨斯人,当时五十五岁。他的父亲是早期移居该州的拓荒者之一。他本人打过印第安人,当过游骑兵,担任过议员。他没有什么大学问,但有丰富的阅历。

如果说在别的方面没有太充裕的理由,在感恩图报方面,得克萨斯可以列在光荣榜的前几名。因为作为共和国和州,得克萨斯对那些为它的拓荒创业立下汗马功劳的子弟们频频授予荣誉和实惠的酬劳。

因此,埃兹拉·斯坦迪弗的儿子、前游骑兵、道地的民主党员、政治地理图上一个没有标出名称的地区的幸运居民,卢克·孔罗德·斯坦迪弗被任命为保险统计史料局局长。

斯坦迪弗接受了这一荣誉,他对要他担任的职务性质和他履行职务的能力有点怀疑,但仍回了州长一封电报,接受了委托,立刻准备赴任。他在家乡小镇有一家测绘事务所,业务不多、效益不佳,很难靠它维持生计。动身前,他翻阅了《大不列颠百科全书》里的"保险""统计"和"历史"条目,看看那些沉重的卷册对他的公务能提供什么信息。

上任几星期后,新局长对他领导的重大机构的敬畏感有所减少。他逐渐熟悉了工作机制,恢复了他习惯的平静生活规律。他的办公室里有一个戴眼镜的老办事员——像机器那样勤勤恳恳、通晓业务、练达能干的三朝元老。老考夫曼顺序渐进地向新领导介绍局里的情况,表面不露一点痕迹,他维持齿轮运转,没有丝毫差错。

事实上,保险统计史料局在州政府中的工作负担不算沉重。它的主要任务是以法律法规为准绳,管理外地保险公司在本州的业务。至于统计——只要给下属县政府的官员发发信,把别人的报告剪剪贴贴,每年就可以编出你自己的报告,开列玉米、棉花、薄壳山核桃的产量,猪的存栏头数,黑人白人的数字,以及一栏栏标明"蒲式耳""英亩"和"平方英里"等等的数字。史料呢?那个部门纯粹是接待性的。对历史有兴趣的老太太有时候把她们历史学会的长篇会议记录寄给你。每年可能有二三十个人写信说他们弄到了山姆·休斯顿的小刀,桑塔纳的威士忌酒瓶,或者戴维·克罗克特的来复枪①——绝对是真品——要求议会拨款收购。史料部门的信函大多给搁置起来。

八月份一个热得冒烟的下午,局长仰靠在扶手椅里,脚搁在绿毡面的大办公桌上。局长抽着雪茄,迷迷糊糊瞅着窗外州议会会堂空地在热空气中颤动的景色。他也许想着过去艰难简朴的生活,紧张的冒险和行动,目前已经改行或者不在人世的伙伴们,也许自得其乐地在想没有忘记他功劳的州政府在议会会堂的拱顶下替他支起的帐篷。

局里业务清淡。保险很懒散。统计需求不旺。历史本来就是死的。那个克尽厥职、难得缺勤的老考夫曼请了半天假,因为康涅狄格州一家保险公司无视伟大的孤星州②的法令,企图违规操作,被考夫曼及时制止,他高兴之余请半天假慰劳自己。

办公室里非常安静。开着的房门外隐约传来别的部门的声息——隔壁出纳局的办事员把一袋银币扔到保险库地上的沉闷的金属碰击声——打字机模糊的、断断续续的键盘声——州地质学

---

① 萨缪尔·休斯顿(1793—1863),美国将军,政治家,弗吉尼亚人。1836年率领德克萨斯军在哈辛托打败墨西哥军队;1836—1838年,1841—1844年间任德克萨斯共和国总统,1845年德克萨斯加入联邦后,任美国参议员(1846—1859)和德克萨斯州长(1859—1861)。
桑塔纳(1795?—1876),1833—1835年间任墨西哥总统,1836年企图镇压得克萨斯革命,攻占得克萨斯圣安东尼奥的阿拉莫城堡,被萨缪尔·休斯顿在哈辛托打败。
克罗克特(1786—1836),美国边疆开发者,是1836年阿拉莫之役的六个幸存者之一,但3月6日被墨西哥军队处决。他于1834年出版的自传很受欢迎。
② 孤星州是德克萨斯州的别名,因为该州的盾形纹章图案上有一颗星。

家房间里发出的敲击声,仿佛啄木鸟飞进了这幢阴凉宽大的建筑在凿洞找虫子吃——然后是轻微的衣服的窸窣声和旧鞋子在过道里的脚步声,这些声音在昏昏欲睡的局长所背对的门口停住了。接着是一个温柔的人声,说什么话局长没有听清,但透露了说话人的为难和犹豫。

说话的人是个女的;局长属于那种有骑士风度的类型,在裙子前面总是表示敬意,不考虑裙子质量的高低。

门口站的是一个面容憔悴的妇女,许多不幸的姐妹之一。她一身着黑——贫穷悼念失去的欢乐的永恒的颜色。她脸的轮廓像二十岁,却有四十岁的皱纹。那二十年的过程可能是在十二个月内完成的。她仍有愤怒的、压制不住的、抗议的青春气息,从未老先衰的面纱里透出微弱的金子般的光芒。

"对不起,夫人。"局长站起来说,椅子推后时嘎吱一响。

"您是州长吗,先生?"那个让人看了伤心的妇女问道。

局长用手按着双排纽扣礼服的前胸,深鞠一躬,他心里一直在犹豫。最后决定还是实话实说。

"不,夫人。我不是州长。我忝为保险统计史料局局长。有什么事可以为您效劳吗?您请坐。"

那位女士或许纯粹出于体力原因,像下沉似的坐在端给她的椅子里。她摆弄着一把廉价的折扇——残剩的上流社会的最后标志。她的衣服暗示着她几乎破落到了极端贫困的地步。她瞅着那个不是州长的人,在他饱经四十年风雨的黧黑的脸上看到了善良纯朴和粗鲁的、没有虚饰的殷勤。她还看到他清澈的蓝眼睛的坚定神色。他曾用那双眼睛眺望地平线,搜索来犯的凯欧瓦和苏族印第安人。他嘴巴的线条仍像当年争论南方是否应该脱离联邦时他公然反对老山姆·休斯顿那么倔强。现今卢克·孔罗德·斯坦迪弗在举止和衣着方面力图为保险统计史料局的重要作用增光。

他已经放弃了在家乡时不修边幅的习惯。现在,即使人们认为他那个局的重要性在政府部门中间敬陪末座,他那黑色的宽檐帽子和长后摆的礼服使他在政府官员中间并不逊色。

"您要见州长吗,夫人?"局长以他在妇女面前一贯恭敬的态度问道。

"我也说不好,"那位女士犹豫地说,"我想是吧。"接着,在对方同情眼神的感召下,她突然把她的苦恼的故事和盘托出。

故事太平常了,人们已经开始不觉得可悲,而觉得无聊了。不幸的婚姻——蛮横的、没良心的丈夫,不务正业,挥霍浪费,欺侮弱小,不能维持家里最低的生活。是啊,他竟堕落到动手打她的地步。那是昨天的事——她额角上的瘀伤就是他打的——她只不过向他要一点钱免得挨饿,竟然冒犯了那位大爷。可是天性懦弱的她偏偏还替她强横霸道的丈夫辩解,说他喝了酒;清醒的时候很少虐待她。

"我想,"这个脸色苍白的姐妹悲伤地说,"州政府或许可以给我一点救助。我听说老拓荒者的家属得到过类似的待遇。听说州政府常常分配土地给那些同墨西哥打过仗、开发这个地区、协助驱逐印第安人的人。这些事我的父亲都干过,他从没有要过回报。他不愿意接受。我想州长有权过问,所以我来了。如果父亲名下有什么,能不能由我领取?"

"夫人,"斯坦迪弗说,"这种情况确实有可能。但是几乎所有的复员军人早就领到了土地证,得到了安置。不过我们可以在土地管理局查对核实一下。您父亲的名字——"

"阿莫斯·科尔文,先生。"

"天哪!"斯坦迪弗霍地站起来,解开绷得太紧的礼服的纽扣,激动地嚷道,"你是阿莫斯·科尔文的女儿?哟,夫人。阿莫斯·科尔文和我是十多年的老朋友了,我们的交情比盗马贼还深。我们一起打凯欧瓦人,赶牛群,当游骑兵,几乎跑遍了得克萨斯。我见过你一次,现在我记起来了。那时你还是孩子,六七岁年纪,骑着一匹小黄马跑来跑去。阿莫斯和我追踪一帮墨西哥盗马贼,在你家歇过脚,吃过饭。哎呀!你竟然是阿莫斯·科尔文的小女儿!你有没有听你父亲提到过卢克·斯坦迪弗——只是无意中提到——听他说起他认识我?"

女士苍白的脸上掠过一丝笑容。

"我印象里,"她说,"似乎没有听他提过别人。他每天总要谈他和你一起干过的事情。我最后听他谈的一件事是他伤在印第安人手里,你带了一罐水悄悄爬过草丛到他身边,而印第安人——"

"是啊,是啊——嗯——那算不了什么,"斯坦迪弗大声哼哼着,敏捷地扣好扣子,"夫人,同你结婚的那个该死的兔崽子——对不起,夫人——同你结婚的那位先生是谁啊?"

"本顿·夏普。"

局长呻吟一声坐到椅子里。他最好的老朋友的女儿,这个穿着黑色旧衣服的温柔悲伤的小妇人,竟然是本顿·夏普的妻子!本顿·夏普,本州这一带最出名的"坏蛋"之一——曾经当过盗牛贼,土匪,亡命徒,如今是赌徒,恶霸,在边境比较大的城镇横行不法,全凭他的恶名和拔枪的速度保持优势地位。谁都不愿意捋本顿·夏普的虎须,自讨没趣。即便是治安官员也眼开眼闭,明哲保身。夏普出手快,枪法准,运气又好,打斗时总是毫发无损。斯坦迪弗不明白阿莫斯·科尔文的小鸽子怎么会同这只猛鹰配对,表示了他的诧异。

夏普太太叹了一口气。

"你知道,斯坦迪弗先生,我们一点也不了解他,他高兴的时候可以表现得相当和善可亲。我们本来住在戈利亚德小镇。本顿骑马到了那里,歇了一段时候。我认为我当时比现在要好看一点。

我们结婚后他待我很好,那种情况持续了整整一年。他还买了五千元人身保险,受益人是我。最近六个月来,他露出了本来面目,百般虐待我,只差没把我杀掉。其实我觉得不如死了痛快。有时候他缺钱花,便可耻地凌辱我,因为我没有供他挥霍的财产。后来父亲去世,戈利亚德的那幢小房子归了我。我丈夫逼我卖了房子,弄得我无家可归。我身体不好,找不到工作,几乎活不下去了。最近我听说他在圣安东尼奥挣钱,我去那里,找到他,求他给我一点帮助。这就是他给我的,"她指指头上的瘀伤,"于是我来奥斯丁见州长。我听父亲说过州政府要给他一块土地或者一笔养老金,可是他从没有要。"

卢克·斯坦迪弗把椅子推后,站起身。他为难地看看家具漂亮的宽敞的办公室。

"要求政府履行过期的承诺道路十分漫长,"他缓缓说,"官方手续、律师、判决、证据、开庭等等,要等很长时间。我不敢肯定,"局长沉思地皱紧眉头接着说,"我负责的这个局是不是有管辖权。它只管保险、统计、史料,夫人,听来不像是能处理这个案件。不过有时候鞍毡也能押长。夫人,您坐几分钟,我去隔壁办公室看看。"

州政府出纳局局长坐在他办公室的一道庞大复杂的栅栏里面看报。当天的工作快结束了。办事员们都懒洋洋地靠着办公桌,等着下班。保险统计史料局局长进了屋,在栅栏的窗口探头看看。

出纳局局长是个胡须雪白的矍铄的小老头儿,他灵活地一跃而起,上前招呼斯坦迪弗。他们是多年的朋友了。

"弗兰克大叔,"得克萨斯州的人都这么亲热地称呼出纳局长,斯坦迪弗也不例外,"你现在有多少钱?"

出纳局局长报出了当天的现金结余,直到若干美分——总数超出了一百万。

局长轻轻吹了一声口哨,眼里露出希望的光芒。

"你是不是认识,或者有没有听说过阿莫斯·科尔文,弗兰克大叔?"

"很熟悉,"出纳局局长马上说,"一个好人。杰出的公民。西南地区最早的开发者之一。"

"他的女儿,"斯坦迪弗说,"正坐在我的办公室里。她不名一文。她嫁给了一个恶棍、凶手,本顿·夏普。他害得她缺衣少食,伤透了她的心。她的父亲在本州的建设方面出了力,现在该轮到本州帮助他的孩子。有两千元就可以把她的房子买回来,让她安心生活。得克萨斯州可不能不管。给我那笔钱,弗兰克大叔,我马上去给她。有关手续我们随后补办。"

出纳局长显出为难的样子。

"嗯,斯坦迪弗,"他说,"你知道,没有审计官的许可,州库的钱我一分也不能动用。没有付款凭单,我一块钱也不能支付。"

保险局长有点不耐烦。

"我给你支付凭单,"他说,"他们派给我这个职位是干什么的?难道我只是个牧豆树桩的疙瘩?难道我的部门只是摆摆样子?把钱记在保险和另外两个劳什子名下。难道统计不能证明,当这个州还在墨西哥人、响尾蛇和科曼奇族印第安人手里的时候,阿莫斯·科尔文已经来这里日夜奋斗,使它成为白人的地方?难道他们不知道阿莫斯·科尔文的女儿被一个坏蛋毁了,而那个坏蛋试图推翻你我和老一辈得克萨斯人为之流血奋斗的体制?难道历史没有表明,孤星州对那些使它成为联邦最大一州的人的落难的子女一向是扶危济困的?假如统计和史料不能支持阿莫斯·科尔文的孩子的要求,我就请求下一届议会撤销我的职务。来吧,弗兰克大叔,让她得到那笔钱吧。如果需要签署什么文件,由我来签;如果州长,审计官,门房,或者任何人反对,我就把这件事提交给老百姓,问问他们是不是支持。"

出纳局长虽表同情,但显得震惊。保险局长越说到后面声音越高,那些话在感情方面固然值得赞扬,但让一个大小也算是本州局长的人的能力丢尽颜脸。办公室里的人开始注意他们的谈话。

"听我说,斯坦迪弗,"出纳局长用安慰的口气说,"你知道我在这件事上很愿意帮忙,但是请你静下来想一想。州库里的每一分钱只有通过议会拨款才能动用,只有审计官开具支票才能提取。我无权支配它的用途。你也无权。你的部门不是拨款单位——甚至不是行政单位——它纯粹是事务性质的。那位女士要得到救济的惟一途径是向议会提出申请,并且——"

"让议会见鬼去吧。"斯坦迪弗说着转身就走。

出纳局长把他叫住。

"斯坦迪弗,我个人很乐意拿出一百元,帮助科尔文的女儿应付急用。"他伸手要取钱包。

"没关系,弗兰克大叔,"保险局长的语气缓和了一些,"不必啦。她还没有提出那种要求。她的事由我处理。我现在明白任命我负责的部门是什么破烂玩意儿。它的重要性同月份牌或旅客登记簿差不多。不过在我负责期间,它在可能条件下要管得宽一点,决不能把阿莫斯·科尔文的女儿推出门外不管。你得密切注意保险统计史料局的动作。"

局长若有所思地回到他的办公室。他十分专注但毫无必要地把办公桌上墨水瓶的盖子掀开又关上,关上又掀开了许多次,最后才开口说话。"您为什么不离婚?"他突然问道。

"我没有打官司的钱。"女士说。

"就目前情况来说,"局长一本正经地宣布,"我这个部门的权力似乎使不上劲儿。统计的银行账上仿佛已经透支,史料管不了一顿像样的饭。不过您还是找对了地方,夫人。本局会负责到底。

您刚才说您的丈夫在什么地方,夫人?"

"昨天他在圣安东尼奥。目前他就住在那里。"

局长突然收起一本正经的神情。他握住那个憔悴的小妇人的手,用他以前在赶牛群的路上和坐在篝火堆旁的声调说话。

"您的名字叫阿曼达,是吗?"

"是的,先生。"

"我记得这个名字。我常听您父亲提到。好吧,阿曼达,我是您父亲最好的朋友,州政府一个大部门的头头,我打算帮您解决困难。我这个老拓荒者和牛仔困难的时候,您父亲曾经多次帮过忙,现在我要问您一个问题。阿曼达,您身边的钱够不够今后两三天的花费?"

夏普太太苍白的脸泛起一丝红晕。

"够了,先生——够花几天的。"

"那好,夫人。现在回到您在这里落脚的地方去,后天下午四点钟再来办公室。那时候很可能有确切的消息告诉您。"局长犹豫了一下,有点不好意思,"您说您丈夫买了五千元的人身保险。据您所知,保费有没有按期缴纳?"

"大约五个月前,他预交了全年的保费,"夏普太太说,"保险单和保费收据都在我的衣箱里。"

"哦,那就没有问题了,"斯坦迪弗说,"那种东西最好妥为保管,有时候可能用得着。"

夏普太太走了,卢克·斯坦迪弗随即回到他下榻的小旅馆,查看了报上的火车时刻表。半小时后,他脱掉上衣和坎肩,把一个特制的手枪套用皮带斜系在肩上,紧贴左腋窝。他把一支四四口径的短筒手枪插进皮套。然后穿好上衣,走到火车站,搭乘下午五点二十分一班去圣安东尼奥的火车。

第二天早上,圣安东尼奥的《快报》有这么一条轰动的新闻:

强中更有强中手,本顿·夏普枪下毙命

得克萨斯西南部尽人皆知的亡命徒在金门面餐馆遭枪杀——

杰出的州政府官员面对著名暴徒自卫成功——顶尖快枪演示

昨晚十一时许,本顿·夏普及两名男子进入金门面餐馆就座。夏普来前已有酒意,喧闹异常。三人入座后五分钟,一位身材高大、衣着讲究的老先生来餐馆。此人是卢克·斯坦迪弗阁下,新近就任的保险统计史料局局长,但现场几乎无人认识。

斯坦迪弗先生走向夏普的桌子,准备在邻桌就座。他往墙上帽钩挂帽子时,失手落到夏普头上。夏普情绪特别恶劣,立即大骂对方。斯坦迪弗先生平静地为此意外道歉,但夏普不依不饶,诟骂不休。只见斯坦迪弗先生凑近夏普说了几句话,但声音很低,内容无人听到。夏普勃然大怒,一跃而起。此时,斯坦迪弗先生已后退数码,双臂合抱在宽松的上衣胸前,站停不动。

夏普拔枪之快,出手之狠毒,一向令人惧怕,他把手伸向他一贯藏枪后裤袋——这一动作预示对方必死无疑,以前至少有十数人在这种情况下丧命。旁观者断言,夏普出手虽快,但对方拔枪迅捷如电,手法之漂亮在西南部实属罕见。转瞬间,夏普已举起手枪;不见斯坦迪弗先生手臂有何动作,但像变戏法似的,右手里已出现一把闪闪发亮的四四口径手枪,一发子弹击穿了本顿·夏普心脏。后得知,新任的保险统计史

料局局长曾与印第安人作战，并当过多年游骑兵，因此使用四四口径手枪的手法有独到之处。

据信斯坦迪弗先生除了今日出席必要的正式听证会外，不至于有任何麻烦，因为在场的目击证人一致宣称此举出于自卫。

夏普太太如约来到局长办公室时，看到那位先生平静地在吃一个赤褐色的冬苹果。他大大方方地招呼了她，开门见山谈起当天人们议论纷纷的话题。

"我不得不那么做，夫人，"他直截了当地说，"不然我自己就得挨他的子弹。考夫曼先生，"他转向那个老办事员说，"请查查平安人身保险公司的记录，看他们有没有问题。"

"不用查，"考夫曼什么事都记在脑子里，"没问题。他们十天之内可以理赔。"

夏普太太起身告辞。她做好安排，赔付保险之前在城里等待。局长没有留她。她是个女人，并且他不知道该对她说些什么。休息和时间会给她带来她所需要的东西。

她离去时，卢克·斯坦迪弗不由自主地发表了官方评论：

"夫人，保险统计史料局在您的案件里尽了最大的努力。根据官方程序，这件案子很难处理。统计无能为力，史料打不响，但是我冒昧说一句，保险是我们的强项。"

沙勒洛瓦的复兴

格朗德蒙·夏尔是位克利奥尔①小绅士,三十四岁,头顶有块光秃,举止像是贵族。白天,他在一个棉花经纪人的事务所当职员,事务所坐落在新奥尔良码头附近那些墙壁渗水、散发腐臭味的阴冷的大楼里。晚上,他在法国移民区一幢公寓的三楼带家具出租的房间里,又成了夏尔家族最后的男性后裔,夏尔家族在法国曾经显赫一时,后来面带笑容、彬彬有礼地一头扎进路易斯安那早期辉煌的日子。近年来,夏尔家族在密西西比河一带过着庄园生活,虽然在共和制度的社会里,豪华和舒适的程度不亚于当年的贵族时期。格朗德蒙甚至有布拉西侯爵的称号。他们的家族拥有那个爵位。月薪七十五美元的侯爵!一点不假!还有比他更惨的呢。

格朗德蒙省吃俭用,从工资里攒积了六百元。你可能会说这笔钱够任何男人结婚用的了。因此,经过两年沉默之后,他骑马前去黄金牧场,阿代勒·福基尔小姐的父亲的庄园,向她重提这个最冒险的问题。她的答复同过去十年里任何时候一样:"夏尔先生,先找到我的哥哥后再说。"

这次他站在她面前,也许因为他的长期无望的爱情要取决于如此荒唐的可能性而泄了气,他要求她直截了当地说她到底爱不爱他。

---

① 克利奥尔,美国路易斯安那州的法国移民后裔。

阿代勒那双讳莫如深的灰色眼睛盯着他,口气稍稍温和地回答说:

"格朗德蒙,你没有权利问我那个问题,除非你做到了我要求你做的事。要就是替我们把我的哥哥维克托找回来,要就是得到他死亡的确凿证据。"

他遭到这样的拒绝已有五次,但这次离去时心情不那么沉重。她至少没有否认她是爱他的。激情的小船在浅水上能漂浮多久啊!我们要不要扮演空谈家的角色,暗示说人到了三十四岁,不像二十四岁时那样,对于生活中的潮起潮落心态比较平静,并且懂得源头很多,不仅仅限于一处。

维克托·福基尔怎么也找不到。他失踪后的初期,夏尔家还有钱,格朗德蒙试图寻找那个失踪的青年人时不计成本,把元当作分那样花费。即使那时,他成功的希望也不很大,因为险恶复杂的密西西比河流域只有一时高兴才会放弃它的受害者。

格朗德蒙常常回忆起维克托失踪的情景,不下一千次了。每当他向阿代勒求婚,而她固执而可怜兮兮地提出二中选一的条件时,那情景就会更清晰地在他脑海里重现。

那个小伙子是家里的宠儿,大胆、讨人欢喜、做事不计后果。他不明智地爱上了一个姑娘——监工的女儿。维克托的家人没有察觉他们的私情。这种情况发展下去肯定会给他的家人带来痛苦。格朗德蒙为了防患于未然,设法阻止。万能的金钱铺平了道路。一晚,监工带着女儿走了,去向不明。格朗德蒙满以为这一下能让那孩子清醒过来。他骑马去黄金牧场同他谈谈。两人从大宅和庭院出来,边走边谈,穿过马路,上了码头,沿着宽阔的通道走去。天上乌云密布,但还没有下雨。格朗德蒙透露是他干预了维克托的秘密恋爱,维克托突然大发脾气,扑了上去,拳头像雨点似的落在他身上。格朗德蒙虽然身材瘦小,却有气力,很快就抓住小

333

伙子的手腕,制服了他,把他按在码头的通道上,等他火气平息后,才松手让他起来。维克托安静了一些,但仍不解恨,把手伸向黄金牧场的大宅方向说:

"你同他们合谋破坏我的幸福。你们谁也休想再见到我了。"

他转过身,飞快地跑下码头,消失在黑暗里,格朗德蒙在后面边跑边叫他,但是追不上。格朗德蒙追了一个多小时,然后走下码头,进入码头与河岸之间的茂密的柳树和草丛,不断呼唤维克托的名字,但始终没有回答,尽管有一次他好像听到流淌的暗褐色河水里发出带水泡声的尖叫。随后,暴风雨来了,他淋得浑身湿透,垂头丧气地回了家。

他解释维克托为什么没有同他一起回来,自以为说得很清楚了,没有提打架的事,因为他希望那小伙子怒气一平息就会回来的。后来,当维克托发出的威胁成为事实,大家再也没有见到他时,格朗德蒙觉得那晚的解释很难改口,于是小伙子消失的原因和经过成了不解之谜。

那晚,格朗德蒙第一次注意到,每当阿代勒瞅他时,眼睛里就出现一种新的奇特的神情。此后多年,那种神情始终存在。他琢磨不透其中含意,因为她怎么也不说产生那种神情的想法。

假如他知道阿代勒在那个不幸的夜晚曾跟着他们一直到大门口,站在那里等她的哥哥和情人回来,琢磨着他们为什么要在暴风雨即将来临的时候去那么一个黑暗的地点谈话——假如他知道她一闪念间仿佛看到了维克托在他手下落水后短暂而剧烈地挣扎的情景——他也许对这一切能做出解释,而她——

我不知道她会做出什么反应。但有一点是清楚的——在格朗德蒙向阿代勒求婚和她的允诺之间,除了她哥哥的失踪之外还有一些别的障碍。十年过去了,她在那一闪念中间揣摩出来的情景难以磨灭。她爱他,但她之所以坚持没有同意是为了要解开那个谜或者要知道"真情"！女人特别注重真情,即使是抽象的原则。据说有些人在感情问题方面认为,与谎言相比,生命都是小事。我不敢肯定。但是我不知道,假如格朗德蒙伏在她脚下说是他害维克托陷入那深不可测的河底,说他不再用谎言玷污他的爱情了,我不知道——我不知道她会有什么反应！

然而颇有古风的小绅士格朗德蒙·夏尔从没有去琢磨阿代勒眼色的含意;他最后一次拜访无功而返,富于面子和爱情,但穷于希望。

那是九月份的事。在冬季的第一个月里,格朗德蒙想出了"复兴"的主意。既然阿代勒永远不会为他所有,那么没有她,钱财只是中看不中用的东西,他何必一点一点地积蓄呢？他何必守住这笔钱呢？

皇家街有好几家酒馆,他经常去一家酒馆坐在光亮的小桌子前一面喝红葡萄酒,一面考虑他的计划,抽掉了许多香烟。计划逐渐完善。毫无疑问,那会花掉他所有的钱,但是——物有所值——他可以再一次成为沙勒洛瓦的夏尔,过几小时的瘾。可以再一次隆重庆祝一月十九日,夏尔家族鸿运高照的最有意义的日子。那一天,法国国王举行宴会时请一位夏尔坐在他旁边;那一天,布拉西侯爵阿尔芒·夏尔像流星似的登陆新奥尔良;那天是他母亲的结婚纪念日;又是格朗德蒙的生日。从格朗德蒙记事开始到家族拆散为止,那个日子一直是欢宴、款待和引以为荣的庆祝的同义词。

沙勒洛瓦是老家的庄园,坐落在河下游二十来英里的地方。多年前,变卖了那注产业去偿付为数太多的产权人的债务。后来一再易手,诉讼经年累月,久拖不决。继承权的问题仍在打官司,沙勒洛瓦的大宅空关着无人居住,据说它那些阴气沉沉的房间里还有戴假发套的、衬衣领子和袖口镶花边的夏尔祖先的鬼魂出现。

平衡法院就大宅的归属问题作出判决前,由法务官保管房屋钥匙,格朗德蒙找到了他,发现他是夏尔家族的老朋友。格朗德蒙向他简单地解释说,他打算在老宅请几个朋友吃几顿晚饭,希望能租用两三天。仅此而已。

"用一星期好了——一个月也可以,"法务官说,"别和我谈租金的事。"他叹口气结束道:"想当年我在那幢房子里吃过多少次饭啊,我的孩子!"

于是,一个头顶有块光秃、风度不凡、识货懂行的年轻人去卡那尔街、沙特尔街、圣夏尔街和皇家街一些经营家具、瓷器、银器、摆设和家用器皿的老字号,说明他的需要。他要租用餐厅、门厅、客厅和衣帽间的整套精致用具,装箱船运到沙勒洛瓦码头,三四天后归还。如有损坏或丢失,照价赔偿。

许多老商人都见过格朗德蒙,同夏尔家族的老一辈做过生意。有的也是法国移民的后裔,一个落魄的职员用他积蓄的柴薪重新点燃一下过去辉煌的火焰,这种轻率得可爱的计划引起了他们的共鸣和同情。

"你要什么尽管挑选,"他们对他说,"每件物品轻拿轻放。尽可能减少赔偿数额,租借费用对你不会是太大的负担。"

下一步是选购酒类;六百元在酒商那里给削去一大块。再一次在贵重的酒类中间进行选择,对格朗德蒙说来是极大的乐趣。香槟酒贮藏库像女妖塞壬的居所那样引诱他,但他不得不匆匆而过。只有六百元的他站在香槟酒前面,就像是手里紧握一分钱站在法国玩偶前面的小孩。不过他审慎而有品位地选购了别的酒——沙百里、莫赛尔、黄金堡、霍赫海默白葡萄酒和年代品牌合适的红葡萄酒。

烹饪问题让他煞费苦心,琢磨了几小时后,突然想起安德烈——他们家的老厨师安德烈——密西西比河一带鼎鼎大名的法式烹调大师,他或许在庄园附近。法务官曾对他说过,根据诉讼双方的临时协议,庄园的土地还没有荒废耕种。

想到这个念头后的星期天,格朗德蒙骑了马去沙勒洛瓦。两边带有长侧房的方形大宅紧闭着百叶窗和门户,显得很凄凉。

庭院里的灌木无人修整,长得乱七八糟。小径和门廊上铺满了落叶。格朗德蒙绕过大宅,到了后面庄园帮工们住的房子,遇上他们正从教堂回来,穿着鲜艳的黄、红、绿衣服,无忧无虑,显得很快活。

是啊,安德烈还在那儿,他那绒毛似的鬈发比以前白一些,但仍像以前那样咧着一张宽嘴笑嘻嘻的。格朗德蒙把自己的打算告诉了他,老厨师摇头晃脑,非常得意。格朗德蒙舒了一口气,知道开饭之前用不着他操心了。他给了安德烈一大笔钱,至于菜肴如何安排,由安德烈全权掌握。

黑人中间还有一些老宅的仆人。以前的总管阿布萨隆和五六个当过侍者和厨房下手、餐具保管员等等比较年轻的人围拢来招呼格朗德蒙少爷。阿布萨隆保证调理好这帮副手,上酒端菜一定有板有眼。

格朗德蒙给了这些忠诚的前仆人一笔丰厚的赏赐,高高兴兴地骑马回城。还有许多别的细节需要考虑布置,但整个策划终于完成,只剩下向宾客发出邀请了。

沿河一带二十英里方圆之内有五六个家族,和以前的夏尔家族一样奢华好客。他们是旧制度最骄傲和最威严的维护者。他们的小圈子声名显赫,他们的交往密切热情,他们的邸宅充满了罕见的殷勤和高雅的慷慨。格朗德蒙心想,务必请那些朋友一月十九日再来沙勒洛瓦一次,庆祝他家族的喜庆日子,以后恐怕没有机会了。

格朗德蒙的请柬用雕刻铜版印刷。价格虽然昂贵,但精美漂亮。那些高雅的请柬上有一处可能引起议论，可是那个法国移民后裔仍在瞬息即逝的辉煌的帽子上插了一支虚荣的羽毛。在"复兴"的惟一的日子里，难道他不可以用"沙勒洛瓦的格朗德蒙·迪·皮伊·夏尔"的称号？一月初，他发出了请柬，好让宾客们提前接到通知。

十九日早上八点钟，"大河号"汽轮小心翼翼地靠上沙勒洛瓦很久没有使用的码头。吊桥放下后，庄园里许多帮工在老朽的码头上卸下一批形状奇特的各式各样的货物。用布料缠裹、绳索捆扎的大包小包，桶栽和盆栽的棕榈、常绿植物、热带花卉、桌子、镜子、椅子、长沙发、地毯和画框——全部细心包扎填衬，以免运输途中受损。

格朗德蒙在那群人中间忙前忙后。他亲自监督搬运一些标明小心轻放的大件物品，因为里面装的是容易破碎的瓷器和玻璃器皿，摔了一件，他积攒一年的钱可能都赔不起。

最后一件卸下后，"大河号"退出码头，继续驶向下游。不出一小时，所有的东西都搬进了大宅。然后轮到阿布萨隆来指挥家具和器皿摆放在什么位置。不缺干活的人手，因为那天一向是沙勒洛瓦的节日，黑人们不愿看到老传统衰落。黑人居住区几乎全家出动，自告奋勇来帮忙。二十来个小孩清扫庭院里的落叶。后面的大厨房里，安德烈像往昔那样威风八面，指挥许多下手和帮工。大宅百叶窗敞开，尘土飞扬，人声和脚步声热闹非常。少爷回来了，沙勒洛瓦从长睡中苏醒过来了。

那晚，从河对岸升起的满月越过码头发现了她运行多年没有看到的景象。庄园的老宅每扇窗户都透出柔和诱人的光亮。老宅的四十多个房间里只有四间经过重新布置——大客厅、餐厅和两间小一些的客人休息室。但是所有房间的窗口都点了蜡烛。

餐厅是杰作。摆好二十五份餐具的长餐桌上，雪白的餐巾和瓷器、冰清玉洁的玻璃器皿像冬日景色那么晶莹闪亮。高雅的基础不需要太多的装点。抛光的地板在烛光下现出红宝石的光泽。华美的护壁板上方挂了几幅果品花卉的水彩素描,增添了轻松的氛围。

客人休息室的布置简洁雅致。谁都看不出明天这些房间又要腾空,成为灰尘和蜘蛛的天下。门厅里的棕榈和蕨类植物和一个庞大的枝状烛台使人一进门就有深刻印象。

七点钟,格朗德蒙出来,他换上了夜礼服,极其洁净的衬衫饰有珍珠——那是他家族的癖好。请柬注明晚餐八时开始。他搬了一张扶手椅坐在门廊上,抽着烟,浮想联翩。

月亮上升已有一个小时。庄园的大门离古树环抱的大宅有五十码远。前面是马路,再过去就是杂草丛生的码头和那条贪得无厌的河流了。码头上空有一盏小红灯徐徐降下,另一盏小绿灯缓缓吊起。过往的汽轮鸣笛致意,嘈杂声惊动了低地昏昏沉沉的阒静。接着,四周重归岑寂,只有轻微的夜籁——猫头鹰的宣叙调、蟋蟀的随想曲、草丛里青蛙的协奏曲。小孩和闲人都给轰回黑人居住区,白天的混乱逐渐成为井然有序的明智的宁静。六个穿白色短上衣的黑人侍者轻手轻脚地在餐桌周围转悠,假装在整理那些已经摆得完美无缺的餐具。阿布萨隆穿着一双锃亮的黑色浅口鞋,统管全局,时不时站到烛光明亮、使他显得更神气的地方。格朗德蒙坐在椅子里休息,等待客人光临。

他准是迷迷瞪瞪地做了一个梦——一个荒唐的美梦——他发现自己已经成为沙勒洛瓦的主人,阿代勒成了他的妻子。这会儿她正朝他走来;他听到她的脚步声;他觉得她的手按在他的肩上——

"打扰一下,格朗德蒙少爷"——碰到他肩上的是阿布萨隆的手,说话带有黑人的腔调——

八点钟。格朗德蒙跳了起来。在月光下他可以望到大门外的一排拴马桩。照说客人的马匹早该拴在那里了。但仍是空荡荡的。

安德烈的厨房里传出一阵有节奏的、悲恨的抱怨声，天才遭到冒犯和侮辱，义愤的吼叫越来越高，在大宅里回响。漂亮的晚餐，精美无比、像珍珠宝贝似的漂亮的晚餐！再等下去的话，千雷轰顶的黑猪也不愿意碰它了！

"客人们晚了一点，"格朗德蒙平静地说，"他们会来的。吩咐安德烈等一会儿再开席。再问问他，是不是牧场里逃脱了一条牛，闯进了屋在吼。"

他又坐下抽烟。说虽然这么说，他自己也不太相信今晚会有宾客来沙勒洛瓦。有史以来，夏尔家族的邀请第一次被人置之不理。格朗德蒙的好心和敬意是如此天真，对他姓氏的威望又是如此自信，根本没有考虑过客人会有什么不出席的理由。

沙勒洛瓦坐落在大路边，过往行人很多，受他邀请的那些庄园里肯定也有人经过。即便在老宅突然复苏的前一天，他们骑马路过时看到的仍是一副荒废败落的模样。他们看到沙勒洛瓦的遗迹，再瞅瞅格朗德蒙的请柬，不知道他葫芦里卖的是什么药，不知道这是个无聊的玩笑，还是什么别的把戏，谁都不会傻乎乎地到那废弃的老宅去寻找答案。

月亮爬到了大宅四周的树上，除了窗口柔和的烛光照亮的地方外，庭院地上斑驳的黑影越来越浓。河那边吹来飕飕的小风，暗示夜深时可能下霜。台阶一边的草地上有不少格朗德蒙扔掉的白色的烟蒂。棉花经纪人的职员坐在扶手椅里，香烟的雾气在他头顶缭绕。我怀疑他是否想到他白白浪费掉的那笔小小的财富。不惜工本地在沙勒洛瓦坐几个小时，也许就是使他满意的回报。他思潮起伏，想起许多互不相关的往事。当他心下冒出《圣经》里穷汉大摆筵席的比喻时，不禁暗自好笑。

他听到阿布萨隆咳嗽一声,希望引起他注意。格朗德蒙动了一下。他这次没有睡着,只是困倦。

"九点钟了,格朗德蒙少爷。"阿布萨隆声调平板地说,他同任何好仆人一样,只反映事实,不擅自发表个人意见。

格朗德蒙站起来。当年夏尔家族都是好样的,即使输也要输得漂亮。

"开席。"他平静地说。紧接着,他叫住转身去执行命令的阿布萨隆,因为大门插销咔嗒一响,有人在小径上朝大宅走来。那人拖着脚步,嘴里自言自语。他在灯光照亮的台阶下站停,像普天下所有流浪的乞丐那样哀求说:

"仁慈的老爷,能赏点吃的给一个穷困不幸、饿肚子的人吗?能在披屋的角落里赏个睡觉的地方吗?因为"——他前言不搭后语地补充说——"我现在能睡觉了。晚上山不在我眼前旋舞了;铜壶都已擦得锃亮。如果您想把我锁起来,我脚踝上还有铁箍和一节链条。"

他把一只脚搁在台阶上,提起腿上的破裤管。那只积满了一百里格路程的尘土、不成样的鞋子上方确实有一节链条和铁箍。流浪汉身上久经风吹雨打的衣服已经破烂不堪。蓬乱纠结的褐色头发和胡子里露出两只无神的眼睛。格朗德蒙注意到他手里拿着一张白色的方卡片。

"那是什么?"他问道。

"我在路边拣的,老爷。"流浪汉把卡片递给格朗德蒙,"赏点吃的吧,老爷。一点烤玉米,一张玉米饼,或者一把豆子。羊肉我不能吃。我割羊的脖子时它们的叫声像孩子。"

格朗德蒙把卡片拿近看看:是他自己发出的请柬之一。毫无疑问,肯定有谁把它同无人居住的沙勒洛瓦邸宅加以对照后从路过的马车里扔掉的。

"草野陌路也邀来了,"他笑着自言自语,接着吩咐阿布萨隆,

"叫路易斯来。"

路易斯是他以前的贴身男仆,今天穿着白色短上衣,随即来到。

"这位先生,"格朗德蒙说,"和我一起用餐。让他去洗个澡,找一身衣服给他。二十分钟内收拾停当,然后开席。"

路易斯以通常对待沙勒洛瓦来宾的谦和态度走到那位不太体面的客人身边,带他到后面去收拾一番。

二十分钟后,阿布萨隆宣布开席,客人给引进餐厅,格朗德蒙已站在主座前等候。在路易斯的照料下,陌生人变得有模有样。干净的衬衫和一套从城里运来、原先准备给侍者穿的旧礼服使他的外表发生了奇迹般的变化。他那蓬乱的头发经过梳理后稍微伏贴一些。现在他很可能被认为是艺术音乐界那种打扮怪僻、故作姿态的人。他走近餐桌时的神色和举止,没有露出经过天方夜谭式的变化后常有的局促和困惑。他让阿布萨隆安排坐在格朗德蒙右边,仿佛这种侍候对他说来并不是第一次。

"很抱歉,"格朗德蒙说,"我还没有请教尊姓大名。我姓夏尔。"

"在山里的时候,"流浪汉说,"他们叫我美国佬。公路上的朋友叫我杰克。"

"我还是叫你杰克吧,"格朗德蒙说,"我们喝一杯,杰克先生。"

众多的侍者一道一道地上菜。安德烈高超的烹调手艺和格朗德蒙自己内行的选酒眼光使他深受鼓舞,谈笑风生,充当了出色的主人。客人的谈话时多时少,他似乎害了间歇性痴呆症,有时神智茫然,有时相对清醒。他眼睛里仍有新近发过热病的呆滞的光亮。肯定是长时期的热病使他落得如此消瘦虚弱,心神不定,以致久经风吹日晒的黧黑的脸上都透出苍白。

"夏尔,"他对格朗德蒙说——他以为夏尔是名字——"您从来没有见过山的旋舞吧?"

"没有,杰克先生,"格朗德蒙认真地回答,"我没有见过那种景象。不过我能理解,那肯定很有趣。要知道,我们可以说顶上有积雪的大山像在跳华尔兹舞——穿着袒胸露肩的夜礼服跳舞。"

"你先把水壶擦干净,"杰克先生兴奋地凑近他说,"以便明天早上煮豆子吃,然后躺在毯子上别动。它们就会出来为你跳舞。你想出去同它们一起跳,但你每晚被铁链拴在棚屋中央的柱子上。你相信山会跳舞吗,夏利?"

"我不反驳旅行者讲的故事。"格朗德蒙笑笑说。

杰克先生高声大笑。随即又像吐露秘密似的悄声说:

"傻瓜才相信呢。不是山在跳舞,而是你发高烧花了眼。是干苦工和饮水不洁引起的。你病了几星期,没有药。每晚发烧,你躁狂时的力气比两个人还大。一天夜里,那帮匪徒喝醉了龙舌兰酒。他们外出打劫,带回一袋袋的银币,喝酒庆祝。夜里你用锉刀弄断了铁链,下了山。你走了许多路——几百英里。山给抛在背后,你到了草原上。草原晚上不跳舞;它们比较仁慈,你能睡了。接着你到了河边,河有好多话要对你说。你顺着河走啊走啊,但找不到你要找的东西。"

杰克先生朝后靠在椅子上,慢慢地阖上眼睛。食物和酒使他深深陷入平静。他脸上紧张的神色逐渐消失。酒醉饭饱后的倦怠使他无法抗拒。他昏昏沉沉地说:

"我知道——在饭桌上睡着——很不礼貌——可是——这顿饭太棒了——格朗德蒙,老伙计。"

格朗德蒙!那个名字的主人吃了一惊,放下酒杯。他像哈里发似的请来参加宴席的这个衣衫褴褛的可怜虫怎么会知道他的名字?

那种想法太荒唐、太不合情理了,起先根本没有往心里去,但

343

逐渐起了疑。他双手颤抖,好不容易掏出怀表,打开后盖。有张相片嵌在后盖里面。

格朗德蒙站起来,推推杰克先生的肩膀。困乏的客人睁开眼睛。格朗德蒙举起怀表。

"看看相片,杰克先生。你认不认识——"

"我的妹妹阿代勒!"

流浪汉一声暴喊响彻整个餐厅。他一跃而起,格朗德蒙已经搂住了他叫道:"维克托!——维克托·福基尔!感谢上帝,天哪,天哪!"

当年失踪的小伙子太困太累了,那晚无法细谈。几天后,当他脉管里的热带热病有所冷却,他讲的混乱的片断在形式和顺序方面趋于完整。他谈了那次一怒之下的离家出走,在海洋和陆地上的艰苦和灾难,在南美国家的祸福兴衰,以及最后一次被墨西哥的一帮土匪俘虏,监禁在索诺拉山区的匪巢里,像奴隶似的干苦工。他谈了他在那里得了热病,脱逃时发烧谵妄,迷了路,也许出于神奇的本能,回到他出生的河畔。还谈了他禀性的骄傲和固执,这些年来一直不和家里通消息,结果给一个人的名声蒙上了阴影(虽然他并不知情),隔离了两颗互相爱慕的心。你也许会说:"多么悲壮的爱情!"其实你应该和我一起说:"多么悲壮的骄傲!"

那晚维克托睡在客人休息室的一张长沙发上,沉重的眼睛开始有点清醒,和缓的面容有了宁静。阿布萨隆替沙勒洛瓦暂住的主人准备睡处,明天他又是棉花经纪人的职员,但也是——

"明天我带你去看她。"格朗德蒙站在客人躺着的长沙发前说,他容光焕发,《圣经》里那个带以利亚白日升天的马车驭夫的面色大概也是这样的①。

---

① 事见《旧约·列王纪上》。

经 理 人 材

这是一位男经理人的故事,他始终坚持自己的立场,直到故事末尾。

我是听萨利·马贡亲口说的。全是他的原话,如果有什么出入,应由我的记忆负责。

故事一开始就强调经理人的男性特点,并无不妥之处。因为按照萨利的说法,"经理人"一词如果用于女性,意义恰好相反。他说,女经理人精打细算,锱铢必较,在枯燥乏味的生活里听到快步舞曲而施舍一枚小钱给街头拉小提琴的卖艺人都不情愿。因此,家里的男人夸她、赞扬她,然后从后门溜出去看吉尔胡利姐妹歌舞团的踢踏舞表演。

男性经理人,我仍旧引用萨利的话,是没有布鲁特斯制约的凯撒。是不负责任的专制君主,是拿别人的钱去冒风险的赌徒。他的任务是粉墨登场,做出反应,繁荣发展,功高盖主——在可能的情况下获得利益。他的特征是付账和为后果伤脑筋。他指导冒险,充当头面人物,他是虚张声势的最高帕夏①和喝酒胡闹的主心骨。

我们一起吃午饭时,萨利对我讲了那个故事。我不时了解一

---

① 帕夏是土耳其等伊斯兰教国家的高级官衔,有最高、二级、三级帕夏之分,按军旗上加的一、二、三根马尾数为标志。

些细节。

"我的老朋友丹佛·盖洛韦是天生的经理人材,"萨利说,"他三岁时来到纽约。他出生在匹兹堡,父母生他后的第三个夏天移居东部。

"丹佛长大后干上了经理这一行。八岁时,他替一个意大利移民看管报摊。此后他管理过溜冰场、马车行、彩票代销点、餐馆、舞蹈学校、竞走比赛、滑稽戏班子、呢绒店、十来家旅馆和避暑地、一家保险公司以及一个区候选人的竞选班子。库格林在东区当选的那次竞选活动使丹佛崭露头角。百老汇路的一家旅馆请他当经理,他一度还替奥格雷迪参议员筹划第十九选区的竞选活动。

"丹佛是个彻头彻尾的纽约人。我讲的故事发生之前,他大概只离开过纽约两次。一次是去扬克斯打兔子。另一次,我见他刚从北江轮渡下来。'我去西部旅行了一次,萨利老兄,'他说,'嘿,萨利,我从没想到我们国家的幅员如此辽阔。简直辽阔极了。以前我从没想到西部会这么漂亮。壮丽伟大,无边无际。相比之下,东部显得局促小气多了。旅行是件大好事,从中可以了解我们地大物博的国家。'

"我去过几次加利福尼亚和墨西哥,还去过北面的阿拉斯加,于是我和丹佛聊聊他的见闻。

"'你当然参观过那里的约赛米特①吧?'我问道。

"'嗯——没有,'丹佛说,'好像没有。至少我记不清了。要知道,我只待了三天,没有时间去俄亥俄州扬斯敦以西的地方。'

"两年多前,我带了一个田纳西州云母矿的主意来到纽约,想在朝阳的窗口挂粘蝇纸似的粘住几个傻乎乎的苍蝇。一天下午,我捧着一捆刚印好的股票从印刷厂出来,在街角上遇到丹佛。我

---

① 指约赛米特国家公园,位于加利福尼亚州中部。

从没见过他那么像卷丹百合①。他还像香豌豆棚架那么生机盎然,像单簧管独奏演员那么自得其乐。我们握了手,他问我最近在干什么,我简单地向他介绍了我准备在云母方面大干一场。

"'呸!你的云母太差劲啦,'丹佛说,'萨利,除了云母那种透亮的玩意儿之外,你还有什么东西可以用来砸老纽约的保险箱?你跟我去布伦瑞克饭店吧。你正是我需要的人。我要让你看看那里的黑缎子时装和鬈头发姑娘。'

"'你住在布伦瑞克吗?'我问道。

"'不,'丹佛快活地说,'拥有饭店的辛迪加住在那儿。我是饭店经理。'

"百老汇路上有许多摆满棕榈、花卉、时装的酒店,仿佛草坪招待会和洗衣店的混合物,布伦瑞克却不是。它坐落在东区的一条街上,是家殷实老式的旅馆,斯卡尼特勒斯市长或者密苏里州长来纽约时很可能在那里下榻。饭店有八层,窗口都安了新的条纹帆布凉篷,晚上电灯通明。

"'我当了一年经理,'我们快到饭店时丹佛告诉我,'我刚接手时,'他说,'谁都不在布伦瑞克停留。接待处的时钟一连几星期都不上弦。一天,门口有个人心脏病发作,倒毙在人行道上。人们去抬他时,他已经在两个街口以外了。我想出一个主意,吸引西印度群岛和南美洲的生意。我说服老板们追加了几千元投资,把每一分钱都用在电灯照明、圭亚那辣椒、金箔和大蒜上面。我招聘了一批能说西班牙语的职工和一支弦乐队,放出消息说地下室每星期日有斗鸡赌博。也许只有深栗色皮肤的客人吸引不到!从哈瓦那到巴塔戈尼亚的先生们对布伦瑞克都有耳闻。古巴、墨西哥和更南面的美洲国家的重要人物也来了,他们有大把大把的钱

---

① 一种亚洲百合,橘黄色花瓣有许多黑色斑点,拉丁学名 Lillium tigrinum。

可花。'

"我们到了饭店,丹佛在门口让我站停。

"'里面有个赤褐色的小个子,'他说,'坐在右面的皮椅子里。你也坐下来,观察他几分钟,然后把你的想法告诉我。'

"我找了一张椅子坐下,丹佛在饭店的圆形大厅里周旋应酬。大厅里满是鬈头发的古巴人和肤色深浅不一、黑头发的南美洲女子,大厅弥漫着国际气氛,香烟烟雾中不时闪烁着钻石戒指的光芒,夹带着一丝大蒜气味。

"那个丹佛·盖洛韦真叫人看了眼目清凉。他身高六英尺二,红头发,红面颊,像红鲈鱼似的。他风度翩翩,招呼客人时让你联想起圣詹姆斯宫殿、昌西·奥尔科特、肯塔基的上校们、基度山伯爵和大歌剧①。他一抬手指,饭店的服务员和侍者就像蟑螂似的匆匆跑来,连大堂经理也温良恭谦得像是安迪·卡内基②。

"丹佛四处走动,同客人们握手,反复说着他知道的两三句西班牙语,整个场面像是就职典礼的彩排,或者布里安竞选总统时得克萨斯州的烧烤野餐会。

"我注意丹佛嘱咐我观察的那个小个子。他身材矮小,穿着双排纽扣的长礼服,走路时老是踮着脚尖。他皮肤黧黑,赤褐色的络腮胡子像桃花心木丝那么坚硬。他喘着大气,眼睛一刻也不离开丹佛。佩服和尊敬的神情像是瞅着一支棒球冠军队的孩子,或

---

① 圣詹姆斯宫殿在伦敦蓓尔美尔街,1532年英王亨利八世在位时兴建,1697—1837年英国君主的住所,现仍为接见外国使节的地点。
昌西·奥尔科特(1860—1932),美国著名男高音及音乐剧演员。
肯塔基的上校们泛指美国南北战争前美国南方的大庄园主。
基度山伯爵是法国作家大仲马同名小说的主人公,青年时期遭仇人诬陷,被判终身监禁,越狱后在基度山岛找到藏宝,富可敌国,逐一报复仇敌。
② 安德鲁·卡内基(1835—1919),美国钢铁大王,原籍苏格兰,当过匹兹堡钢铁厂的勤杂工,晚年大量捐赠,设立了许多公共图书馆和卡内基理工学院、卡内基音乐厅等。安迪是安德鲁昵称。

者在镜子前面顾影自怜的德国皇帝。

"丹佛一个圈子兜下来之后,把我带进他的私人办公室。

"'你对我让你观察的那个黑小子有什么看法?'他问道。

"'嗯,'我说,'如果你真是他心目中那样伟大的人物,你应该在名人纪念馆①占有九个房间,带独用浴室,十月一日之前免收租金。'

"'你说得对,'丹佛说,'我像魔法师似的控制了他。鄙人散发出来的魅力好比北江上的雾气把他团团裹住了。他似乎认为盖洛韦先生是个响当当的人物。我猜想他的国家里不饲养七十四英寸高的、欢蹦乱跳的栗色良种马。萨利,'丹佛接着说,'如果有人问你,你认为那个小个子是什么身份?'

"'唔,'我说,'街头的理发匠,往高处说,一帮擦皮鞋的头目。'

"'人不可以貌相,'丹佛说,'他是一个南美共和国可能爆冷门的总统候选人。'

"'嗯,'我说,'依我看来,他还没有惨到那种地步。'

"丹佛把椅子拉近一些,公布了他的策划。

"'萨利,'他既严肃又轻率地说,'我干这一行或那一行的经理人,有二十多年的历史了。我天生就是经理人材——我经营,由别人出钱,并且收拾残局,打点警方和税务方面的事情。我这辈子从没有拿过自己的钱去投资,一块钱都没有。我从没有眼睁睁地看着自己的钱被庄家吃掉的感觉。但是我能处理别人的钱,管理别人的企业。我曾有干一番大事业的雄心壮志——比饭店、木材堆置场、地方政治层次高一点的事情。我想当大企业——例如铁

---

① 名人纪念馆设在纽约大学,内有名人塑像或碑石,乔治·华盛顿是第一个当选的名人,每三年选举一次。其他各界各州纷起效尤,有棒球、篮球、足球、网球、赛马、游泳、音乐、娱乐、商业、妇女等各界的名人纪念馆。

路公司、钻石托拉斯,或者汽车制造厂的经理。这个来自热带的小个子现在提供给我的正是我希望得到的工作。'

"'什么工作?'我问道,'他是不是打算恢复佐治亚黑人乐队,还是开一家雪茄烟铺子?'

"'他可不是一般的黑人,'丹佛严肃地说,'他是隆皮罗将军——何塞·阿方索·萨波里奥·胡安·隆皮罗将军——他的文告是用电报收报机打印的。他大有来头,萨利,他要我管理竞选活动——要丹佛·C.盖洛韦负责总统竞选班子。想想看,萨利!老丹佛春风得意地去热带国家,一手摘着忘忧果和菠萝,另一手扶植总统上台!那岂不要让马克·汉纳大叔①妒忌得吹胡子瞪眼睛?我要你和我一起去,萨利。你对我的帮助会比我认识的任何人都大。这个月,我一直在饭店里守着那个褐色皮肤的人,以免他乱跑到第十四街,被那帮吃肉末辣椒玉米饼的人拐走。他找对了人,丹佛·C.盖洛韦成了何塞·阿方索·萨波里奥·胡安·隆皮罗将军竞选总统活动的经理人——那个伟大的共和国叫什么来着?'

"丹佛从书架上取下一本世界地图,我们查看那个多灾多难的国家。它是西海岸的一块深蓝色,像特快专递邮票那么大小。

"'我从将军告诉我的情况,'丹佛说,'并且查阅百科全书,同阿斯托图书馆的看门人交谈中得出印象:操纵那个国家的选票并不难,正如泰马尼要在纽约街道清洁队安插一个姓盖根的人的工作一样②。'

"'隆皮罗将军为什么不待在国内,'我说,'自己布置竞选活

---

① 马克·汉纳(1837—1904),美国商人、政治家,第二十五任总统麦金莱的顾问,麦金莱任期内曾干涉古巴起义,发动美西战争,将菲律宾、波多黎各和关岛纳入美国版图。
② 泰马尼是纽约民主党总部所在地;盖根是一个平常的姓。

动呢?'

"'你不了解南美洲的政治,'丹佛取出雪茄烟说,'情况是这样的。隆皮罗将军不幸而成为公众偶像。他率领军队抓获了两个偷了普拉扎——或者卡兰巴①,或者属于政府的东西。人民称他为英雄,政府妒忌了。现任总统把公共建筑部部长叫来,吩咐道:"你替我找一道整齐干净的土砖墙,把隆皮罗先生押到墙前。再派一队士兵——把他毙了。"情况和我们国家对付印第安人差不多,'丹佛接着说,'将军不得不逃亡。不过他考虑得相当周到,逃跑时随身带了钱。他的军费足够买一艘战舰,举行下水典礼。'

"'他当总统的概率有多大?'

"'我刚才不是向你介绍了他的等级评估吗?'丹佛说,'他那个国家是南美洲为数不多的、总统由公民投票选举的几个国家之一。将军目前还不能回去。有遭到枪决的危险。他需要一个竞选经理人打前站,去哄抬一下气氛——让人们排好队,分发两元面额的新钞票,亲吻女人怀抱中的小孩,筹备竞选班子。萨利,不是我吹牛,但你总该记得,库格林经过我的策划不是在第十九区当选的吗?我们那个区是样板。你以为我对付不了那个猴子笼似的小共和国吗?有了将军愿意出的钱,我可以替他身上多涂两道日本清漆,让他当选佐治亚州州长。纽约拥有世界上最出色的竞选活动经理人,萨利,南美那个国家太小了,地图上除了国名之外,城市名只能印在附录和脚注里,而你居然怀疑我应付那个蕞尔小国的政治局面的能力,你未免太小看人了吧。'

"我同丹佛分辨了几句。我说那些热带国家的政治肯定和第十九区有所区别,我去那里活动,成功的希望就像是以北达科他州

---

① "普拉扎"是西班牙语的 plaza(广场、市场),"卡兰巴"是西班牙语的 caramba(表示惊异、恼怒、不快的感叹词)。

议员的身份向国会提出兴建灯塔、进行海岸测绘、要求拨款的议案一样渺茫①。丹佛·盖洛韦对经理这一行野心勃勃，对我说的话简直像是全国服装制造商大会上的一块遮羞布那么不屑一顾。'我给你三天时间好好考虑，'丹佛说，'明天带你去见见隆皮罗将军，让你自己从那块黄檀木那里得到第一手印象。'

"第二天，我以晋见布克·华盛顿②似的最佳风度去摸摸那个杰出的傀儡的底。

"隆皮罗将军的内心并不像外表那么黑咕隆咚。他相当客气，发出的声音串联成语言勉强可以听懂。他企图说的是英语，他的语法体系通过你的思索后不是不可理解的。假如你把大学教授在杂志上发表的论文和中国洗衣店老板解释为什么找不着衬衫的话混在一起，就可以得出将军同你讲话的概念。他告诉我说，他的国家正在流血，在急救医生到达之前他们采取了什么措施。但他谈得更多的是丹佛·C.盖洛韦。

"'啊，先生，'将军说，'他是最好的好人。我从没有见过那么好、那么伟大、那么懂得别人的心思、很快就办妥事情的人。他自己发号施令，吩咐别人去干，一眨眼事情都办成了。啊，是啊，先生。我的国家里找不到这么伟大、这么会说话、这么客气、这么有见识的人。啊，盖洛韦先生真了不起！'

"'不错，'我说，'老丹佛正是你需要的人。这里的各行各业，除了海盗以外，他都经理过，必要的时候连海盗行业也可以经理。'

"不到三天，我决定参加丹佛的活动。丹佛向饭店老板请了

---

① 北达科他州位于美国最北部，与加拿大接壤，离东西海岸都很远。
② 布克·华盛顿（1856—1915），美国黑人教育家，弗吉尼亚奴隶出身，靠个人奋斗在汉普顿学院完成学业，成为美国黑人教育的全国领袖，1946年纽约名人纪念馆为他树碑立像。

三个月假。我们和将军同住了一星期,根据我们从他所发的声音的理解,摸清了有关他国家的全部情况。一切准备就绪,快要动身时,丹佛口袋里装满了便条摘记和将军给他的朋友们的信件,还有一份忠于他的政客的姓名地址清单,在吹捧那位流亡的公众偶像时那些人都用得着。除了这些负债外,我们随身携带的资产有面额大小不同的两万元美利坚合众国通货。隆皮罗将军黑得像是一具烧焦的模拟人像,但是谈到真正的政治学时,他一点也不含糊。

"'这点钱算不了什么,'将军说,'我还有——还有许多许多。盖洛韦先生,有大量的钱可以提供给你。你随时需要,我可以随时汇去。只要当选,必要时我愿意花五万——不,十万比索。干吗不行?凭天主起誓!如果我当上总统,一年不捞它一百万元,你可以踢我的屁股!——天主在上!'

"丹佛请一位古巴雪茄烟制造商编了一本英语和西班牙语单词的密码小册子,把副本给了将军,我们可以用密电向他汇报竞选简况或者要求汇款,接着我们启程了。隆皮罗将军送我们上船。他在码头上抱住丹佛的腰,啜泣起来。'高贵的人,'他说,'隆皮罗将军把信任寄托在你身上。去吧,圣徒保佑你,替你的朋友去工作吧。自由万岁!'

"'放心吧,'丹佛说,'慷慨万岁,最高统治者万岁,忘忧果的国家和我们的选票万岁。别担心,将军。我们准保你能当选,正像香蕉是头冲下长的那样。'

"'在我身上放血,'将军恳求说,'要多少放多少。'

"'他要你在身上刺花是吗?'丹佛眯起眼睛说。

"'笨蛋!'我说,'他要你向他支取竞选的花费。比刺花文身更糟糕。更像是尸体解剖。'

"我和丹佛乘船到巴拿马,走陆路穿过地峡,然后再乘船到了将军的国家海岸上一个名叫埃斯皮里图的城镇。

"那是应该派约翰·霍华德·佩恩①去采风的城镇。我不妨告诉你怎么复制一个。你把许多菲律宾群岛上的茅屋和一两百个砖窑方方正正地摆在一片墓地里。把阿斯托和范德比尔特邸宅暖房里养的观赏植物统统运来,摆在有空档的地方。把贝尔维尤医院里的病人、理发师代表大会的代表和特斯基吉黑人学校的学生都放到街上,让荫处的气温升到华氏一百二十度。把落矶山脉的一段边缘围在后面,让它下雨,然后把罗卡威海滩的场景换到一月中旬——埃斯皮里图的模样就八九不离十了。

"我和丹佛用了一星期时间适应环境。丹佛把将军托付给他的信件发了出去,通知班子里其余的人说,领导办公室有些动作。我们在一条野草长得齐腰高的小街的土坯老房子里设立了总部。离选举日只有四星期了,但是没有兴奋的迹象。国内的总统候选人姓罗德里格斯。埃斯皮里图不是那个共和国的首都,正如俄亥俄的克利夫兰不是美利坚合众国的首都一样,然而它是酝酿革命、拟定候选人名单的政治中心。

"一星期结束时,丹佛说竞选班子已经开始运行。

"'萨利,'他说,'我们准能轻易得胜。正因为隆皮罗将军不是现场的堂璜②,对手的竞选班子没有活动。他们像是众议院里淮州地区的代表在听教士布道似的漠不关心。我们要在竞选活动中搞些火爆的玩意儿,在投票站让他们大吃一惊。'

---

① 约翰·霍华德·佩恩(1791—1852),美国演员、剧作家,他创作的歌剧《克拉丽》(副标题《米兰少女》)中的歌曲《甜蜜的家》名噪一时,至今广为传唱。
② 堂璜,西方数部剧本、长诗和莫扎特一部歌剧的主人公,原系14世纪西班牙塞维利亚贵族子弟,因勾引贵族乌略亚的女儿,被方济各会修士诱至修道院杀死。在莫扎特的歌剧里,堂璜的侍从莱波雷洛说他主人"的情妇在意大利有七百,德国有八百,土耳其和法国有九十一,西班牙有一千零三人"。在拜伦的长诗里,堂璜也是西班牙贵族子弟,但重点不是叙述他的风流事迹,而是描写他漫游希腊岛、俄罗斯宫廷、英国等地的经历。堂璜又译唐璜。

"'你打算怎么办呢?'我问道。

"'还不是老一套,'丹佛诧异地说,'我们可以派我们这边的演讲人每晚上街用当地语言宣传,在棕榈树下举行火炬游行,免费供应酒类,当然,买断所有的铜管乐队,还有——唔,我把亲吻怀抱婴儿的任务交给你,萨利——这类事我见得多了。'

"'还有什么?'我问道。

"'你知道,'丹佛说,'我们派帮闲的上街分发崭新的两元钞票、免费煤票、食品店的代价券,在榕树底下举行野餐会,在消防队大厅举行舞会——以及那些通常的项目。但是,萨利,最最重要的是我要举办一次海滩吃蛤会,规模之大是回归线以南前所未见的。我一开头就有那个主意。我要让全城和方圆几英里内丛林里的人都吃足蛤肉。那是节目单上的头一件大事。你现在就去安排一下。我这会儿在估计沿海各区将军的选票数字。'

"我在墨西哥学过一点西班牙语,便按照丹佛的吩咐出去安排,十五分钟后又回到总部。

"'假如这个国家有蛤的话,谁都没有见过。'我汇报说。

"'岂有此理!'丹佛张大嘴巴和眼睛说,'没有蛤?真见鬼——谁见过一个没有蛤的国家?——我倒要知道,没有吃蛤会,怎么动员选民?你能肯定确实没有蛤吗,萨利?'

"'罐头蛤肉都没有。'我说。

"'那你再出去了解了解,这里的人吃什么。我们总得弄些让他们吃足的东西。'

"我再次上街。萨利是经理人,我得听他的。半小时后,我回来了。

"'他们吃的是,'我汇报说,'玉米饼、木薯、小山羊肉、鸡块焖大米饭、鳄梨、人心果、魔芋和煎鸡蛋。'

"'吃这种东西的人,'丹佛有点生气地说,'他们的选票就值

得怀疑了。'

"再过了几天,别的城市的竞选经理人悄悄来到埃斯皮里图。我们的总部繁忙异常。我们配备了一名翻译,还有冰水、酒类、雪茄,丹佛时不时掏出将军的那卷钞票支付开销,钞票所剩无几,用来买一张俄亥俄州支持共和党的选票都不够了。

"丹佛打电报给隆皮罗将军,请汇十万元,如数收到。

"埃斯皮里图有几个美国人,他们都有自己合法或不太合法的买卖,不愿插手十分敏感的政治。但他们对我和丹佛相当照顾,让我们有些像样的食品和酒。有个姓希克斯的美国人经常来总部坐坐。希克斯在埃斯皮里图住了十四年。他身高六英尺四,但体重只有一百三十五磅。他做可可豆生意,海岸热病和炎热的气候耗尽了他的活力。人们说八年来没有见他笑过。他的脸有三尺长,除了张嘴服用奎宁外,面部没有其他动作。他老是坐在我们的总部,捏死跳蚤,说些挖苦话。

"'我对政治不太感兴趣,'希克斯一天说,'可是我希望你告诉我,你来这里干什么,盖洛韦?'

"'我们当然是来吹捧隆皮罗将军,'丹佛说,'我们要把他推上总统的宝座。我是他的经理人。'

"'唔,'希克斯说,'我换了你们的话,我会缓行。要知道,你们要等很长时间。'

"'不比我需要的时间长多少。'丹佛说。

"丹佛继续工作,一切都很顺利。他私下发钱给他的副手,他们也总是来领钱。城里人人可以喝到免费的酒,每晚有乐队演奏和焰火,许多帮闲的人日夜转悠收买选票,人人都喜欢埃斯皮里图这种新型政治。

"预定的选举日期是十一月四日。前一晚,丹佛和我在总部抽烟斗,希克斯来了,像散了架似的坐在椅子里哼哼。丹佛兴高采

烈,信心十足。'隆皮罗准能轻易获胜,'他说,'我们的票数会领先一万张。现在万事俱备,只欠高呼万岁了。明天就见分晓。'

"'明天会出什么事?'希克斯问道。

"'当然是总统选举啦。'丹佛说。

"'嗨,'希克斯诧异地说,'难道谁都没有告诉过你们,总统选举早在你们到达前一星期就举行过了吗?国会把选举日期改为七月二十七日。罗德里格斯以一万七千票当选。我以为你们是替老隆皮罗筹备两年后的下一届选举呢。我还在纳闷,你们有必要那么提前拼命干活吗。'

"我的烟斗掉到地上。丹佛咬断了他的烟斗把。我们两人谁都说不出话。

"接着我听到像是有人撕裂谷仓隔板的声音。那是希克斯八年来第一次的笑声。"

侍者替我们斟清咖啡,萨利·马贡停住不讲了。

"你的朋友确实是经理人材。"我说。

"等一会儿,"萨利说,"我还没有说他能干的地方呢。好戏还在后面。

"我们回纽约时,隆皮罗将军已在码头等候。他像一头黄棕熊似的蹦蹦跳跳,急不可耐地要听消息,因为丹佛已经给他去了电报,电报上只说我们什么时候到,别的话一句不提。

"'我当选了吗?'他嚷道,'我当选了吗,我的朋友?我的国家是不是要求隆皮罗将军出任总统?上次我把我最后的一元钱都汇给你了。我必须当选。我一点钱都没有了。我当选了吗,盖洛韦先生?'

"丹佛转向我说:

"'萨利,老隆皮的事让我来解释。我得一点一点地透露给他。这个打击太大,让外人看他出洋相未免不够朋友。萨利,在这

种困难的情况下才显出老丹佛能说会道的本领,不然他可以交出以前得到的全部勋章。'

"两天后,我去饭店。丹佛仍在他的老位置上,神情像是两部历史小说的主角。

"'你同将军的事解决没有?'我问他。

"'解决没有?'丹佛说,'你跟我来看。'

"他挽着我的胳臂,一起走到餐厅门口。一个穿晚礼服的、巧克力色皮肤的矮胖小个子满脸喜色,趾高气扬地走来走去。丹佛居然让隆皮罗将军当了布伦瑞克饭店的侍者领班!"

"盖洛韦先生仍在干经理一行吗?"马贡先生住口时,我问道。

萨利摇摇头。

"丹佛同一个红褐色头发的寡妇结了婚,寡妇是哈莱姆区一家大饭店的老板娘。他在饭店里打打杂。"

"口哨"迪克的圣诞节袜子

"口哨"迪克十分谨慎地拉开货车车厢的滑门,因为《城市治安条例》第5716条允许对嫌疑人加以逮捕(这种做法也许违反宪法),他和这条规定是老相识了。于是,在爬出来之前,他像一位优秀的将军那样先观察一下现场。

自从他上次访问以来,这个苦难深重、但乐于扶危济困的南方大城市,流浪汉冷天的乐园,没有发生什么变化。货车停靠的堤岸上像长粉刺似的放着一堆堆黑乎乎的货物。风里夹带着遮盖货包和木桶的旧油布的刺鼻气味。暗褐色的河水在船舶中间汩汩流淌。朝远处沙尔梅特方向望去,可以看见一行电灯光勾勒出轮廓的河曲。阿尔及尔河面上横着一条形状不规则的阴影,在熹微晨光下显得很黑。一两艘勤奋的拖船来接应清早启航的船只,吓人地拉响了汽笛,像是一天开始的信号。装载蔬菜和贝类的意大利横帆小船缓缓驶近堤岸。已经可以听到和感到仿佛来自地底的大车和街车轮子模糊的声响;玛丽安大妈似的痴重的摆渡船迟缓地动弹起来,没精打采地开始它们侍候人的工作。

"口哨"迪克的红发脑袋突然缩回车厢。他眼前多了一个雄伟壮观的景象。一个无与伦比的、身材高大的警察从一垛米袋子后面绕出来,在离货车车厢不到二十码的地方站停。阿尔及尔河上每天出现的破晓奇观,有幸赢得了这位威风凛凛的市政公务员的注意。他以不偏不倚的尊严凝视着喷薄而出的朝霞,最后认为法律干预没有必要,日出可以照常进行,便转过他宽阔的背部。他面朝着米袋垛,从衣服里面的口袋摸出一个扁酒瓶,凑到唇边,仰望着天空。

职业流浪汉"口哨"迪克同这位警察有点小交情。以前两人晚上在堤岸见过几次面,因为警察也喜欢音乐,被这个懒散的流浪汉精彩的口哨声所吸引。尽管如此,迪克在目前的情况下并不愿意重叙旧情。在幽静的堤岸上见到一个警察和他一起吹吹歌剧的曲调,同从货车车厢里爬出来时被他抓到,完全是两回事。因此,迪克耐心等待,因为即使是新奥尔良的警察也有挪窝的时候——或许这是自然界报复性的法则——没过多久,威风凛凛的"大个子弗里茨"在列车车厢中间消失了。

"口哨"迪克等到他认为平安无事的时候,迅速下了地。他尽量装出诚实的打零工的人在找活干的样子,穿过蜘蛛网般的铁道,打算取道冷僻的吉罗街,到拉斐特广场一条特定的长椅那儿,按照约定同一个名叫"机灵鬼"的朋友见面,此人先前看到一节运牲口的车厢有块松动的木板,便钻了进去,比他早一天到达。

"口哨"迪克在夜色未尽的、散发着霉味的大仓库间择路而行,不知不觉地拣起了替他招来绰号的老习惯。他的口哨声尽管压得很低,但每一个音符都清晰流畅,有如食米鸟的啁啾,像雨滴落进隐秘的水塘里似的,在幽暗冰凉的砖垛中间叮咚作响。他吹的一支现成的曲调忽然融入即兴创作的满是旋涡的急流。你仿佛听到了潺潺的山涧,寒意袭人的环礁湖畔葱绿灯芯草摇曳的断奏,以及睡眼惺忪的鸣啭。

"口哨"在拐角上同一个黄铜纽扣、蓝制服、山也似的人撞了个满怀。

"好啊,"那座大山平静地说,"你这么早就回来了。那边两星期内还不至于降霜呢!你忘了怎么吹口哨。最后一小节有个音不合调。"

"你想听听吗?""口哨"迪克试图套近乎说,"你和你的德国小乐队在音律方面并不高明。你想听听真正的音乐吗?竖起耳朵,再听一遍。我是这么吹的——你听。"

他噘起嘴唇,但是大个子警察举起手。

"打住,"他说,"学学正确的吹法。要知道一个到处流浪的人吹的口哨也不地道。"

"大个子"弗里茨浓密的胡子聚成一圈,胡子深处发出长笛般的深沉而柔和的声音。他重复了几节流浪汉刚才吹的调子。演奏冷淡而准确,特别强调了他持有异议的音符。

"那个 B 是自然调,不是降 B 调。顺便说一句,你现在见到我应该高兴。如果我一小时后碰到你的话,就会把你关起来,让你同别的囚犯一起吹口哨了。上面有命令,日出后盲流一概逮捕。"

"逮捕?"

"逮捕盲流——明显没有生活手段的人。处罚是三十天监禁,或者十五元罚金。"

"此话当真,还是玩笑?"

"这是你能得到的最好的内部消息。我之所以告诉你,是因为我认为你不像其他人那么坏。还因为你吹的《自由射手》①比我好。别再在拐角撞上警察了,不如到城外去避几天风头。再见。"

敢情奥尔良太太终于厌烦了每年来到她仁慈的羽翼下安身的落魄陌生的雏鸟。

大个子警察走后,"口哨"迪克踌躇不定地站了片刻,像一个违法的住户接到动迁的命令那样愤怒而无奈。他本来盼望和朋友见面后能有一天梦幻般舒适的日子:在码头上闲荡,拣些水果船卸

---

① 《自由射手》是德国作曲家韦伯(1786—1826)创作的一部歌剧。

货时散落的香蕉和椰子吃吃;在免费午餐柜台大嚼一顿,那些懒散的老板不是脾气特好就是生性慷慨,不会把他赶跑;然后在小花园里抽抽烟斗,在码头上背阳的角落里打个瞌睡。但是现在有了驱逐盲流的命令,命令严厉,必须遵守。于是,他睁大眼睛,特别注意有没有黄铜纽扣的闪光,开始朝乡村避难所撤退。在乡村待几天不一定是灾难。除了稍许有些霜冻之外,不需要提防可怕的倒霉事。

尽管如此,"口哨"迪克沿着他选定的路线朝河边走去,经过法国市场时依然垂头丧气。为了安全起见,他仍旧装作自食其力的工匠去干活的模样。市场里一个摊位的老板没有上当,用通常称呼流浪汉的名字招呼他,"杰克"吓了一跳,停了下来。老板为自己的精明感到得意,软了心,给他一英尺长的猪牛肉混合香肠和半个面包,解决了他的早餐。

街道由于地势关系开始从河岸岔开时,流亡者爬上堤岸,顺着踩实的小径继续走去。郊区人以冷淡猜疑的眼光瞅着他,个别人反映了城里无情法令的严厉精神。他怀念总能在熙熙攘攘的城市里找到的隐蔽性和安全感。

他信步走了六英里,到了沙尔梅特,眼前突然呈现的热火朝天的劳动场面使他手足无措。当地正在建新港,码头已经有了规模,压土机正在架立,十字镐、铁锹、手推车像蛇一样从四面八方朝他窜出来。一个傲慢的工头像招募新兵的军士似的打量着他的体格。他周围的棕色皮肤、黑色皮肤的人都在卖力干活。他惊恐地逃之夭夭。

中午时分,他到了种植园地带,河两岸是广袤、忧伤、沉寂的平原。一望无际的甘蔗田融入了远处的地平线。榨糖季节早已开始,装运甘蔗的大车吱吱呀呀跟在砍蔗工后面,随砍随收,赶骡子的黑人用柔和洪亮的咒骂督促牲口快走。蓝蒙蒙的远处,一些模糊的墨绿色树丛表明了庄园大宅的所在。糖厂高耸的烟囱像海岸的灯塔似的几英里外都能望见。

到了一处,"口哨"迪克很少出错的鼻子闻到了炸鱼的香味。他像鼻子冲着鹌鹑的猎狗似的跑下堤岸,直奔一个轻信的老渔夫的营地,用歌唱和逸闻趣事把渔夫哄得一愣一愣的,他自己像海军上将那样美美地吃了一顿饭,然后又像哲学家那样在树下睡了一觉,打发了一天中最难熬的三个小时。

他醒后踏上继续逃亡的旅程,白天使人昏昏欲睡的暖空气中出现了霜也似的闪光,这个不祥之兆让他联想到寒冷的夜晚,他便放慢了脚步,考虑投宿的问题。他顺着堤岸脚下一条盘旋的路径走去,但不知道它通向何方。灌木和茂密的青草几乎盖没了车辙,埋伏其中的低地的害虫成群结队跟在他背后,哼着瘆人的女高音。夜色渐浓,气温也低了一些,但是蚊蚋的哀鸣汇成贪婪、暴躁的嚎叫,掩盖了别的声音。他看见右面的天幕上仿佛幻灯片映出的一盏绿灯在缓缓移动,伴随绿灯的是一艘进港的轮船的桅杆和烟囱。他左面神秘的沼泽地里传来哽咽的咯咯蛙鸣。"口哨"迪克吹出欢乐的颤音来抵消忧伤的影响,自从潘①跳蹦着用排箫吹奏以来,这些令人压抑的荒郊野地从未听到过类似的声音。

身后远处急促的马蹄声迅速地越来越近,"口哨"迪克站到旁边露水沾湿的草地里,让开道路。他回过头,看到来的是两匹漂亮的青灰马,拉着一辆双座四轮车。前座是一个白胡子的壮实的男人,全神贯注地紧握着缰绳。坐在后面的是一个神态安详的中年妇女和一个光彩照人的刚成年的姑娘。驾车男人的围毯滑开一角,"口哨"迪克瞥见他两脚中间有两个结实的帆布袋子——他在

---

① 潘:希腊神话中的畜牧神,人身羊足,头上长角,爱好音乐,他创制了排箫,常带领山林女神舞蹈嬉戏。

城市游荡时见过人们用那种袋子在快运马车和银行门口之间谨慎地搬运东西。马车里其余的空间放满了形状不一的大包小包。

流浪汉即使站在一边,马车仍擦身而过,那个眼睛明亮的姑娘出于某种快活和鲁莽的冲动,探身出来朝他甜蜜地粲然一笑,用银铃般的声音喊道:"圣诞——快——乐!"

"口哨"迪克很少遇到这种情况,一时想不出恰当的回答。但是时间不容他多想,他本能地脱掉那顶破旧的常礼帽,伸直手臂,来回挥动,朝驶去的马车高声而隆重地嚷道:"嗨!"

姑娘突然的动作碰开了一个包裹,一件软绵绵的黑色东西掉到地上。流浪汉把它捡起来,那是一只新的精致的黑色长丝袜,拿在手里窸窣发响,软得舒服。

"那个小淘气鬼!""口哨"迪克咧开雀斑脸上的大嘴笑着说,"想想看!圣诞快乐!像是杜鹃钟的报时声,一点不错。那些人不坏,老头儿把钱袋当做苹果干似的随随便便撂在脚下。他们准是出去采购圣诞节的东西,小姑娘掉了一只让圣诞老人塞礼物的新袜子①。那个小淘气鬼!那声'圣诞快乐!'好像说'喂,杰克,日子过得怎么样?'似的,像五马路那么美妙,辛辛那提那么轻松。"

"口哨"迪克小心折好袜子,放进口袋。

几乎过了两个小时后,他才见到住家的迹象。道路拐弯后,广阔的庄园的房屋呈现在眼前。他毫不费劲就认定庄园主的大宅是一座有两侧厢房的四方形建筑,许多大窗户里灯火通明,四周有一道宽阔的游廊。大宅所在的平坦的草坪被屋里的灯光淡淡照亮。房前屋后都有大树,墙边和篱笆前长着繁茂的灌木丛。庄园雇工

---

① 圣诞老人是西方国家儿童的守护圣徒圣尼古拉斯,传说他12月24日晚上乘坐八匹驯鹿拉的满载礼物的雪橇从北极来到,乘孩子熟睡时在他们事先挂在壁炉架上的长袜子里塞满礼物,让他们圣诞节醒来时惊喜。

的房屋和糖厂建筑在后面稍远的地方。

这里道路两旁都有篱笆,"口哨"迪克接近庄园大宅时突然停下来,抽抽鼻子。

"附近肯定有流浪汉在煮吃的,"他自言自语地说,"那种气味逃不过我的鼻子。"

他翻过下风方向的篱笆,到了一块显然废弃的空地,上面有几堆旧砖和腐朽的木料。角落里有一堆微微燃烧的炭火,周围似乎有几个坐着或躺着的人。他走近前时,炭火忽然旺了一下,他看清其中一个穿破旧的棕色圆领衫、戴便帽的胖子。

"那个人,""口哨"迪克悄悄地自言自语,"同波士顿哈里是一个模子里脱出来的。我用暗号试他一下。"

他选了一支拉格泰姆①的旋律,吹了一两小节,对方立刻接上来,形成奇特的连奏。第一个吹口哨的人满怀信心地走到火堆前。胖子抬起眼,喘着气说:

"伙计们,这位意想不到、但受欢迎的不速之客是'口哨'迪克,我的老朋友,我完全可以为他担保。马上替他添一副餐具。迪克先生和我们共进晚餐,进餐时他可以向我们介绍他光临此地的缘由。"

"波士顿,你仍旧喜欢咬文嚼字,""口哨"迪克说,"承蒙邀请,我表示感谢。我想我来这儿的缘由同各位差不多。今天早晨一个警察向我通报了消息。各位在这个农场干活吗?"

"客人在吃饱肚子之前,"波士顿一本正经地说,"不该侮辱他的主人。不然给轰走的话就不划算了。你说干活简直是侮辱! 不过我可以克制自己。我们五个人——我、聋子彼得、眨巴眼、金鱼

---

① 拉格泰姆,原为1890—1915年间美国流行的一种节奏很快的音乐,后发展为爵士音乐。

眼和印第安纳汤姆——想来新奥尔良看看。昨晚暮色落到雏菊上的时候,我们便上了路。眨巴眼,把你左边的牡蛎空罐头递给你右边的先生。"

此后的十分钟里,那帮流浪汉专心致志地吃晚餐。他们在这块空地上找了一个五加仑的旧煤油桶,炖了土豆、牛肉和葱头,再用一些小的旧罐头舀来吃。

"口哨"迪克和波士顿哈里是老相识了,他认为哈里是流浪汉哥儿们中间最精明、最成功的。他像是小村子来的得法的牲畜贩或者殷实的商人,身体健壮,脸色红润,胡子总是刮得干干净净。他的衣服结实整洁,脚上一双相当好的鞋子得到特别爱护。据说过去十年里,在他认识的人中间,他得手的骗局比谁都多,而他从没有干过一天活。他的伙伴们还传言,他已经积攒了一大笔钱。这帮流浪汉中的另外四个则是那种鬼鬼祟祟、衣冠不整的讨嫌的人,明显地带有"形色可疑"的标志。

大桶里的土豆炖牛肉已经刮光见底,大家用炭火点燃烟斗,两个人把波士顿叫过一边,神秘兮兮地同他低声说话。他果断地点点头,然后大声对"口哨"迪克说:

"听着,老弟,我们有话要说。我们五个人在干一桩买卖。我已经向你保证公平交易,你加入后分到的好处和弟兄们一样,但你得出力。这个庄园里有二百名雇工指望明天上午领到一周的工资。明天是圣诞节,他们要歇几天。老板说:'早上五点干到九点,装满一车皮糖运出去,我给每个人发一周工资,再加一天奖金。'雇工们说:'老板好哇!一言为定。'今天他驾车去了新奥尔良,取了现金。总数两千零七十五元。我是听一个多嘴多舌的、从会计那里听来的人说的。庄园主认为他将把这笔钱付给雇工。他完全错了,收钱的是我们。这笔钱属于有闲阶级,应该留给我们。这一网打上来的,一半归我,其余的一半由你们分。为什么要有区别?因为我代表智力。主意是我出的。现在听我解释怎么才能到手。今晚大宅有几个客人来吃晚饭,大约九点离开。估计待一个小时左右。那时候即使客人不走,我们照样执行计划。我们带了钱需要一整夜的时间才能逃远。银币很重。九点左右,聋子彼得和眨巴眼顺着道路到大宅后面四分之一英里的地方,那里有一大片甘蔗田还没有砍,你们放一把火。风力很合适,火势两分钟就大了。警报一响,庄园里所有的雇工和男人十分钟之内都会赶去救火。大宅里只剩下钱袋和女人听我们摆布。你们有没有见过甘蔗田燃烧的场面?在那种噼噼啪啪的声音中间很难听到女人的喊叫。整个行动十拿九稳。惟一的危险是我们带钱逃远之前被逮住。假如你——"

"波士顿,""口哨"迪克打断他的话,站起来,"谢谢各位赏饭,我现在要走了。"

"这是什么意思?"波士顿问道,也站了起来。

"嗯,这笔买卖别把我算在里面。你们应该料到。我虽然到处流浪,可是那种事不合我胃口。入室抢劫不好。我这就告辞,多谢各位——"

"口哨"迪克一面说,一面走了几步,但他又突然停住。波士顿用一把大口径的左轮手枪对着他。

"坐下,"流浪汉的头目说,"如果我让你走,坏了我们的大事,我连自己都对不住了。待在这里别动,直到我们干完。你以那堆砖头为界,走出两英寸,我就不得不开枪。你还是安下心来为好。"

"我就是这种脾气,""口哨"迪克说,"别着急。你不妨放低枪口,把它收起来。我待在你们中间好啦。"

他回到木料堆一块突出的木板那儿,重新坐好。

"很好,"波士顿放下枪说,"别动离开的念头,没有别的要求。

我不会错过这个机会,即使要我开枪打一个老朋友也在所不惜。我并不想伤害任何人,但是我将要到手的这一千块钱可以彻底解决我的问题。我不再到处流浪了。我打算在我熟悉的一个小镇里开一家酒馆。我厌倦了老是遭人白眼的生活。"

波士顿哈里从口袋里掏出一块廉价的银怀表,走近火光看看。

"现在是九点差一刻,"他说,"彼得,你和眨巴眼这就出发。沿道路走去,过了大宅,在甘蔗田里点起十来把火。然后别再走大路,而是横插到堤岸上,沿堤岸回来,以免遇到人。你们回来时,大宅里的男人都去救火了,我们闯进去抢钱。现在大伙身边的火柴统统交出来。"

两个前去纵火的流浪汉逐人收集火柴。"口哨"迪克讨好地交出他的一份,那两人在黯淡的星光下朝道路方向出发。

现在剩下三个流浪汉,金鱼眼和印第安纳汤姆懒洋洋地靠着合适的木料,毫不掩饰他们对"口哨"迪克的不满。波士顿注意到同床异梦的新来者准备安分守己地待着,稍稍放松对他的监视。过了片刻,"口哨"迪克站起来,在限定的范围内悠闲地踱来踱去。

"你凭什么认为,"他停在波士顿哈里面前说,"这位庄园主老兄把钱搁在家里?"

"我摸清了情况,"波士顿回说,"他今天驾车去新奥尔良取的。现在你要不要改变主意,跟我们一起干?"

"不,我只是随便问问。他赶的是什么马?"

"两匹青灰马。"

"双座四轮马车吗?"

"不错。"

"有女眷吗?"

"有老婆和孩子。嗨,你是替哪家报社打听消息?"

"我只是没话找话,打发时间。今天傍晚我在路上好像见到那两匹马从我身边经过。没有别的意思。"

"口哨"迪克双手插在口袋里,在火堆附近继续他有限度的踱步,他的手触摸到路上捡来的丝袜。

"那个小淘气鬼。"他笑着喃喃说。

他踱来踱去时,通过树木中间一条天然甬道似的空隙,看到七十来码外的庄园主的住宅。冲他这面的墙上有许多宽大的窗户,屋里的光线柔和地照亮了宽敞的游廊和下面的部分草坪。

"你说什么来着?"波士顿厉声问道。

"哦,没什么。""口哨"迪克闲逛着,沉思地踢踢地上一个小石子。

"她那一声'圣诞快乐'落落大方,"爱吹口哨的流浪汉继续悄悄地自言自语,"平易近人,俏皮可爱,可不是吗!"

芳草地庄园的餐厅里在开晚饭,比平时迟了两个小时。

餐厅和摆设用具都使人联想到真正继承下来的而不是回忆中的传统。金银餐具十分豪华,但它们的年代和古雅足以让人感到富而不骄的品位;墙上挂的绘画角上的签名都是一些知名的画家;菜肴的精美让讲究吃喝的美食家都会眼睛放光。斟酒上菜敏捷、安静、井井有条,侍者的服务如同餐具一样在往昔也是财富。庄园主家人和客人相互称呼的姓氏在两个民族的编年史上都可以查到。他们的谈吐举止仍保持一定的礼数,安闲洒脱,温而不火。庄园主似乎是台发电机,欢乐风趣的气氛很大一部分是从他身上发出来的。餐桌上比较年轻的客人发现很难用他善意的玩笑和挖苦来回敬他。他们指望博得女客人的认可,不断企图强攻他的堡垒,但即使射出瞄得很准的箭,庄园主反驳他们时的纵声大笑仍使他们狼狈不堪。大宅的女主人坐在餐桌一头,安详、厚道、亲切,不时恰当地微微一笑,插一句话,鼓励地瞥人一眼。

他们的谈话头绪纷繁,蜻蜓点水似的一带而过,最后谈到了近来困扰方圆几英里内各庄园的盲流问题。庄园主抓住机会善意地取笑女主人,说她助长了盲流的蔓延。"他们每年冬天蜂拥来到沿河一带,"他说,"新奥尔良挤不下了,多余的便到我们这儿,一般说来,那些是素质最差的。一两天前,新奥尔良夫人突然发现人行道上排满了晒太阳的流浪汉,上街买东西时裙摆都擦到他们身上,便对警察说:'把他们统统抓起来。'警察抓了十来个,剩下的三四千涌向堤岸,那位夫人,"——他用切肉刀指指她——"就管他们饭。他们不肯干活,顶撞我的监工,和我的狗打得火热,而你,夫人,当我的面给他们食物,我干预时还要耍脾气。请你说说,你今天又唆使了多少好吃懒做,光想不劳而获的人?"

"我想有六个吧,"夫人想了一想,微笑着说,"你知道有两个愿意干活,你自己也听到了。"

庄园主使人难堪地哈哈大笑。

"不错,干他们的本行。一个是做绢花的,另一个是吹玻璃的。是啊,他们要找活干!可是不愿意做别的工作。"

"还有一个,"软心肠的女主人接着说,"讲的话相当文雅。在他们这种人中间确实少见。他有一块怀表呢。以前在波士顿住过。我不相信他们都是坏人。我始终认为他们没有发展的机会。我总是把他们看做智力停止发育而胡子继续在长的孩子。今晚我们坐车回来时,路上遇到一个落魄的人,长相很老实。他吹的口哨是《乡村骑士》里的间奏曲,把马斯卡尼①的神韵都表现出来了。"

坐在女主人左边的一个眼睛明亮的姑娘凑过来低声说:

"不知道我们路上遇到的那个流浪汉有没有捡了我的袜子,你想他今晚会挂起来吗?现在我只能挂一只袜子了。你知道我已

---

① 马斯卡尼(1863—1945),意大利作曲家,《乡村骑士》是他创作的一部歌剧。

经有不少丝袜,为什么还要买一双新的呢?朱迪姑妈说,如果你挂上两只从未穿过的袜子,圣诞老人会把其中一只塞满好东西,潘比先生会把你在圣诞节前一天说过的所有好话坏话的回报塞进另一只。因此我今天对所有的人都特别礼貌客气。你知道,潘比先生是个巫师——"

一件吓人的东西打断了姑娘的话。

一个黑色的长条,像烧尽的流星的烟雾尾巴似的击穿窗玻璃,落在餐桌上,打破了十多只玻璃杯和瓷器,然后掠过客人们头顶,反弹到墙上,磕出一个小圆坑。时至今日,来芳草地庄园的客人看到这个印子都觉得奇怪,会听到有关它来历的故事。

女人们发出音调高低不一的尖叫,男人们跳起来,如果不是时代真实不允许的话,很可能会伸手去拔佩剑。

庄园主首先采取行动,他跳到流弹落下的地方,捡起来看看。

"好家伙!"他嚷道,"袜子的流星雨!难道地球终于同火星建立了通讯联系?"

"嗯,我说应该是金星①。"一位男客人试探说,他指望得到年轻女客人们的赞许,但是没人搭腔。

庄园主伸直手臂,提起那个不速之客——一只晃来晃去的黑袜子。"里面还有东西。"

他说着,捏住袜子的趾尖,倒提起来,里面滚出一颗用黄兮兮的纸包着的圆石子。"现在看看本世纪的第一封星际来信!"他朝围在身边的人点点头说,故弄玄虚地扶正眼镜,仔细察看。看完后,他那快活的神情一扫而光,换成了务实果断的生意人模样。他立刻打铃,对应声而来的一个黑白混血儿说:"去吩咐韦斯利先生,叫里夫斯、莫里斯和十来个可靠壮实的雇工马上在大门口集

---

① 金星原文维纳斯,是罗马神话中司爱和美的女神。

合。各自带好武器和大量绳索。告诉他要赶快。"说罢,他大声念出信的内容:

致大宅里的人:

路边那块堆放旧砖的废弃的空地上,除我以外有五个凶恶的流浪汉。他们用枪逼住我不让我走,我便采用这种联系方式。其中两人已经去大宅那头的甘蔗田放火,你们出去救火时,他们全数就闯进来抢你们准备发放工资的钱。喂,你们得想想办法。喂,路上掉了袜子那个小姑娘对我说圣诞快乐,你们对她也说一声圣诞快乐。先去抓住路上两个家伙,再派人来解救我。

口哨迪克启

以后半个小时里,芳草地庄园里迅速而不慌乱地行动起来,结果五个垂头丧气的流浪汉被捕获,关进一间外屋锁好,等天亮后处置。另一个结果是那些年轻的男客人由于杰出英勇的行为受之有愧地博得了女客人的崇拜。还有一个结果是,瞧那位真正的英雄,"口哨"迪克,坐在庄园主的餐桌上大吃他这辈子从未尝过的美味佳肴,受到那些漂亮时髦的妇女的殷勤款待,他嘴里即使塞满了食物,仍忍不住要吹一两声口哨。在大家的怂恿下,他详细叙述了他在波士顿哈里那帮恶人手里的情况,怎么避过他们耳目写了那张便条,包了一块石子放进袜子趾尖,等到机会一来就悄悄地抡起来,利用离心力原理把它像彗星似的扔进餐厅一扇灯火明亮的大窗里。

庄园主慎重宣布,流浪者不应该再流浪了,他的善良和诚实应该得到奖赏,感恩必须图报,若不是他,他们肯定会蒙受损失,甚至更大的灾难。他向"口哨"迪克保证,芳草地庄园欠了他的情,立刻可以替他安排一个适合他能力的位置,还暗示说,他们乐意替他创造条件,在庄园力所能及的条件下让他有机会得到更高的位置和报酬。

不过,他们说,他现在一定累了,首先应该考虑的是让他休息睡觉。女主人交代仆人几句话,"口哨"迪克被带到仆人居住的大宅侧翼的一间屋子。几分钟后,仆人在地板上铺好油布,端来一个铁皮浴盆,注满了水。让流浪汉在那间屋子里过夜。

他借烛光察看了房间:一张床,罩单已经整齐地揭开,露出雪白的枕头和被单。地板上铺着一条老旧但清洁的红地毯。还有一个带镜子的梳妆台,脸盆架上有一个带花卉图案的脸盆和水罐,两三把软垫椅子。小桌上有书报和插着当天采摘的玫瑰的花瓶。搁架上有毛巾和放肥皂的碟子。

"口哨"迪克把蜡烛搁在一把椅子上,把帽子小心地放在桌子下面。经过这番冷静察看,满足了好奇心后,他脱掉上衣,折好了放在靠墙的地板上,尽可能远离那个没有用过的浴盆。他把上衣当做枕头,在地毯上舒舒服服地躺平。

圣诞节清晨,沼泽地上空露出第一缕曙光时,"口哨"迪克醒了,本能地伸手去拿帽子。这时他才想起昨晚命运女神收容了他,便走到窗前,推开窗子,让早晨的新鲜空气清醒清醒脑子,确定有关他好运的模模糊糊的记忆。

他站在窗前,耳边传来一些可怕的不祥的声音。

庄园的雇工急于在压缩的时间内完成分配给他们的任务,已经开始干活了。劳动的巨大喧嚣震撼着土地,那个寻求幸福的衣衫褴褛、永远乔装打扮的王子,即使身在魔法控制的城堡里,仍吓得发抖,紧紧抓住窗槛。

一桶桶蔗糖已经从糖厂里面隆隆滚出来,骡子在咒骂吆喝中被驱赶到大车的辕杆前,咔嗒咔嗒的铁链发出像是监狱里的声响。一台愠怒的小火车头已经生火冒烟,等在窄轨铁路庄园的支线上准备牵引平板货车,雇工们在晦冥的晨光中前呼后应,川流不息地赶紧把一星期生产的糖装上列车。眼前是一部史诗——不,一部悲剧——主题是劳动,世上该诅咒的事物。

十二月的空气已带霜意,但是"口哨"迪克脸上冒出了汗珠。他探出窗外,看看下面。沿房屋外墙有一个花坛,离他约十五英尺,说明下面的泥土是松软的。

他像窃贼似的悄悄爬到窗外,攀住窗槛悬垂下去,然后松手,安全落到了地面。大宅的这一边没有什么人走动。他猫着腰,迅速穿过庭院,到了矮栅栏前。狗急跳墙,他出于惊恐,这道栅栏一跃而过当然不在话下。他刷拉拉地穿过路边露水沾湿的草丛,手脚并用爬上滑溜的堤岸,登上堤岸顶部的小径——他自由了!

东方的红晕逐渐明亮。浪迹天涯的微风抚拂它弟兄的脸颊,向他致意。天际的野雁叫了几声。一只兔子沿着小径跑在他前面,可以随心所欲地东拐西弯。河水流淌,谁都说不上它最终流向何方。

一只羽毛蓬松的褐胸小鸟栖息在山茱萸幼树上,开始轻柔地鸣啭,赞美那些引虫出洞的露珠,可是突然停住,侧着小脑袋倾听。

堤岸的小径上蓦地传来欢快动人的口哨声,像短笛最清晰的音符似的嘹唳激越,激动人心。那些穿云裂石的琶音不是野鸟所能发出的,但有一种狂放洒脱的魅力,让褐胸小鸟想起了什么,但说不好究竟是什么。那里面有鸟类都熟悉的类似鸟叫的声音,但有许多人为的、没有意义的增添编排,让鸟觉得困惑奇怪,于是褐胸小鸟侧着脑袋倾听,直到那声音在远处消失。

小鸟不知道,奇怪的鸣啭声中它所理解的那一部分,正是使那个发出鸣啭声的人放弃了早餐就出走的原因,但小鸟知道它所不理解的那部分同自己毫无关系,所以振振翅膀,像一颗褐色的弹丸似的朝堤岸小径上一条胖乎乎的蠕虫扑去。

莱茵小城堡的持戟手

有时你不妨去看看那家名叫老慕尼黑的啤酒厅餐馆。不久前,那里是一些有趣的波希米亚人①常去的地方,如今只有艺术家、音乐家和文学界人士光顾。不过那里的比尔森啤酒②仍旧很好,而且我从十八号侍者的谈话里得到乐趣。

多年来,老慕尼黑的主顾一直把它当做那个德国古老城市的忠实的复制品。通过高举的酒杯底望去,橡子熏黑的大厅、一排排进口的啤酒杯、歌德的画像、漆在墙上的诗句——根据辛辛那提诗人的原作译成的德文——似乎营造了合适的氛围。

可是前不久,老板在餐馆顶上加盖了一层楼和楼梯,管它叫做莱茵小城堡。上面有仿真的石头雉堞,墙壁粉刷的效果给人以景深和距离的感觉,莱茵河在种植葡萄藤的山坡脚下蜿蜒流过,顾客一进门,仿佛迎面就是耸立的埃伦布赖斯坦城堡。楼上当然也有桌椅,你像置身莱茵河畔的城堡上似的,让侍者把啤酒和食物端上来享用。

一天下午,我去老慕尼黑餐馆,顾客不多,我坐在楼梯附近的老座位上。我发现音乐坛旁边的雪茄烟玻璃柜给打得粉碎,觉得震惊,甚至很不高兴。我不希望老慕尼黑出事。以前那里从没有

---

① 波希米亚人原指西欧的吉卜赛人,后泛指放荡不羁的流浪者和生活方式与众不同的艺术家。
② 比尔森是捷克城市,生产的黄啤酒有浓郁的蛇麻子香味。

出过事。

第十八号侍者过来,站在我身后,我脖子上感到他呼吸的热气。我第一次光顾是他接待的,他理所当然地把我当成他的主顾。十八号的大脑构造像是畜栏,一开栏门,挤在里面的念头就像羊群似的夺路而出,此后可能重新聚拢,也可能跑散。我搞不清楚他是否有国籍、家庭、信仰、烦恼、嗜好、灵魂、偏爱、住房,或选举权。他来到我坐的桌子前,只要有空闲,就打开话匣子,滔滔不绝的言语就像白天谷仓里飞出来的麻雀。

"雪茄烟柜怎么会碎的,十八号?"我带着不满情绪问道。

"那我可以告诉你,先生,"他把脚搁在我旁边的椅子上说,"你有没有遇到这种情况:当你两手已经捧满了坏运气,人家又给你一大把好运气,你一时激动,没有注意手指的动作?"

"别打字谜啦,十八号,"我说,"我不要看手相或者修指甲。"

"你记不记得,"十八号说,"当你上楼去莱茵小城堡时,老是站在楼梯口的身穿黄铜片大礼服和充金裤子,头戴紫铜帽,手里握着一把斩肉斧、冰镐和自由竿①三合一的东西的那个人?"

"当然记得,"我说,"持戟手。我没有特别注意过他。我印象里老是把他当成一套甲胄。他姿势摆得好极了。"

"不止那些,"十八号说,"他还是我的朋友。他是广告。老板雇他专门站在楼梯口,作为景点,表明楼上有些古色古香的玩意儿。你管他叫什么来着——刺激病?"

"持戟兵,"我说,"几百年前的一种士兵。"

"错啦,"十八号说,"没有那么老。他最多二十三四岁。

"那是老板的主意,弄一套南北战争前的白铁皮服装,让人穿

---

① 自由竿,顶上挂着法国革命时期流行的圆锥形软帽或共和国旗帜,作为自由的象征。

着,站在城堡楼梯口。他在四马路的一家古董店买了那套东西,挂出牌子:'招聘体格健全的刺激——持戟兵。提供服装。'

"当天上午,一个衣服质地很好但搞得很脏的、面有饥色的年轻人摘下牌子进来。我正在把每张桌子上的芥末瓶装满。

"'我来应聘,'他说,'不管什么工作。可是我从没在餐馆里当过持戟兵。让我试试。是假面舞会吗?'

"'我听到厨房里在谈鱼肉丸子①。'我说。

"'好极啦,十八号,'他说,'你我会合得来的。带我去见老板吧。'

"老板让他穿好紧身睡衣,然后像炖甲鱼似的替他安上甲片,他应试通过。你已经看到了——他直挺挺地站在第一个楼梯平台的角落里,肩扛着戟,两眼平视,守卫着城堡里的葡萄牙人。老板一丝不苟,力求他的餐馆具有真正的欧洲情调。'莱茵城堡必须有持戟兵,'他说,'正如地下室餐馆必须有耗子,奥地利蒂罗尔农村必须有穿白纱袜的跳舞人一样。'老板有民俗学家的气质,熟悉这方面的资料和信息。

"持戟兵值岗的时间是晚八点到凌晨两点。他在我们的帮助下吃两顿饭,每晚一元工资。我和他在一张桌子吃饭。他喜欢我。他从不说出自己的姓名。我想他大概像国王似的微服出巡。晚饭时,我首先对他说的是,'再吃些土豆吧,费林海森先生。''哦,你这么客气反而有点见外了,十八号,'他说,'叫我老戟好啦。''别以为我想打听人家的姓名,'我说。'大富大贵的人也有失意潦倒的时候,这种情况我见得多啦。我们这儿有位伯爵在厨房里洗盘子,第三个酒吧侍者以前当过普尔曼卧车的乘务长。他们照样干

---

① 英语里的舞会(ball)有丸子等球状物的意思。

377

活,珀西瓦尔爵士①。'我讥刺地说。

"'十八号,你是白菜气味弥漫的地狱里一个友好的魔鬼,能不能帮我切一切这块牛排?我并不是说它的肉比我的老,可是——'他伸出手掌让我看。那双手打了许多茧子和水泡,伤痕累累,肿得像两块乱刀划过的肋排——也就是卖肉的藏在柜台下面,自己带回家的那种,因为他们知道这种肉最好。

"'铲煤,'他说,'码砖,装车,卸车。这双手终于顶不住了,我不得不辞职。我生来是当持戟手的料,我受了二十四年教育就是为了担任这个职务。好啦,别在我职业问题上找茬啦,再递一些火腿过来,我斋戒了四十八小时,'他说,'现在举行开斋仪式。'

"第二天晚上他值岗时,从角落里下来,走到雪茄烟柜那儿买香烟。顾客们吃吃笑出了声,表明他们很熟悉历史。老板过来了。

"'那叫做——嗯,那叫什么来着——对啦,时代错乱,'老板说,'发明持戟兵的时候,还没有生产香烟呢。'

"'你卖的无非是多出一个软木嘴的粗烟丝②。'珀西瓦尔爵士说。他买了烟,点燃一支,把烟盒放在紫铜头盔里,回城堡继续巡逻。

"他大获成功,特别是很受女士们欢迎。有几个甚至用手指捅捅,想知道他究竟是真人,还是那种用来焚烧的充填的模拟人像。他走动时,她们喊喊喳喳;她们上楼经过他身边时,频频向他送秋波。他穿上甲胄后,相当英俊。他在三马路租了一间过道隔出来的卧室,每周租金两元。有一晚,他请我去他那里坐坐。脸盆架上有一本小书,他下班后不去酒馆喝酒,而是在家里看书。'我

---

① 珀西瓦尔是英国散文作家马洛礼(1395—1471)所写的传奇《亚瑟王之死》中亚瑟王手下的圆桌骑士之一。

② 这里的原文是法文 caporal(下士),指一种廉价的普通烟丝,原称 tabac du soldat(士兵的烟丝),为了好听,后改称 tabac du caporal(下士的烟丝)。

知道那是什么书,'我说,'我在小说里见过。小说里的流浪汉都有一本小书。不是坦塔鲁斯,便是利夫尔或者贺拉斯的作品,并且是拉丁文,你是大学生。即使你没有受过教育,我也不会觉得奇怪,'我说,'文盲概率同过去十年里棒球联合会公布的击球平均得分数差不多。'

"一天晚上十一点半左右,餐馆里来了几个那种老是找新的吃饭去处,寻欢作乐,肆意挥霍的人。其中有一个开四十匹马力的轿车、穿棕黄色外套、披面纱的漂亮小姐,一个白胡子的胖老头,一个紧跟在小姐背后一步不离的年轻人,和一个觉得生活充满邪恶和无聊的上了年纪的夫人。'在城堡里吃饭多么有趣啊。'他们说着上了楼,半分钟后,那位小姐又下来了,裙子沙沙作响,像是海滩上的波浪声。她在楼梯口站停,直瞅着持戟兵。

"'原来是你!'她说,脸上的笑容又甜又酸,让我想起了柠檬牛奶冻。当时我在楼上城堡,正往墨西哥辣酱油的空瓶子里灌醋和辣椒酱,听到了他们说的话。

"'不错,'珀西瓦尔爵士一动不动地说,'我只是地方色彩。我的锁子甲、头盔和戟都端正吗?'

"'这件事你怎么解释?'她说,'是不是像人们在烙饼羊肉俱乐部搞的恶作剧?我恐怕弄不明白。听说你去外地了。三个月来,我——我们没有见到过你,也没有你的消息。'

"'我在干活,当持戟兵谋生,'那尊塑像般的人说,'我一直在工作,恐怕你不了解工作意味着什么。'

"'你的钱——你的钱全没有了吗?'她问道。

"珀西瓦尔爵士思索了片刻。

"'如果我不工作挣钱的话,'他说,'我比身体前后挂着牌子在街上做活广告的人更穷。'

"'你管这也叫做工作?'她说,'我以为人是靠体力或者脑力

工作,而不靠假冒行骗。'

"'持戟兵的职业历史悠久,相当体面。有时候,'他说,'当头盔上插着鸵鸟毛的骑士在楼上宴会厅装腔作势的时候,守卫大门的士兵往往挽救了城堡。'

"'我看你并没有为你的怪癖感到羞耻,'她说,'以前我一直认为你有男子气概,哪知你不去担水打柴,却打扮成这副模样,公然丢人现眼。'

"珀西瓦尔的甲胄格格发响,他说:'海伦,你能不能暂时不谈这件事?你不理解,'他说,'这件工作我必须再坚持一小会儿。'

"'看来你喜欢当丑角——或者当你所说的持戟兵?'她说。

"'此刻即使委派我出任驻圣詹姆斯宫廷的公使,'他咧嘴一笑说,'我也不愿意丢掉这份工作。'

"那位开四十匹马力轿车的小姐眼里闪出比钻石更冷的光芒。

"'很好,'她说,'今晚让你过足侍候人的瘾。'她轻盈地走到老板那儿,朝他嫣然一笑,几乎害他架在鼻子上的眼镜跌落下来。

"'我觉得你的莱茵城堡像梦一般美妙,'她说,'欧洲的一小片在纽约落了脚。我们在上面吃晚餐一定很愉快,假如你肯行个方便,梦幻般的意境就十全十美了——派你的持戟兵去我们那桌侍候好吗?'

"那个想法完全符合老板民俗学的嗜好。'当然可以,'他说,'太好啦。乐队可以一直演奏《莱茵河上的守卫》。'他当场过去吩咐持戟兵上楼侍候那些贵客。

"'我来报到。'珀西瓦尔爵士说,他脱掉头盔,把它挂在戟的月牙形锋刃上,一起倚在角落里。小姐在自己的座位坐好,我看见她虽带微笑,脸却绷得很紧。'有个真正的持戟兵来伺候我们,'她说,'一个为自己的职业感到自豪的人。你们说好吗?'

"'太妙啦。'那个衣着讲究的年轻人说。'我宁肯要一个真正的侍者。'胖老头说。'希望他不是从二流的博物馆来的,'老夫人说,'他的服装可能带有细菌。'

"珀西瓦尔爵士过去服务之前,抓住我的胳臂说:'十八号,这趟活我怎么也得拿下来,不能出差错。你得点拨点拨,不然我用戟把你剁成肉饼。'他穿着锁子甲,前臂搭一条餐巾,等待吩咐。

"'哟,那不是迪林吗!'年轻人说,'嗨,老兄。你这是——'

"'请原谅,先生,'珀西瓦尔爵士说,'我是这一桌的侍者。'

"老头像波士顿公牛似的严厉地盯着他。'迪林,'他说,'看来你还在干活。'

"'是的,先生,'珀西瓦尔爵士说,他镇定自若的风度不下于我自己,'至今快满三个月了。''这期间你没有被开除吗?'老头问道。'一次也没有,先生,'他说,'虽然我不得不换过几次工作。'

"'侍者,'小姐盛气凌人地吩咐,'再拿一条餐巾来。'他毕恭毕敬地再拿了一条。

"我从没有见过那么乖戾刁难的女人。她两颊泛红,目露凶光,正像我在动物园见到的山猫一样。她的脚不停地敲地板。

"'侍者,'她吩咐说,'我要不加冰的过滤水。替我端一个脚凳来。把这个空盐瓶拿走。'她一刻也不让他安宁。看来她存心要整整持戟手。

"那时候城堡里顾客不多,我便在门口转悠,帮珀西瓦尔爵士一把。

"他上橄榄、芹菜和蓝点牡蛎都很顺利。那很简单。当升降机送上一个有盖银锅的清炖鸡汤时,他不是放在小桌上一份份地舀出来,而是用两手端着锅朝餐桌走去。快到桌前时,银锅脱手掉在地上,汤汁把小姐漂亮的绸衣服的下摆全溅湿了。

"'笨蛋——没用,'她瞪了他一眼说,'你只配一辈子握着戟

站在角落里。'

"'请原谅,小姐,'他说,'那锅东西比火还烫。我实在端不住。'

"老头取出笔记本翻阅。'四月二十五日,迪林。'他说。'我清楚。'珀西瓦尔爵士说。'十二点缺十分。'老头说。'哼!你的赌还没有打赢。'他用拳头擂着桌子朝我嚷道:'侍者,把经理给我叫来——马上来。'我去找经理,老布罗克曼三级楼梯一跨,上了城堡。

"'我要你立即开除这个人,'老家伙吼道,'瞧他干的事。毁了我女儿的衣服。衣服至少值六百元。立即解雇这个笨手笨脚的蠢东西,不然我起诉你,要求赔偿。'

"'确实不好办,'老板说,'六百元是笔大数目。看来我不得不——'

"'且慢,布罗克曼先生。'珀西瓦尔爵士从容地微笑说。但是我看得出他那套铁皮服装里面的激动情绪。接着,他发表了一篇我生平听过的最精彩、最简洁有力的演说。我当然不能逐字逐句复述一遍,不过能说个大意。他用讥刺的语言把那些百万富翁挖苦了一番,谈了他们的汽车、歌剧院包厢和钻石,然后谈了劳苦大众,他们吃的是猪狗食,干的是牛马活等等——当然全是空话废话。'那些不安分的有钱人,'他说,'穷奢极侈,没有满足的时候,老是在穷街陋巷探头探脑,从他们的男女同胞的匮乏和不幸中寻找乐趣。即使在这儿,布罗克曼先生,'他说,'在这个欧洲历史和建筑的富有启发意义的复制品、精致的莱茵城堡里,他们盛气凌人地要持戟兵侍候他们吃饭,扰乱了城堡的和谐和情调!我忠实认真地履行了持戟兵的任务。我不懂侍者这一行。这些傲慢的贵族异想天开,要我侍候他们吃饭。他们自以为是、飞扬跋扈,引出了事故,难道能怪我吗——难道因此而要剥夺我的生计吗?更使我

痛心的,'珀西瓦尔爵士说,'是这座辉煌的莱茵城堡遭到了亵渎——征用它的持戟兵低三下四地去侍候餐桌。'

"这番话连我都觉得不值一听,但打动了餐馆老板。

"'天哪,'他说,'你讲得有道理。持戟兵不应该端汤。我不打算开除他了。我可以另派一个侍者,让我的持戟兵回到他原来的岗位上去持戟。先生们,'他指着老头说,'你尽管去告我、要我赔衣服好啦。不管你索赔六百元还是六千元,我都应诉。'老板气呼呼地下了楼。老布罗克曼这个荷兰人还不错。

"这时候,时钟敲了十二下,那个老头大笑起来。'你赢了,迪林,'他说,'让我来解释这一切,'他接着说,'前不久,迪林先生向我提出一个我不愿答应的要求。'(我瞧瞧那位小姐,她脸红得像是泡甜菜。)'我对他说,假如他能自食其力,三个月不被炒鱿鱼,我就满足他的要求。三个月的期限到今晚十二点为止。在汤的问题上,我几乎让你栽了跟斗。'老家伙说着站起身,去握珀西瓦尔爵士的手。

"持戟兵大叫一声,跳了三尺高。

"'这双手可不能碰。'他举起手说。那种手只有在采石场才能看到。

"'天哪,孩子!'白胡子老头说,'你干什么活把手搞成这副模样?'

"'哦,'珀西瓦尔爵士说,'装运煤炭、挖石头等零碎活,结果它们背叛了我。当我握不住铁锹或鞭子时,我当了持戟手,让它们歇歇。盛满热汤的银锅并不是特别舒服的治疗方法。'

"我对那位小姐还是有好评的。根据我的经验,脾气急躁的类型总是爱憎分明的。她一阵风似的绕过桌子,抓住他的手。'可怜的手——可爱的手。'她喊道,簌簌的泪水沾湿了那双手,她把它们紧紧抱在怀里。先生,莱茵城堡的那幅场景真好像在演戏。

持戟手在小姐身边坐下,我继续上菜。故事基本结束了,他们离去时,他脱下甲胄,和他们一起走了。"

我不喜欢扯开原来的话题。

"十八号,你还没有告诉我雪茄烟柜是怎么打碎的。"我说。

"哦,那是昨晚的事,"十八号说,"珀西瓦尔爵士和那位小姐乘了一辆乳白色的汽车来莱茵城堡吃晚饭。'我们仍旧坐原来的那张桌子吧。'他们上楼时,我上前侍候,听到那位小姐说。我们雇了一个新的持戟手,一个面相像绵羊似的、罗圈腿的家伙。他们下楼时,珀西瓦尔爵士随手给了他一张十元的钞票当做小费。新的持戟手惊异之下,手里的戟掉了下来,砸在雪茄烟柜上。就是这么一回事。"

两个改换门庭的人

南方联邦的退伍军人重聚在金门城,我站在街上,看他们打着大战时期紊乱的旗帜,朝他们的演讲纪念厅走去。

不整齐的游行队伍走走停停,我突然冲上去,把我的朋友巴纳德·奥基夫拉了出来。他根本没有资格混在那个队伍里,因为他生在北方、长在北方,凭什么同那些须眉交白的老退伍军人一起向南方邦联的旗帜欢呼?再说,他那张油光光的、滑稽相的阔脸干吗要混在那些拖着沉重脚步的、同他毫无关系的、上一代的战士中间?

我揪住他不放,直到最后一个挂着山核桃木假腿、山羊胡子飘拂的人走过。然后我带他从人群中挤出来,进了一个阴凉的酒馆,那天金门城十分激动,街上的手摇风琴艺人明智地删除了节目里的《横扫佐治亚》①。

"你在搞什么鬼?"我们入座喝酒时,我问奥基夫。

奥基夫先擦擦发热的脸,把浮在酒里的冰块搅动一番,才开始回答。

"我在追随世界上惟一给过我好处的国家,"他说,"君子知恩必报,我拥护已故的杰斐逊·戴维斯②的外交政策,这位杰出的政

---

① 美国南北战争期间,北方将领舍曼(1820—1891)攻克佐治亚州首府亚特兰大后,下令撤出全部居民,焚毁该城,开始了著名的"向海岸进军"。
② 杰斐逊·戴维斯(1808—1889),美国南北战争期间南方邦联总统,西点军校毕业,曾参加对墨西哥的战争,任国防部长,参议员,拥护奴隶制,维护南方庄园主政权。

治家解决了一个国家的财政问题。他的政纲,平等比率——一桶钱币换一桶面粉——两张二十元换一双靴子——一帽子的钞票换一顶新帽子——同威·詹·布①的生锈的老政纲相比,是不是简单得多?"

"这是什么话?"我问道,"别离题十万八千里,扯什么财政问题。我问你为什么混在南方邦联的退伍军人队伍里游行?"

"因为,老弟,"奥基夫回说,"当巴纳德·奥基夫落到一个残暴的异国手里,马上有被杀害的危险,美利坚合众国驳回了他请求保护的呼吁,指示私人秘书科蒂尤在估计一九○五年选举结果时把共和党多数选票减去一票时,南方邦联政府在它力所能及的范围内进行了干预,保护了巴纳德·奥基夫。"

"喂,巴纳德,"我说,"早在四十年前,美利坚十三州邦联就不存在了。你本人似乎没有四十岁。那个已经不存在的政府什么时候替你进行过外交斡旋?"

"四个月前,"奥基夫立即回答,"我提到的那个臭名昭著的异国挨了戴维斯先生的非法邦联的一记重拳,现在还晕头转向呢。因此你看到我随着南方非法的乐曲,和前南军士兵一起游行。我投票支持首都华盛顿的老爸,但是我不再背弃杰斐逊老爷了。你说邦联政府死了已有四十年吗?倘若不是这样的话,今天我早就死透死绝,骂不了我的祖国了。奥基夫家族不是忘恩负义的人。"

我大惑不解,茫然说:"战争早就结束了,那是——"

奥基夫哈哈大笑,把我搞得更糊涂了。

"你去问问米利金老大夫战争有没有结束!"他乐不可支地嚷道,"哦,不!大夫还没有投降。至于南方十三州!我刚才对你说过,四个月前它们以国家的名义正式同一个外国政府强烈交涉,使

---

① 指威廉·詹姆斯·布坎南(1791—1868),美国南北战争前的第15任总统。

我免遭枪杀。老杰斐逊的国家介入，救了我，置于它的保护之下，而罗斯福①却在油漆一艘炮舰，等待全国选举委员会查看我的名字有没有删掉。"

"这里难道还有一个故事吗，巴纳德？"我问道。

"不，"奥基夫说，"我讲的是事实。你知道，当挖掘运河的问题闹得沸沸腾腾时，我南下巴拿马。我想我是在牢房里得的病。我不得不睡在地板上，喝的水里有小虫，当然得了查卡斯病②。那是在一个名叫圣胡安的沿海小镇上的事。

"我得的那种热病很凶险，即使海地太子港的黑人得了也会送命，可是见了米利金大夫，我的病更厉害了。

"居然有这种大夫！假如米利金大夫替你治病的话，他会使死亡的恐怖显得比参加民主党的聚会更愉快。他对待病人的态度像是派尤特③印第安巫医，你见到他，会像见到一辆装运铁桥桁梁的大车那样庆幸自己的轻松。当他把手放到你发烧的额头上时，你会像约翰·史密斯船长在波卡洪塔斯来保释他之前那么绝望④。

"我派人去请大夫，这个行医的老怪物来到我的圆木小屋。他长得像鲱鱼，黑眉毛，稀疏的白胡子仿佛是喷水壶流出来的牛奶。跟在他背后的黑人小厮提着一个装满红汞的旧番茄酱罐头和

---

① 指西奥多·罗斯福，1901—1909年间任美国总统。
② 查卡斯病亦名克鲁斯病、南美洲锥虫病，由昆虫叮人后经血液传播，病人发高烧，淋巴结肿大，有脑膜炎症状，死亡率极高，潜伏期长可达二十年。
③ 派尤特是美洲一支印第安人，居住在内华达、加利福尼亚东部、犹他南部和亚利桑那西北部。
④ 约翰·史密斯（1580—1631），英国殖民者，1607年到弗吉尼亚的詹姆斯敦，被弗吉尼亚的印第安酋长波瓦坦俘虏，将被处死的紧急关头，酋长的女儿波卡洪塔斯（1595—1617）救了他。波卡洪塔斯后与詹姆斯敦殖民者约翰·罗尔夫结婚，受基督教洗礼，改名丽贝卡，1616年被带回英国，成为轰动一时和多部文学作品中的人物。

一把锯子。

"大夫替我号了脉,开始用一把手铲似的农具搅和红汞。

"'大夫,我还不想做蜡模遗容,'我说,'也不想替我的肝脏打石膏。我病了,需要的是药,不是壁画。'

"'你是该死的扬基人,对吗?'大夫继续搅和他的水泥。

"'我是北方人,'我说,'不过只是普通百姓,不指望在壁画上扬名。等你用那种红铃虫配方涂满巴拿马地峡后,能不能给我一些止痛剂或者在烤面包上滴一点士的宁①,缓解我的难受?'

"'扬基人都像你那么莽撞,'老大夫说,'不过我们大大地打掉了他们的气焰。是啊,先生,我想你们有不少人被我们送到了极乐世界。无论是在安迪坦、公牛奔、七棵松或者纳什维尔附近,每次交战,我们都把你们打得落花流水,除非你们人数占了十比一的绝对优势。我一眼见到你,就知道你是个该死的扬基人。'

"'不要加深隔阂了,大夫,'我请求说,'我即使有扬基人的气味,也属于地理性的,以我本人来说,我觉得无论南方人也好,菲律宾人也好,都没有关系。我太难受了,不想争辩。我们好见好散,我需要的是多一点鸦片酊,少一点隆迪通道②。如果你现在搅和的黏糊糊的东西是给我用的,请先塞满我的耳朵,再谈葛底斯堡战役,那个话题说来话长。'

"与此同时,米利金大夫像是搞沙盘作业似的把药粉分放在一方方的纸上,他对我说:'扬基人,每两小时吃一包。这种药吃不死人。傍晚我再来看看你是不是还活着。'

---

① 士的宁是从马钱子植物种子提取的生物碱,味极苦,致惊厥,强壮药剂中有微量成分,但30—60毫克的剂量可致死。
② 隆迪通道是美国和加拿大交界处尼亚加拉大瀑布西面的一条道路,1814年7月25日,美英战争期间,人数处于劣势的美国军队同优势兵力的英国军队(4500人)在此激战,美军先打退英军,但终于不敌,美方伤亡852人,英方伤亡878人。

"老大夫的药粉打垮了查卡斯。我留在圣胡安，慢慢同他混熟了。他原籍密西西比，是身上带薄荷气味的最炽热的南方人。同他相比，'石墙'杰克逊和罗伯特·李①都成了废除黑奴派。他在亚佐市好像有个家，由于特别喜欢没有扬基人的政府的地方，他总是远离美国。他和我的私人关系搞得像俄罗斯沙皇同和平鸽那么好，但是在地域问题上我们从不掺和。

"老大夫在那个地峡国家行医的方式相当独特。他总是带着曲线锯、漂白粉和注射器，黄热病等等什么疑难杂症都治，私人朋友一概热情款待。

"大夫会吹长笛，技巧并不高明，一次只能吹上一二分钟。他常吹两支调子——一支是《狄克西》，另一支十分接近《斯旺尼河》②——你可以说它是斯旺尼河的支流。我康复期间，他常去我那里坐坐，骚扰他的长笛，说说反对南方改革、攻击北方的怪话。你听他说话，仿佛觉得萨姆特城堡③的第一炮的硝烟还没有消散。

"当时那里发动了一场财产革命，第五幕结束时，背景是激动人心的运河场面，山姆大叔拉着巴拿马小姐的手九次出来谢幕，主

---

① "石墙"杰克逊，指美国南北战争的南军将军托马斯·乔纳森·杰克逊（1824—1863）。1861年公牛奔战役前，另一个南军将军见自己的部下怯阵，感叹说："看看杰克逊的士兵，他们像一堵石墙岿然不动！"杰克逊因此得"石墙"之名。钱塞勒斯维尔战役中，杰克逊侦察归来，被自己部下误伤，不治而死。
罗伯特·李(1807—1870)，南北战争时弗吉尼亚军的首领，1862年和1863年先后在弗雷德里克斯堡和钱塞勒斯维尔打败北军，但在葛底斯堡一役败绩。1865年，出任南军总司令两个月后，在阿波马托克斯向北军总司令格兰特投降。

② 《狄克西》的作者是D.D.埃米特，1859年首次在纽约演唱。狄克西是纽约曼哈顿的一个奴隶主的名字，他把奴隶迁移到南方，让奴隶多干活，节约伙食开支。奴隶们怀念故土，常唱这支歌。南北战争时期成为南军士兵喜爱的歌曲。斯旺尼是美国佐治亚和佛罗里达州的河流，注入墨西哥湾，《斯旺尼河》是南方黑人歌曲。

③ 美国南卡罗来纳州查尔斯港的城堡，南北战争在此开始。

张不干涉的摩根参议员被猎狗追得走投无路,爬在一棵棕榈树上不敢下来。

"结局虽然是这样,但一开头哥伦比亚似乎要把水搅混,乘虚而入,吃掉巴拿马。至于我呢,我把赌注押在起义军一边,他们给我一个上校旅长的头衔,让我率领二十七名士兵,在起义军左翼第二战区布防。

"哥伦比亚军队对我们很不客气。一天,我把我的旅拉到一块沙地上,让士兵们脱掉鞋子,分班进行营制操练,政府军从灌木丛后面鼓噪着朝我们冲来。

"我的部队便向纵深射击,左转身,离开了那块沙地。我们诱敌深入,跑了三英里左右,到了一片荆棘地,不得不坐下来。追军命令我们抬起脚丫子投降,我们照办了。我损失了五个最好的参谋,他们的脚板严重刮伤。

"那些哥伦比亚人当场抓住了你的朋友巴纳德,剥夺了他的军衔标志——两个黄铜指节套和一个军用水壶的朗姆酒——把他拖上军事法庭。主审的将军完成了南美军事法庭通常在十分钟内就能完成的法律手续。他讯问了我的年龄,然后判决我枪决。

"他们推醒了法庭翻译,让他把判决翻给我听。翻译是一个姓詹克斯的美国人,平时做朗姆酒生意,肚子里当然有不少朗姆酒。

"詹克斯伸了一个懒腰,吃了一片止痛药。

"'你得背靠一堵土砖墙,老兄,'他对我说,'我想你还有三星期。你身边有没有嚼烟?'

"'再翻一遍,附带脚注和词汇表,'我说,'我不清楚我是无罪释放,判刑,还是被移交给杰里协会。'

"'哦,难道你不明白吗?两三个星期后,要你站在一堵土砖墙前被枪毙——他们说的好像是三星期。'

"'你能问问清楚究竟是几星期吗?'我说,'你死后,一个星期

算不了什么,你活着的时候,一星期却是相当长的好时光。'

"'是两星期,'翻译用西班牙语问了法庭后对我说,'要不要我再问一遍?'

"'不必了,'我说,'就让判决稳定下来吧。我假如纠缠不清,早在被俘十天前就被他们枪毙了。至于烟丝,我一点都没有。'

"我被一队扛着恩菲尔德步枪①的、邮电局职员似的黑人押解到监狱,给关进一个砖窑似的地方。那里的温度同烹调书上说的快速烤炉差不多。

"我给看守一枚银元,让他去请美国领事。他穿着睡衣来了,鼻子上架着两片眼镜玻璃,肚子里有十来玻璃杯的酒。

"'我两星期内要被枪毙,'我说,'虽然我已经记在小本子上,但仿佛总是难以忘怀。你得尽快给山姆大叔去电报,让他采取行动。请他们立刻把肯塔基号、拉萨基号和俄勒冈号派来。战舰数量差不多够了,不过再派一两艘巡洋舰和一艘驱逐舰也没有坏处。还有——假如杜威②目前不忙的话,最好让他搭乘舰队里速度最快的一艘一起来。'

"'奥基夫,听我说,'领事打着嗝说,'这种事情干吗要去惊动国务院?'

"'你没有听到我说的话吗?'我说,'两星期后我要被枪毙了。你以为我是去参加草坪聚会吗?假如罗斯福让日本人派黄山后军丸或者小笠新新丸或者别的一流的巡洋舰来帮忙,也没有妨碍。我会觉得更安全一些。'

"'你需要的是保持镇静,'领事说,'我回去后派人给你送些嚼烟和油炸香蕉馅儿饼。美利坚合众国不能插手。你知道,你是

---

① 恩菲尔德步枪,第一次世界大战期间英美军队使用的0.30口径连发步枪。
② 乔治·杜威(1837—1917),美国海军上将,1898年美西战争中在马尼拉湾打败西班牙舰队。

在反叛政府的活动中当场捕获的,要受当地法律的制裁。我对你说实话吧,我接到国务院通报——当然是非官方的——如果冒险家在革命骚乱中要求派遣舰队,我应该切断联系,给他送去他要的烟草,等他枪决后,收他的衣物,如果合我身材,就把那些衣物抵作我的部分薪水。'

"'领事,'我对他说,'这是一个严肃的问题。你是山姆大叔的代表。这不是什么世界和平会议或者《白花酢浆草四号》命名典礼之类的国际小玩笑。我是美国公民,我要求保护。我要求派遣鱼雷艇队和施莱,大西洋舰队和鲍勃·埃文斯,还有 E. 伯德·格拉布将军①,以及两三份条约草案。你打算怎么办?'

"'什么也不办。'领事说。

"'那你就走人吧,'我不耐烦地说,'去找米利金大夫。请大夫来看我。'

"大夫来了,在肮脏的士兵中间隔着铁栅栏看我,我的鞋子和酒壶虽然给没收,他见了我似乎仍十分快活。

"'喂,扬基人,'他说,'现在尝到一点约翰逊岛的滋味了,是吗?'

"'大夫,'我说,'我刚同领事见过面。我从他的话里得出了印象,我现在的处境仿佛是用罗森斯坦的化名在俄罗斯的基什尼奥夫卖裤子背带时被逮捕一样,同他毫不相干。我能从美利坚合众国得到的惟一海事救援只是嚼烟。大夫,'我说,'你能不能在奴隶制问题上暂停敌对态度,帮我想想办法?'

---

① 温菲尔德·斯科特·施莱(1839—1911),美国海军军官,1898 年美国舰队封锁古巴圣地亚哥时,任海军上将桑普森的副手。
罗布利·丹格里逊·埃文斯(1846—1912),美国海军上将,有"战斗的鲍勃·埃文斯"之称。1898 年他指挥的军舰首先向古巴圣地亚哥的西班牙军舰开火。

"'当我发现扬基人长出牙齿,开始学乖时,'米利金大夫回说,'我没有做无痛治疗的习惯。难道星条旗不打算派海军陆战队登陆,炮轰那些哥伦比亚吃人生番的茅屋吗?喂,你在拂晓的光线下看到星条旗有没有侥幸得手?喂,国防部是怎么回事?身为一个金本位国家的公民,是不是一件大好事?'

"'大夫,你尽管揭旧伤疤好了,'我说,'我承认我们在外交方面弱了一些。'

"'作为扬基人,'大夫戴上眼镜,脸色和霁一些说,'你不算坏。假如你不是扬基人,我可能马上对你有好感。你们烧毁了老大夫的棉花田,抢走了他的骡子,解放了他的黑奴,如今你的国家抛弃了你,你不得不求他帮助了。是不是这么一回事,扬基人?'

"'是的,'我诚恳地说,'现在我们马上诊断一下病情吧,不然两星期后你只能做尸体解剖了,不在万不得已的情况下,我是不愿意被肢解的。'

"'好吧,'大夫实事求是地说,'你要摆脱这些麻烦并不难。钱能通神。你得买通一连串人,从蓬波索将军①到那个看守你牢门的类人猿。大约一万元就够了,你有这笔钱吗?'

"'我吗?'我说道,'我有一枚智利元、两枚里亚尔和一枚半开。'

"'既然如此,你有什么遗言就赶快说吧,'那个南军老兵说,'你的资信清单在我听来很像安魂弥撒。'

"'换一种治疗方法,'我说,'我承认我资金短缺。不如来次会诊,或者用镭放射疗法,或者把我夹带在什么东西里面偷运出去。'

"'扬基人,'米利金大夫说,'我有一个救你性命的好主意。

---

① 蓬波索在西班牙语中可作"浮华""傲慢"解。

世界上只有一个政府能帮你摆脱目前的困境,那就是美利坚十三州邦联、有史以来最伟大的国家。'

"我对大夫说的话同你刚才对我说的一模一样:'喂,美利坚十三州邦联根本不是国家。四十年前就解散了。'

"'那是竞选运动的谎言,'大夫说,'她像罗马帝国那么稳定地运转。她是你惟一的希望。不过作为扬基人,你在得到官方帮助之前必须履行一些仪式。你必须宣誓效忠邦联政府。然后我可以保证她会竭尽全力帮助你。你看怎么样,扬基人——这是你最后的机会。'

"'假如你耍我,大夫,'我回说,'你就不比美利坚合众国好到哪里去。你既然说这是最后的机会,赶快让我宣誓吧。反正我卖假酒时也经常赌咒发誓。我认为我天生是半个南方人。我愿意脱下黄卡其军装,换上三K党的白罩袍。赶快开始吧。'

"'米利金大夫考虑了片刻,然后替我编了如下的效忠誓言:'

"'我,扬基人巴纳德·奥基夫,身体健全,但有共和思想,特此宣誓,将我的忠诚、尊敬和归顺移向美利坚十三州邦联及其政府,因该政府通过官方斡旋和努力,使我重获自由,摆脱由于我的爱尔兰脾气和扬基人常有的骄横而招来的监禁和死刑判决。'

"我跟着大夫重复了这些话,但觉得是自欺欺人,我不相信哪一家人寿保险公司会凭它给我一张保单。

"大夫走时说他立刻同他的政府取得联系。

"你可以想象出我的感觉,两星期后我将被枪决,而我寄予惟一希望的政府早已消亡,只有在先烈纪念日,或者乔·惠勒①在薪津单上签字时才会想起它。但那是惟一的指望,我认为米利金大

---

① 约瑟夫·惠勒(1836—1906),美国军人、政治家,美西战争时任志愿兵少将,指挥骑兵师,在菲律宾时指挥一个旅,1900年以准将军衔退休。

夫的旧羊驼呢衣服的袖管里除了愚蠢之外还有一些花样。

"一星期后,老大夫又来到牢房。我被跳蚤咬得浑身起包,挖苦人的劲头也所剩无几,基本上处于饥饿状态。

"'洋面上有没有邦联的装甲舰的踪影?'我问道,'你有没有听到杰布·斯图尔特的骑兵来近,或者"石墙"杰克逊从后面包抄上来的声响?听到的话,希望你告诉我。'

"'现在盼望援助,为时尚早。'大夫说。

"'越早越好,'我说,'我被枪决的那天,即使提前十五分钟来到,我也不介意,假如你看到博勒加尔、艾伯特·悉尼·约翰斯顿①,或者任何别的救援部队,马上发信号,让他们快来。'

"'还没有回音。'大夫说。

"'别忘记,'我说,'只剩下四天了。我不知道你打算怎么干,大夫,不过我觉得如果你有一个活着的、地图上找得到的政府——例如阿富汗、大不列颠,或者克鲁格老头②的王国——接手这件事,我睡觉就踏实得多。我并不是小看你的十三州邦联,但我总觉得李将军投降后,我摆脱麻烦的机会肯定减少了。'

"'这是你惟一的机会,'大夫说,'别埋怨了。你自己的国家帮过你什么忙?'

"离枪决我的日子还有两天,米利金大夫又来了。

"'行啦,扬基人,'他说,'援助到啦。美利坚十三州邦联准备申请释放你。政府代表昨晚搭水果船到了。'

"'好极啦!'我说,'我想大概是带着一挺格林机关枪的海军

---

① 约翰斯顿(1803—1862),美国南北战争期间南军著名将领。1862年4月6日夏伊洛一役打败北军格兰特将军的部队,但他本人阵亡。
② 克鲁格(1825—1904),南非政治家,四次连任德兰士瓦总统(1883—1900),布尔战争期间(1883—1902)流亡欧洲,游说欧洲大国干预,均无结果,客死瑞士。

陆战队吧。光凭这一点,我要尽力爱你的国家。'

"'两国政府立刻开始谈判,'老大夫说,'今天稍晚的时候就知道谈判是否成功。'

"下午四点钟左右,一名穿红裤子的士兵拿着一份文件来到牢房,他们打开牢门,我走了出来。门口的看守朝我鞠躬,我也鞠躬回礼,我走进齐脚脖子高的草丛,到了米利金大夫的茅屋。

"大夫坐在吊床上吹长笛,低沉的调子是《狄克西》,吹到伤心处,我打断了他,同他握手,足足有五分钟之久。

"'我从没有想到,'大夫烦恼地咬下一块嚼烟说,'我居然会救一个该死的扬基人的命。不过,奥基夫先生,我看你还是有点人味的。我从未想到扬基人会有一点最起码的礼貌和值得赞扬的地方。我想我以前可能以偏概全了。可是你应该感谢的不是我——是美利坚十三州邦联。'

"'我深表感谢,'我说,'不爱一个有救命之恩的国家实在说不过去。以后凡是有旗杆和酒杯的时候,我一定向邦联的旗帜致敬。可是,'我说,'援救部队在哪里呢?我没有听到枪炮声呀。'

"米利金大夫用长笛指着窗外装运香蕉的轮船。

"'扬基人,'他说,'那艘船明天一早启航。如果我处于你的地位,我就搭那艘船离开。邦联政府已经为你尽了力。一炮都没有开。两国之间的谈判是那艘船上的事务长秘密进行的。我请他这么做,因为我不愿意出面。有关官员收了一万两千元贿赂才释放你。'

"'什么!'我一屁股坐了下去——'一万两千元——我怎么还得清——谁拿得出——这笔钱是哪里来的?'

"'亚佐市,'米利金大夫说,'我在那里存了一些钱。满满两桶。这些哥伦比亚人认为是好钱。全部是邦联发行的货币。现在你该明白,你最好在他们请专家鉴定之前离开了吧?'

"'我明白。'我说。

"'现在你报报口令。'米利金大夫说。

"'杰斐逊·戴维斯万岁!'我说。

"'不错,'大夫说,'还有一件事要告诉你。我下次要学的曲子是《扬基歌》。我觉得有些扬基人还不赖。你换了我的话,会不会学学《红白蓝》①?'"

---

① 红白蓝是美国国旗的三种颜色。

孤寂的路

我的老朋友,副警长巴克·卡珀顿,皮肤黑里透红,身体壮实,佩着手枪和踢马刺,总是保持着警觉和不可抹煞的神情,我见他连叮当作响的踢马刺也没解掉,就在警长办公室外屋的椅子里沉重地坐下。

这时刻县政府几乎空无一人,巴克往往会讲一些小道消息给我听,我便跟他进去,利用他的一个弱点慢慢引他打开话匣子。巴克最爱抽用甜玉米包皮卷的香烟,他扣四五口径左轮扳机的手法虽然熟练迅速,可是学不好卷烟。

我听到的不是槲树丛生的荒漠地带的历险,而是一篇有关婚姻的学术论文!这怨不了我(因为我卷的烟又紧又匀整),只能怪他心血来潮。巴克·卡珀顿居然谈这种话题!我强调卷烟没有缺点,渴望自己摆脱干系。

"我们刚把吉姆和巴德·格兰伯里押解回来,"巴克说,"你知道,抢劫火车。他们上个月在阿兰萨斯帕斯抢了一趟火车。我们在努西斯以西的二十里刺李平地捕获了他们。"

"追捕他们很费劲吗?"我问道,这正是我爱听的故事。

"费了一点劲,"巴克说,他停了片刻,他的思想突然像受惊的畜群似的四散奔跑起来,接着又说:"女人和她们在植物生态中的位置都有点怪。如果要我替她们分类的话,我会把她们归到'人疯草'一类。你有没有见过吃错疯草的马?你骑着它到了一个两英尺宽的水塘边,它会猛喷鼻子,止步不前,似乎前面是密西西比河。下次到了一千英尺深的峡谷边,它却义无反顾地朝前跑去,似乎那只是草原土拨鼠的洞穴。结了婚的男人也是这样。

"我说的是佩里·朗特里,他结婚前一直是我的伙伴。想当年,我和佩里到处惹是生非,惟恐天下不乱。我和佩里想在一个市镇里找乐时,人口普查员的工作就轻松了。他们只要把警长召集起来准备制服我们的民团人数清点一下,就得出全镇的人口总数。后来出现了那个乖姑娘玛丽安娜,她瞥了佩里一眼,他马上就俯首帖耳,比一岁的小马驹还要驯顺。

"他们没有请我参加婚礼。我猜想新娘大概把我的履历和习性做了一番彻底调查,认为佩里最好还是套在双驾马车上安分守己,容不得巴克·卡珀顿那样的野马在他们婚姻的牧场里嘶叫。因此,我再也没有见过佩里,足足有六个月之久。

"一天,我路过镇边,见到一座小房子前的小院子里,有个人模人样的东西提着喷壶在浇玫瑰灌木。我觉得眼熟,就在大门口站停,想辨认一下烙印。那不是佩里·卡珀顿,而是被婚姻搞成海蜇似的一团软乎乎的东西。

"玛丽安娜犯下的是杀人罪。佩里看上去还可以,只不过系了白领子,穿了鞋,你马上发现他谈吐文雅,奉公守法,按时交税,喝酒时翘起小指,正像是牧羊人或者模范公民。天哪!我不愿意看到佩里败坏到这种谨小慎微的地步!

"他走到门口,和我握手,我鄙夷地怪声怪气地说:'请原谅——我想您是朗特里先生吧。如果没有搞错的话,我以前似乎有幸同您相识。'

"'哦,去你的,巴克。'正如我所担心的那样,佩里彬彬有礼地说。

"'好吧,'我说,'你这个可怜的喷壶手和堕落的家养宠物,你这是在干什么?瞧你这副一本正经的模样,你只配坐在陪审团席,或者修补修补柴屋门。你以前是条汉子,现在让我看不顺眼。你干吗待在外面,不进屋去拾掇拾掇,给钟上上弦?万一有长耳兔跑来,会咬你一口的。'

"'唉,巴克,'佩里伤心地说,'你不理解。结了婚的人必须有点差别。他的感觉同你这种粗野的老家伙就是不一样。把镇上搞得天翻地覆,玩法罗牌九,喝酒闹事等等都是造孽。'

"'从前,'我想起过去不禁叹了一口气,'小玛丽的羔羊曾是调皮捣乱的能手。佩里,我怎么也没有想到,你这么一个肆无忌惮的大活人竟然变得这么窝囊。瞧你的模样,戴了领带,讲的都是鸡毛蒜皮的空话,像是杂货铺老板或者大妈大娘。我觉得你上街甚至会带上雨伞,裤子用背带,总是回家过夜。'

"'我想,'佩里说,'那个小女人进行了一些改良。巴克,你是不会理解的。自从我们结婚以后,我晚上从不外出。'

"我和佩里聊了一会儿,那家伙突然打断了我的话,谈起他在院子里种的六株番茄。我正谈我们那次在'加利福尼亚'彼得那里把法罗牌九的庄家身上涂了柏油、然后沾满羽毛,他却大煞风景地搬出他的农业行当!但是过了一会儿,佩里显得稍稍近乎人情。

"'巴克,'他说,'我得承认有时候确实无聊。不是说我和那个小女人一起不幸福,而是说男人偶尔需要一些兴奋。我告诉你吧:玛丽安娜今天下午串门去了,七点钟才回来。那是我们两人的极限——七点钟。七点钟以后,我们谁也没有在外面多待过一分钟,除非是我们两人一起的时候。你来了我很高兴,巴克,'佩里说,'为了纪念过去的时光,我很想和你一起再胡闹一次。我们下午去找些乐,怎么样?——我很想去。'佩里说。

"我一拍那个深居简出的老牛仔的肩膀,害他跟跟跄跄地退了好几步。

"'去拿帽子,你这条鳄鱼干,'我嚷道,'你还没有死绝。即使你已经陷进婚姻的泥淖,还有一点人气。我们要把这个镇子像钟表似的拆散,看看里面滴答发响的是什么东西。我们要拔出各种酒瓶的塞子。你这条没有角的母牛,只要跟巴克大叔在邪路上走一趟,就会重新长出角来的。'我用拳头捅着佩里的肋骨说。

"'要知道,我七点之前必须回家。'佩里又说。

"'那当然。'我心照不宣地说,因为我知道只要佩里·朗特里同酒吧侍者打上交道,他回来的时候就不知是哪个七点了。

"我们去了灰骡酒馆——火车站旁边那家土砖盖的屋子。

"'要什么酒,说话吧。'我们一只脚刚踏上搁板,我就迫不及待地说。

"'沙示汽水。'佩里说。

"我听了几乎厥倒。

"'你怎么侮辱我,我都不介意,'我对佩里说,'可是别吓着酒吧侍者。他可能有心脏病。得啦,你说溜了嘴。来两个大杯子,'我吩咐侍者,'要冰箱左面角落里的那瓶东西。'

"'沙示汽水。'佩里重复了一遍,接着他眼睛放光,我知道他有了什么好主意,要一吐为快。

"'巴克,'他兴致勃勃地说,'听我的!今天我要庆祝一番。我一直憋在家里,今天要放松一下。我们要像过去那样胡来。我们到后屋去下跳棋,一直玩到六点半。'

"我凑过去对酒吧侍者'残耳朵'迈克说:

"'今天的事千万不能对别人说。你知道佩里平时的情况。最近神经有点毛病,大夫说我们要顺着他一点。'

"'迈克,把棋盘和棋子给我们,'佩里说,'来吧,巴克,我等不及了。'

"我跟佩里进了后屋。关门前我对迈克说:

"'你可不能对别人说你见到巴克·卡珀顿容忍沙示汽水,还同朋友下跳棋,不然我把你另一个耳朵也打残。'

"我锁好房门,开始和佩里下棋。那件可怜的家用小摆设正襟危坐,每吃掉我一枚棋子就吃吃笑出声来,他走到我王棋的底线时,高兴的样子让人反感,连牧羊狗看了都会痛心。

"我惟恐被熟人看到我在干这种没有出息的事情,紧张得浑身冒汗。我执黑子,一面下棋,一面想婚姻和大利拉太太①的把戏有点相似。她剪掉了老公的头发,谁都知道,男人被女人剪掉头发后成了什么模样。当非利士人戏弄他时,他羞愧之下掀翻了大厅梁柱,把大家统统压死。'结了婚的人,'我暗忖道,'丧失了胡闹的精神和本能。他们不喝酒,没有脾气,不打斗。他们干吗要结婚,过家庭生活?'

"但是佩里显得十分快活。

"'巴克老伙计,'他说,'我们活到这么大,还没有这么放荡过。我记不起什么时候像现在这么激动。你知道,我结婚后一直守在家里,好久没有开心过。'

"'开心!'是啊,他是这么说的。在灰骡酒馆的后屋下跳棋,居然叫做开心!同提着喷壶、站在六株番茄前面相比,他确实觉得下棋不够正派,甚至是道德败坏。

"每过一小会儿,佩里就要看看表说:

"'你知道,巴克,我七点钟非回家不可。'

"'当然,'我说,'该你下了。我兴奋得要命。假如我不放松一点,缓解这种放荡的棋戏的紧张,我的神经会支持不住的。'

"大概六点半光景,街上开始骚乱。我们听到外面有叫喊和

---

① 《旧约·士师记》第16章,大利拉是以色列大力士参孙迷恋的妇人,非利士人探出参孙大力的秘密,买通她乘参孙熟睡时剪掉参孙的头发,使他丧失了力量。

手枪响声,还有马匹的奔跑和人的脚步声。

"'怎么回事?'我说。

"'哦,外面的无聊事,'佩里说,'该你下了。我们的时间只够下这一盘棋。'

"'我去看看窗外,'我说,'王给吃掉,同时听到外面有原因不明的冲突,这种刺激不是常人所能忍受的。'

"灰骡酒馆是古老的西班牙式土砖建筑,后屋只有两扇一英尺宽的小窗,窗上有铁栅栏。我从其中一扇望出去,发现了骚乱的原因。

"外面是特林布尔那帮人——一共十个——得克萨斯最凶恶的亡命徒和盗马贼,他们胡乱开枪,在街上策马狂奔,冲着灰骡酒馆而来。他们跑出了我的视线,但我们能听到他们的马到了酒馆前门口,他们的铅弹把酒馆打得像蜂窝。我们听到酒吧后面的大镜子哗啦啦地碎落,酒瓶乒乒乓乓打破。我们看到系着围裙的'残耳朵'迈克像郊狼似的窜过广场,枪弹噗噗在他四周打得尘土飞扬。那帮人随后进了酒馆,要喝的东西就喝,不要喝的东西就砸。

"'我们出不去了,'我说,'他们离开之前我们只能待在这里。'

"佩里看看表。

"'七点缺二十五分,'他说,'下完那盘棋还来得及。我吃了你两个子。现在该你走。巴克,你知道我七点钟必须回家。'

"我们坐下来继续下棋。特林布尔那帮人闹得很凶。他们玩得痛快,有了醉意,喝一会儿酒,唱一会儿歌,然后再开枪打碎几个瓶子杯子。有两三次,他们走过来试图开我们的门。接着,外面起了枪声,我再去窗口看看。市警长汉姆·戈塞特召集了一批民团埋伏在对街的民房和商店里,想通过窗子撂倒一两个特林布尔帮。

"我输了那盘棋,我完全可以说,如果环境比较安静,有三个王是不会被吃掉的。但是那个结过婚的人唠唠叨叨,每吃一个子就像傻母鸡啄到一颗玉米粒似的咯咯叫个不停。

"下完棋后,佩里站起身。看看表。

"'我玩得痛快极了,巴克,'他说,'但是现在我得回家。七点缺一刻,七点钟我必须到家,你知道。'

"我以为他在开玩笑。

"'他们再过半小时或者一小时后才会离开,或者喝得烂醉,'我说,'你不至于厌倦了婚姻生活,突然想自杀吧?'我取笑他说。

"'有一次,'佩里说,'我回家晚了半个小时。我在街上碰到出来找我的玛丽安娜。你没有见到当时的情况,巴克——你是不会理解的。她知道我爱犯迷糊,怕我出事。那以后,我再也没有晚回过家。巴克,我这就向你告辞了。'

"'结过婚的人,'我说,'我知道自从牧师替你举行婚礼的那一分钟起,你就成了傻瓜,可是难道你从没有像人一样稍稍动点脑筋吗?外面的那帮人有十个,灌足了威士忌,红了眼只想杀人。你还没有跑到门口,半道上就会像一瓶酒似的被他们解决了。放聪明些吧,至少要有点野猪的头脑。坐下来等机会,我们要直着出去,而不是横着用箩筐给抬出去。'

"'我七点前非到家不可,巴克,'那个怕老婆的人像鹦鹉似的不动脑筋地说,'玛丽安娜会出来找我的。'他弯腰折下一条桌子腿,'我要像白尾灰毛兔穿过树丛那样在特林布尔那帮人中间闯出去。我不想惹麻烦,不过七点之前必须回家。我走后,你把门锁好,巴克。别忘了——五盘棋里我赢了三盘。我很想再玩下去,可是玛丽安娜——'

"'住嘴,你这个吃错疯草的槲鸟,'我打断了他的话,'你什么时候见过巴克大叔在麻烦面前锁过门?我虽然没有结婚,'我说,

'可是我像任何一个一夫多妻的、该死的摩门教徒那么傻。四条腿折下一条还剩三条,'我说着折下另一条桌子腿。'我们七点钟回家,'我说,'不管是走阳关道还是独木桥。我陪你回家好吗?'我说,'你这个喝沙示汽水的、下跳棋的、不顾死活的家伙。'

"我们轻轻地打开门,然后冲了出去。特林布尔一帮有几个在酒吧前,有几个在传着酒瓶喝酒,两三个在门口和窗口窥视,朝警长那群人射击。屋里烟雾弥漫,我们朝大门冲去还有一半路时才被发现。我听到贝里·特林布尔的声音:

"'巴克·卡珀顿那家伙是怎么进来的?'他的一颗枪弹擦过我的脖子。我猜想那一枪没有打中肯定让他不舒服,因为贝里是南太平洋铁路以南最好的枪手。但是酒馆里的烟雾太浓,确实也不容易打准。

"我们的桌子腿却不像枪弹那么失准,我和佩里砸破了两个人的脑袋,我们跑到门口时,我夺过一个朝外面射击的人的温彻斯特连发枪,然后转身同贝里先生结清了账。

"我和佩里安然出了门,跑到街角上。我本来不存太大的希望,但不能被那个结过婚的人吓倒。按照佩里的想法,跳棋是当天的主要节目,但是如果我是娱乐节目评判人的话,我认为挥舞着桌子腿,穿过灰骡酒馆的小游行应该排在首位。

"'快跑,'佩里说,'七点差两分了,我七点之前必须回家——'

"'住嘴,'我说,'即使我被委任陪审团的召集人,七点钟开庭,错过了时间也不像你这样发牢骚。'

"我不得不经过佩里的那座小房子。他的玛丽安娜站在大门口。我们到那里时,七点已经过了五分。她裹着一条蓝色的披肩,头发平整地往后梳,像是想学大人样子的小姑娘。她朝着另一个方向张望,我们走近时才发觉。她转过身,看见了佩里,脸上的神

情我无法形容。我听到她像母牛看到自己的小牛似的舒了一口长气,说道:'佩里,你晚啦。'

"'晚了五分钟,'佩里快活地说,'我和老巴克在下跳棋。'

"佩里把我介绍给玛丽安娜,他们请我进屋。不,先生。那天我同结过婚的人打的交道够多了。我说我得走了,我和我的老伙伴下午过得十分愉快——'特别是,'我故意逗逗佩里,'桌子腿散架的那一盘。'我没有细说,因为我答应过佩里不让她知道。

"那以后,有一件事一直困扰着我,"巴克接着说,"有一点把我搞糊涂了,至今还弄不明白。"

"什么事?"我卷好最后一支烟递给巴克,问道。

"我告诉你:当我注意到那个小女人转过身、看见佩里平安回家、脸上现出的神情时——我怎么突然觉得她的神情比我们的一切——沙示汽水、跳棋等等更有价值,而那场婚姻里的该死的傻瓜根本不是佩里·朗特里呢?"